Martin Nagel
Karl-Ludwig Schober
Günther Weiß

Theodor Billroth
Chirurg und Musiker

Theodor Billroth

Chirurg und Musiker

Martin Nagel · Karl-Ludwig Schober · Günther Weiß

ConBrio Verlagsgesellschaft

Lektorat: Margit Unger-Kunz - Martin Hufner
Produktion: ConBrio DTP
Repro und Belichtung: CONTOUR, Regensburg
Druck: Mittelbayerische Druck- und Verlagsgesellschaft mbH

ISBN 3-930079-38-0

CB 1038

Inhalt

Die edelste Beschäftigung des Menschen ist der Mensch.

Gotthold Ephraim Lessing, Frühe kritische Schriften.

Vorwort

Theodor Billroth an Hermine Seegen am 3. Mai 1891

Jede Biographie schreibt ein Stück Geschichte.
Jede Biographie hat ihre Geschichte.

Das ursprünglich noch zur Zeit der DDR als unerwünscht abgelehnte erste Manuskript von Karl-Ludwig Schober gelangte auf kollegialem, internationalem Diplomatenweg in den Westen. Mehrere Jahre mußten vergehen, bis ein weiterer Zufall zwei Chirurgen und einen Musikwissenschaftler zusammenführte. So ergab sich die Dreierautorenschaft: Karl-Ludwig Schober - Martin Nagel - Günther Weiß. Ein spontan interessierter Verleger gesellte sich schnell dazu.

Hinsichtlich der Konzeption bestand zunächst die Absicht, Billroths Biographie unter getrennten Aspekten (Chirurgie und Musik) darzustellen. Im weiteren Verlauf stellte sich jedoch immer zwingender heraus, daß isolierte Biographien des Chirurgen und Musikers Billroth die Einmaligkeit seiner Persönlichkeit nicht treffen. Alle Lebensphasen Billroths sind mit der Musik untrennbar verbunden. Dementsprechend sind Aufbau und Abfolge der einzelnen Kapitel im Buch vorgenommen worden.

Für jede Billroth-Biographie sind die bis heute veröffentlichten Briefe Billroths die unverzichtbare und wichtigste Grundlage. Da sie nur noch antiquarisch zugänglich sind, ist es notwendig, dem Leser im Interesse eines möglichst authentischen Billroth-Bildes unverstellte Einblicke durch ausführliche Zitate aus diesen Quellen zu vermitteln. Die aktuelle Literatur zum Thema Billroth-Biographie ist im Anhang aufgeführt.

Vielen Kollegen und am Thema Interessierten fühlen wir uns zu Dank für Unterstützung und Anregungen verpflichtet, insbesondere M. Trede, L.F. Hollender, E. Kern, K.B. Absolon, A. Neumayr, K. Holubar, H. Wyklicky und V. Klimpel. Nicht zuletzt sei dem Verlag gedankt. Er hat spontan die Bedeutung des Doppelthemas dieser Billroth-Biographie erkannt und die Realisierung in großzügiger Weise unterstützt.

München - Halle, 6. Februar 1994

Martin Nagel
Karl-Ludwig Schober
Günther Weiß

I

Bergen und Greifswald (1829 bis 1849)

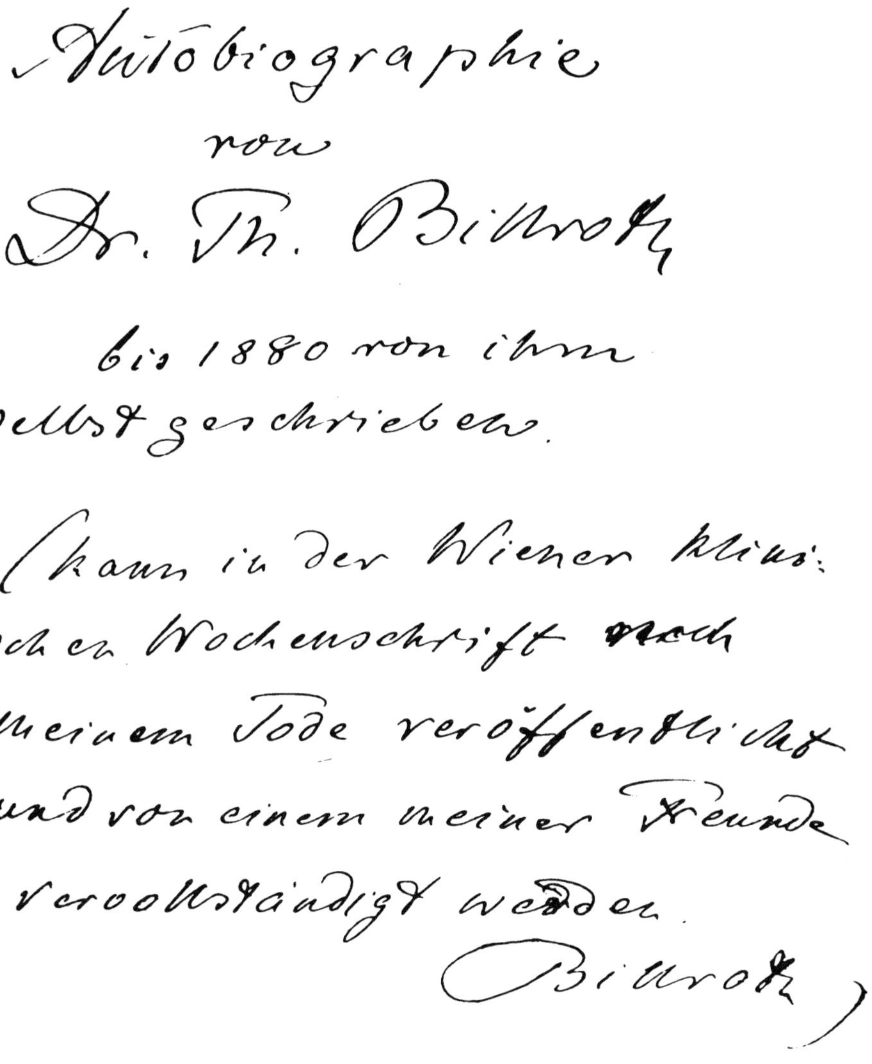

Abb. 1: Deckblatt der "Autobiographie" Billroths, 1880

Abstammung, Kindheit und Jugend

Autobiographie mit
biographischen Ergänzungen

Im Zenit seines europäischen Ruhmes als genialer Chirurg, als Verfasser eines bereits umfangreichen und richtungsweisenden theoretischen œuvres in seinem Fach, als engster Vertrauter des Genius Johannes Brahms und nächster Freund des berühmten Musikgelehrten Eduard Hanslick verfaßte Theodor Billroth im Jahre 1880 eine Selbstbiographie. Das handschriftliche Dokument hat er noch im gleichen Jahr dem Archiv der k. k. Gesellschaft der Ärzte in Wien übergeben.

Die *Wiener klinische Wochenschrift* veröffentlichte Billroths Selbstzeugnis unmittelbar nach seinem Tod am 6. Februar 1894 in ihrem 7. Heft. Der Text der ersten Seite dieses Dokuments ist dort weggelassen. Auf dem Deckblatt heißt es:

"Autobiographie von Dr. Th. Billroth bis 1880 von ihm selbst geschrieben. (kann in der Wiener klinischen Wochenschrift nach meinem Tode veröffentlicht und von einem meiner Freunde vervollständigt werden. Billroth.)"

Der nunmehr 51 Jahre alte Billroth zieht eine Zwischenbilanz seines Lebens. Sein Text ist nicht eine Kurzbiographie in der Art eines persönlichen Artikels für ein Lexikon oder für eine Enzyklopädie. Billroth schreibt etwas steif und förmlich, in der dritten Person. Er teilt alle Fakten mit, die ihm in seinem Leben wichtig erscheinen - und nach wie vor noch sind. Er schreibt aber bereits, das Ende bedenkend, einen Lebenslauf, der schon wie ein Nachruf klingt:

"Christian Albert Theodor Billroth wurde am 26. April 1829 in Bergen auf der Insel Rügen geboren, wo sein Vater evangelischer Pfarrer war. Die nicht sehr verbreitete Familie Billroth stammt aus Schweden. Die Mutter des Th. Billroth (geborne Nagel) war aus Berlin. Ihre Mutter aus Pommern (eine geborne v. Willich), ihre Mutter (die Urgrossmutter von Th. Billroth) war eine Französin (geborne von Beaulieu). Th. Billroth war der älteste von 5 Knaben. Sein Vater starb bald nach der Geburt der jüngsten Knaben (Zwillinge). Die Erziehung der Kinder wurde allein von der vortrefflichen Mutter, welche als Witwe in Greifswald lebte, geleitet; sie starb nach langem Leiden 1851 an Phthisis (durch Tuberkulose herbeigeführte allgemeine Auszehrung; Anm. d. Verf.). Theodor Billroth überlebte seine vier Brüder, von welchen drei an Phthisis, einer an Tabes (veraltete Bezeichnung für Schwindsucht; Anm. d. Verf.) starb. Billroth genoss seine erste wissenschaftliche Ausbildung auf dem Gymnasium zu Greifswald, von welchem er im Jahre 1848 mit dem Zeugniss der Reife abging und sich als Student der medicinischen Facultät Greifswald immatriculiren liess. Unter seinen Commilitonen auf dem Gymnasium befanden sich Max Schultze (später Professor der Anatomie in Bonn, †), Bernhard Schultze (später Professor der Geburtshilfe in Jena) und Hugo Ziemssen (später Professor der medicin. Klinik in Erlangen und München). Billroth zeigte auf dem Gymnasium wenig Interesse für die Schulwissenschaften, wenig Talent für Sprachen, gar keines für Mathematik. Geschichte, zumal Literaturgeschichte, und die alten Dichter vermochten allein ihn zu fesseln; doch leistete er auch darin wegen Mangel an Ausdauer nichts Besseres. Er war ein Gymnasialschüler unter Mittelmässigkeit. Vor Allem zog ihn eine grosse Liebe zur Musik von den Schularbeiten ab. Eltern und Grosseltern beiderseits waren hervorragend musikalisch. Billroth wurde nur durch das energische Widerstreben und die ernste Erziehung seiner vernünftigen Mutter abgehalten, sich ausschliesslich der Musik zu widmen, wofür er ihr später ganz besonders dankbar war. Die Idee, sich dem medicinischen Studium zuzuwenden, wurde theils durch den Einfluss eines Onkels, des mit Recht in seinem Kreise hochgeschätzten Professor der Arzneimittellehre Philipp Seifert in Greifswald, und des seiner Familie nahe befreundeten Professors der Chirurgie Baum in ihm angeregt, theils dadurch, dass seine Privatlehrer, deren er zur Nachhilfe auf dem Gymnasium dringend bedurfte, zufällig immer Mediciner waren.

Ostern 1849 folgte Professor Baum einem Rufe nach Göttingen, und Billroth, der sich im ersten Semester in Greifswald nur mit Musik beschäftigt hatte, folgte ihm, um nun ernsthaft seine medicinischen Studien zu beginnen. - Die Göttinger medicinische Facultät war aus hervorragenden Gelehrten zusammengesetzt: Wöhler (Chemie), Wilh. Weber (Physik), Conrad Martin Langenbeck (Anatomie), Rudolf Wagner (Physiologie); dessen Schüler: Frey, Bergmann, Leuckart; auch docirten Frerichs, Lotze (allgem. Pathologie und Psychologie), Fuchs (interne Klinik), Baum (chirurg. Klinik) und Ruete (Ophthalmologie).

Diese Männer übten einen gewaltigen Einfluss auf die damals sehr zahlreichen Schüler der medicinischen Facultät der Georgia Augusta aus, es herrschte ein tüchtiger Geist unter den Studenten. - Billroth warf sich unter Leitung dieser Männer mit Eifer und Energie auf das Studium der Naturwissenschaften und der Medicin. Zwei Männer entschieden schon hier über die Richtung seiner späteren Laufbahn und seines späteren Wirkens: Rudolf Wagner und Wilhelm Baum; bei Ersterem lernte er die Vorgänge in der Natur sinnig betrachten, und zumal auch mit dem Mikroskop erfolgreich arbeiten; bei Letzterem sah er stets die wissenschaftliche und praktische Richtung der Chirurgie im schönsten Verein, und wurde von dem vielseitigen und zugleich gründlichen Wissen Baum's mächtig angezogen. Zugleich pflegte Billroth in Göttingen auch die Musik eifrig, und fand in dem Hause des dortigen Musikdirektors Arnold Wehner die liebevollste Aufnahme. Theils durch diese künstlerischen Beziehungen, theils durch gleichartige wissenschaftliche Bestrebungen entwickelte sich ein intimes Freundschaftsverhältnis zwischen Billroth und dem ebenfalls sehr musikalischen Georg Meissner (später Professor der Physiologie in Basel, Freiburg, Göttingen). - Beide Freunde arbeiteten privatissime bei R. Wagner, und beide wurden von ihrem Lehrer aufgefordert, ihn im Herbst 1851 auf einer wissenschaftlichen Reise nach Triest zu begleiten, und dort an einer damaligen histologischen Tagesfrage mitzuarbeiten, nämlich über die Enden und Anfänge der Nerven, zu welchen der in Triest seitdem nicht vorkommende Zitterrochen willkommenes Material darbot. Auf dieser Reise besuchte Wagner mit seinen Schülern die Universitäten Giessen, Marburg, Heidelberg, Wien. Billroth lernte dabei die Professoren dieser Universitäten kennen und empfand die ersten mächtigen Eindrücke von den Alpen, Oberitalien und dem mittelländischen Meere.

Von Wien kehrte Billroth nach Berlin zurück, wo er sich im Herbst 1851 immatriculieren liess. Durch den in diesem Jahre erlittenen Verlust seiner Mutter, die nur ein äusserst bescheidenes Vermögen hinterlassen hatte, gerieth Billroth in Gefahr, seine Studien

Abb. 2: Billroths Geburtshaus. Bergen auf der Insel Rügen

aufgeben zu müssen; durch die Unterstützung seiner Grossmutter ward es ihm indess nicht nur möglich, dieselben zu Ende zu führen, sondern nach ihrer Vollendung auch noch eine wissenschaftliche Reise zu machen.

In Berlin wurde Billroth vorzüglich durch B. v. Langenbeck, Schönlein, Romberg und Traube gefesselt; letzterer führte ihn in das Gebiet der experimentellen Pathologie ein und gab ihm die Anregung zu seiner Inauguraldissertation: 'De natura et causa pulmonum affectionis, quae nervo utroque vago dissecto exoritur.' Billroth wurde am 30. September 1852 in Berlin promovirt. Im folgenden Winter absolvirte er seine Militärpflicht und sein Staatsexamen und besuchte zugleich eifrig die Privatklinik Albrecht v. Graefe's, der, eben von seinen Reisen zurückgekehrt, vor einem ganz kleinen Kreise von Zuhörern seine glänzende Laufbahn unter allerlei Schwierigkeiten begann. v. Graefe erinnerte sich später in seiner liebenswürdigen Weise gern seiner ersten Schüler, und beide Männer waren in der Folge freundschaftlichst verbunden.

Nach Beendigung des Staatsexamens zu Ostern 1853 reiste Billroth nach Wien, wo er mit besonderem Eifer den Cursen von Hobra und Heschl, sowie der Klinik Oppolzer's folgte. Von Wien begab sich Billroth zu einem mehrwöchigen Aufenthalt nach Paris, und traf dort mit seinem Lehrer Baum und seinem Freunde G. Meissner (zufällig auch mit v. Pitha und Simon) zusammen. Im Herbst 1853 kehrte Billroth nach Berlin zurück, um sich als practischer Arzt dort niederzulassen. Ein Zufall führte ihn (er hatte in zwei Monaten noch keinen einzigen Patienten) zu einem Freunde und Landsmann Dr. C. Fock, welcher kurz zuvor Assistent bei B. v. Langenbeck geworden war. Fock forderte Billroth auf, sich um eine soeben vacant gewordene Assistentenstelle an der Langenbeck'schen Klinik zu bewerben. Billroth hatte das Glück, diese Stelle zu bekommen und trat bald darauf in dieselbe ein; damit war sein höchster Wunsch erfüllt; es wurde ihm die Gelegenheit, sich speciell mit Chirurgie zu beschäftigen. Nicht nur das Bestreben, sich die Zufriedenheit seines Lehrers und Chefs zu erwerben, sondern zumal das Wissen und die Kunst seines grossen Meisters spornten seine Begeisterung für die Chirurgie und den Ehrgeiz, bald selbstständig etwas auf diesem Gebiete zu leisten aufs höchste an. Billroth hatte das Glück, mit H. Meckel, von Hemsbach, v. Bärensprung, v. Graefe und Wilms in nahe Verbindung zu treten, im Hause Langenbeck's und Johannes Müller's mit dessen Sohn, Max Müller, er befreundet war, zu verkehren und das Wohlwollen dieser Männer für sich zu gewinnen. Sehr bald erkannte er, dass es vieler Jahre der Beobachtung und des Studiums selbst in einer so reichhaltigen Klinik wie die Berliner bedürfe, um auf dem Gebiet der praktischen Chirurgie selbständig zu werden, und so wandte er sich zunächst mit besonderem Eifer der pathologischen Histologie zu, welche zu jener Zeit eben in der Entwicklung war. Die Untersuchung der vielen von Langenbeck exstirpirten Geschwülste führte ihn vorerst auf dieses Gebiet, von da auf die allgemeine Histiogenese und Entwicklungsgeschichte und wieder zurück auf die Geschwulstlehre.

Im Jahre 1856 habilitirte sich Billroth als Privatdocent für Chirurgie und pathologische Anatomie, und hielt im Sommersemester 1856 seine ersten Vorlesungen über pathologische Anatomie, praktische Curse über pathologische Histologie, dann später Vorlesungen über allgemeine und specielle Chirurgie, endlich chirurgische Operationscurse. Im Herbst 1856 machte er eine wissenschaftliche Reise nach Holland, England und Schottland. Verschiedene Bewerbungen um Spitalstellen missglückten in den folgenden Jahren. 1858 erhielt Billroth einen Ruf als Professor der pathologischen Anatomie nach Greifswald.

Doch so sehr er der pathologischen Anatomie und Histiologie zugethan war, konnte er sich doch nicht entschliessen, seine Carriere als Chirurg aufzugeben, zumal da seine Operationscurse einen aussergewöhnlichen Erfolg hatten, und sein gütiger Lehrer Langenbeck ihn dann auch noch in seiner Assistentenstellung beliess, als er sich 1858 mit Christel Michaelis, Tochter des verstorbenen Hofmedicus Michaelis verheirathete: es wurde ihm ausnahmsweise die Erlaubnis ertheilt, ausserhalb der Klinik zu wohnen.

Dem väterlichen Wohlwollen und dem Vertrauen, durch welches besonders Langenbeck Billroth auszeichnete, und welches er besonders auch dadurch kund gab, dass er ihn aussergewöhnlich lange an seiner Klinik behielt, verdankte Billroth 1859 einen Ruf als Professor der chirurgischen Klinik nach Zürich, wo er am 1. April 1860 gleich als Professor ordinarius sein neues Amt antrat. Hier kam Billroth in eine Facultät, welche durch ihre frische und wirkungsvolle Thätigkeit ausgezeichnet war; er arbeitete und lehrte hier 7 1/2 Jahre zusammen mit Griesinger, Biermer, Moleschott, A. Fick, Frey, H. Meyer, Horner, Breslau, Rindfleisch, Eberth, und empfing von diesen wie von anderen ausgezeichneten Männern der Universität und des Polytechnikums (Vischer, Lübke, Semper, Gottfried, Keller, Osenbrüggen u. A.) mächtige Anregungen nach den verschiedensten wissenschaftlichen Richtungen. Billroth trat auch mit den hervorragenden Collegen der medicinischen Facultät der anderen schweizerischen Universitäten (Lücke, Munk, Klebs, Schiff, Aeby, Door in Bern; His und Stein in Basel) bald in nähere Verbindung. In seinem Hause empfing er zumal auch die deutschen Gäste mit offenen Armen und wurde bald näher befreundet mit O. Weber (Heidelberg), R. Volkmann (Halle), Esmarch (Kiel), Simon (Darmstadt, Rostock) u. A.

Nachdem Billroth 1862 einen Ruf nach Rostock, dann 1864 nach Heidelberg ausgeschlagen hatte, folgte er im Herbst 1867 einer Berufung nach Wien, wo er am 20. August 1867 sein Amt antrat. Diese Berufung war in Wien unter mannigfachen Schwierigkeiten zu Stande gekommen und Billroth hatte in den ersten Jahren seiner Thätigkeit manche Hindernisse zu überwinden. Nach dem Abgange Jüngken's wurde Billroth von der medicinischen Facultät in Berlin primo loco für die Professur der chirurgischen Klinik in der Charité vorgeschlagen; später (1872) erhielt er einen Ruf an die neu gegründete deutsche Universität in Strassburg. Im Jahre 1870 war Billroth in den Lazarethen von Weissenburg und Mannheim tätig.

Nach dem Rücktritt Langenbeck's erging noch einmal ein Ruf an ihn nach Berlin unter glänzendsten Bedingungen. Es war ihm jedoch sein Wirkungskreis in Wien, sowie auch das sociale und künstlerische Leben (er war mit Johannes Brahms und Eduard Hanslick besonders befreundet) in der schönen Kaiserstadt zu lieb geworden, als dass er sich hätte entschliessen können, Wien zu verlassen. Wenn ihm die Liebe seiner Schüler und das Wohlwollen seiner Freunde bis an sein Ende treu bleiben, dann darf man wohl sagen: er war ein glücklicher Mann!

Der Mensch ist ein Theil der gesammten Natur; seine Entwicklung erfolgt nicht sprungweise, sondern langsam aus Vergangenem und Gegenwärtigem. Die Wirkung des Einzelnen auf die Gesellschaft hängt von seinen Ahnen, sowie von den Verhältnissen ab, in welche er hineingeboren und in welchen er aufgewachsen ist. Diese bilden den Charakter aus, und aus ihm entwickeln sich die Thaten des Mannes.
'Und was man ist, das blieb man Andern schuldig.' (Goethes Tasso.)
Wien, im Juni 1880"

Billroth macht nach seinem curriculum vitae noch einen bemerkenswerten Zusatz. Er beantwortet die Frage: "Was ist der Mensch?"

Wenn er dies nach den für ihn wichtigen Daten und Fakten seines Lebens tut, so müssen wir daraus folgern, daß es ihm schließlich von besonderer Wichtigkeit war, uns seine Sicht dieser für ihn so zentralen Aufgabe und Frage seiner Existenz mitzuteilen. Seine Antwort gibt er zunächst in philosophischen Denktraditionen, die von Aristoteles bis Leibniz beheimatet sind: "Natura non facit saltum" - "Die Natur macht keine Sprünge". Als Teil der Natur ist der Mensch ihr unterworfen. Billroth ergänzt sein anthropologisches Credo durch die "Ahnen" und durch seine "Verhältnisse", in die er hineingeboren wurde. So hat er sich gesehen, als er das Vorstehende niederschrieb. Wer waren Billroths "Ahnen", und in welchen Verhältnissen wurde er groß?

Glücklicherweise sind wir bei der Beantwortung dieser Frage nicht nur auf das Namensskelett eines Stammbaumes angewiesen. Eine Reihe von lebendigen Berichten bzw. Persönlichkeitsbeschreibungen ergänzt die sonst übliche Ahnenforschung und auch die Darstellung Billroths. So schildert E. Gülzow höchst anschaulich Teile der Familiengeschichte:

"...Die Familie Billroth soll aus Schweden stammen. Der erste Billroth, von dem wir bisher Kunde haben, war der Kaufmann und Brauer Michael Billroth in Barth, dessen Geburtsort unbekannt ist, und der sich am 17. Mai 1735 mit der Kleinhändlerstochter Maria Elisabeth Schröder aus einer alten Barther Familie verheiratete. Von den zehn Kindern dieser Ehe wurde die Tochter Eleonore Elisabeth (geb. 1754) später die Schwiegermutter des bekannten Konsistorialrats und Tegnér-Übersetzers Dr. Gottlieb Mohnike zu Stralsund, eines Freundes von Ernst Moritz Arndt. Ein Sohn wurde Leibarzt des Königs Gustav III. von Schweden. Und ein anderer Sohn schließlich, Johann Christian Billroth (geb. 1744), brachte es zum Bürgermeister von Wolgast. Er war der Urgroßvater des Chirurgen.

Über seinen Sohn Johann Christian, einen Schul- und Studienfreund Ernst Moritz Arndts, habe ich in meinem Buche 'Arndt und Strahlsund' (Stralsund 1922, S. 157) ausführlich gehandelt. 1769 zu Wolgast geboren, wurde er 1795 Ratsherr und 1821 Bürgermeister zu Greifswald. Aus seiner Ehe mit der Barther Kaufmannstochter Elisabeth Masius (geb. 1772) hatte er drei Söhne und eine Tochter. Der erste Sohn, Wilhelm Friedrich, wurde Kreisphysikus in Stettin, der zweite, Hermann Ferdinand, pachtete das Gut Mannhagen bei Greifswald, der dritte endlich, Karl Theodor (geb. 23. Sept. 1800) wurde am 3. Februar 1828 stellvertretender Diakonus zu Bergen auf Rügen für den erkrankten älteren Knust. Er verheiratete sich mit Johanna Christiana Nagel aus Berlin (gest. 1851 zu Greifswald), die ihm am 26. April 1829 seinen nachmals so berühmten Sohn Christian Albert Theodor gebar. Dessen fünf Taufpaten (am 8. 6.) waren Bürgermeister Dr. Johann Christian Billroth in Greifswald (der Großvater), Staatsrat Dr. Heinrich Albert Wilkens auf Staffelde, Dr. med. Wilhelm Friedr. Billroth in Stettin (der Oheim, vertreten durch den anderen Oheim aus Mannhagen), Frau Geheimrätin Eleonore Fischer geb. Nagel in Berlin (vertreten durch die Großmutter in Greifswald, Frau Bürgermeister Dorothea Margarete Billroth) und Frau Staatsrätin Dorothea Justina Wilkens geb. Willich zu Staffelde. Die junge Mutter war damals erst 21 Jahre alt. Sie schenkte in Bergen noch zwei weiteren Kindern das Leben, am 20. Nov. 1830 einem Sohne Hermann Adolf Johann und am 12.

Oktober 1831 einer Tochter Johanna Maria Dorothea. Schon im Juli 1832 ging dann der Diakonus Billroth als Pastor nach Reinberg bei Greifswald (zum Kreise Grimmen gehörig), starb hier aber am 7. Oktober 1834 an Ruhr und Unterleibsentzündung, die damals epidemisch auftrat und in der kleinen Gemeinde von Ende August bis Ausgang November zwanzig Todesopfer forderte. Nur kurze Zeit also hat Theodor Billroth in seinem Geburtsorte Bergen und in der Landgemeinde Reinberg zugebracht. Weit wichtiger wurde für ihn Greifswald, wohin die verwitwete Mutter zog. So ist es berechtigt, daß Greifswald an seinem Wohnhause, Domstr. 22, eine Gedenktafel anbrachte. Doch auch in seiner Geburtsstadt widerfuhr ihm diese Ehrung, und zwar schon zu seinen Lebzeiten. Prof. Dr. Benno Schmidt aus Leipzig stiftete die Bronzetafel und ließ sie am 16. August 1892 an dem Geburtshause anbringen (Billroth feierte damals sein Jubiläum, 25 Jahre Professor an der Universität Wien; Anm. d. Verf.). Die Inschrift lautet:

Am 26. April 1829
wurde hier
Theodor Billroth geboren
Nachmals Professor der Chirurgie
in Zürich und Wien
Einer der hervorragendsten Chirurgen
seiner Zeit.

Durch die Enthüllungsfeier angeregt, schickte am 26. August das alte Kindermädchen Billroths, das als 78jährige Greisin in Bergen noch lebte, dem Wiener Professor eine Photographie nach einer alten Zeichnung von seinem Geburtshaus. In ihrem Begleitschreiben gibt sie einige Nachrichten aus Billroths erster Kindheit:

"Ja, wir Bergener sind stolz auf unseren berühmten Landsmann, und ich - seine Jugendwärterin und Gespielin - erst recht. Sie waren etwa 1/4 Jahr alt (ich fünfzehn), als Ihre Amme sich durch Antrinken eines Rausches verging und in Folge dessen von Ihren Eltern aus dem Dienst entlassen wurde. Darauf wurde ich als Kindermädchen bei Ihnen angestellt. Im folgenden Jahre wurde Ihr Bruder Hermann geboren; nun hatte ich meine Aufmerksamkeit auf zwei muntere Knaben zu richten, von denen Theodor jedoch der lebhafteste war. Bei der Uebersiedlung Ihrer Eltern nach Reinberg zog ich mit. Dort wurde Ihnen ein Schwesterchen Namens Marie geboren, das leider, etwa ein Jahr alt, verstarb. Bald darauf verließ ich Reinberg und ging beim Pastor Dabis, der nun in Ihrem Geburtshaus wohnte, in Dienst. Die Trennung wurde uns beiden schwer. Es ist mir noch lebhaft erinnerlich, wie der liebe kleine Theodor dem mich abholenden Wagen bis zum Kirchhof nachlief, von wo der Herr Papa ihn zurückholte..."

Billroth war gerührt. Er bedankt sich sofort (am 30. August) von seinem Landsitz in St. Gilgen. Das Antwortschreiben ist eines der schönsten Zeugnisse für seine menschliche Haltung:

"Liebe Frau Benedix! Sie haben mir durch Ihren Brief und Ihre Zusendung der Photographie meines Geburtshauses eine sehr, sehr große Freude gemacht, für die ich Ihnen herzlichst danke... Mit Bedauern höre ich von Ihnen, daß Sie in letzter Zeit große Geldverluste gehabt haben. Ich schicke Ihnen per Postanweisung 100 Mark und bitte Sie, diese von Ihrem früheren, dankbaren Pfleglinge anzunehmen. Schreiben Sie mir auch sonst nach Wien, wenn es Ihnen knapp geht. Ich bin nicht reich, doch gebe ich gern, wo ich eine Freude damit machen kann. Ihr 63jähriger Zögling, Dr. Theodor Billroth.”

Billroths Schwiegersohn, Otto Gottlieb-Billroth, hat in seinem Buch *Billroth und Brahms im Briefwechsel* einc vorzügliche Schilderung der musikalischen Atmosphäre in der Familie gegeben, wobei das Haus des Großvaters wohl den größten Einfluß auf das musikalische Talent des heranwachsenden Billroth ausgeübt hat. Gottlieb-Billroth berichtet:

“In der Familie, der Theodor Billroth entstammt, kann die Liebe zur Musik und tatkräftige Musikpflege durch mehrere Generationen zurückverfolgt werden. Das Haus des Großvaters, Johann Christian Billroth, langjährigen Bürgermeisters von Greifswald, war künstlerischer Mittelpunkt für das Musikleben nicht bloß von Greifswald, sondern der ganzen Provinz Pommern. Johann Christian Billroth, seinem Beruf nach Advokat und Notar, 50 Jahre lang Mitglied des Ratskollegiums und fast 25 Jahre (1821 - 1845) Bürgermeister von Greifswald, mit Ernst Moritz Arndt lebelang in enger Freundschaft verbunden, hat nach den uns erhaltenen Berichten sich als Rechtsberater und insbesondere als Organisator im Armen- und Schulwesen der Stadt und Provinz verdient gemacht. Seinem wirkenden Wesen werden Eigenschaften zugesprochen, die wir ein halbes Jahrhundert später bei Theodor Billroth in höchstem Maße wiederfinden: ‘Geschicklichkeit im Umgang mit Menschen’ und ‘männlicher Freimut’, ein ‘seltenes Rednertalent, verbunden mit schöner Repräsentation’, und über allem die Einstellung auf hohe sittliche Werte und edle Kunstliebe. Er stand an der Spitze eines Musikvereines in Greifswald und eines anderen größeren, die ganze Provinz Pommern umfassenden sogenannten norddeutschen Musikvereines, der jährlich vorzügliche größere Musikaufführungen in den pommerschen Städten, aber auch in Lübeck, Wismar, Rostock usw. veranstaltet hat, und er stand hierfür mit Zelter in Berlin und anderen Musikern dauernd in Verbindung. Es war die Überzeugung des Bürgermeisters, daß ‘die Musik den Menschen adele und daß sie deshalb ein wichtiges Bildungsmittel sei’.”

Neben dem Musikerbe der Billrothschen Familie war Theodor Billroth überdies noch eine musikalische Begabung mütterlicherseits zugekommen. Und zwar von einem, wie es scheint, ganz beträchtlichen Talent herrührend: seiner Großmutter Dorothea, geb. Willich, die als Sängerin - gleichzeitig mit dem Sängerpaar Eunike - am Berliner Hoftheater gewirkt hat. Sie verheiratete sich bald mit dem königlich preußischen Kammerrat in Berlin, Johann Friedrich Nagel. Nach dessen Tod war sie in zweiter Ehe mit Staatsrat v. Wilkens vermählt. Ihre Tochter aus erster Ehe, Johanna Christine, war mit dem jüngsten Sohne des Bürgermeisters, dem Diakonus und Pfarrer in Bergen auf Rügen, später in Reinberg bei Greifswald, Karl Theodor Billroth, in glücklicher Ehe verheiratet; ihr Erstgeborener war Theodor Billroth.

P. v. Gebhardt (Berlin) hat eine Ahnentafel Billroths veröffentlicht. In ihr findet man neben Brauern und Gastwirten unter anderem auch schon einige Ärzte, sodann aber eine verhältnismäßig große Anzahl von gelehrten Pastoren und Theologen und namentlich von hohen Verwaltungsbeamten, Bürgermeistern, Ratsherren. Mit gebo-

*Abb. 3: Johann Christian Billroth. (Großvater von Theodor Billroth)
Bürgermeister von Greifswald, Gemälde von W. Titel,*

tener Vorsicht darf man aus der Berufswahl und Tätigkeit der Vorfahren gewisse Schlüsse auf das dem Enkel zugekommene Erbgut ziehen. Das eigentümliche Gleichgewicht von Forscher, Grübler und Tatmensch in Billroth scheint in den Ahnen vorgeprägt. Dazu kam eine besondere musikalische Begabung, die sich über Generationen hinweg in den Familien von Vaters wie von Mutters Seite her nachweisen läßt.

Dorothea Willich war die Tochter des 1744 geborenen und seit 1775 an der Universität zu Greifswald angestellten Universitäts-Fechtmeisters Willich. Fechtmeister Willich war mit Anne de Beaulieu verheiratet. Über die Familie Beaulieu ist bekannt, daß aus ihr Jean Pierre de Beaulieu hervorging, der in Paris 1689 geboren, in Göttingen *Lector linguae gallicae* an der Universität war und daselbst 1756 starb. Billroth schreibt an Eduard Hanslick, daß ein Zweig der Familie Beaulieu während der Französischen Revolution ausgewandert sei; eine Nichte des Exilierten sei die Gattin Willichs geworden. Billroth fügt hinzu, er erinnere sich, daß er seiner alten Urgroßmama oft französische Verse habe aufsagen müssen.

Wenn er von seiner Herkunft spricht, erwähnt Billroth immer, daß zu der Mischung seines "Blutes" aus Schweden (Familie Billroth), Pommern (Willich) und Preußen (Nagel) auch ein französischer Einschlag durch die Urgroßmutter hinzugekommen sei.

Nachdem Billroths Vater im Alter von 34 Jahren gestorben war, zog die Witwe mit drei Söhnen, zu denen nach des Vaters Tod noch ein Zwillingspaar hinzukam, nach Greifswald. Die jugendliche Witwe, in knappsten Verhältnissen zurückgeblieben, selbst kränklich und bald ernstlich krank, leitete die Erziehung ihrer fünf Söhne zeitweise vom Krankenbett aus. Die Billroth-Familie in Greifswald unterstützte sie nach Kräften.

Über den einen der beiden Theologen, Hermann, der als evangelischer Pfarrer nach Rio de Janeiro gegangen war, berichten uns Aufzeichnungen, die sein Bruder Albert in einem Buche *Ein Evangelist in Brasilien* (Bremen 1867) herausgegeben hat. Er erinnert sich dort auch an den anderen Bruder: "Theodor hat das Gymnasium nur mit Mühe durchgemacht." Zweifellos wurde die den Vater entbehrende junge Familie Billroth in besonderer Weise von der in Greifswald ansässigen Verwandtschaft und den Freunden getragen. In diesem Kreis spielt neben der Familie des Chirurgen Wilhelm Baum, wohl wichtigster Mentor des jungen Billroth, die Familie des Pharmakologen an der Universität Greifswald, Philipp Magnus Seifert, eine wichtige Rolle.

Die Bedeutung, welche die Familie Seifert jedoch für den heranwachsenden Theodor hatte, geht aus einem Brief hervor, welchen Billroth am 4. Mai 1884 aus Wien an Frau Seifert, offensichtlich als Dankesschreiben für einen Glückwunsch zu seinem 54. Geburtstag am zurückliegenden 26. April, nach Greifswald schrieb:

"Liebe gute Tante! Als Du mich vor nun 54 Jahren in Bergen als jungen Weltbürger begrüßtest, haben wir wohl beide nicht daran gedacht, daß dieser Tag nach so langer Zeit wiederholt Veranlassung zu unserer erneuten Begrüßung geben würde. Ich bin tief gerührt, daß Du wiederum meiner gedacht hast und danke Dir herzlich dafür. Denke ich die lange

Zeit zurück nach Greifswald, welches so lange Deine und meine Heimath war, so stehst Du und Dein Haus dort immer noch in der lebhaftesten Erinnerung und im dankbarsten Angedenken. Ja, ich weiß es jetzt im eigenen Alter noch weit mehr zu schätzen, daß Du Dich meiner Mama und unserer so warm angenommen hast; denn so viel Anregendes auch der Verkehr mit Kindern verschiedenen Alters hat, ...so kann ich nur alle Frauen bewundern, welche sich nicht nur ihrer Kinder, sondern auch der Kinder ihrer Verwandten so warm annehmen. Es gehört dazu eine Selbstlosigkeit, wie man sie bei Männern nicht so leicht findet. Für die Billroth-Buben (wie man hier sagen würde) war es immer ein Fest, wenn sie zu Tante Seifert gehen durften, und wir hätten einer Schwester nicht mehr zugethan sein können, wie wir unsere Cousinen Emmy, Gustchen und Lisbeth liebten. Nicht minder freundlich sind meine Erinnerungen an Dein Haus in Berlin, wo Du und die gute Großmama mich verzogen, und ihr, wie ich es jetzt mehr denn je zu beurteilen weiß, so viel Nachsicht mit den Unarten des jungen Gelehrten hattet, der sich in der Sturm- und Drangperiode befand und selbst oft nicht recht wußte, was er wollte. Nun sind Gustchen und ich allein aus dieser Generation in Greifswald zurückgeblieben! Der Unterschied der Jahre zwischen Tante und Neffen wird immer geringer..."

In diesem Brief verklärt Billroth seine Jugend. In seinem Herzen hat er aber dabei noch ganz andere Erlebnisse bewahrt. An entlegener Stelle, nämlich im Manuskript des Nachrufs seines Schülers Johann von Mikulicz *Billroth als Persönlichkeit* hat dessen Witwe, Henriette von Mikulicz-Radecki, folgendes hinzugefügt:

"Ein überängstlicher Lehrer riet ihr (der Mutter; Anm. d. Verf.) sogar, den Knaben von der Schule fortzunehmen und ihn einem praktischen Beruf zuzuführen. Ich weiß nicht, ob dieser Pädagoge lange genug gelebt hat, um Theodors Mutter recht zu geben, die um keinen Preis auf den Rat einging, sondern sich zum Opfer eines Nachhilfeunterrichts entschloß."

Frau Mikulicz muß besonders bewegt gewesen sein, daß sie das Manuskript ihres Gatten mit diesem Zusatz versehen hat. Man darf annehmen, daß Billroth diese Begebenheit aus seiner Schulzeit einmal in vertrauter Runde erzählt und Frau Mikulicz dies vielleicht als Höhepunkt der Groteske des "verkannten Genies Billroth" empfunden hat. Der "praktische Beruf" (durchaus ein Teil der Billroth-schen Existenz) hätte in der zweiten Hälfte des 19. Jahrhunderts, eingedenk der "Ahnen" und seiner "Verhältnisse" für Billroth so etwas wie ein "soziales Todesurteil" bedeutet.

Billroth hat die Anfänge seines Lebens, wie seine Briefe öfters zeigen, immer wieder bedacht. Ein ergreifendes Zeugnis hierfür ist ein Brief an Eduard Hanslick, geschrieben im Sterbebett in Abbazia. Billroth versucht mit letzter Kraft, der Nachwelt seine Gedanken zur Frage *Wer ist musikalisch?* zu hinterlassen. Er schlägt sich mit musikalischen und musikologischen Fragestellungen herum und schreibt, zunächst an seine Herkunft denkend:

"Ich bin freilich in Pommern geboren, doch von schwedischem Blut beiderseitiger Grosseltern mit französischem Einschlag, ein sonderbarer Mischling, im Vaterland Ernst Moritz Arndts gezüchtet und erzogen. Es ist ein eigenes Ding mit den Rassen und den Abkünften von ihnen - fast so kompliziert wie mit dem Dur und Moll und dem Vierviertaltakt und Dreivierteltakt. Was soll man aber mit den oft gar nicht üblichen

Produkten machen, die bald in Dur, bald in Moll oder in keinem von beiden, und bald dazu im Vierviertel-, bald im Dreivierteltakt gehen? Ich habe es aufgegeben, darüber Gesetze, wenn auch nur der Konvention, zu finden."

Es ist wohl kein Zufall, daß Billroths Gedanken am Ende seines Lebens von den "Ahnen" zur Musik wandern. Sicher hat er in seiner Jugend seine intellektuelle Begabung einerseits und sein überragendes musikalisches Talent andererseits als konkurrierende Gestaltungsmöglichkeiten seines künftigen Lebens empfunden. Im Laufe seines Studiums der Medizin sowie im Verlauf seines Berufslebens haben Billroths außergewöhnliche geistige und seelische Kräfte es jedoch ermöglicht, daß berufliches Engagement und Beschäftigung mit der Musik das polar sich ergänzende Fundament seiner außergewöhnlichen Persönlichkeit wurden.

Vielleicht hat Billroth in diesen Zusammenhängen auch an seine Zeit als Abiturient in Greifswald gedacht, als er im Jahre 1848 sein Gesuch um Zulassung zum Abiturientenexamen schrieb. Im noch unausgegorenen Spannungsfeld von Kunst und Wissenschaft sagt Billroth der gestrengen Kommission, daß er seine leistungsmindernden Beschäftigungen mit den Musen während der Schulzeit nicht bereut, obwohl Billroth in den Wissenschaften auf das Wohlwollen seiner Lehrer angewiesen war.

"Greifswald, den 1. Juli 1848

An eine hochlöbliche Königliche Abiturienten-Prüfungskommission.

Gehorsamstes Gesuch des Primaners Theodor Billroth um Zulassung zu dem Michaelis dieses Jahres Statt findenden Abiturientenexamen.

Da ich die gesetzliche Zeit von zwei Jahren in der Prima des hiesigen Gymnasiums gewesen bin, und mir die zum Abiturienten-Examen erforderlichen Kenntnisse erworben zu haben glaube, so ersuche ich eine hochlöbliche Königliche Abiturienten-Prüfungskommission, mich zu dem Michaelis dieses Jahres Statt findenden Abiturienten-Examen zuzulassen. Zugleich erlaube ich mir, mein curriculum vitae beizulegen.

Ich Christian Albert Theodor Billroth bin im Jahre 1829 in Bergen auf Rügen geboren, wo mein Vater Prediger war; 1832 erhielt er die Pfarre in Reinberg, wo er 1834 starb. Meine Mutter zog darauf mit mir und meinen 4 Brüdern nach Greifswald, wo ich auf der Bürgerschule den ersten Unterricht erhielt. In meinem achten Jahr kam ich auf das Gymnasium und blieb in Sexta zwei, in Quinta anderthalb Jahre. Nach Quarta versetzt, erweckte die Geographie mir das größte Interesse, da es mir außerordentliches Vergnügen machte, unter Anleitung des Lehrers verschiedene Karten zu zeichnen. Auch in dieser Klasse war ich zwei Jahre, doch erst in dem letzten Jahre gelang es den liebevollen Bemühungen des unermüdlichen Lehrers, mir mehr Liebe für die Wissenschaft einzuflößen. Schon von frühester Jugend an hatte ich eine fast ausschließliche Neigung zur Musik, welche sich durch regelmäßigen Unterricht von Jahr zu Jahr steigerte und mir nur zu oft in meiner wissenschaftlichen Ausbildung hemmend entgegentrat. So benutzte ich leider die zwei Jahre in Tertia nicht in dem Maße, wie ich sie hätte benutzen können und sollen, obgleich uns gerade in dieser Klasse die ausgezeichnete Gelegenheit zur festen Einprägung der lateinischen und griechischen Formlehre gegeben wurde. Nach Sekunda versetzt, wurde es mir daher schwer, mit den übrigen Schülern fortzukommen. Ich nahm deshalb Privatstunden beim Herrn Dr. Scheele, und suchte unter dessen tüchtiger Leitung die Lücken in meinem Wissen möglichst aufzufüllen. Meine höchste Bewunderung und mein

Abb. 4: Johanna Billroth, geborene Nagel, mit ihren fünf Söhnen. (Um 1843)

größtes Interesse erregte jetzt Homer's Odyssee in mir. Durch sie gewann ich eine Vorliebe für die griechische Sprache, und wandte mich erst in Prima der lateinischen wieder zu, als ich die Germania des Tacitus kennen lernte, die mich mehr anzog als die ganze römische Geschichte des Livius. -

Da ich die mir dargebotene Gelegenheit, mich im Sprechen und Schreiben der französischen Sprache zu üben, nicht ungenutzt vorübergehen ließ, so glaube ich es nicht bereuen zu dürfen, auch auf diese Fertigkeit manche Stunde verwandt zu haben. Natürlicher Weise mußte in der letzten Zeit die Beschäftigung mit der Musik immer mehr in den Hintergrund treten; doch werde ich die Zeit, welche ich auf sie, wie auf das Zeichnen, welche Kunst ich ebenfalls mit großer Liebe getrieben habe, verwendete, gewiß nicht bereuen, wenngleich ich mir gestehen muß, daß ich durch eine regelmäßige Zeiteinteilung von Anfang an alles zweckmäßiger mit einander hätte verbinden können. Da meine Stellung in den letzten Jahren ziemlich selbständig geworden ist, indem meine Mutter leider an das Krankenbett gefesselt wurde, so bin ich um so größeren Dank dem Lehrer schuldig, welcher nie nachgelassen hat, in den letzten Jahren in mannigfacher Beziehung mir seinen Rath zu erteilen, dessen Befolgung auf mein ganzes Leben von dauerndem Einfluß sein wird. -

Meine schon früh gefaßte Neigung zum Studium der Medicin ist so erstarkt, daß ich dasselbe zu ergreifen fast entschlossen bin."

Billroth ist zum Medizinstudium entschlossen. Der Abschied von der Musik als Lebensberufung fällt ihm schwer. Trotzdem, die Würfel waren gefallen. Aber ist es nicht merkwürdig, daß in vielen Lebenssituationen, in denen Billroth sein Leben reflektiert, immer auch von Musik die Rede ist? Sie erscheint in seinem Gesuch um die Zulassung zum Abitur ebenso wie in seinem Lebenslauf, den er 1880 auf der Höhe seine Ruhmes dem Archiv der k. k. Gesellschaft der Ärzte in Wien übergibt. Dort steht, fast wehmütig, zu lesen, daß er es auch in der Musik zu etwas gebracht hat. Sein fachliches Urteil wird von den Großen, dem Komponisten Johannes Brahms und dem Musikgelehrten Eduard Hanslick, bedacht und geschätzt. Billroth hatte eben den Ruf nach Berlin als Nachfolger Langenbecks abgelehnt und begründet dies am Schluß seines Lebenslaufes:

"Es war ihm jedoch sein Wirkungskreis in Wien, sowie auch das sociale und künstlerische Leben (er war mit Johannes Brahms und Eduard Hanslick besonders befreundet) in der schönen Kaiserstadt zu lieb geworden, als daß er sich hätte entschließen können, Wien zu verlassen."

Schließlich ist auch in der Coda seines Lebens, als er die Summe seines musikalischen Denkens zu ziehen versucht, in einem Brief an Hanslick von diesem "anderen Ich" die Rede. Die Einheit seines Denkens und Fühlens jedoch hat für Billroth zeit seines Lebens bestanden. Was er schon als junger Mann in seiner Person hinsichtlich seiner Doppelbegabung gespürt haben mag, kommt in einem Brief an Johannes Brahms aus Abazzia, geschrieben am "6. Januar 1886, Abends" klar formuliert zum Ausdruck:

"Ich habe noch nie einen großen Forscher kennengelernt, sei es persönlich, sei es aus seiner Biographie, der nicht im Grunde eine Art von Künstler gewesen wäre, mit reicher Fantasie

Abb. 5: Theodor Billroth. Scherenschnitt, Greifswald 1849

und kindlichem Sinn. Da bin ich denn wieder bei meinem Steckenpferd angelangt: Wissenschaft und Kunst schöpfen aus derselben Quelle."

Billroth hat aus "derselben Quelle" mit den Wissenschaften der Medizin und der Musik doppelt geschöpft. Die Vielfalt seiner Lebenszüge erweckt zudem oft den Eindruck, daß er sich am Vorbild des Polyhistors orientiert hat.

Otto Gersuny, einer seiner berühmtesten Schüler, hat in Verehrung seines geliebten Lehrers den Satz geprägt: "Diesen Mann in würdiger Weise zu schildern, hätte nur Billroth selbst vermocht." Gersuny konnte nicht ahnen, daß dies nie in Billroths Absichten stand. Aus den erst kürzlich bekannt gewordenen Briefen Billroths an seine Seelenfreundin Hermine Seegen geht dies eindeutig hervor. Billroth schreibt ihr am 3. Mai 1891: "...Hanslick hat oft auf mich eingeredet, ich solle eine Selbstbiographie schreiben. Ich habe nie dazu Neigung gehabt... Wollte ich eine Selbstbiographie schreiben, so würde sie einerseits eine ziemlich umfangreiche Geschichte der modernen Medizin enthalten, mit der ich mich innig verwachsen fühle, andererseits auch vielfach in die Geschichte der modernen Musik eingreifen. Es wäre eine Riesenarbeit, zu der ich Jahre lang brauchen würde. Eine solche Aneinanderreihung von ganz gewöhnlichen Lebensereignissen aufzuschreiben und drucken zu lassen, hätte doch wahrlich kein Interesse. Das Gedächtnis an den Einzelnen dauert, wenn es lang ist, 6-8 Monate bis 1-2 Jahre bei den Geliebtesten..."

Als Billroth nach dem ersten Semester, das noch fast ganz seinen musikalischen Studien gewidmet war, Greifswald verläßt, um dem verehrten Lehrer Wilhelm Baum im Sommersemester 1849 nach Göttingen zu folgen, kehrt er vielem den Rücken: der bürgerlichen Enge der kleinen Universitätsstadt Greifswald, dem unmittelbaren Schutz der Familie und der Freunde, der Vertrautheit mit Menschen und Landschaft. Der junge Billroth macht sich auf, gleich zwei Welten zu erobern: Die Chirurgie und die Musik.

Ausgewählte Literatur:

Absolon, K.B. (unter Mitarbeit von E. Kern): Theodor Billroth privat, Rockville, Md., 1990[3].
Billroth, Th.: Autobiographie vom Jahre 1880. In: Wiener klinische Wochenschrift 7 (1894).
Billroth, Th.: Wilhelm Baum: Nekrolog. In: Archiv für klinische Chirurgie, 30 (1884).
Fränkel, A.: Christian Albert Theodor Billroth. In: Neue Österreichische Biographie 1815-1918, hrsg. v. Anton Bettelheim, Bd. VII, Wien 1931, Neudruck Liechtenstein 1970.
Gebhardt, P.v.: Familiengeschichtliche Blätter. 27. Jahrgang, Berlin 1929.
Gersuny, R.: Theodor Billroth. Wien, Berlin, Leipzig, München 1922.
Gottlieb-Billroth, O. (Hrsg.): Billroth und Brahms im Briefwechsel. Berlin, Wien 1935, Neudruck 1991.
Gülzow, E.: Billroth und seine Heimat. In: Unser Pommerland. Monatsschrift für das Kulturleben der Heimat, Stettin 14 (1929).
Küster, E.: Theodor Billroth. Zur 100. Wiederkehr seines Geburtsjahres. In: Der Chirurg, 1 (1929).

Mikulicz-Radecki, H.v.: Theodor Billroth als Persönlichkeit. Ein Erinnerungsblatt zum 29. April 1929. Manuskript im Institut für Geschichte der Medizin, Leipzig, Sudhoff-Institut.

Wiese, E.R.: Theodore Billroth, Scholar, Musician, Master Surgeon. In: Ann. Med. Hist., 10 (1928).

II

Göttingen und Berlin (1849 bis 1860)

Studium in Göttingen

Als Theodor Billroth Ostern 1949 mit Professor Baum Greifswald verließ und sich mit ihm nach Göttingen begab, war er sich vielleicht nicht ganz darüber im klaren, daß er sich damit materiell von einer gesicherten Lebensbasis entfernte. Er konnte gewiß nicht als begütert gelten. Dafür gibt es zuverlässige Belege aus seiner eigenen Feder.

1875 hat Billroth nach jahrelanger, sorgfältiger und mühevoller Vorarbeit ein Buch von 550 Seiten herausgebracht: *Vom Lehren und Lernen der medicinischen Wissenschaften an den Universitäten der deutschen Nation.* Der Stoff wurde in einer nie wieder von einem einzelnen erreichten Weise, aus einer sehr subjektiven Haltung heraus dargestellt. Die Reaktion auf dieses Werk war heftig und kontrovers; Billroth wurde von mehreren Seiten hart angegriffen. Der "Leseverein der deutschen Studenten" hatte Billroth jedoch eine zustimmende Adresse übersandt, welche er zum Anlaß nahm, eine öffentliche Erklärung abzugeben. Den Inhalt des Buches hat er dann 1886 in der Broschüre *Aphorismen zum 'Lehren und Lernen der medicinischen Wissenschaften'* präzisiert. In der Antwort an den "Leserverein" heißt es:

"...dass es unter den Medicinern so auffallend Viele giebt, welche dies schwerste, theuerste und langwierige Studium mit so unzureichenden Mitteln unternehmen müssen, dass sie oft während der ganzen langen Studienjahre unter schwerster Last von Lebenssorgen keuchen. Glauben Sie mir, dass ich ein warmes Herz für diese Märtyrer ihres Strebens habe, wie für jeden Unglücklichen, er mag an einer leiblichen, geistigen oder socialen Krankheit leiden; ich selbst habe manche Jahre der Sorge während meiner bewegten Lebenslaufbahn durchgemacht, habe oft an mir und meiner Berechtigung zum medicinischen Studium gezweifelt, und möchte gerade deshalb gern Jeden vor Trübsal bewahren..."

Von allen Lebensperioden Billroths sind die beiden Göttinger Jahre am wenigsten gut belegt. Einen Rückblick vermittelt uns sein Schüler Alexander Fränkel. Ein schönes Originaldokument kam erst spät an die Öffentlichkeit. Im Rudolfinerhaus in Wien ist im Frühjahr 1979 die Abschrift von einem "Brief des zwanzigjährigen Theodor Billroth an seine Mutter" ans Licht gekommen. Es ist auf gut 25 Seiten Maschinenschrift die ausführliche Schilderung einer Fußwanderung durch Thüringen, zu Pfingsten 1849 von Göttingen aus unternommen. Offenbar unterzog sich Billroth gern der Aufgabe, seine Erlebnisse in aller Ausführlichkeit zu schildern, wobei bereits seine Lust am Schreiben, am Formulieren in Breite, aber auch seine Freude an lustigen Situationen und an Wortspielen sichtbar wird. Da diese Schrift weitgehend unbekannt ist, erscheint eine umfangreiche Wiedergabe gerechtfertigt.

"Meine Reise nach Thüringen in den Pfingstferien 1849 Göttingen, 14. Juli 1849

Schon oft habe ich die Erfahrung gemacht, dass Reisen, die man sich lange Zeit vorher vornimmt, entweder ganz zu Wasser werden, oder doch wenigstens nicht den Erfolg haben, den man sich vorgestellt hat. Ich nahm mir deshalb für die Pfingstferien durchaus gar nichts vor, und überliess es ganz dem Zufall, ob ich ganz in Göttingen bleiben, oder vielleicht auf wenige Tage kleinere Ausflüchte in die Umgebung machen sollte. Am Freitag den 25sten Mai wurden die Collega geschlossen; als ich am Morgen desselben Tages mich zur Arbeit gesetzt hatte, hörte ich, dass es schon früh sehr lebhaft auf den Strassen war; ich eilte daher ans Fenster, und sah, wie um alle Ecken und aus den Häusern Studenten herausströmten, den Renzel auf dem Rücken und den Stock in der Hand, um in die Weite zu eilen. Das Wetter war ganz köstlich; ich konnte es gar nicht mehr recht am Arbeitstisch aushalten; die Reiselust erwachte so heftig in mir, dass ich ihr nicht widerstehen konnte; ich überzählte daher meine Casse und fand, dass ich bei eingeschränkter Lebensweise vielleicht einiger Thaler entbehren konnte. Ich ging daher zu einem meiner Bekannten und fragte ihn, ob er mir nicht irgend eine hübsche Reise vorschlagen konnte, die ich mit möglichst wenigem Geld machen könne. Da er selbst aus Thüringen war, so schlug er mir vor, durch das Werra-Thal nach Eisenach zu gehen, und dann mit der Eisenbahn die Städte Gotha, Erfurt, Weimar und Jena zu bereisen. Der Vorschlag gefiel mir; ich ging noch von 9-11 zu Wöhler und Wagner ins Colleg und um halb 12 war ich entschieden zu reisen. Ich ass eiligst, packte meine 7 Sachen in meine kleine Reisetasche und machte mich um 2 Uhr auf den Weg nach Witzenhausen...

...ich wusste nicht ob ich mir viel Vergnügen versprechen sollte, ob ich angenehme Reisegesellschaft treffen würde, wie weit ich mit meinem Gelde reichen würde, kurz die ganze Sache war mir noch sehr unklar. Dazu kam, dass sich der Himmel mit dicken Wolken bezog, und die Luft so schwül war, dass es mir schwer wurde, weiter zu gehen. Endlich verlöschte der letzte Sonnenstrahl, und ein furchtbar Gewitter fing an sich Luft zu machen... Zuerst verdoppelte ich meine Schritte, als ich aber sah, dass ich dem Wetter nicht entgehen konnte, nahm ich wieder ein ruhigeres Tempo an. Hätte ich nur einen Leidensgefährten gehabt so wäre die Sache nicht so schlimm gewesen; aber so ganz allein im vollen Regen eine Vergnügungsreise zu machen, das ist etwas störend... So war ich also 5 Stunden lang im tollsten Regen gegangen, inwendig kochend durch die Anstrengung des Gehens, auswendig triefend von nassem, kalten Regen; meine Stiefel waren bis oben mit Wasser angefüllt; man kann sich denken, dass ich in gelinder Verzweiflung war. Schon während des Gehens fühlte ich, dass ich mich entschieden erkältet hatte, und sann darüber nach, was ich zunächst anfangen sollte, wenn ich ins Quartier käme; da fiel mir denn ein ganz prächtiges Mittel ein....

Ich legte mich nämlich zunächst zu Bett, liess, trotzdem, dass es sehr warm war etwas heizen, um meine Kleidungsstücke rascher zu trocknen, und liess mir eine gehörige Quantität Fliederthee machen. Ich geriet natürlich in eine übermenschliche Transpiration und schlief um 9 Uhr sehr sanft ein. - Am anderen Morgen wachte ich um halb 5 sehr munter und fidel auf, und befand mich ganz prächtig. Ich fing an mich anzuziehen, aber o weh! ich konnte meine Stiefel nicht ankriegen. Da ich nur ein Paar Strümpfe und zwar baumwollene mitgenommen hatte, so waren diese natürlich von der Nässe sehr spröde geworden, so, dass ich meine Füsse auf keine Weise in die inwendig noch ganz nassen Stiefel einzwängen konnte. Ich fasste mich sehr bald, klingelte dem Kellner und trug ihm auf, mir ein Paar Stiefel oder womöglich ein Paar grosse Schuhe zu verschaffen. Es wurde sofort zu allen Schustern des Städtchens Witzenhausen geschickt, aber leider keine Stiefel und noch weniger Schuhe aufgetrieben. ... Was sollte nun werden? es blieb nur noch ein Rath, nämlich Strümpfe und Stiefel mit Seife einzuschmieren und so hineinzurutschen. Dies wurde denn auch ausgeführt und ich glitt unter den grausamsten Schmerzen in die Stiefel hinein, so dass ich doch wenigstens weiter gehen konnte. Doch für jetzt genug von den Beschwerden der Fussreisen..."

Das Werratal sucht er der Mutter wie folgt nahezubringen:

"...Ihr könnt Euch diese Begrenzung des Thales ungefähr ähnlich vorstellen wie die weniger schroffen mit Wald überwachsenen Abhänge bei Stubbenkammer, natürlich mit dem Unterschied, dass das Gebirge hier nicht aus Kreide, sondern aus rothem Sandstein besteht... In Eschwege kam ich Mittags an. Die Hitze war diesen Tages ganz furchtbar; dazu kam, dass meine noch halb nassen Stiefel und meine sehr spröde gewordenen Strümpfe mich ganz entsetzlich quälten, so dass ich in einem völlig desparaten Zustande in Eschwege eintrat... mein erster Plan war, über Treffurt noch denselben Tag nach Kreuzburg zu gehen, da ich mir durchaus vorgenommen hatte, diesen Tag auf der Wartburg zu verleben... Da ich aber ganz erschrecklich müde war, und einsah, dass ich unmöglich noch bis Kreuzburg, was noch 6 gute Stunden entfernt war, gehen konnte, so wollte ich von Eschwege aus mit der Post nach Eisenach gehen. Leider ging aber an diesem Tage keine Post. Was nun anfangen?! Endlich ermittelte ich, dass 2 Stunden von Eschwege eine Poststation sei durch welche am Abend um 10 Uhr die Post von Cassel nach Eisenach durchkäme. Dies war eine höchst angenehme Entdeckung. Ich machte mich rasch auf und kam noch zur rechten Zeit in Bischhausen an, wo ich mit der Post bis Eisenach fuhr. Ich schlief im Postwagen prächtig, kam am Morgen um 4 Uhr dort an, und wurde hier mit dem Choral 'Eine feste Burg ist unser Gott' empfangen, den die Chorknaben auf dem Markte sangen."

Wir machen uns heute kaum eine Vorstellung davon, in welcher Weise man damals noch zu reisen gezwungen war, und daß am Pfingstmorgen früh um vier die Chorknaben auf dem Eisenacher Markt singen, ist inzwischen ganz aus der Mode.

Billroth bedauerte die Unannehmlichkeit, daß alle Gasthöfe so überfüllt waren, "...dass ich erst 4 Stunden umherlaufen musste ehe ich ein Unterkommen finden konnte... endlich fand ich in einem Gasthof vor dem Thor noch ein Zimmer, wo ich mich etwas ausruhen, und mich etwas umziehen konnte. So wurde die Uhr 10, ehe ich die Wartburg besteigen konnte...". Nach der Beschreibung des "ganz eigenthümlichen Gefühls" beim Betreten historisch berühmter Punkte heißt es dann:

"...Die Ruine der Wartburg an und für sich hatte ich mir bedeutend grossartiger und verfallener gedacht, und war daher höchst erstaunt dort oben 3 Häuser und einen Thurm von einer Ringmauer umgeben zu sehen. Viel bedeutender erscheint aber schon die Burg, wenn man oben steht. Das ungeheure Thor, die alten dicken Mauern, die für Jahrtausende aufgebaut scheinen, der Wartthurm, alle inwendigen Säle, Zimmer und Kapellen versetzen den Eintretenden in eine nachdenkende Stimmung. Was soll ich nun erst von der Aussicht sagen! Unmöglich wäre es für den Maler..."

Hervor hebt er "... die durch die Abwechslung von Berg und Thal entstehende Mannichfaltigkeit der Beleuchtung, die von der Sonne glühenden Bergspitzen und die schwarzen

Felsenklüfte, in die nur selten ein Strahl hineinkommt; alles übt auf den Besucher der Wartburg einen magischen Reiz aus.

...Es waren am ersten und zweiten Pfingsttag ungefähr 300 Studenten auf der Wartburg. Ihr habt gar keinen Begriff was für ein Leben das war. Ich glaube es waren alle Universitäten Deutschlands vertreten, war doch sogar einer aus Greifswald dort... Ich mischte mich denn auch bald unter die anderen und freute mich Student zu sein.

Von Göttingen allein waren ungefähr 200 in den ersten beiden Pfingsttagen auf der Wartburg, ausserdem viele Jenenser die mir alle ausserordentlich wegen ihrer grossen Herzlichkeit und Zuthulichkeit gefielen, dann Hallenser, Leipziger, Marburger, Freiburger, Tübinger, Erlanger und wer weiss was alles für Leute! kurz es war ein Trubel, eine Heiterkeit, die gar nicht zu beschreiben ist. Das Wetter war köstlich, und jeder amüsierte sich so aus Herzenslust. Dazu kam, dass das Eisenacher Bier so ausgezeichnet ist, dass es von vielen dem echten Bairischen vorgezogen wurde; es war so klar wie der schönste Rheinwein, und perlte wie Champagnerwein...

Auf solchen Fussreisen hört auch jeglicher Etikette auf, man wird unwillkürlich mit der Natur ein Natur-Mensch. Der Inselsberg ist für mich die schönste Erinnerung von der ganzen Thüringer-Reise; nicht gerade in Bezug auf die Gegend, obgleich auch diese himmlisch war, sondern besonders in Bezug auf die fröhlichen heiteren Stunden, die ich dort mit anderen frischen, jugentlichen Gemütern verlebt habe...

...Man glaubt gar nicht wie überaus natürlich und naiv die Thüringer Mädchen sind, wie überaus anständig alles herging und wie klug die Mädchen auf gestellte Fragen antworteten und auszuweichen wussten. Hier galt wirklich der Spruch: ländlich sittlich. Wenn ich dagegen unsern pommerschen Volksstamm betrachte, wie plump und gemein sind sie in allen ihren Bewegungen und Reden, wie ich das ja in machen Erntefesten in Mannhagen zu beobachten Gelegenheit hatte...

Von Reinhardsbronn gingen wir noch eine halbe Meile bis nach Friedrichsroda, einem niedlich gelegenen Städtchen, wo wir die Nacht zubrachten. Obgleich das Wirtshaus ziemlich schlecht war, so waren wir doch so ermüdet, dass wir froh waren, wie wir unsere Glieder in einem Bett ausstrecken und recken konnten. Dieser Tag war vielleicht der schönste meiner ganzen Reise; ich glaube nicht, dass ich je schon so herzlich froh und heiter gewesen bin...". Das war Billroths erste Erfahrung, und - vom Wirtshause einmal abgesehen - sogar eine angenehme, mit Friedrichroda; er feierte dort später seine Hochzeit.

Man beschloß am Abend noch im vier Meilen entfernten Weimar ins Theater zu gehen. Ein großer Wagen wurde besorgt, "vor diesem 4 Pferde Extrapost genommen und so fuhren wir 14 Studenten um 6 Uhr in Weimar ein... Wir fuhren sehr grossartig vor dem Hotel zum Elephanten am Markt vor, und erkundigten uns sofort, was am Abend im Theater gegeben würde. Wie gross war unser Erstaunen und unsere Enttäuschung, als wir erfuhren, es sei an diesem Abend gar kein Theater! Dies war allerdings grosses Pech. Am Tage vorher hatte Liszt ein Concert gegeben und am folgenden Tage, also am Sonnabend... sollte Fidelio gegeben werden. Pech über Pech!

Unser nächstes Bestreben war nun also, uns etwas umzuziehen, und uns von der furchtbaren Hitze - die uns alle sehr mitgenommen hatte - zu erholen. Um 7 Uhr waren wir alle wenigstens einigermassen anständig angezogen, so wie dies auf einer Fussreise sein konnte; wir gingen also in pleno auf das Schloss, um dort die zum Andenken Goethes,

Schillers, Herders und Wielands eingerichteten Zimmer zu sehen. Auch hier hatten wir Pech indem der Portier nicht zu Hause war. So gingen wir dann nach Schillers Haus; leider konnten wir aber auch dessen Inneres nicht sehen, da der Mann der es uns zeigen sollte, schon nicht mehr zu Hause war. Für diesen Abend waren wir also völlig blamiert... Nach genossencm Abendbrot streiften wir etwas in der Stadt herum um uns dieselbe etwas genauer zu besehen. Ich war aber in meinen Erwartungen sehr getäuscht, da ich glaubte in Weimar eine kleine geleckte Residenz zu finden wie sie die meisten dieser kleinen Raubstaaten haben.

Weimar ist mir als ein ganz schmutziges, hässliches und krumm gebautes Nest erschienen. Gegen halbzehn Uhr setzten wir uns alle vor die Thür unseres Gasthauses und tranken noch mit Vergnügen einen Schoppen des sehr schönen berühmten Bubenhaimer Bieres aus Jena. Wir 4 zogen uns aber bald herauf auf unser Zimmer, wo wir noch wichtige Berathungen zu machen hatten. Unser Geld war nämlich enorm geschwunden. Wir schmissen daher alles zusammen, und rechneten nun alle 4, ob es möglich wäre, nach Göttingen zu kommen...

9 Uhr fuhren wir also fort, kamen um 10 in Erfurt an, wo wir uns zwei Stunden aufhalten mussten. Obgleich keiner von uns einen Pass bei sich hatte, so wurden wir dennoch ohne weiteres in die Festung, die gerade in Belagerungszustand war, eingelassen. Wir besahen uns die Stadt, dann den Dom, der gerade gebaut wurde, und zuletzt die Grosse Glocke, welche nach der in Moskau die grösste ist, welche in Europa existiert. An allen solchen Dingen ist aber wenig zu sehen, nur dass man den Ruhm hat, sagen zu können, man sei dagewesen und habe das und das gesehen.

Um 12 Uhr fuhren wir weiter und kamen um 1 Uhr in Gotha an; der erste Gang war natürlich auf die Post. Wie gross war unser Erstaunen, als wir hörten, die Post nach Göttingen ginge erst um halb 3 Uhr. So setzten wir uns denn beruhigt in den 3ten Beiwagen der Post und kamen am Sonntag Morgen heiter und vergnügt um 4 Uhr in Göttingen an wo wir uns einen Tag ausruhen konnten, und uns am Montag im Colleg vergnügt wiedersahen."

Es folgt eine Art Resumé, originell in der Art seiner Darstellung und charakteristisch für die Einstellung Billroths zu seiner Zeit und den Zeitumständen:

"Für mein ganzes Leben wird mir diese Reise durch Thüringen stets eine sehr angenehme Erinnerung sein. Ich glaube aber auch kaum, dass je eine Fussreise so vom Wetter begünstigt ist, wie diese... Wir hatten stets die schönsten Aussichten getroffen. Die ganze Reise kostete mich" - Rechenschaftslegung vor der sparsamen Mutter - "17 Reichstaler; ich war 8 1/2 Tage unterwegs, habe also täglich 2 Reichstaler gebraucht. Merkwürdig ist noch der Umstand den ich erst entdeckte, als ich auf der Karte zu Hause meine Reise verfolgte, dass wir in jeder Nacht in einem anderen Herzog- oder Fürstentum geschlafen haben. Von Göttingen (Hannover) ging ich aus, bis Witzenhausen (Hessen-Kassel), von da nach Eisenach (Sachsen-Eisenach), von da nach Bieberstein (Sachsen-Meiningen) von da nach Friedrichroda (Gotha) von da nach Ilmenau (Sachsen-Weimar) von da nach Schwarzburg (Schwarzburg-Rudolfstadt), von da nach Weimar, dann wieder durch die preussische Festung Erfurt, wieder eine Strecke durch Gotha, dann durch Preussen und endlich wieder nach Hannover... Ich war kaum 8 Tage in Göttingen, als ich fast 3 Wochen an einem Fussgeschwür litt und während dieser Zeit auf meinem Zimmer bleiben musste...

Folge der ersten starken Tour nach Witzenhausen, wo ich sehr rasch ging und mir grosse Blasen unter den Füssen lief, die ich auf der ganzen Reise unbeachtet lies... Da jedoch auch das überwunden ist bin ich zu jeder auch noch so starken Fusstour bereit. Ich benutze mein Kranksein, um für Dich liebe Mama, einige Zeichnungen die ich skizziert hatte, in Farben, in Form eines Tableaux auszuführen. In der Mitte ist Schwarzburg, oben Paulinzelle und der Inselsberg, unten die Lutherbuche und die Wartburg, an den Seiten die Drachenschlucht in Annathal und der Weg von der Wartburg nach Marienthal; in den 4 Ecken Mädchenköpfe mit Thüringer Kopfputz. Bald hoffe ich es Dir selbst übergeben zu können. Dann wollen wir noch recht viel von dieser reizenden Reise in Gottes schöner Natur miteinander sprechen."

Neben den anmutigen Schilderungen Billroths spricht eine anrührende Sohnesliebe aus diesem Brief.

Ein weiteres Originaldokument ist der berühmte Brief Billroths vom Februar 1850 an seine kranke Mutter, in welchem er über die Konzerte von Jenny Lind in Göttingen berichtet. Im Abschnitt II "Der Musiker in Billroth" wird dieser ausführlich zitiert.

Mit der Übersiedlung nach Göttingen wird dem Lebensweg Billroths eine neue Richtung, der Ausblick in eine neue Welt eröffnet, und hiermit werden ihm auch die neuen Ziele gewiesen. Nicht etwa, daß er deswegen seiner ersten Liebe, der Musik, den Abschied gegeben hätte; er blieb ihr vielmehr treu bis in den Tod. Aber fortan sollte sie nicht sein alleiniger Lebenszweck sein.

Die Führer seiner bis dahin schlummernden Anlagen waren ein Stab bedeutender Männer der Göttinger medizinischen Fakultät, vor allem der Professor der Chirurgie Wilhelm Baum, der väterliche Freund, und der hervorragende Physiologe Rudolf Wagner.

E. Robert Wiese zeigt in seinem Aufsatz *Theodor Billroth, Scholar Musician, Master Surgeon* eine große Einfühlungsgabe und viel Sachkenntnis: "...While at Greifswald he was indolent, indifferent and apparently not interested in his studies, he was quite the reverse in Goettingen. The character of the faculty of the University may have had something to do with the change. Here were Woehler, Wagner, Martin Langenbeck, Leuckart, Lotze, Fuchs, Baum, Wilhelm Weber and Ruete, men of such contemporaneous importance, that were they living today, no Minerva would be complete without their Names. Billroth was not unresponsive to their influence and example. Two of these especially shaped his destiny, for under the genial instruction of Wagner he soon became immersed in microscopic studies, while thanks to the almost paternal interest of Baum, the scientific and practical applications of surgery were revealed to him in a way hitherto undreamed of. However music was not abandoned, for while in Goettingen, Billroth found inspiration and expression in the home of Arnold Wehner, the director of music. A remarkable friendship between Billroth and Meissner was also formed and cemented by their mutual love of music and science. Both were engaged in special studies in physiology and were invited by Wagner in the fall of 1851 to accompany him to Trieste..."

Abb. 6: Wilhelm Baum (1799 bis 1883). Gemälde von W. Titel

An dieser Stelle sind einige weitere Passagen aus Billroths Nekrolog auf Wilhelm Baum zu erwähnen; sie beleuchten dessen Wirken in Göttingen und Billroths Beziehungen zu ihm und der Familie Baum:

"Baum kannte mich schon als Knaben in Greifswald und hegte bis an sein Lebensende eine wohlwollende Freundschaft für meine Angehörigen und mich. Als ich in Göttingen meine Studien ernst begann, wurde ich im Baumschen Hause wie ein Sohn aufgenommen. Mein Lehrer und väterlicher Freund hat mich auf meinem Lebenswege mit ausdauernder Treue begleitet, was ich um so höher schätze, als wir über vieles das menschliche Leben Betreffende grundverschiedene Auffassungen hatten. Baum's Interesse an meinen Arbeiten war mir stets eine wohlthuende Erfrischung und Aneiferung...

So glänzend auch seine Erfolge auf dem Gebiete der Chirurgie in Danzig gewesen sein mögen, so zeigte sich Baum's ganze Energie und sein humanitärer Heroismus dem grösseren Publikum daselbst und den Behörden gegenüber doch zunächst in seiner ärztlichen und wissenschaftlichen Thätigkeit bei der Choleraepidemie, welche im Jahre 1830 in Danzig mit grosser Heftigkeit zuerst auftrat und ganz Norddeutschland in Aufregung versetzte. Baum konnte Einen dabei so lebhaft in das wissenschaftliche, äthiologische, anatomisch-pathologische und therapeutische Interesse der Krankheit hineinziehen, dass man an eigene Gefahr gar nicht dachte; er suchte mit einer Art von Fanatismus alle Fälle auf und man schämte sich, ihm nicht zu folgen. Bei solchen Gelegenheiten zeigte sich, dass Baum's schwärmerischer Humanismus und sein unverbrüchlicher Glaube an die Heiligkeit des Hippokratischen Doctoreides keine leeren Phrasen waren; sondern sie kamen aus dem tiefsten Innern seines Wesens und bewährten sich in der Gefahr."

Bei Abwägung aller Entwicklungsfaktoren des jungen Billroth kann es kaum verwundern, daß der Pastorensohn aus Vorpommern, in der altpreußischen Atmosphäre eines imponierenden Großvaters herangewachsen, auch unter dem Einfluß dieser integren Vaterfigur Wilhelm Baum nicht in den Bann der revolutionären Bewegungen von 1848 geriet. Diese spielten sich vorwiegend in den Großstädten, vor allem in den Hauptstädten ab. Im Nekrolog heißt es:

"Während Baum's Arbeit sich in Greifswald noch vielfach durch ausgedehnte Privat-Praxis zersplitterte, concentrirte er sich in Göttingen immer mehr und mehr auf die Chirurgie, nahm mit seltenen Ausnahmen nur chirurgisch-consultative Praxis an, und passte sich überhaupt mehr dem von jeher besonders ausgesprochenen Gelehrten-Charakter der Göttinger Universität an.

Histologie, Physiologie, Chemie, Physik waren damals die rasch sich emporschwingenden Wissenschaften; Baum fühlte, dass er hier nicht im Rückstand bleiben dürfte, da die glänzenden Strahlen der genannten Zweige schon, wenn auch nur durch kleine Spalten, in die Räume der allgemeinen Pathologie, der pathologischen Anatomie einzudringen begannen. In Lotze's allgemeiner Pathologie, der ein ähnliches Buch von Henle bald folgte, Johannes Müller's Arbeit über Geschwülste, Vogels ersten Arbeiten erkannte ein Geist wie der Baums, welcher eine Art Instinct für die Erkenntnis von Talenten hatte, die Morgenröthe einer neuen Aera, und bald trat die Sonne 'Virchows' hervor.

Der bereits fünfzigjährige Baum, Professor ordinarius setzte sich wieder auf die Schulbank und war während der ersten zwei Jahre seiner Göttinger Professur der stete Nachbar von

Georg Meissner (dem jetzigen berühmten Physiologen Göttingens) und mir in den Vorlesungen von Wöhler, Wilhelm Weber und Rudolf Wagner. Wenn man von Baum und seinen Zeitgenossen als Operateuren spricht, so muss man immer im Auge haben, dass die ganze Entwicklung dieser Männer in die Zeit vor der Anwendung der Anästhetika fiel, und dass schnelles Operiren das am meisten zu erstrebende Ziel war.

Abends gegen 8 Uhr pflegte er seine Arbeit abzuschliessen; dann kam er von seinem Zimmer herab zur Familie, in deren Kreise ich das Glück hatte, in Göttingen oft verkehren zu dürfen; lag kein besonderer Gesprächsstoff vor, oder waren nicht etwa andere Gäste da, die ihn interessirten, so wurde sehr häufig Musik gemacht, woran er grosse Freude hatte."

Als zuverlässig gilt die Matrikel-Eintragung Billroths an der Universität Göttingen: Billroth ist demnach im Matrikelbuch unter der No. 43.299 zu finden, unter dem 2. Mai 1849, mit der Jahres-No. 158.

So wenig Rätselhaftes angesichts der eindrucksvollen Figur Baums und ihres Einflusses auf den Heranreifenden der Weggang von Greifswald nach Göttingen auch haben mag, nirgends ist auch nur eine Andeutung darüber zu finden, wieso nach der doch im Grunde erfolgreichen wissenschaftlichen Reise Ende 1851 Billroth nicht wieder an seine alte Universität zurückging, sondern sich nach Berlin wandte. Was war aus dem Einfluß Baums geworden, warum gab Billroth denn nun wirklich die "glückliche Studentenzeit" in der kleinen Universitätsstadt auf? Die Briefe, welche Theodor während der Berliner Jahre an seinen engsten Göttinger Freund Georg Meissner schrieb, werfen einiges Licht auf die Situation.

Für die Göttinger Zeit bleibt festzuhalten, daß Billroth unter dem Einfluß hervorragender Lehrer den eigentlichen Wendepunkt in seinem Lebenslauf erfuhr. Hier erlebte er seinen "Tag von Damaskus".

Studium in Berlin

Der erste Brief an Georg Meissner, datiert "Berlin, 18. Oct. 51", weist aus, daß Billroth "vorgestern Abend... hier eingerückt" sei.

Der Abschied von Göttingen muß für Billroth irgendwie unvorbereitet gekommen sein, so daß er sein Abgangszeugnis nicht mehr abholen konnte, seine Rechnungen oder Schulden nicht bezahlte, andererseits aber, vielleicht aus Kostengründen, nicht noch einmal selbst nach Göttingen zurück wollte. So erledigte dies alles der "liebe Fischer", der Freund Georg Meissner, späterer Entdecker der Meissnerschen Tastkörperchen und des ebenfalls nach ihm benannten Nervenplexus der Darmwand.

Am 12. November folgt einer von Billroths für seine Jugend kennzeichnenden Mammutbriefen, bis in den morgen des 13. hinein geschrieben; er erstattet Bericht über das Erlebte aus allen möglichen Gebieten der Medizin, aber auch manchen Studentenklatsch. Der Ton, in dem er über die Professoren, vor allem über seinen späteren Chef Langenbeck herzieht, ist arrogant, wobei man nicht entscheiden kann, ob es sich noch um provinzlerische Großsprecherei oder bereits hauptstädtische Überheblichkeit handelt:

"... Ich frage nun, was ist ein scrophulöses Sarkom? Ich habe den Ausdruck nie gehört. Andere Bemerkungen wie: Carcinös gewordene Hyperthrophie, fibroide Degeneration, fibroide Dyscrasie etc. sind mir ebenfalls dunkel; entweder muss ich annehmen, dass alles das, was ich über Geschwülste gehört habe Unsinn ist, oder Langenbeck weiss garnichts davon; bisher habe ich mich zu dem letzteren entschieden... Wenn Du aus dem Vorigen ersehen magst, dass ich nicht so von Langenbeck begeistert bin, wie alle übrigen hier u. besonders alle Berliner, so kann ich doch nicht genug wiederholen, dass er ein so ausgezeichneter Operateur ist, wie ich je einer zu werden wünsche."

Eine sehr selbstbewußte Generation "zorniger junger Männer" ist also auf diesem Göttinger "Baum" gewachsen, die mit viel - möglicherweise sogar ganz berechtigter - Kritik an die Berliner Zustände herangeht. Vielleicht ist es aber doch ein ganz persönlicher Zug des jungen Billroth, der schon immer dazu neigte, alles sehr genau zu betrachten, zu analysieren und schließlich seine Meinung sehr offen auszusprechen. In einem späteren Brief an Meissner, vom 7. Mai 1856, schreibt er dann - eigenartige Ironie der Verknüpfung: "Langenbeck hat mir den freundschaftlichen Rath gegeben nicht so schroff anderen Ansichten in meinen Arbeiten gegenüber zu treten..."

Damals hat er wenigstens einmal geglaubt, was der "Herr Geheimrath" sagte, denn: "...in Folge dessen liess ich jegliche Polemik fallen..."; allerdings mit einem raffinierten Trick, der ihn vor sich selbst doch irgendwie salvierte: "...und damit auch die Literatur, indem erstere (die Polemik; Anm. d. Verf.) mit der Berücksichtigung der letzteren von selbst fortfällt."

Seinen festen Bezug zu Baum verrät ein Brief "Berlin d. 24. Jan. 1852", den er dann am 25. fortsetzt:

"...Was Baum anlangt, so muss ich bekennen, dass ich seinen Vortrag erst jetzt habe schätzen gelernt. Neues habe ich wenig von Lang.(enbeck) gelernt, wenigstens der Art, dass ich es billigen könnte, seine Collegia sind mir natürlich willkommene Repetitore... während sich alle Berliner vor Entzücken über dies Colleg umbringen wollen, kann ich nichts anderes sagen, als dass es mir tägliches Brod in Göttingen war, was die hiesigen Herren Commilitonen für den köstlichsten Marzipan halten. Ein fernerer Beweis für Baum's Vortrefflichkeit ist mir, dass diejenigen Göttinger, die in Prag, Wien und hier die chirurgische Klinik besucht haben, immer darauf zurückkommen, dass Baum der erste Chirurg ist. Nach ihm soll Pitha (v. Pitha, von dem später noch viel die Rede ist; Anm. d. Verf.) in Prag am höchsten stehen, und am meisten mit Baum's Ansichten übereinstimmen. Langenbeck's Operiren wird nachgerade sehr langweilig! Zwei Opfer seiner Operationswuth fielen letzte Woche..."

Hier meint man nicht mehr recht zu wissen, warum Billroth Göttingen gegen Berlin vertauschte, in dem es so viel zu kritisieren gibt. Aber vielleicht hat sich bald etwas vom Hauptstädtischen eingeschlichen, denn im nächsten Brief sieht es plötzlich ganz anders aus (5. März 1852):

"...Die Idee, Deine Ferienzeit in Göttingen zu versitzen hast Du gewiss in einer Stunde gefaßt wo Dich die Hämorrhoiden am meisten juckten. Du wärst ein Thor, wenn Du die freie Zeit dort versässest... Weißt Du was? Besuche mich in diesen Ferien; wir wollen uns schon eine zeitlang hier amüsiren, und ich übernehme es, Dich aus Deiner Weltschmerzstimmung herauszubringen..."

Und nun vollends zwei Jahre später, am 21. August 1854, schreibt er:

"...was nun überhaupt Dein Herkommen betrifft, so ist dabei die Hauptsache das Fortgehen von Göttingen. Ich sage nichts Schlechtes von Göttingen, und habe meinem dortigen Aufenthalt viel zu danken; aber immer Göttingen, und wieder Göttingen, und noch mal Göttingen; das ist zu viel..."

Anläßlich der "Naturforscherversammlung" im August-September 1854 kommt es dann zu einem nochmaligen längeren Besuch Billroths in Göttingen. Einige Briefstellen werfen ein bezeichnendes Licht auf seine früheren Beziehungen zu den Freunden in dieser Stadt. Am 26. August 1854 heißt es:

"Wenngleich ich nicht leugnen kann, dass ich am liebsten bei Dir wohnen würde da ich nicht gern sobald wieder abreisen möchte, wenigstens nicht ehe die Naturforscherversammlung in Gang ist, und ausserdem Dich für vernünftig genug halte, Dich meinetwegen weder zu geniren, noch zu alteriren, - so möchte ich doch auch Wehner's, denen ich immer noch für die vielen vergnügten Tage, welche ich in Göttingen bei ihnen verlebt habe, dankbar bin, nicht gern beleidigen oder wie man zu sagen pflegt, vor den Kopf stossen. Am liebsten wäre es mir, wenn Du Dich mit Wehners darüber in Verbindung setzen wolltest, damit ich im Klaren bin, wenn ich in Göttingen ankomme; vielleicht liesse es sich am Schicklichsten so vereinigen, dass ich eine Zeit lang bei Wehner's u. eine Zeit lang bei Dir wohnte..."

Das ist Billroths liebenswürdige Art: niemandem weh zu tun, das eine tun und das andere nicht lassen, und dies dadurch, daß man die Entscheidung darüber den anderen überläßt. Billroth schreibt an Georg Meissner am 26. September 1854:

"Lieber Georg! (aus dem "licbcn Fischer" der Göttinger Studentenzeit ist inzwischen der erwachsene Freund Georg geworden; Anm. d. Verf.) Seit gestern Abend bin ich hier, und eile, Dir schon heute ein Lebenszeichen von mir zu geben, um eine von mir gegen Dich begangene Ungezogenheit bei Dir abzubitten. Die letzten Momente meiner Abreise von Göttingen waren so eilig, dass ich nicht einmal dazu gekommen bin, Dir meinen herzlichen Dank für Deine freundliche Gastfreiheit zu sagen. Ich weiss jetzt selbst nicht recht, wie es kam; doch sass ich plötzlich im Wagen, ohne damit das Bewußtsein der sofortigen Abreise zu verbinden, so dass ich fest glaube, ich habe Dir garnicht adieu gesagt; dies Alles fiel mir schon ein, als ich im Wagen sass; doch konnte ich nun nicht heraus, ohne die ganze umstehende Baum'sche Familie zu attakiren, und da Abschiedsscenen in Gegenwart vieler Zuschauer mir immer komisch erschienen sind, so ist es auf diese Weise gekommen, dass ich von Göttingen wie die Katze vom Taubenschlag abgefahren bin. Meine grosse Ungeschliffenheit in diesem Punkte, die ich mir garnicht verzeihen kann, hat mein Gewissen bis heute belastet; ich bitte Dich, auch diesmal zu entschuldigen, der ganze Göttinger Trubel hatte mich völlig confus gemacht... Wenn ich jetzt an die Tage in Göttingen zurückdenke, so kommen sie mir schon sehr fernliegend vor, und ist es mir, als sei ich gar nicht fortgewesen, übrigens denke ich mit Freude an die bei Dir verlebten Tage zurückt und habe mich besser amüsirt wie Du nach meiner äusseren morosen Miene gedacht hast. Die ruhigen Stunden, die ich mit Dir zu haben hoffte, werden wir hier recht bald nachholen, da ich voraussetze, dass Du spätestens im November herkommst..."

Daraus ist dann freilich erst im Frühjahr 1855 etwas geworden, zudem noch zu einer Zeit, als Billroth für einige Wochen zu seinen Verwandten nach Staffelde bei Berlin reiste, um dort Studien zu betreiben. Am 17. April 1855 vermeldet er:

"...Es giebt hier auf den Wiesen schon viel Froschlaich; ich hoffe auch noch, an den Schwänzen der Larven Vergleichs-Untersuchungen machen zu können... unendlich viele kleine Lachen auf der Wiese dicht hinter dem Garten, wo fürchterlich Viel erwacht, nicht allein mikroskopische Thiere, sondern auch andere, die noch mit blossem Auge zu sehen sind. Wenn Du doch hier wärest. - Ich werde Dir eine Flasche voll dem Extrakt dieses Wassers mitbringen..." Und am 24. April: "Was mich betrifft, so habe ich seit der Ankunft meiner Tante und meiner Cousinen (wahrscheinlich Tante Seifert, welche vier Töchter hatte; Anm. d. Verf.), die am Sonnabend erfolgt ist, die Wissenschaft verlassen, um mich jetzt vollständig der Kunst der Malerei zu widmen. Ein Oelbild habe ich bereits fertig, und freue mich ganz besonders darüber, dass es so rasch geht. In diesen u. ähnlichen Beschäftigungen wird diese Woche sehr rasch vorübergehen; es ist die einzige Zeit in diesem Jahre, wo ich Berlin verlassen kann. Du wirst es daher nicht unnatürlich finden, wenn ich jetzt etwas bummle..."

Dies wirft ein bezeichnendes Licht auf den erwachten Gelehrten und auf das offenbar gewünschte Ziel, das ihm beim Weggang von Göttingen vorgeschwebt hatte. Man stelle sich vor: Der junge Doktor fährt in seinem einzigen Jahresurlaub zu Verwandten aufs Land, um dort an Froschlaich und Larvenschwänzen die Entwicklung von Kapillaren zu untersuchen, indem er sein geliebtes Mikroskop mit auf die Reise nimmt; unverheiratet, 26jährig, der Wissenschaft ergeben - trotz aller dilettierender Ölmalerei, mit der er sich sonst niemals ernstlich abgegeben hat.

Eine Briefstelle an Baum zu zitieren erscheint notwendig, da dieser Satz in dem schon angeführten Brief vom 9. November 1851 einen wichtigen Hinweis enthält auf die Alternative, welche sich offenbar vor Billroth aufgetan hatte: "...Mein Wunsch, meine Studien hier in Berlin, und nicht etwa in Greifswald fortzusetzen, ist durch die gütige Unterstützung meiner Grossmuter in Erfüllung gegangen..."

Von Göttingen ist in diesem Biref nicht mehr die Rede. Billroth will in Berlin weiterstudieren und fürchtet sich wahrscheinlich davor, nach dem Tod der Mutter aus Kostengründen wieder in die Provinzialität seiner Heimatstadt Greifswald zurückkehren zu müssen. Er offenbarte der Großmutter seinen Herzenswunsch "Berlin", und diese verständnisvolle Frau gewährte ihm gütig ihre Unterstützung. Man erkennt in diesem keineswegs gleichgültig hingeschriebenen Satz das Bekenntnis einer freien Wahlentscheidung: Berlin! - einer Zielvorstellung, welche sich freilich nur mit Hilfe seiner generösen und vermögenden Großmutter hat realisieren lassen.

Einige Passagen müssen hier hinzugefügt werden, die der sicher gut informierte Schwiegersohn Otto Gottlieb-Billroth im Vorwort seines Buches *Billroth und Brahms im Briefwechsel* über die Göttinger Zeit schreibt:

"...Hier entfaltete sich nun sein Geist und nimmt die für seine weitere Entwicklung entscheidenden Formen an. Jetzt erfasst ihn ein ungeheuerer Arbeitseifer: jener spezifische 'Fleiss' des Genies, mit einer sich wunderbar entwickelnden Arbeitskraft. Eine besondere Bindung speziell an die Chirurgie ist Billroth in Göttingen nicht eingegangen; sein Interesse hat hier unter dem Einflusse des geistvollen Rudolf Wagner das Studium der Physiologie ganz in Anspruch genommen. Wohl aber kann der allgemein menschliche Einfluss, den der Chirurg Baum auf die Entwicklung des Studenten Billroth zweifellos ausgeübt hat, kaum hoch genug angeschlagen werden..."

Es folgen dann lange Ausführungen über Billroths Leben mit musikalischen Freunden, ehe Gottlieb-Billroth die Göttinger Zeit abschließt:

"...In diesem Kreise hat der junge Feuerkopf, der, mit allem Fleiss den Naturwissenschaften hingegeben, gleichwohl noch Zeit und Kraft fand, die gesellschaftlichen Musikfreuden nicht bloss mitzugeniessen, sondern hierzu auch ausübend mitzuwirken, und der seither von Göttingen nach Berlin gezogen war, ein gutes Andenken hinterlassen. Eine der Angehörigen dieses Kreises versicherte noch nach Jahrzehnten als alte Frau, da von Billroth gesprochen wurde: 'der hätte ja gerade so gut Musiker wie Chirurg werden können' (von Michelmann in seinem Buch über Agathe Siebold, die Jugendliebe von Brahms, berichtet; Anm. d. Verf.). - Im Herbst 1851 war Billroth nach Berlin gezogen. Hier wirft er sich nun mit ganzer Kraft in die medizinischen Studien."

Wie ersichtlich, will auch Gottlieb-Billroth die Abkehr von der Vorherrschaft der Musik erst in die Berliner Studentenjahre legen, womit die Vermutung der Persönlichkeitskrise zum Zeitpunkt des Todes der Mutter eine Stütze erfährt.

Die Hinwendung von Greifswald nach Göttingen ist gut bestimmbar: Billroth folgte dem "Vater Baum" und verließ die Mutter, deren Liebe er noch von der Ferne her erfuhr. Der Tod der Mutter erfolgte nach einem längerem Siechtum offenbar überraschend auch für den Sohn, der eine sterbende Mutter kaum verlassen hätte. Andererseits muß das Angebot von Wagner, mit ihm an einer Forschungsreise nach Triest teilzunehmen, doch viel Verlockendes gehabt haben. Für den vom Fernweh besessenen Billroth bot sich erstmals die Gelegenheit, an der Hand eines verehrten Lehrers, Stätten der Wissenschaft zu besuchen und dabei auch unbekannte Natur und Landschaften in ihrer Schönheit erleben zu dürfen.

Billroth fühlte sich damals in der Musik wohl noch zu Hause, begann aber einen zweiten Weg zu ahnen, ein Betätigungsfeld nicht nur für seine Neigung, sondern für seinen immer tätigen analytischen Geist. Einen Widerspruch zwischen Kunst und Wissenschaft wollte er nicht gelten lassen. Es gibt genug Briefstellen, in welchen er seine Überzeugung darlegt: "Die Phantasie ist die Wurzel beider". Von dieser sensitiv-rationalen Phantasie besaß Billroth reichlich, und in der unlösbaren Bindung ist wohl das Wesen des Phänomens "Billroth" zu suchen. Wieso gerade er sich als derjenige Chirurg erweist, an dessen Leben man das zu erkennen vermag, was man "die moderne Chirurgie" zu bezeichnen berechtigt ist - das bewußte Gefühl, die sichere Ahnung, die rationale Gewißheit der beständigen Wandlung, der Wandelbarkeit, also auch der Veränderbarkeit aller Wissenschaft, eine Bewußtheit des Fortschreitens, bei rationaler und sensitiver Kontrolle des Fortschritts - ist später zu untersuchen und darzustellen.

War der Wechsel von Greifswald nach Göttingen die Abkehr von Mutter, Heimat und Kindheit, so ist der Wechsel nach Berlin wohl gleichzusetzen mit der Lösung vom "Vater" (Baum), dem offenbar ein klarer Entschluß vorausging, veranlaßt durch besondere, sich häufende und steigernde Bewegungen und Erschütterungen: die Begegnungen in den Göttinger Semestern, die erste Reise in die Welt, der Tod der Mutter, die darauf folgenden entscheidenden Gespräche im großelterlichen Hause. Mit der Lösung von Göttingen und vom "Vater" Baum wird der 22jährige im Verlaufe von zwei Jahren zum jungen Manne und in den Berliner Assistentenjahren dann zur vollen Persönlichkeit - bei allen Schwankungen der Stimmungen und des ihm vorschwebenden Berufsbildes, dessen Verwirklichung ja auch anfangs keineswegs von ihm allein abhängen konnte. Billroth blieb sich der steten, aber sich von Jahr zu Jahr mehr eingrenzenden Offenheit der Möglichkeiten im Gang eines Lebens stets bewußt.

Eine Ahnung von der Ambivalenz aber, welche in der Medizin steckte, die sich unter seinen Händen, auch und im besonderen unter seiner Geistesentwicklung entfalten sollte, die Kluft zwischen dem Naturwissenschaftler und dem Arzt, zwischen dem Erkenntnisdrange nach "der Wahrheit", d.h. nach den Grundlagen der Erkenntnis dessen, was man als die "Krankheit" landläufig bezeichnet, und der Ausübung der "Heilkunst" und "Kunst" ist wohl der tiefe Grund für Billroths Hinwendung von Göttingen nach Berlin.

Billroth strebt zu den Brennpunkten des damaligen wissenschaftlichen Lebens, er will die großen Männer der Medizin, der Chirurgie selbst kennenlernen, sie erleben in ihrer Arbeit. Er spürt bald die Richtigkeit der Erkenntnis der Internationalität aller Wissenschaft. Billroth weiß, daß er nun an der größten deutschen Universität "zur Spitze vorstoßen kann", unter Aufgabe der anheimelnden kleinen deutschen Universitätsstadt mit ihren engen Verhältnissen und mit dem geliebten, verehrten, aber eben doch nicht dem "Mann der Wissenschaft" voll entsprechenden Wilhelm Baum. Dieser war ein beispielgebender Mensch und Arzt, Rudolf Wagner andererseits ein bewundernswerter Wissenschaftler, aber wohl zu engherzig und zu klein, wie sein späterer Prioritätsstreit mit Georg Meissner ausweist, seinem besonders begabten, fleißigen und erfolgreichen Schüler.

Zudem war Billroth sicher auch zu der Gewißheit gelangt, daß er sich durch eine gute Promotion und ein gutes Examen aus der Fürsorge der großmütigen Großmutter lösen mußte. Dazu hieß es einen erfolgreichen Berufsweg einschlagen, dessen Richtung ihm wohl schon vorschwebte, dessen Verfolgung ihn jedoch noch viel Zweifel und Sorgen kosten würde. Das Schwanken zwischen Arzttum und reiner Wissenschaft hat Billroth zeit seines Lebens nicht verlassen. In Berlin verfällt er zunächst einmal der exakten Naturwissenschaft.

Natürlich wäre es auch denkbar, daß der Einfluß der Großmutter Theodor bewogen hat, nach Berlin zu gehen, näher an die alte Heimat heran als Göttingen, in eine Stadt, in der auch Verwandte angesiedelt und in der Umgebung zu finden waren. Allein von einem solchen Wunsche der Großmutter Wilckens ist nirgends zu lesen. Der Entwicklungsgang Billroths ist in sich so kohärent und geschlossen, daß es zur Motivation einer Entwicklung von außen nicht bedurfte.

Zwischen dem Ende der Göttinger und dem Beginn der Berliner Jahre fügt sich gut als Einschub der Bericht von der bereits mehrfach erwähnten Reise mit Wagner und Meissner mit dem Endziel Triest und ihren Forschungsstudien an den Nervenendigungen des Zitterrochens.

In Billroths Autobiographie heißt es nur: "...Beide wurden von ihrem Lehrer aufgefordert, ihn im Herbst 1851 auf einer wissenschaftlichen Reise nach Triest zu begleiten und dort an einer damaligen histologischen Tagesfrage mitzuarbeiten, nämlich über die Enden und die Anfänge der Nerven, zu welchen der in Triest seitdem nicht vorkommende Zitterrochen willkommenes Material darbot." Zwar wissen wir etwas über die Reiseroute und die Aufenthalte in verschiedenen Universitätsstädten, jedoch war bisher über den genauen Aufenthaltstermin und überhaupt über die Tätigkeit Billroths in Triest nichts bekannt.

1979 tauchte Billroths Skizzenbüchlein wieder auf, welches sich in einem Schrank des "Billroth-Zimmers" im Rudolfinerhause in Wien befindet. Es ist ein schmales Querformat, etwa 10 x 18 cm, mit steifem Kartoneinband und Kalikorücken. Von dem ungeduldigen Theodor Billroth ist (aus Sparsamkeit?) auch die Innenseite des Einbandes beschrieben. Seine Handschrift ist noch durchweg kleinbuchstabig, nicht ausgreifend und weit gerundet wie in späteren Jahren, auch wissenschaftlich sehr ordentlich, fast pedantisch, engzeilig, gewissenhaft. Auf den Triester Blättern hat er in der Regel lediglich die linke Seite beschrieben, während sich auf der rechten die zugehörigen Zeichnungen befinden.

Theodor Billroth hat sein Zeichenheft an Ort und Stelle erworben. Auf dem Innendeckel findet sich ein eingeklebtes Firmenschildchen: "Si vende al negotio d'oggetti d'arte e di cancellaria di Gius. e Ant. Habnit, Trieste sul Corso No 702, Venezia Piazzo di Marco No 102" und darunter quer über die ganze Seite von Billroths Hand: "Mein erstes wissenschaftliches Skizzen- und Notizbuch". Auf dem gegenüberliegenden rechten Blatt dann: "Neurologische Untersuchungen am Zitterrochen (mit H. Hofrath R. Wagner u. G. Meissner) in Triest. Septemb. 1851".

Wir dürfen wohl annehmen, daß die Dreiergruppe Triest nicht sogleich verließ, als am 13. September die Eintragungen in das Skizzenbüchlein abgeschlossen waren. Es folgte die sicher etwas zeitraubende Reise nach Wien, wo Billroth die Nachricht vom Tode der Mutter erreichte, wie wir aus dem Brief an Baum vom 9. November 1851 aus Berlin bereits wissen.

Die Berliner Studienzeit ist in der Sekundärliteratur nicht tiefergehender untersucht worden als die Göttinger Zeit. Es werden Fakten erwähnt wie Promotion, Examen und Militärpflicht, auch die Reisen; mit wenigen Bemerkungen sind meistens die beiden wichtigen Entwicklungsjahre abgetan, obgleich sie dank des Bandes der *Briefe Billroth's an Georg Meissner*, welchen Walter von Brunn 1941 vorlegte, ausführlich dokumentiert sind.

Aus der Sammlung Walter von Brunns folgen hier Zitate aus Briefen, in bestimmter Weise themengebunden geordnet, um die Hauptrichtungen des nunmehr eindeutig medizinisch Arbeitenden deutlich und überschaubar zu machen.

1852 erfahren wir zum ersten Male etwas über die Dissertation:

"...Noch immer kann ich mich nicht über die Wahl eines Dissertationsgegenstandes entschliessen. Ich habe an Versuche über Nervensubstanz-Regeneration in peripherischen und centralen Nerventheilen gedacht, auch an eine genauere Untersuchung der Gehirnerweichung bei Unterbindung der Carotis."

Am 9. Juni 1852 erfährt man: "...Meine Versuche über die Durchschneidung der vagi haben jetzt eine Weile geruht, da ich theils durch meine Militärgeschichte, theils durch eine Reise nach Staffelde, theils endlich jetzt durch die temporäre Versiegung einer Kaninchenquelle nicht dazu gekommen bin; doch wird die Sache fortgesetzt; ich komme jetzt zu dem pathologisch-anatomischen Theil, zur Entwicklung der

Abb. 7: Aus Theodor Billroths Skizzenbuch. Triest 1851

Pneumonie, wovon ich mir viel verspreche. Deine Ansicht über die Wirkung der Vagusdurchschneidung wage ich dahin zu berichtigen, dass nach den meisten Versuchen und Ansichten von Weber (Ernst Heinrich Weber; 1795 - 1878, Anatom und Physiologe in Leipzig; Anm. d. Verf.) der Vagus das Regulatorische, und der Sympathicus u. die Herzganglien das eigentlich motorische Element bildet. Der Herzschlag wird nach der Durchschneidung der Vagi viel schneller die Respiration langsamer...". Meissner hatte damit auf einen neuen Aufsatz von Traube aufmerksam gemacht.

Seit April 1852 steht Billroth zu allem anderen auch noch im Militärverhältnis. Trotzdem widmet er sich ganz seinen wissenschaftlichen Forschungen und schreibt weiter an Meissner:

"...Meine Experimente habe ich jetzt geschlossen, nicht als wenn die Sache völlig erschöpft wäre, da sich die Exsudatmetamorphosen u. Bildungen in der Lunge so unendlich schwer wegen der Menge der dort vorhandenen Zellen genau beobachten lassen - sondern weil ich die Sache jetzt zu einem Abschluss gebracht habe, und mich, wenn ich darüber hinaus wollte, in Hypothesen u. unsichere Beobachtungen stürzen müßte. Dazu kommt noch, dass ich meine Promotion nicht zu lange aufschieben will, um mich früh genug zum Cursus (Staatsexamen; Anm. d. Verf.) melden zu können."

Am 9. Oktober kann Billroth dem Freund dann berichten:

"...Am 30. September hat man mich zum Doktor gemacht; nach der Promotion fuhr ich mit meinen Opponenten von denen ich nur Müller genau kannte (so wenig Bekannte habe ich jetzt!) nach Charlottenburg." Das bedeutete, man begab sich außerhalb der Stadt in den ländlichen Vorort, "um dort bei einem berühmten Traiteur ein Diner einzunehmen. Abends war ich von einem Onkel zu Austern und Champagner eingeladen, und kam auch mit ziemlicher Ladung nach Hause..."

Eine Bemerkung vom 17. Februar 1853 bezeugt die Hochachtung, die Billroth auch später noch seinem Doktorvater entgegenbrachte:

"...Traube arbeitet mit seinem Haematodynamometer immerfort, ohne sich durch täglich neue Schwierigkeiten ermüden zu lassen. Sollten diese Versuche wirklich zu Resultaten führen, so wird sich schwerlich einer finden, der sie zu kritisiren im Stande ist, da ich wirklich keinem zweiten Menschen eine solche emsige Unverdrossenheit zutraue. Es wird ihm damit gehen wie Dubois (Emil Dubois-Reymond, berühmter Berliner Physiologe, 1818 - 1896; Anm. d. Verf.), der von seinen Versuchen sagt, sie würden ihm nachgerade langweilig, da ihm ja doch kein Mensch mehr folgen könnte..."

Nach Kenntnis dieser Tatsachen muß manches korrigiert werden: Daß Billroth zumindest sein Interesse in Göttingen noch nicht der Chirurgie zugewandt hätte, kann man nicht mehr aufrechterhalten. Nur die Distanz zu Langenbeck hinderte ihn, sich auf chirurgischem Gebiet zu graduieren. Wichtiger erscheint eine Entgegnung auf Walter v. Brunns Auffassung, Billroth sei "völlig selbstständig aus sich selbst heraus zu dem geworden, als der er vor der Geschichte stehet". Sicher ist es schwierig zu erklären, ob genetische oder peristatische Faktoren ausschlaggebend waren. Nur die Summe aller Richtungswahlen erbringt letzlich die gewachsene Persönlichkeit.

Bei Billroth aber sind einige wichtige Einflüsse nicht zu übersehen. War es nun Wahl oder war es Zufall, daß er in Göttingen dem Physiologen Wagner "in die Hände fiel", dem Vertreter eines Faches, dessen Verschmelzung mit der Chirurgie als deren Grundlage von Langenbeck bereits zur gleichen Zeit als wesentlich erkannt worden war? Erklären wir es als Zufall oder als Notwendigkeit, daß ausgerechnet Ludwig Traube der Mentor Billroths wurde bei seiner gewiß nicht unbedeutenden Dissertation, jener Traube, den man als Begründer der experimentellen Pathophysiologie bezeichnet hat?

An späterer Stelle versieht Walter von Brunn selbst in der Briefsammlung eine Stelle mit der in eckige Klammern gesetzten Notiz:

"Wertvolle Bemerkung", als Billroth am 20. Dezember 1855 in einem sehr ernsten und inhaltsschweren Brief über seinen künftigen Berufsweg schreibt: "Das was pathologische Anatomie mit Praxis verbindet, ist die pathologische Physiologie, die kaum den Namen nach existirt."

Diesen fast programmatischen Satz könnte man als eine Maxime über die Bestrebungen des Wissenschaftlers und Chirurgen Theodor Billroth setzen. An beide Gebiete, die Chirurgie und die pathologische Physiologie aber war Billroth bereits in Göttingen - durch schicksalhafte Begegnung wohl doch mehr als durch klar entschiedene Wahl - über seine Lehrer herangeführt worden. Die Möglichkeiten einer solchen wahrscheinlich säkularen Kombination dieser beiden, nicht einmal voll anerkannten Gebiete hat der junge Theodor Billroth zumindest geahnt, vielleicht bereits erkannt, und er hat diese seine Chance, die zugleich die Chance der Chirurgie war, zielstrebig und energisch verfolgt.

Vielleicht war es mehr Zufall als Wahl, daß der junge "Pathophysiologe" Billroth in des Mannes Bannkreis geriet, von dem er später einmal sagen sollte: "Dass Bernhard von Langenbeck sich vom Lehrstuhl der Physiologie erhob, um den Thron der deutschen Chirurgie zu besteigen, war entscheidend und charakteristisch für die Eröffnung einer neuen Epoche." Die Zusammenarbeit dieser beiden großen Chirurgen hat dann zu seiner ungeahnten Weiterentwicklung geführt.

Ausgewählte Literatur:

Billroth, Th.: Antwort auf die Adresse des Lesevereins der deutschen Studenten Wien's. Wien o. J.

Billroth, Th.: Aphorismen zum "Lehren und Lernen der medicinischen Wissenschaften". Wien 1886.

Billroth, Th.: Entgegnung anläßlich einer Feier zum 60.Geburtstag. In: Wiener Klinische Wochenschrift, 3 (1889).

Brunn, W. v.: Jugendbriefe Theodor Billroths an Georg Meisser; Leipzig 1941.

Brunn, W. v.: Lebensbilder. Theodor Billroth. In: Münchener medizinische Wochenschrift, 83 (1936).

Brunn, W. v.: Theodor Billroth, nach einem im Reichs-Rundfunk gehaltenen Vortrag; gehalten am 5. Februar 1936. In: Münchener Medizinische Wochenschrift, 1936.

Fabritius, A.: Theodor Billroth zum Gedächtnis. Sonderdruck aus dem Sonntagsblatt des Siebenbürgisch-Deutschen Tageblattes, 1929, Nr. 16819, 16825, 16831, 16837.

Fraenkel, A.: Christian Albert Theodor Billroth. In: Neue Österreichische Biographie 1815-1918, Erste Abteilung, Biographien Bd. 7, Wien 1931.

Gersuny, R.: Theodor Billroth. Wien, Berlin, Leipzig, München 1922.

Killian, H. und Krämer, G.: Meister der Cirurgie und die Chirurgenschulen im deutschsprachigen Raum, Stuttgart 1951.

Küster, E.: Theodor Billroth. Zur 100. Wiederkehr seines Geburtsjahres. In: Chirurg 1 (1929).

Miehlke, A.: Theodor Billroth. 1829-1894. In: Arch. Otolaryng 84 (1966).

Mikulicz, J.: Theodor Billroth. In: Berliner klinische Wochenschrift 31 (1894).

Mikulicz-Radecki, H. v.: Theodor Billroth als Persönlichkeit. Ein Erinnerungsblatt zum 29. April 1929. Manuskript des Sudhoff-Instituts für Geschichte der Medizin Leipzig, Leipzig o. J.

Wiese, E.R.: Theodore Billroth, Scholar, Musician, Master Surgeon. In: Ann. Med. Hist., NY, 10 (1928).

Assistentenzeit an der Klinik von v. Langenbeck

An der Landebrücke der Donaudampfschiffe in Wien begann Billroths Fahrt zu Wasser und zu Lande nach Paris, dem damaligen "Mekka der Chirurgie". Seinen Aufenthalt in der französischen Hauptstadt beschreibt er in einem Brief vom 1. September 1853 an seinen Lehrer Wilhelm Baum.

In Billroths Autobiographie von 1880 heißt es: "Im Herbst 1853 kehrte Billroth nach Berlin zurück, um sich als praktischer Arzt niederzulassen. Ein Zufall führte ihn (er hatte in zwei Monaten noch keinen einzigen Patienten) zu einem Freunde und Landsmann Dr. C. Fock."

Am 25. November 1853 ist dann zu lesen:

"...wenn ich Dir von unseren Fällen erzählen soll, so würde ich keinen Anfang und kein Ende finden; ich will dieses daher lassen, da die interessanteren Krankengeschichten auf Langenbecks Wunsch in der deutschen Klinik beschrieben werden (Göschen's *Deutsche Klinik* war vor Gründung des *Archivs für Klinische Chirurgie* durch Langenbeck, Billroth und Gurlt das einzige derartige Blatt; Anm. d. Verf.).

Obgleich ich der Ansicht bin, dass solche Mitteilungen keinen Wert haben und keine Leser finden werden, so muss ich dann schon Langenbecks Wunsch nachgeben und mir für bessere Blätter später eine Zusammenstellung analoger Fälle und Resultate aufsparen. Langenbeck selber sagt heute noch: Die 'Klinik' ist das allgemeine Appartement, in welchen vorläufig alles hineingemacht wird. Dieses ist aber nur entre nous deux."

Gerade dieser Schlußsatz lässt keinen Zweifel zu, daß Langenbeck selbst sich über den Wert eines solchen Sammelblattes keineswegs im unklaren war.

Im gleichen Brief über die Charité äußert sich Billroth über seine Klinik:

"Wir haben im ganzen einige 70 Betten, von denen 28 meiner Frauenstation zukommen, und in welchen mir jedoch auch einige für sogenannte Privatkranke bestimmt sind, d.h. für Kranke, die von Auswärts herkommen, um sich von Langenbeck operieren zu lassen und sich hier ein Zimmer allein nehmen. Unsere Anstalt ist eine zweite Charité, und steht unter der administrativen Direktion derselben, nämlich unter dem früheren Feldwebel, jetzigen Geheimen-Regierungsrat Esse. Wir haben im ganzen Hause sehr schöne Gasbeleuchtung, und alle Zimmer sind aufs Beste eingerichtet, nur fehlen ihnen leider die Ventilationsapparate, so dass ich viele Noth habe, um stets reine Luft im Krankenzimmer zu halten, was namentlich bei vielen eiternden Wunden seine grossen Schwierigkeiten zuweilen hat. Der Operationssaal ist amphitheatralisch wie die Göttinger Anatomie gebaut, und sehr hell."

Im Brief vom 11. April 1854 an Meissner: "...Hoffentlich sehe ich Dich bald hier; was ein Hotel anlangt, so möchte ich Dir das Hotel Billroth vorschlagen, Ziegelstrasse Nr. 6. Ich verspreche Dir, dass Du dort ganz ungenirt sein sollst; es sind dort auch keine Wanzen; man trinkt ganz leidlichen Kaffee und ist nicht an das table d'hôte gebunden..." In der ersten Arbeit Beobachtungen über das *Wundfieber und die accidentellen Wundkrankheiten* heißt es:

"Ich habe selbst in dem schlechtgebauten in einer engen Strasse an der stagnirenden Spree gelegenen Spital der Berliner Chirurgischen Klinik lange gewohnt, und wohl auch teilweise an solchen Zufällen, wenn gleich im geringsten Maasstabe gelitten; doch kommt hier nicht allein die Hospitalluft in Anschlag, es sind nicht selten vier bis sechs Wochen vergangen, bis einer von uns über die Strassen Berlins heraus kam und dann höchstens, um eine halbe Stunde im Thiergarten zu prominieren; oft vergehen acht bis neun Monate, in welchen wir, wie viele andere Bewohner grosser Städte, nicht aus der engeren Athmosphäre Berlins und seiner Umgebung herauskamen, und unsere Hospitalkost war, wenn auch nicht schlecht, so doch auch nicht gerade besonders als roborierende Diät anzuerkennen. Dabei arbeiteten wir angestrengt, und es wäre unser Stoffwechsel obwohl ohne Hospitalluft nicht gerade der brillanteste gewesen. Sie selbst haben nicht unter der Ansteckung gelitten, mag er es auch nicht expressis verbis geschrieben haben".

Man kann in den Briefen verfolgen, wie Billroth strampelt, um weiterzukommen. Am 12. Oktober 1854, ein Jahr nach dem Beginn bei Langenbeck, steht Billroths erste Monographie über den Bau der Schleimpolypen vor der Vollendung: "Von meiner Polypenarbeit sind zwei Tafeln in Kupferstich fertig; ich bin so leidlich damit zufrieden. Das Manuskript ist jetzt Gott sei Dank fertig... Mehrfache Pläne haben sich in letzter Zeit in meinem Kopf herumgewirbelt, deren Endresultat das ist, mit meinen beiden Kollegen die Herausgabe zwangsloser Hefte *Beobachtungen aus der Klinik von Langenbeck's* zu unternehmen, eine Idee zu der vor allen Dingen Langenbecks Zustimmung noch nicht eingeholt ist; Langenbeck ist seit acht Tagen wieder hier und sehr wohl. (Am 9. Juli hatte er durch den Hufschlag seines Reitpferdes eine schwere Thoraxkontusion mit zwei Rippenbrüchen erlitten; Anm. d. Verf.). Ich muss erst den passenden Moment abwarten um seine Zustimmung zu unserem Unternehmen zu erwirken; es kann dies auf grosse Schwierigkeiten stossen, da Langenbeck kontraktlich verpflichtet ist, Beobachtungen aus der Klinik selbst herauszugeben. Wir bedürfen, um einen Verleger zu bekommen, seines Namens, wünschen ihn aber nicht als Herausgeber unserer Arbeiten, was für uns ein schlechtes Geschäft wäre. Über diese ganze Editionsgeschichte: totes Schweigen!"

Kam der Gedanke, der erste Anstoß zur Schaffung dessen, was später als *Archiv für Klinische Chirurgie* erschien, von Billroth und Gurlt, Langenbecks ehrgeizigen und schreibfreudigen Assistenten?

Nach der Lektüre des zweiten der Esmarch-Briefe aus Berlin vom 14. August 1859 wird die Vermutung ziemlich genau bestätigt:

"...wie sehnlichst wünsche ich, dass das Archiv für Chirurgie zustandekäme; ich habe oft mit Langenbeck darüber gesprochen, er sagt dann immer: ja, wir müssen das bald machen; dabei bleibt es aber, auf Details lässt er sich auch in dieser Beziehung nicht ein; ich habe mich als Redakteur unter seinem Namen angeboten, um alle Lasten davon zu übernehmen

Abb. 8: B. v. Langenbeck (1810 bis 1887)

versprochen, doch er hat entschieden Gegengründe, die ich nicht kenne, vielleicht fürchtet er Göschen's Klinik zu beeinträchtigen, vielleicht hat er alte Kontrakte mit Hirschwald, von denen er nicht loskommen kann, vielleicht fürchtet er, dass ihm das Material zusehr aus den eigenen Händen entwunden wird, da er alles selbst machen will, ich weiss es nicht! Er schlägt nichts ab und kommt nicht vorwärts. So bin ich außer Stande, selbstständig etwas zu handeln; es würde eine Art Perfidie sein, solange ich in dem jetzigen Assistenten-Verhältnis stehe. Sie haben sich in ähnlichen Verhältnissen bewegt, und werden mich verstehen. Doch dies natürlich alles nur entre nous...''

Wie kam es zum Scheitern des Versuches der Gründung der ersten chirurgischen Fachzeitschrift? Billroth schreibt am 6. Dezember 1854 an Meissner: "Gestern habe ich einen Aufsatz über 'Resektion der Processus nasalis des Oberkiefers' an die Deutsche Klinik geschickt. In Arbeit ist ein Aufsatz über die Entwicklungsgeschichte des Zystoids im Hoden, und meine forensische Chloroformarbeit. Die Polypen werden zu Neujahr fertig. Aus dem projektierten Archiv wird nichts. Langenbeck will selbst edieren. Doch es wird nur beim Wollen bleiben und da ich, ehe ich den Entschluss fasse mich zu habilitieren, durchaus noch einige Arbeiten an die Luft setzen muss, so muss ich mir anderswo Platz suchen...''

Über die *Mikroskopische Anatomie*, ein Buch von Förster, hat er die folgende, gelegentlich noch heute vertretene Meinung: "Es ist für Studenten und Ärzte geschrieben, und es lässt sich daher nichts dafür und nichts dagegen sagen; es tritt mit diesem Zweck aus der Reihe der eigentlichen Wissenschaft fördernden Arbeiten...'' Andererseits werden in der nächsten Generation die gutvorgebildeten Studenten und Ärzte mit Hilfe dieses Buches eben bessere Wissenschaft fördern als mittels eines schlechten.

Am 22. Februar 1855 beschäftigt sich Billroth schon mit Gedanken hinsichtlich einer Habilitation: "...Wenn Du Dich im Herbst habilitiren wirst, so wird dies voraussichtlich auch bei mir der Fall sein, für den Fall nämlich, dass mir meine Stellung auf ein oder zwei Jahre verlängert wird.''

Am 15. Juli 1855 schreibt er an Meissner: "...Du bist glücklich mit Deiner Habilitation fertig zu sein, ...der Dekan, bei dem ich mich nur vorläufig nach der Sache erkundigte, sagte mir, dass gar keine Aussicht vorhanden sei; es sei der Fakultät aufgegeben vom Ministerium die Zahl der medicinischen Privatdocenten wieder auf die gesetzliche Zahl 10 zurückzubringen (es sind jetzt ungefähr 25).''

Im September 1855 wurde Meissner als Professor nach Basel berufen. Billroth jubelt neidlos am 23. September 1855 und gratuliert ihm überschwenglich; und am 26. November sieht auch für ihn alles schon ein wenig besser aus: "...Meine Habilitation ist ziemlich als gesichert anzusehen, wie mir selbst der alte (geb. 1793; Anm. d. Verf.) Jüngken sagte, der übrigens hoffte, dass die weiteren Formalitäten bis nächsten Ostern vollendet sein würden. Ich werde dann im Sommer 'Normale und pathologische Histologie' und 'Frakturen u. Luxationen' lesen; in der Folge aber 'Allgemeine Pathologie und Chirurgie' und mich so immer mehr nach der Chirurgie herüberziehen. Das ist so mein Plan. Wenn mir zu Ostern eine Professur für pathologische Anatomie u. allgemeine Pathologie zugeflogen käme, würde ich sie festhalten. Ein neues Buch von mir 'Untersuchungen über die Entwicklung d. Blutgefässe' kommt im Januar od. Februar... es bringt mich entweder entschieden weiter, oder bricht mir den Hals..."

Man erkennt, daß hinter dem Plan, als "Mein Plan" bezeichnet, neben Baum und Langenbeck noch Johannes Müller, der Berliner Professor der Anatomie und Physiologe steckt, der ebenso wie die beiden erstgenannten das Denken von Billroth damals stark beeinflußt und seine endgültige Ausrichtung begründet und gefördert hat. Billroths Vorlesung "Allgemeine Pathologie und Chirurgie" ist die Grundlage für das später Billroths Ruhm begründende Lehrwerk *Die allgemeine chirurgische Pathologie und Therapie.*

Theodor Billroth befand sich an der entscheidenden Wegegabel seines Lebens: würde er pathologischer Anatom oder würde er Chirurg werden?

Zunächst hatte er sich noch Hoffnungen auf den im Jahre 1856 zu besetzenden Lehrstuhl für pathologische Anatomie gemacht, der dann schließlich mit Virchow besetzt wurde. Dies hat sicherlich auch zu Billroths Entscheidung mitbeigetragen, sich der Chirurgie zu widmen.

In einem Brief an Meissner spiegeln sich die Schwierigkeiten des "suchenden" Billroth, einen endgültigen Entschluß für seine Entscheidung herbeizuführen, wider.

"Berlin den 2ten Nov. 1853

Mein lieber Fischer! (Spitzname Meissners, Anm. d. Verf.)

Ich hoffe, dass Du gut genug von mir denkst, um überzeugt zu sein, dass nur ganz absonderliche Umstände mich verhindern konnten, so lange zu zögern, ehe ich ein Wort von mir gegen Dich hören lasse, ehe ich Dir meine Adresse schreibe, ehe ich Dir Nachrichten gebe von dem Anfangen meiner hiesigen Praxis, die eigentlich nie angefangen hat. Dieses langen Satzes Schluss ist, dass ich jetzt Assistensarzt bei Langenbeck bin, hier in der Klinik wohne, und die Frauenstation unter meiner besonderen Obhut habe. Ich bekleide dieses Amt erst seit 4 Tagen, hoffe jedoch, dass 4 Jahre vergehen mögen, ehe ich dasselbe wieder niederlege. Du wirst gewiss ebenso darüber erstaunen, wie ich, als ich zum ersten Mal davon hörte, dass ich diese Stelle bekommen würde, die ich stets sehnlich erwünscht, und um die ich mich jedoch nie beworben hatte, da ich an der Möglichkeit verzweifelte, sie je bekonnmen zu können. - Ich fange jetzt von Adam an, und werde dann schliesslich zu mir und meiner jetzigen Stellung zurückkommen. Nach den vergnügten Tagen, die wir zusammen bei Deinen lieben Eltern verlebten, reise ich zu Verwandten nach Eldagsen und Hildesheim, blieb dort bis Ende September, kehrte dann nach Berlin zurück, miethete eine Wohnung, musste dann noch einmal zu meiner Grossmutter aufs Land reisen, und ging dann wieder nach Berlin zurück um mich hier nun als Arzt definitiv niederzulassen. Über diese Niederlassungsangelegenheiten vergingen einige Wochen, wo ich mit Physikus, Verteidigung, Ansässigkeitsrecht etc. fortwährend zu schreiben und zu laufen hatte, bis ich endlich Mitte Oktober mein Schild als Arzt anschlagen konnte. Da ich dadurch natürlich noch nichts zu tun hatte, so liess ich mich von einem mir bekannten

Armenarzte in der Armenpraxis beschäftigen, hielt mit ihm die Sprechstunde ab, und machte viele Besuche für ihn. So hatte sich kaum Alles in ein erträgliches Geleise bringen lassen, als ich eines Tages zufällig zu einem mir bekannten Assistensarzt in der Lang.(enbeck)schen Klinik komme, um diesen um Erlaubniß zu bitten, die Visite mit ihm machen zu dürfen. Dieser war höchstfreudig überrascht, dass ich von meiner Reise schon zurückgekommen sei und eröffnete mir, dass Lang.(enbeck) ihm aufgetragen habe, an mich zu schreiben, um mich fragen zu lassen, ob ich geneigt sei, eine in nächster Zeit frei werdende Stelle als Assistenzarzt in seiner Klinik anzunehmen. Wie ich zu dieser Ehre komme, weiss ich bis zum heutigen Tag nicht, da mich Lang.(enbeck) nicht anders kannte, wie jeden der bei ihm im Collega und Klinik gehört hatte, und von ihm examinirt war. Ich liess mir dies natürlich nicht zwei Mal sagen, sondern ging sofort zu Lang.(enbeck) um mich persönlich bei ihm zu bewerben. Meine Auspicien waren also sehr gut, und Langenbeck versprach mir, mich bald etwas Gewisses darüber wissen zu lassen. Ich schrieb Dir damals nicht, weil ich jeden Tag hoffte, Dir sofort diese Neuigkeit mittheilen zu können. Es vergingen jedoch 14 Tage ehe ich den bestimmten Bescheid bekam, hier einziehen zu dürfen, und eine Abteilung zu übernehmen. Ich war natürlich in dieser Zeit in keiner geringen Spannung, zumal da sich die Nachricht von der eingetretenen Vacanz einer Assistenzarzt–Stelle bald verbreitete, u. ich hörte, dass mittlerweile viele Bewerber herangetreten waren. Ich bin nun jetzt hier engagiert, und erwarte nur noch die Bestätigung vom Minister, die jedoch hoffentlich bald eintreten wird, da Lang.(enbeck) sich seine Assistenten selbst wählt, und nur den einen von ihm Gewählten dem Minister zur Bestätigung vorschlägt, kann mich also bereits für völlig sicher hier halten, zumal da ich wie gesagt bereits seit einigen Tagen in Aktivität bin. Ich habe Wohnung, Heitzung, Bedienung, Licht, Frühstück, Abend, Mittag, Papier und Tinte frei und ein jährliches Gehalt von 130 Thl.: was ich im ganzen hier in Berlin als eine Stellung mit 450 Thl. rechnen muss.

3. 11.

Dies wären die äusserlichen Vortheile meiner jetztigen Stellung, die für mich schon recht annehmbar sind. Viel bedeutender sind jedoch die sonstigen wissenschaftlichen Vorteile, welche mir meine jetzige Stellung bringt, und die famose Gelegenheit, auf diese Weise in eine Carrière hineinzukommen, die ich mir immer gewünscht habe, nemlich in eine chirurgische. Du kannst Dir denken, dass bei der grossen Menge von Kranken die hier sind und behandelt werden, außerordentlich viele interessante Fälle vorkommen. Leider bin ich nur jetzt noch so sehr durch die Behandlung und Führung der Krankengeschichten in Anspruch genommen, dass ich noch gar nicht weiss, wo ich die Zeit hernehmen soll, alle diese Fälle gehörig zu verwerthen. Es sind namentlich jetzt so viele theils eben operirte, theils sehr bald zu operirende Fälle auf meiner Station, die alle höchst wichtig sind, so dass ich alle Hände voll zu thun habe. - Wir sind hier in der s.g. Universitätsklinik drei Assistenzärzte, von denen einer die Besorgung der polyklinischen Kranken, einer von den klinischen Kranken die Männerstation und einer die Frauenstation zu verwalten hat. Wir haben eine ziemlich verantwortliche Stellung, in so fern Lang.(enbeck) uns die Nachbehandlung fast allein überlässt. Jedem von uns ist ein Student als famulus zugegeben, dem wir die Krankengeschichten dictiren, und der bei dem Verbinden etc. assistirt, die auch alle 3 bei den Operationen mit assistiren, indem einer von ihnen mit seinem Assistenzarzt das Chloroformiren besorgt, einer die Instrumente bereit hält und zureicht, und der dritte das Buch über die polyklinischen Kranken führt. - Da Lang.(enbeck) die Ferien hindurch

Abb. 9: Theodor Billroth. 1858
*"So sah ich im 29. Jahr als Assistent von B. v. Langenbeck und Privatdozent
der pathologischen Anatomie und Chirurgie in Berlin aus."*

verreist war, so haben sich natürlich die operativen Fälle sehr angehäuft. Gestern war eine Amput. humeri wegen ausgedehnten Coloidcarcionoms des Vorderarms, und eine Punct. hydrop. ovarii per vaginam. Heute die Exstirpation einer Geschwulst hinter dem Ohr, und fract. colli femoris Verband mit Kleisterbinden u. Gutta percha. Morgen wird eine Exstirpation einer grossen Geschwulst am Oberschenkel sein, eine Resektion des Oberkiefers, und eine Einrichtung einer alten Luxat. humeri mit Schneider-Muntschen Apparat. - In dieser Weise haben wir noch Vorrath für die nächsten 14 Tage. Es ist kaum möglich bei dieser Menge genaue Untersuchungen der Geschwülste zu machen, da meine zeit anderweitig zu sehr in Anspruch genommen ist; ich werde mir daher eine Vorrichtung machen lassen, um bei Licht mikroskopieren zu können. - Schreibe mir doch genau, wo Dein Aufsatz über Ohrpolypen steht; ich hoffe, dass mir bald ähnliche Fälle zur Untersuchtung kommen werden. - Ich bin neulich Siebold's und Marianne Baum begegnet, wagte jedoch nicht, die Damen anzureden. - Meine herzlichsten Grüsse an Baum. - Max Müller wird wahrscheinlich sehr bald zu Euch kommen um bei Wöhler zu arbeiten.

Der Deinige

Theodor Billroth

Meine Adresse ist: Dr. Billroth. Ziegelstrasse No. 6"

Ausgewählte Literatur:

Fischer, G. (Hrsg.): Briefe von Theodor Billroth. Hannover, Leipzig 1895.
Brunn, W. v.: Jugendbriefe Theodor Billroths an Georg Meissner. Leipzig 1941.

Dissertation und frühe wissenschaftliche Arbeiten

"De natura et causa pulmonum affectionis quae nervo utroque vago dissecto exoritur. Dissertatio. Berolini 1852."

Motto: "Ich glaube, dass der Reiz des Wissens sich immer bald durch seinen Genuss abstumpft; Forschen aber ist fortwährender Reiz und Genuss zugleich".

Von den ersten selbständigen wissenschaftlichen Studien Billroths in Göttingen wissen wir wenig. Auch die nun besser aufgeklärten Arbeiten in Triest unter Rudolf Wagners Leitung schrumpfen zu Übungen, aus denen wesentliche wissenschaftliche Ergebnisse nicht hervorgegangen sein dürften, jedenfalls nicht aus Billroths Anteil. Es läßt sich denken, daß die beiden jungen Studenten von Wagner als begabt und fleißig erkannt waren und deshalb zu einem Benefiz kommen sollten. Sie konnten zudem die histologischen Methoden und eine wissenschaftliche Methodik erlernen, was erst später Gewinn bringt. Billroth begab sich schließlich unter die Obhut von Ludwig Traube, was er sicher nie bereut hat.

Diese Dissertation war noch in lateinischer Sprache verfasst, mit einer Widmung an Wilhelm Baum. Vor dem wissenschaftlichen Text steht der Lebenslauf mit der Überschrift "Vita".

Billroths Dissertation gliedert sich folgendermaßen:

1) Prolegomena,
2) Kapitel I: Von der Natur der Affektion, d.h. ihrer pathologisch-anatomischen Grundlage,
3) Kapitel II: Von der Ursache dieser Affektion, wie sie nun festgestellt wurde.

Dem folgt ein horizontaler Strich nach dem § 25, und darunter:

"Durch unsere Dissertation haben wir also gezeigt:

1) dass die Lungenkrankheit, welche nach Durchschneidung bei der N. vagi entsteht, eine echte Pneumonie ist,
2) dass diese Pneumonie durch die Flüssigkeiten, welche vom Maul aus in Trachea und Lungen hineinfliessen, entsteht."

Insgesamt hat Billroth 28 Tierexperimente an allen möglichen Tierarten angestellt, an Kaninchen, Hunden, Tauben, Enten usw. In den Prolegomena finden wir den bemerkenswerten Satz:

"Nachdem er (Traube; Anm. d. Verf.) mich bei den ersten Experimenten selbst gelehrt hatte, welche Umsicht und wieviel Sorgfalt bei allen Experimenten zu beobachten sei, wurde mir bald die Erlaubnis erteilt, an meinem Wohnsitz zu experimentieren." Möglicherweise hat der Einjährig-Freiwillige Billroth zeitweise seine Kaninchen in der Kaserne operiert.

Die Arbeit hat 39 Seiten Text, dem noch eine Seite mit sechs Thesen folgt. Diese umfassen die gesamte Heilkunde und, für Billroths Persönlichkeit charakteristisch, sogar die damalige Kulturpolitik.

"1) Der gute Chirurg sollte notwendigerweise mit der Gesamtheit aller medizinischen Wissenschaften versehen sein,

2) Die pathologische Anatomie wird an ihrer toten Materie zugrundegehen, wenn nicht eine lebendige pathologische Physiologie entsteht,

3) Die chirurgische Diagnose ist sicher von viel grösserer Bedeutung, als elegante und glänzende Operationen,

4) Die Urteile der Alten sind nicht zu verachten,

5) Die Venaesection ist bei der Pneumonie nicht zu vernachlässigen,

6) Medizinische Inauguraldissertationen sollten in Deutschland deutsch geschrieben werden."

Von der Reife, Vielfalt, Kühnheit und prospektiven Dignität ihrer Postulate her sind diese Thesen ganz ungewöhnlich! Eigentlich hätten die Prüfer diesem Kandidaten schon damals eine bedeutende Zukunft voraussagen können - aber wahrscheinlich überblickten sie die Lage nicht so gut, wie ihr Prüfling sie erahnte.

Gleich nach seiner Dissertation hat Billroth in Göschens *Deutsche Klinik* 15 kleinere Veröffentlichungen herausgebracht, unter anderem bereits 1855 eine über den "Reiterknochen". Sie können hier bei der Fülle und der Bedeutung der übrigen Arbeiten Billroths nicht eingehend gewürdigt werden. Man vergleiche im Werkverzeichnis, eben dort auch die 31 pathologischen und histologischen Publikationen in der gleichen Zeitschrift sowie in Johannes Müllers *Archiv für Anatomie und Physiologie*, in Virchows *Archiv für pathologische Anatomie*, von Zürich aus im *Archiv für klinische Chirurgie*.

Drei größere Schriften sind während dieses Jahrzehntes im Verlag Georg Reimer in Berlin erschienen. Es sind sehr stattliche und auch gut ausgestattete Quartbände, mit schöner graphischer Bebilderung. Sie rechtfertigen die monatelange Mühe, über die wir Billroth schon stöhnen hörten.

1855 trägt der erste dieser Bände *Über den Bau der Schleimpolypen* noch die Widmung: "Seinem hochverehrten Lehrer dem Herrn Geheimen Medicinalrathe, Professor Dr. Bernhard Langenbeck hochachtungsvoll zugeeignet vom Verfasser", welche bei den weiteren Büchern fortgefallen ist. Die Einleitung endet mit den Worten:

"Wenngleich diese Bildung nach den verschiedenen Körpertheilen, an welchen sie vorkommen, viele gemeinsame Eigenschaften in Bezug auf ihren Bau zeigen, so sind sie

DE

NATURA ET CAUSA PULMONUM AFFECTIONIS
QUAE NERVO UTROQUE VAGO DISSECTO EXORITUR.

DISSERTATIO

INAUG.URALIS

QUAM

CONSENSU ET AUCTORITATE

GRATIOSI MEDICORUM ORDINIS

IN

ALMA LITERARUM UNIVERSITATE

FRIDERICA GUILELMA

UT SUMMI

IN MEDICINA ET CHIRURGIA HONORES

RITE SIBI CONCEDANTUR

DIE XXX. M. SEPTEMBRIS A. MDCCCLII

H. L. Q. S.

PUBLICE DEEENDET

AUCTOR

THEODORUS BILLROTH

POMERANUS.

OPPONENTIBUS:

M. MUELLER, med. et chir. Dr.
P. JENTSCH, med. et chir. Dr.
A. BOUCHHOLTZ, med. et chir Dr.

BEROLINI,
TYPIS FRATRUM SCHLESINGER.

Abb. 10: Titelblatt der Dissertation Theodor Billroths. Berlin 1852

doch nach dem Sitz auf dieser oder jener Schleimhaut verschieden genug, um die einzelnen Formen gesondert zu betrachten."

Als nächstes Buch folgt eben dort *Untersuchungen über die Entwicklung der Blutgefässe* von 1856. Der Privatdocent der Chirurgie und Anatomie, Assistenzarzt zu Berlin begründet die "Schlussbemerkungen" in einer Weise, die für seine gesamten Arbeitsgepflogenheiten charakteristisch sein dürfte:

"Da wir durch das vielseitige Interesse des beregten Stoffes oft weit von der Entwicklungs-geschichte der Gefässe abgelenkt sind, so wird es nöthig sein, die darüber gemachten Beobachtungen und die daraus von uns gewonnenen Ansichten kurz zusammen zu stellen."

Er unterscheidet dann drei Arten der Gefäßbildung:

"1) Primäre Gefässbildung: runde dicht aneinander gelegene, solide Cylinder bildende Zellen verbinden sich innig miteinander... Dieser Vorgang findet statt: bei der ersten Gefässbildung in der Area vasculosa des bebrüteten Hühner-Eies... etc....

2) Sekundäre Gefässbildung: Die Zellen treiben Fortsätze, werden spindelförmig... lassen zwischen sich einen Canal... kommt vor ... im fötalen Bindegewebe, in den Granulationen... etc....

3) Tertiäre Gefässbildung: Strukturlose Gefässwände senden fadenfömige Schösslinge aus... diese feinen Fäden werden von dem Canal ihres Muttergefässes aus hohl und sind dann Gefässcanäle... findet man im weiteren Verlauf der Gefässentwicklung der Area Vasculosa und in der Allantois... etc. pp."

Der letzte Abschnitt des Schlusses ist köstlich:

"Es wäre ein Leichtes hier noch recht viele Resultate in Form bezifferter Dogmen hinzusetzen, und sie mit Hypothesen zu beschnörkeln; da ich jedoch beim Niederschreiben dieser Arbeit hauptsächlich die beobachtungsthätigen Fachgenossen vor Augen hatte, so halte ich das für unnütz. Sollten diese Mittheilungen bei den Lesern jenes Interesse angeregt haben, was zu neuen Ideen und Beobachtungsplänen anregt, so bin ich sehr zufrieden".

Fast 40 Jahre später schreibt Billroth am 3. Januar 1893 an seine Tochter Else:

"...Mir ist es mehr um das Vergnügen am Grübeln, als um die Resultate. 'Nous ne cherchons jamais les choses, mais le recherche des choses' (Pascal)." Man kann sich nicht denken, daß Billroth nicht auch schon 1856 Pascal zitiert hätte - er hat Übereinstimmung im Denken sicher erst später mit Befriedigung festgestellt. Oder wußte er nach Jahrzehnten nicht mehr, daß er selbst einst den gleichen Gedanken auch nicht übel fomuliert hatte?

Gewiß die bedeutendste der drei Monographien bei Reimer stammt von 1858 und ist betitelt: *Beiträge zur Pathologischen Histologie.*

Im Vorwort erklärt der Verfasser die "durch äussere Verhältnisse" veranlaßte fragmentarische Form des Werkes (Virchows Berufung hatte zur Abwendung von der Histologie geführt), dessen Material Billroth ursprünglich zu "einem System der pathologischen Histologie umzuformen" plante. Der "Inhalt" weist drei unterschied-liche, letztendlich aber doch zusammengehörige Abschnitte aus:

64

"1. Über die Quelle des Eiters und die Effekte des traumatischen Entzündungsprocesses in den verschiedenen Geweben nebst allgemeinen Bemerkungen über chronische Entzündung und Geschwulstbildung.

2. Über die Bildung des Knochengewebes... etc.

3. Beobachtungen über die feinere Struktur pathologisch veränderter Lymphdrüsen."

Billroth geht davon aus, daß man sich von dem Geschwindigkeitsablauf einer Gewebsveränderung nach Reizapplikation ein völlig falsches Bild gemacht hatte, ehe His mit seinen Untersuchungen zur normalen und pathologischen Histologie der Cornea zeigte, daß bereits eine halbe Stunde danach Veränderungen an den Zellen nachweisbar sind!

Ausgewählte Literatur:

Billroth, Th.: De natura et causa pulmonum affectionis, quae nervo utroque vago dissecto exoritur. Dissertation. Berlin 1852.
Billroth, Th.: Beiträge zur pathologischen Histologie nach Beobachtungen aus der königlichen chirurgischen Universitäts-Klinik zu Berlin. Berlin 1858.
Billroth, Th.: Über den Bau der Schleimpolypen, Berlin 1855.
Billroth, Th.: Untersuchungen über die Entwicklung der Blutgefäße nebst Beobachtungen an der königlichen chirurgischen Universitätsklinik zu Berlin. Berlin 1856.

Privatdozent in der Klinik von v. Langenbeck

Billroth publiziert zur Methodik der Veröffentlichung wissenschaftlicher Ergebnisse am 7. Mai 1856 eine charakteristische Glosse: "...So ist es auch auf Lgk.s.(Langenbecks) Rath geschehen, dass ich nach jedem Abschnitte, und nach dem Ganzen ein Resümée gegeben habe; dies ist mir in den Tod verhasst. Die Leute welche solche Resümées zum Verständnis brauchen, kommen mir gerade so vor, wie die Dilettanten welche keine Oper goutiren, aus welcher sie nicht ein Dutzend Melodien mit nach Hause bringen. Diese Nothwendigkeit dieser Resümées ist meiner Ansicht nach ein Zeichen, wie wenige Leute solche rein wissenschaftliche Gegenstände verstehen. - Früher ist es Keinem eingefallen solche Schlusssätze für nöthig zu erachten... Die Leute hätten am liebsten die ganze Mikroskopie und Medizin im Westentaschenformat..." Billroth war auch später noch der Ansicht, daß "Resümées" das genaue Lesen einer Arbeit verhindern.

Am 8. Mai teilt er Meissner lakonisch mit, "dass Virchow mittlerweile definitiv berufen ist, und dass damit hier meine pathologisch-anatomische Carrière aufgegeben ist...".

Der nun folgende Gedanke ist bemerkenswert: "...das Thema was wir verhandeln ist ein so grosses dass es sich nicht so in Briefen abmachen lässt; ich glaube, man könnte sich nur dann darüber verständigen, wenn mehrere Leute von verschiedenen Fächern einige Zeit mikroskopirten, sich gegenseitig ihre Beobachtungen zeigten, und dann bei einer Cigarre sich verständigten."

Das ist in der Tat ganz modern. Es ist eine Grundidee, aus der "Kollektivarbeit", "Ideenkonferenz", "Teamwork" und "Klausurtagung" hervorgegangen sein könnten; oder von heute aus betrachtet wäre es eine Mischung aus diesen verschiedenen, einander aber verwandten Elementen. Jedenfalls ist es bereits die Erkenntnis, daß zur Ausschöpfung der Möglichkeiten moderner Wissenschaft eine einzelne Fachrichtung, geschweige denn ein einzelner Forscher nicht ausreichen. Billroth schreibt am 2. September 1856 an Meissner:

"...Mein erster Plan war für die Ferien, in Berlin zu bleiben und zu arbeiten, und manches Angefangene zu beenden, dann aber gestaltete sich Manches anders und ich beschloss nach England und Schottland zu reisen, wohin schon längst mein Sinn stand; wenngleich ich hierbei meinen pecuniären Ruin immer rascher herbeiführe, so bin ich leichtsinnig genug mir einzubilden, durch diese Reise manches Nützliche zu lernen so wie besonders die englische Sprache besser beherrschen zu lernen, deren mangelhafte Kenntnis mich schon öfter in Verlegenheit gesetzt und geärgert hat. - Ich habe 6 Wochen Urlaub, und werde am 5ten von hier nach Hamburg, am 6ten von Hamburg nach Edinburgh abreisen, mich dort

Abb. 11: Rudolf Virchow

nur kurze Zeit aufhalten und dann nach London gehen, wo ich circa 4 Wochen zu bleiben gedenke... am 18ten October komme ich zurück, und hoffe dann auf einen Brief von Dir..."

Die Nachricht vom Ausscheiden Focks gab Billroth am 5. Dezember 1856 an Meissner: "...Fock geht in den nächsten Tagen ab; er ist Director des Stadtkrankenhauses in Magdeburg geworden, eine höchst angenehme Stellung. Ich werde somit erster Assistenzarzt, und habe damit die Poliklinik täglich abzuhalten. Meine tägliche Arbeit verdoppelt sich damit ebenso wie mein Gehalt; doch würde ich letzterem eher entsagen, wenn diese Thätigkeit nicht so abspannend und deprimierend für mich wäre. Ich will Chirurg werden und kann mich doch nicht von der Histologie trennen; wenigstens hätte ich den Übergang nicht so rasch gewünscht; doch man muss die Verhältnisse nehmen wie sie sind, und ich bin im Ganzen doch immer zufrieden, wenngleich manchmal ein innerliches Geschrei nach Freiheit mich quält; Langenbeck bleibt sich mir gegenüber stets gleich, wenn man einmal Assistent sein muss, so kann man es unter keinen angenehmeren Verhältnissen sein, als ich es bin. - Mein Colleg über allgemeine Chirurgie lese ich täglich vor 8 Zuhörern; die Zahl ist allerdings noch recht klein, doch musst Du bedenken, dass die Chirurgie hier im Winter 5mal gelesen wird..."

In den Vorlesungsverzeichnissen jener Zeit findet man die Angaben bestätigt, doch dies ist nicht verwunderlich, da es in Berlin damals bereits zwei chirurgische Kliniken gab. Schon am 4. Mai 1856 hatte Billroth seinem Lehrer Wilhelm Baum ein für seinen weiteren Lebensweg entscheidendes Ereignis mitgeteilt:

"...Ich habe mich unterdessen habilitirt und lese in diesem Semester pathologische Anatomie und mikroskopische Anatomie; erstere gebe ich, wenn Virchow im nächsten Semester hier sein wird, natürlich auf und werde dafür allgemeine Chirurgie lesen..."

In der Charité ist Billroth offenbar schon recht angesehen: Am 5. Dezember 1856 schreibt er an Meissner:

"...Virchow, der mich gleich in den ersten Tagen besuchte, ist von ausserordentlicher Höflichkeit gegen mich gewesen. Er wünscht, dass ich praktische Übungen in d. normalen Histologie geben sollte, u. hat mir dazu seine Localitäten zur Disposition gestellt u. seine Instrumente."

Billroth berichtet Meissner weiter am 9. März 1857:

"...Der Winter war sehr angreifend; täglich 2 Stunden lesen, dabei eine Abtheilung verwalten, die Klinik mit durchhalten und dann in der Poliklinik täglich zwischen 30 und 40 Kranke abfertigen, das wird auf die Dauer zu viel; doch fühle ich mich wohl bei solcher Thätigkeit, wenngleich sie mich zeitweilig sehr von wissenschaftlichen neuen Untersuchungen abzieht... ich kann Dir unter uns gestehen, dass mir die Gebundenheit meiner Stellung oft unerträglich ist, und dass mich jede Universität für 100 Thaler und den Professorentitel haben könnte; so ekelhaft ist mir jetzt Alles hier. Langenbeck ist sich stets gleich geblieben; es liegt an mir; ich kann nicht mehr so Schüler sein wie früher; und nun zugleich Lehrer und Schüler; es tritt dies besonders bei der Poliklinik heraus. Ich kann es in meiner Lebhaftigkeit, und bei dem Wunsch, den Leuten das grosse Material möglichst nutzbar zu machen, nicht unterlassen, auch klinisch zu reden, und ertappe mich nicht

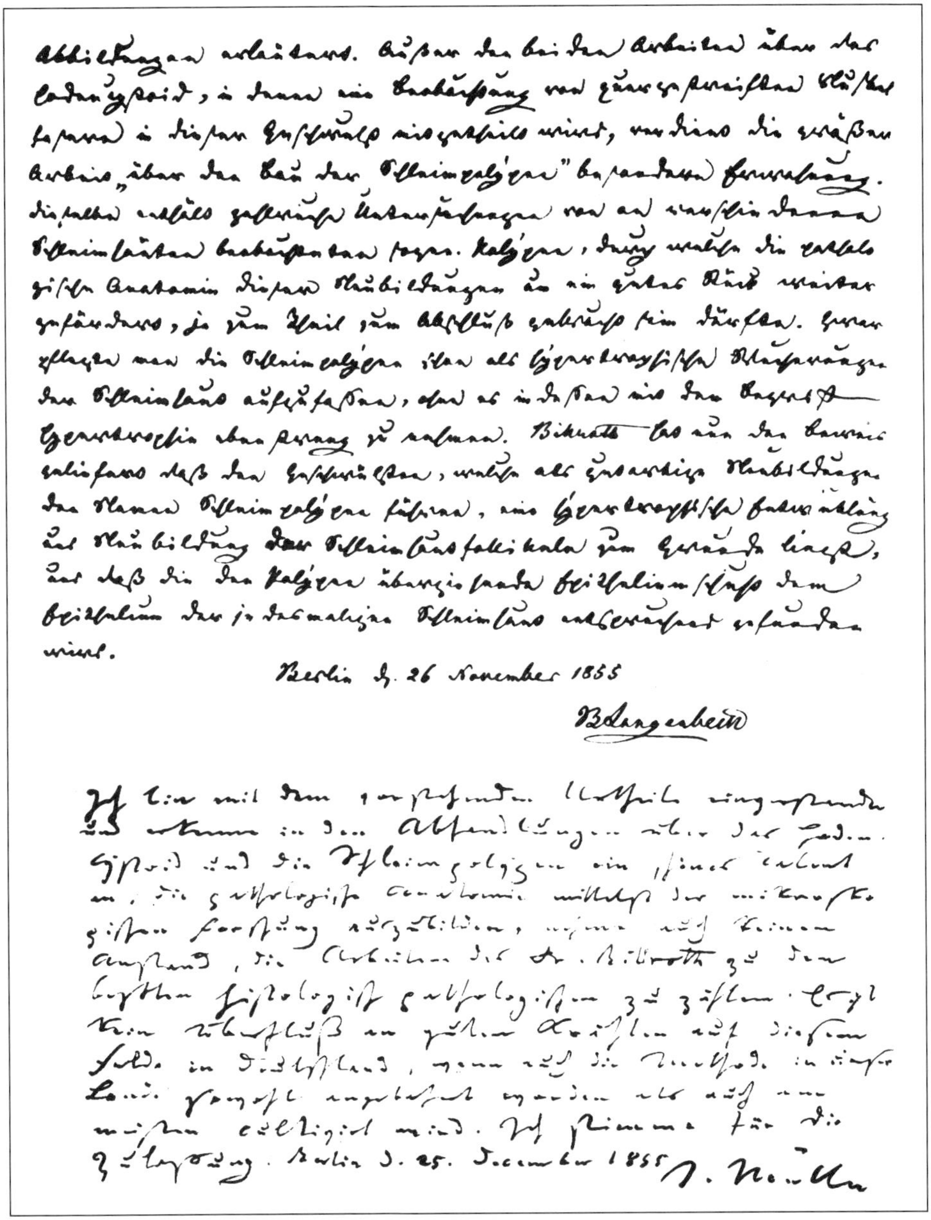

Abb. 12: Habilitationsgutachten von v. Langenbeck und Johannes Müller.
November-Dezember 1855.

selten dabei, dass ich ohne es zu wollen mit dem grössten Eifer Ansichten verfechte, die Langenbeck zuwider sind. Trotzdem muss ich natürlich wünschen, meine Stellung zu behalten; abgesehen davon dass ich pecuniär auf den Sand gesetzt wäre, würde ich allen Materials entblösst sein, und würde mich Virchow in die Arme stürzen müssen, wozu ich gar keine Lust hätte...”

In Danzig war eine Oberarztstelle freigeworden. Am 24. Oktober 1857 schreibt Billroth an Baum: “...so bin ich sehr geneigt, meine hiesige Stellung sowie meine ganze Universitäts-Carrière vorläufig aufzugeben und mich um die Chirurgenstelle in Danzig zu bewerben...” Billroth macht also Ernst, und er bittet Baum um ein Zeugnis für diese Bewerbung, da es “das Einzige ist, was mir für Danzig Chancen bieten könnte; ich würde ohne eine solche mich nicht auf den Wahlplatz wagen...”

An His in Basel, den er über Meissner zunächst korrespondenzweise kennengelernt hatte, schreibt er am 11. November 1857: “...ich habe eine ganz besondere Freude darüber, dass Sie der reinen idealen Wissenschaft auf diese Weise erhalten bleiben, da die Neuzeit leider oft genug gelehrt hat, dass die Praxis alles verschlingt. Ich betrachte mich jetzt schon als völlig verloren und thue mir selber leid; wenn Sie das für arrogant halten, so bin ich es in hohem Grade. Ich habe in diesem Winter übernommen, selbständige Operationscurse zu halten und bin dadurch so berstürzt, dass ich täglich 2 Stunden operiren lassen muss. Ausserdem ist mein Colleg über Chirurgie wider Erwarten zahlreich; es scheint, ich werde hier jetzt zur Modefigur: Die natürliche Folge hiervon ist gewesen, dass ich mein Colleg über Histologie vollständig aufgegeben habe, und damit officiell aus der Reihe der hiesigen Mikroscopiker ausgeschieden bin. Topographische Anatomie und operative Technik hat mich in der letzten Zeit sehr in Anspruch genommen. Alles ist weniger zu verwundern; es musste so kommen, und ich habe es gewünscht; doch worüber ich selbst fast staune ist, dass ich mich entschlossen habe, die Universitäts-Carriere ganz aufzugeben und mich um die Stelle des städtischen Krankenhauses in Danzig zu bewerben... Ich lege Ihnen, histologisch sterbend, nochmals die Milz etc. ans Herz...”

Nachdem er sich in einem Brief an Meissner vom 16. November 1857 im gleichen Sinne geäußert hat, fährt er dann fort: “...Nachdem ich eine Zeit lang sehr in Niedergeschlagenheit und förmlicher Melancholie über das Verfehlte meiner Carrière versunken war, so habe ich jetzt wenigstens wieder etwas Muth, und der ist nothwendig zur Arbeit. Freilich liegt noch nichts Positives vor, doch die Hoffnung vorhanden...” Billroth verfolgt weiter die Danziger Angelegenheit. Während gegenüber dem in der Wissenschaft so viel erfolgreicheren Freunde Meissner nun eine lange Pause im Briefwechsel eintritt, ist dieser mit Baum umso lebhafter. Billroth schreibt am 5. Januar 1858: “Hochgeehrter Herr Hofrath! Nachdem ich gestern von meiner Reise nach Danzig zurückgekehrt bin, kann ich nicht umhin, Ihnen noch einmal meinen herzlichsten Dank für Ihre freundlichen und warmen Empfehlungen zu sagen, denen ich es zu verdanken hatte, dass alle Leute in Danzig mir mit einer Freundlichkeit und Herzlichkeit entgegen kamen, die mir äusserst wohltuend war...

Sollte ich wieder in eine abhängige Stellung treten, so habe ich keinen Grund die jetzige zu verlassen, wo ich das Wohlwollen meiner Vorgesetzten in so hohem Masse besitze, wie ich es niemals zu hoffen wagte. - Einer meiner Haupt-Concurrenten ist Gurlt. Wir stehen beide auf freundschaftlichem Fusse und sind zusammen in Danzig gewesen; einer kann es Ja doch nur werden, wir haben daher eine offene Concurrenz beide vorgezogen... Wie ich höre, wird sich Oscar Heyfelder auch bewerben... Materiell ist die Angelegenheit für Gurlt und Heyfelder wohl wichtiger und ich wünsche ihnen eben so gut wie mir selber den besten Erfolg...”

Sie bekamen alle drei die Stelle nicht. Am 7. März 1858 schreibt Billroth an Baum: “...Sie haben vielleicht schon auf directem Wege erfahren, dass die Danziger Stellen an Dr. Stich und Pohl vergeben sind... Vielleicht ist es besser wie es ist; es wird sich ja auch mit der Zeit noch für mich eine Stelle für selbständiges Wirken finden. Langenbeck hat so viel liebevolle Nachsicht mit mir, dass ich in meinem Verhältniss zu ihm und zur Anstalt so frei bin wie es möglich ist; daher werde ich auch bleiben, so lange er mich behalten will... Ein neues grösseres Manuskript habe ich vor einigen Tagen an den Buchhändler abgegeben. Es fasst unter dem Titel ‘Beiträge zur pathologischen Histologie’ mehrere Aufsätze zusammen, in denen ich die allgemeinen Anschauungen erläutert habe, zu denen ich in Bezug auf die Cellular-Pathologie gekommen bin. In ihren Consequenzen werden die Virchow’schen Ansichten so allgemein, dass ihre Bedeutung sehr zusammenschrumpft.” Am Ende des folgenden Zitats steht ein Bekenntnis Billroths: “Je einfacher das Morphologische in Bezug auf Gewebsentwicklung unter pathologischen Verhältnissen geworden ist, um so fühlbarer wird das Bewusstsein, dass man mit der Erkenntnis der feinsten Form der Natur der Processe nicht viel näher gekommen ist! *Die Beobachtung am Krankenbette ist doch viel schöner als die Microscopie!”*

Immer wieder überwindet Billroth große materielle und menschliche Schwierigkeiten mit weiterer Arbeit und auch mit wissenschaftlichen Betrachtungen, die einen sich immer mehr erweiternden Horizont verraten.

Am 7. April 1858 kommt er in einem Brief an Baum erstmals auf die Greifswalder Angelegenheit - als nächste Berufungsmöglichkeit - zu sprechen: “...Die Greifswalder Fakultät wünscht mich für Pohl als Professor extraord. für pathologische Anatomie. Doch ist die Dotation der Stelle gar zu dürftig im Verhältniss zu meiner hiesigen Einnahme, und ausserdem habe ich zu wenig Interesse für die reine pathologische Anatomie. - In letzter Zeit bin ich ein Jünger der Ophthalmologie geworden und fast den ganzen Tag bei Gräfe; es war eine böse Lücke bei mir, die mich schon lange sehr gedrückt hat, und die ich jetzt auszufüllen hoffe... Nur Unabhängigkeit fehlt mir; doch mag diese Beschränkung recht heilsam für mich sein...” Gegenüber Baum gibt sich der zwar noch junge, aber doch nun schon für seine Stelle etwas “zu große” Billroth immer etwas gesetzt und vernünftig.

Im nächsten Brief sieht die Situation wie folgt aus: “...die Danziger Geschichte hat mich sehr deprimirt, dann die Greifswalder Angelegenheit, wo ich fast ohne Gehalt

Professor werden sollte, das ging auch nicht, und doch war es mir unangenehm es ablehnen zu müssen; wenn gleich die Sache noch schwebt, werde ich für hier schwerlich etwas dabei gewinnen, wenigstens nicht gleich; ich wünschte sehr, dass man mir hier den Professorentitel gäbe, dann könnte ich mich selbständig machen, doch so geht das vorläufig noch nicht. Langenbeck hat nach seiner letzten Krankheit sehr gealtert, und ist begreiflicherweise mehr als je empfindlich bei dem Gedanken, dass die Höhe seiner jetzigen Thätigkeit jemals sich herabstimmen könnte! Doch die Zukunft wird das Weitere lehren!..."

Diese Zukunft brachte zunächst eine ungünstige Nachricht. Ein Mann starb, an dem Billroth einen großen menschlichen Halt und eine Stütze auch in seiner Berufsentwicklung gehabt hatte. Am 29. April 1858 schreibt Billroth an Meissner: "Dem gestrigen Brief sende ich heute sofort einen zweiten nach, der Dir eins der grössten Ereignisse in der Wissenschaft melden soll, über das wir Alle gleich trauern. Johannes Müller ist todt!... Er erschien mir immer so grossartig, so halbgottartig... Nur die Combination vieler vereinter Kräfte, wird ihn ersetzen können? Bei dem ganzen jetzigen Gange der Wissenschaft werden Figuren wie die von Müller immer seltener werden müssen. Er hatte das Alterthümliche eines classischen Polyhistor an sich; und ist von dieser Art von Leuten nur noch Humboldt übrig!"

Gemeint ist Alexander von Humboldt, der 1859 als 90jähriger starb. Wichtig, daß Billroth als gewiß schon reifer Mensch noch mit Persönlichkeiten solchen Formats in Berührung gekommen ist. Gerade Johannes Müller mag ihm, wenn auch vielleicht unbewußt, als "Polyhistor" und damit als ein Mann umfassenden Wissens vor Augen gestanden haben, wenn nun die Spezialisierung immer mehr einsetzte, an der Billroth selbst im Verlaufe seiner weiteren Tätigkeit mitwirkte.

In Georg Fischers Briefsammlung erscheint an dieser Stelle der Chronologie entsprechend eine an His in Basel gesandte Anzeige:

Christel Michaelis

Dr. Theodor Billroth

Verlobte

Potsdam und Berlin

den 5. Mai 1858.

Ihr gutes Beispiel hat mir Muth gemacht, mein lieber Freund!

Vergessen Sie mich nicht!

Der Ihre

Th. Billroth.

Offenbar hatte der Bräutigam auch an Georg Meissner die gleiche Verlobungsanzeige wie an His geschickt, die der Freund natürlich umgehend beantwortete. Die Rückantwort vom 9. Juni 1858: "Mein lieber Georg! Herzlichen Dank für Deinen lieben Brief. Schriftlich kann ich Dir über meine Braut wenig mittheilen, da ich schon mündlich darüber kaum zu Ende kommen würde; Du musst Dich daher mit folgenden

Abb. 13: Christel Billroth, geborene Michaelis. (Um 1870)

Notizen begnügen! Sie ist 21 Jahre alt, etwas kleiner wie ich, hat kurze hellockige Haare, grosse dunkle Augen, ein vortreffliches Herz, tiefes Gemüth, leidenschaftliches Temperament, originellen Geist, viel Verstand, ist nicht ganz frei von Excentricitäten, die sich jedoch mit der Zeit beruhigen werden. Hiernach magst Du Dir ein ungefähres Bild entwerfen. Sie besitzt etwas Vermögen, so dass wir uns bald verheirathen werden. Ihre Eltern sind lange todt; sie lebt bei einer ihrer Tanten in Potsdam, die auch zugleich eine meiner Tanten ist, daher die Anknüpfung. Besagte Tante, zieht in diesen Tagen nach Friedrichsroda in Thüringen, wo sie gewöhnlich den Sommer zubringt; meine Braut wird mit ihr gehen und Ende August oder Anfang September wird die Hochzeit sein in Thüringen, ganz still und einfach. Dann werden wir etwas reisen um am ersten Oktober wieder hier zu sein und uns gemütlich einzurichten... - Ich kann Dir sagen, dass ich seitdem ich diesen Schritt gethan, in der That sehr viel glücklicher bin; das Leben fängt wieder an, Reiz zu gewinnen; ich kann Dir nur rathen 'Gehe hin und thue dergleichen!' ..."

Aus diesen Äußerungen darf man schließen, daß Billroth überzeugt war, die richtige Wahl getroffen zu haben.

In einem Brief vom 6. August 1858 hatte er Baum, möglicherweise auf dessen Anfrage hin, mitgeteilt: "An der Universität sind für Chirurgie habilitirt und respective angestellt: Jüngken, Langenbeck, Böhm, Troschel, Angelstein, Kranichfeld, Friedberg, Ravoth, Gurlt, Billroth, v.Gräfe, Ermann. Sie können daraus entnehmen, dass die Concurrenz gross ist, weniger in der Wissenschaft, als in der Geschicklichkeit Studenten zu greifen. Wenn ein Mann wie X (eine Diskretion Billroths?; Anm. d. Verf.) Collegia privatim anzeigt unter der privativen Versicherung, dass er jedem Studenten der bei ihm belegt, einen Friedrichs'or wieder herausgeben will, so weiss man als Privatdocent nicht, was man dazu sagen soll! Ich bin im Allgemeinen so vom Glück begünstigt gewesen und durch Langenbeck so sicher gehalten, da er mich wirklich lieb hat, wie ich ihn, dass ich nicht klagen kann. Ich habe etwa 20 Zuhörer in der Chirurgie, will auch jetzt Fracturen und Luxationen lesen, sodass ich allmählich die chirurgischen Collegien in meine Hand bekomme; die Hauptstütze habe ich darin, dass ich die Poliklinik und den Operationskurs habe..."

An seinen alten Conassistenten Fock berichtet Billroth am 22. November 1858: "Meine Stellung bei Langenbeck habe ich beibehalten, vorläufig bis 1. November 1859. Privatpraxis habe ich vorläufig noch gar nicht und friste mein Dasein von den Operationscursen, die ich täglich von 10 bis 12 halte. Ich lese Chirurgie und Fracturen mit mässiger Zuhörerzahl. Gurlt dito. Der Arme war 6 Wochen verheirathet, dann starb seine Frau. - In meiner Häuslichkeit fühle ich mich unbeschreiblich wohl und fange an, leicht beleibt zu werden. Meine Frau musst Du kennenlernen, wenn Du herkommst, sie ist ein lebhaftes, munteres, stets heiteres Wesen und dabei sehr verständig! es ist gar zu nett verheiratet zu sein!"

An dieser Stelle scheint es angebracht, eine Information einzuschieben, die sich nur auf eine Quelle stützen kann. E. Küster weiß zu berichten: "...In dieser Zeit ist

Billroth auch Jäger gewesen, hat sich also einer bei seinen Fachgenossen sehr beliebten Erholungsart gleichfalls hingegeben. Als ich um die Mitte der 80er Jahre die umfangreiche Jagd der Stadt Nauen gepachtet hatte, da erzählte mir der Stadtförster Kleinod, dass er Billroth sehr gut gekannt habe, da dieser in den 50er Jahren im Herbst regelmässig von Berlin herübergekommen sei, um in seiner, des Försters Gesellschaft, die Hühnerjagd zu üben, teils auf dem Gute eines Oheims, des Pächters eines angrenzenden Bredowschen Gutes, teils auf der Nauener Stadtjagd..." In den folgenden Jahrzehnten ist nie wieder von der Jagd die Rede.

Der Ort dieses bei Nauen liegenden Gutes heißt Staffelde. Das Gutshaus der Verwandten (die Familie Wilckens) gehört heute zum Gestüt. Dort muß sich Billroth, vielleicht damals schon zur Jagd aufgehalten haben, als ihm jenes Ereignis zustieß, von dem manche behaupten, daß es sein chirurgisches Talent bereits bewiesen habe. Am 9. Juni 1852 schreibt er an Meissner: "Bei meinem letzten Aufenthalt in Staffelde bei meinem Onkel bin ich auf eine merkwürdige Weise zu meinem ersten Debüt in der operativen Chirurgie gekommen. Eine Schäfersfrau hatte eine Hernia inguinalis externa; sie hatte wegen der grossen Hitze ihr Bruchband abgelegt und am Abend des 23st. vorigen Monats stellten sich Erscheinungen der Einklemmung ein; ich erfuhr erst am Mittag d. 24st. davon, fand eine Wallnuss grosse Hernie vor, und Erscheinungen der Einklemmung; ich liess sofort den Arzt aus der nächsten Stadt holen, machte eine starke Venaesekt. da ich mein Besteck bei mir hatte, und liess warme Umschläge machen u. Klystire geben; am Abend kam d. Arzt, ein besoffener Schweineigel. Die Versuche der Reposition waren vergeblich; er liess die Nacht hindurch Eisumschläge machen; am anderen Morgen war die Sache noch so, die Hernie liess sich durchaus nicht reponiren. Am Mittag des 25sten wurde die Reposition im Warmen Bade versucht, doch vergebens. Fortwährendes Erbrechen, kein Stuhlgang. Obgleich ich natürlich jetzt schon heftig auf die Operation drang, weigerte sich der Arzt energisch, und arbeitete nun mit Ricinus-Klystiren und Krotonölpillen weiter. Blutegel auf die Hernie. Am Morgen des 26. fand ich die Frau schon sehr collabirt... Endlich am Abend um 9 Uhr kam der Arzt... Nun erklärte dieser Kerl, der offenbar mit Willen so spät gekommen war, es sei zu spät die Operation zu machen. Ich protestirte heftig, und hielt ihm vor, dass es dennoch Pflicht sei die Operation zu versuchen. Endlich erklärte er, er könne sie nicht machen, worauf ich mich sofort dazu erbot. Um 10 Uhr Abends ging die Sache los. Die Skalpels waren stumpf, die Pincette, die der Kerl bei sich hatte, vollkommen unbrauchbar; ich suchte mir so zu helfen, dass ich immer leise feine Schnitte machte und die Hohlsonde unterschob. Die Hernie war sehr alt, daher die Theile sehr verwachsen, endlich hatte ich den Bruchsack, er lag dem Darm sehr eng an, doch gelang es ihn ohne Verletzung der Darmschlinge (wie dies nachher die Section bewies) zu eröffnen; die Einklemmung des Darms war sehr fest, ich hob sie mit Hilfe eines Pott'schen Bistouris, da ich kein Bruchmesser hatte. Die Reposition gelang vollkommen glücklich... Ich fasste eine leider zu sanguinische Hoffnung, wenngleich die Darmschlinge schon brandig aussah. Nach einer Stunde trat vollständiger

Collapsus ein, und 5 Stunden nach der Operation starb die Frau. Die Section, die ich am anderen Tage machte, gab mir die Überzeugung, dass ich nicht zu dem tödlich. Ende beigetragen hatte, da weder die Darmschlinge verletzt war, noch die Epigastrica angeschnitten; die ganze Operation war fast ohne Blut gewesen... Jedenfalls hielt ich es für Pflicht, die Operation zu machen, und ich bin überzeugt, dass die Frau hätte genesen können, wenn die Operation früher gemacht wäre; doch mir waren die Hände gebunden, da ich nicht wagte, mich einem älteren sonst erfahrenen Arzte entgegenzusetzen..."

A.K. Schmauss, Berlin, hat in Staffelde nach den Spuren dieser ersten Billrothschen Patientin geforscht: im Sterberegister der Pfarrei (jetzt in Schwante) ist eingetragen: "Maria Elisabeth Krause, verehelichte Neubauer... 49 Jahre... Todesursache: Bruchschaden. Verstorben am 27. 5. 1852 morgens 1 1/2 Uhr. Beerdigung 28. 5.1852." (Persönliche Mitteilung an die Autoren.)

Noch eine Information wäre nachzutragen über Billroths medizinisch-ärztliche Position. An Meissner schreibt er am 28. November 1858: "...Virchow hat seinen Wirkungskreis hier allmählich immer mehr abgerundet und seine Lehrkraft ist immer für Berlin ein Stolz. - Was übrigens sonst seine Richtung betrifft, so hat er sich jetzt so fürchterlich in seine Zellen verritten, dass er in seinen neueren Arbeiten sich manche Blösse giebt. Sein neues Buch 'Cellularpathologie' für Ärzte ist in der Form und Darstellung ein Meisterwerk. Der Standpunkt der Histologie und pathol. Histologie ist darin meisterhaft wiedergegeben. Doch redet er nur von der Pathologie der Zellen und nicht von der Pathologie des Organismus, er prätendirt die völlige Gleichartigkeit der Zelle mit dem Organismus. Die lokalen morphologischen Vorgänge haben ihn völlig dumm gemacht für die Auffassung allgemeiner Krankheitsprocesse."

Kurz vor seiner Berufung nach Zürich schreibt Billroth am 15. Dezember 1859 an Fock: ".. ich für meine Person habe in neuester Zeit einen Kummer gehabt, der mich sehr gekränkt hatte, da ich gegründete Aussichten auf die Professur in Zürich hatte, die sich leider nicht realisiren, sodass ich nun wieder hier sitzen bleibe. Ich habe auffallendes Pech mit meinen Bewerbungen nach ausserhalb; es scheint, dass ich durchaus hier verkummern soll..." Dazu eine wichtige Fußnote von Georg Fischer: "An Billroths Weihnachtsbaum hing der Brief, welcher ihm, dem 30jährigen Privatdocenten, die Ernennung zum ord. Professor der Chirurgie in Zürich brachte."!!

Ausgewählte Literatur:

Billroth, Th.: Beiträge zur histologischen Literatur, Berlin 1858.
Billroth, Th.: Beobachtungs-Studien über Wundfieber und accidentelle Wundkrankheiten. Dritte Abhandlung. In: Archiv für klinische Chirurgie 2 (1862).
Billroth, Th.: Die Eintheilung, Diagnostik und Prognostik der Geschwülste, vom chirurgisch-klinischen Standpunkte für die practische Ärzte kurz bearbeitet. In: Deutsche Klinik 11 (1859).

"Der Musiker in Billroth"

(Eduard Hanslick, Aus meinem Leben)

Musikalische Studien und Betätigungen während der Schul- und Studienzeit in Greifswald, Göttingen und Berlin

Leben, Werk und Wirkung der Großen in der Geschichte der Medizin, so etwa von Robert Koch, Julius Röntgen, Ferdinand Sauerbruch u.a., sind in unserem Jahrhundert immer wieder Themen für Medizinhistoriker, Biographen, Feuilletonisten und Filmregisseure gewesen. Vielleicht war es die leichter zu fassende Eindeutigkeit des Lebens und Wirkens jener Persönlichkeiten, die erklären hilft, warum Theodor Billroths doppeltes Ich, das des genialen Chirurgen und das des praktischen wie reflektierenden Musikers, bisher nicht gleiche oder zumindest ähnliche Würdigungen erfahren hat.

In den einhundert Jahren nach seinem Tode sind die Erinnerungen an den "Musiker Billroth" stets lebendig geblieben. Der Hauptgrund hierfür war Billroths letzte, in den Schlußkapiteln Fragment gebliebene Schrift *Wer ist musikalisch?* Der Titel erweist sich bei näherem Zusehen als typisch Billrothsches Understatement. Viele Überlegungen Billroths sind nämlich genuine Beiträge zur Musikästhetik des 20. Jahrhunderts, die schon unmittelbar auf Ferruccio Busonis berühmten *Entwurf einer neuen Ästhetik der Tonkunst* (Triest 1907 und Leipzig 1917) hinweisen.

Billroths Manuskript wurde nach seinem Tod auf Wunsch des Verfassers an Eduard Hanslick zur freien Verfügung übergeben. Hanslick hat es dann im Jahre 1895 veröffentlicht. Billroths Schrift *Wer ist musikalisch?* erlebte drei Auflagen.

Ein Beispiel für die Beachtung, die der "Musiker Billroth" nach seinem Tod fand, ist ein groß angelegter Vortrag von John C. Hemmeter mit dem Titel: *Theodor Billroth, Musical and Surgical Philosopher,* den Hemmeter vor dem "Historical Club" des weltweit bekannten Johns Hopkins Hospital hielt und der in Band 11 (Dezember 1900) im *Bulletin of the Johns Hopkins Hospital* abgedruckt wurde.

Hemmeter hat am Schluß seiner 18 Druckseiten umfassenden, profunden Arbeit eigens noch ein "summary" von *Wer ist musikalisch?* gegeben. Daß im Titel der Arbeit Hemmeters der "musical philosopher" vor dem "surgical philosopher" steht, sei am Rande vermerkt.

Wach gehalten und in besonderer Weise vertieft wurden die Erinnerungen an den "Musiker Billroth" durch Billroths Schwiegersohn, Dr. Otto Gottlieb-Billroth, der mit seinem Buch *Billroth und Brahms im Briefwechsel* eine Dokumentation der Freundschaft zwischen Billroth und Brahms vorgelegt hat, die heute als "Klassiker" der Literatur zur Musikgeschichte des späten 19. Jahrhunderts gelten darf.

Natürlich sind Billroths Persönlichkeit und seine Leistungen immer wieder Gegenstand von Einzeluntersuchungen gewesen. Bisher aber ist noch nicht das Wagnis unternommen worden, in einer Biographie eine umfassende Darstellung zu versuchen mit dem Ziel, die polare Spannung der Persönlichkeit Billroths in den Griff zu bekommen, ohne die der Mensch Billroth nicht begreifbar ist: Die Pole Medizin und Musik. Immer wieder gewinnt man den Eindruck, daß die Schwierigkeiten, die Einmaligkeit Billroths in diesem Spannungsfeld darzustellen, größere Entwürfe bisher verhindert haben.

Im Gegensatz zu dem Stellenwert, welchen die Musik für viele Zunftkollegen Billroths als Liebhaberei und Ausgleich für einen aufreibenden Berufsalltag einnimmt, ist die Musik für ihn existenznotwendiges Konstituens seines Seins; notwendig, um das Persönlichkeitspotential einer Doppelbegabung zu bewältigen.

Für immer wird uns verborgen bleiben, welche inneren Spannungen der junge Billroth bis zum Ende seiner Gymnasialzeit überwinden mußte, bis seine offensichtlich eminente praktische wie theoretische Begabung für Musik - von der Mutter zunächst zielstrebig gefördert - schließlich in ein Engagement für die Medizin münden konnte. Die mehrfach bekundete Dankbarkeit Billroths gegenüber seiner Mutter aber dafür, ihn schließlich von der Musik zur Medizin gelenkt zu haben, bedarf des Nachdenkens.

Vielleicht ist Billroth am Ende seiner Schulzeit bewußt geworden, wie problematisch für ihn die Zukunft werden konnte, wenn er mit dem "Vagantenberuf" des Musikers aus der Reihe seiner Vorfahren ausbrechen würde. Theologen, Mediziner und Juristen bestimmten eindeutig das soziale Selbstverständnis der Familie Billroth. Die vielleicht berechtigten Zweifel des jungen Theodor, einmal nicht zu den "ganz Großen" in der Musik zu zählen, mögen bei Billroth ebenfalls zur Besinnung auf bewährte Familientraditionen beigetragen haben.

Mit Sicherheit hat sein musikalisches Engagement in der Jugend dazu geführt, daß seine schulischen Leistungen zuweilen weniger als mäßig waren. Die Stunden am Klavier, die körperliche wie geistige Disziplin des Geigenstudiums, die Auseinandersetzung mit der Musiktheorie - das waren damals wie heute abträgliche Beschäftigungen im Hinblick auf das Erreichen der Ziele eines gymnasialen Lehrplans.

Daß Billroth seine Defizite durch Nachhilfeunterricht ausgleichen mußte, dessen Finanzierung der Mutter gewiß nicht leicht fiel, hat ihn wahrscheinlich belastet. Auch die Enttäuschung der engeren Umgebung über sein Fortkommen in der Schule sowie die Sorgen der Familie um seine Zukunft sind ihm gewiß nicht verborgen geblieben.

Andererseits hat der heranwachsende Billroth durch seine musikalischen Studien in der Jugend wichtige, persönlichkeitsprägende Grunderfahrungen gemacht. Die Kenntnisse der Gesetzmäßigkeiten und Formen der beherrschten schöpferischen Phantasie, die Faszination der Ausgewogenheit von emotio und ratio in "klassischen" Meisterwerken der Musik sind zweifellos ebenso Wurzeln der schöpferischen Persönlichkeit des Chirurgen Billroth. Dies kann auch der Grund für die Tatsache sein, daß die Musik in Billroths Leben nie die Funktion eines kompensatorischen Hobbys einnahm, sondern bis in die letzten Tage seines Lebens hinein ein notwendiger Bestandteil seiner Existenz gewesen ist.

Der Danziger Arzt Dr. Oehlschläger hat in seinen 1894 (nach Billroths Tod) veröffentlichten Erinnerungen auch ein aufschlußreiches Porträt des jungen Theodor hinterlassen. Es stammt aus den Zeiten, als Oehlschläger in der Familie Billroth Hauslehrer war:

"Was die geistigen Fähigkeiten unseres Theodor in jungen Jahren betrifft, so muß ich gestehen, mich gründlich darin getäuscht zu haben. Er machte in jeder Beziehung den Eindruck eines tardum ingenium auf mich, in den alle Lehren des akademischen Gymnasiums langsam und mit Mühe eindrangen. So manchen lateinischen Aufsatz, so manches griechische Pensum habe ich dem jungen Secundaner und Primaner durchgesehen und von massenhaften Fehlern befreit; selbst im Deutschen, wo bei den Aufsätzen besonders die Dispositionen schwer fielen, habe ich häufig nachhelfen müssen. Auch die Sprache war schwer und unbeholfen, als ob sich eine zu dicke Zunge im Munde bewege. Als ich später, im Jahre 1870, Billroth in Wien besuchte, da machte ich ihn lächelnd auf diesen Widerspruch in seiner früheren und späteren geistigen Entwicklung aufmerksam. Er löste mir das Rätsel in folgender Weise: 'Den alten Sprachen vermochte ich auf dem Gymnasium durchaus kein Interesse abzugewinnen. Mit einem Schlage änderte sich das, so wie ich die Universität bezog. Die im Anfange betriebenen Naturwissenschaften boten mir etwas Greif- und Faßbares, da gewann sofort jede Pflanze, jedes Tier Farbe und Leben für mich, meine ganze Natur war wie durch einen Zauber umgewandelt. Da gewann ich selbst für die alten Sprachen wieder, wenn sie mir bei meinen Untersuchungen etwas nützen konnten, erneutes Interesse'.

Billroth zeichnete sehr hübsch, was ihm bei seinen späteren mikroskopischen Untersuchungen sehr zu Statten kam. Auch für Musik hatte er eine entschiedene Beanlagung. Regelmäßig benützte er als Gymnasiast die Sommerferien, um sich unter der Leitung Kullak's in Berlin im Klavierspiel zu vervollkommnen."

Oehlschlägers letzte Sätze berichten von den musischen Veranlagungen des jungen Billroth. Dabei ist der Schlußsatz über Billroths Klavierspiel von besonderer Bedeutung. Es handelt sich bei dieser Aussage um eine der seltenen Spuren, die uns Aufschluß über die Qualität von Billroths musikalischer Ausbildung in seiner Jugendzeit geben können.

"Unter Leitung Kullak's in Berlin" bedeutet, daß Billroth seine pianistische Ausbildung bei einem der berühmtesten Klavierpädagogen in Deutschland erhielt. Theodor Kullak, 1818 in Posen geboren, Freund von Franz Liszt und Schüler Karl Czernys, hatte sich nach seinen Studien in Wien in Berlin niedergelassen. Er unterrichtete fast sämtliche Mitglieder der Königsfamilie im Klavierspiel und gründete 1850 mit J. Stern und A. B. Marx das "Berliner (später Sternsche) Conservatorium der Musik", um dann 1855 eine eigene "Neue Akademie der Tonkunst" zu gründen, die mit 100 Lehrern und 1100 Schülern die wohl größte Musiklehranstalt im damaligen Deutschland gewesen ist.

Ein Zeitgenosse Kullaks berichtet über dessen pianistische Fähigkeiten. Sein Spiel war "von absoluter Präcesion und unübertrefflicher Genauigkeit jeder Gelenkbewegung; ich entsinne mich nicht, jemals rundere Triller, elastischere Oktaven, glattere Skalen gehört zu haben...". So der Pianist H. Bischoff über Billroths Lehrer im Klavierspiel.

Oehlschläger verdanken wir diesen wichtigen Hinweis auf Billroths gründliche pianistische Ausbildung, deren Qualität Johannes Brahms und Eduard Hanslick später beim vierhändigen Klavierspiel mit Billroth in Erstaunen versetzt hat, ganz zu schweigen von Billroths Fähigkeiten, schwierige Brahms-Werke vom Blatt lesen zu können.

Bei seinen Musikstudien ist Billroth in seiner Jugend mit Maßstäben konfrontiert worden, die er sich in einem der Zentren der Kunst, in Berlin - nicht im provinziellen Greifswald - erwerben konnte. Ebenso wie dadurch sein Anspruchsniveau in der Musik gewachsen war, erscheint es möglich, daß er dies - zumindest unterschwellig - dann auch auf die von ihm schließlich gewählte Alternative Medizin übertragen hat. Doch dies muß Vermutung bleiben.

Schon oft ist die Frage erörtert worden, wann und wie Billroth den Wechsel von der Musik zur Medizin in sich vollzogen hat. Die guten Ratschläge der Mutter werden dabei ebenso ins Feld geführt wie die schließlich prägende Vorbildfunktion, die sein Lehrer Wilhelm Baum dann in Göttingen für ihn gehabt hat.

Wie Billroth selbst in seiner Autobiographie des Jahres 1880 ausführt, ist seinerstes Semester in Greifswald noch ganz von seinen musikalischen Interessen besetzt gewesen. Auch im zweiten Semester, in Göttingen, scheint die Musik noch einen Raum eingenommen zu haben, der wohl kaum mit einem ernsthaften Medizinstudium zu vereinbaren war.

Wichtiger als diese kaum noch genau zu klärenden Fragen ist die Tatsache, daß die junge Persönlichkeit Billroths bereits von einem Höhenflug gekennzeichnet erscheint, der den Griff nach den Sternen schon ahnen läßt. Die Anforderungen an sein musikalisches Talent haben ihn schon früh zu Höchstleistungen motiviert, was sicherlich auch einem besonderen Leistungsverständnis dienlich war.

Sein Faszinosum Musik wurde durch das Faszinosum der medizinischen Wissenschaften jedoch keineswegs ersetzt oder abgelöst, sondern Billroth hat seit seiner Göttinger (und Berliner) Zeit zu einer - in seiner Weise sicher nur ihm möglichen - Ökonomie seiner Lebensbereiche gefunden, die dann in seinem weiteren Leben zu einer maximalen Entfaltung seiner Begabungen geführt hat. Für diese Sicht spricht auch, daß sich Billroth an keiner Stelle darüber beklagt, sich von der Musik schließlich der Medizin zugewandt zu haben. Im Gegenteil, er äußert - wieder in seiner Autobiographie - seine Dankbarkeit gegenüber seiner Mutter, ihn auf den besten Weg gebracht zu haben.

Nach den musikalisch kargen Jahren in Göttingen und Berlin, in denen er seine Zeit fast ganz der beruflichen Profilierung widmen muß, scheint er als junger Professor in Zürich auf musikalischem Felde dann gleich alles auf einmal nachholen zu wollen. Zunächst aber ist in Göttingen noch die Musik bestimmend.

Das zentrale Ereignis in Billroths musikalischem Leben während seiner Göttinger Studienzeit ist im Jahre 1850 die Begegnung mit der heute zur Legende gewordenen, weltberühmten Sängerin Jenny Lind. Die "schwedische Nachtigall", wie sie schwärmerisch genannt wurde, hatte ein Jahr zuvor, auf dem Gipfelpunkt ihrer Karriere am "Her Majesty's Theatre" in London, von der Bühne Abschied genommen, um sich künftig (bis 1883) ganz dem Konzertgesang zu widmen. Jenny Linds Name war damals in der musikalischen Welt in aller Munde. Unsterblichkeit in der Literatur der Romantik hat sie dadurch erreicht, daß Hans Christian Andersen - dessen Liebe sie nicht erwiderte - sie sowohl in den *Märchen meines Lebens* als auch in seinen Märchen, am schönsten vielleicht in *Der Kaiser und die Nachtigall,* verewigt hat.

Der Universitätsmusikdirektor in Göttingen, Arnold Wehner, hatte bei Jenny Lind angefragt, ob sie nicht Lust hätte, nach ihrem Konzert im Januar 1850 in Hannover auch in die nahegelegene Universitätsstadt Göttingen zu kommen. In Jenny Linds Antwortbrief hieß es u.a.: "Ich singe so gerne der Jugend was vor und komme mit Vergnügen, wenn man mich dort zu hören wünscht!"

Wir kennen dieses Zitat aus einem 13 Druckseiten umfassenden Brief Billroths an seine kranke Mutter in Greifswald. Billroths Ausführungen über Jenny Lind sind so voller Sprach- und Ausdruckskraft, daß sein Brief bis heute in zahlreichen Musiklexika zum Stichwort "Jenny Lind" im Literaturverzeichnis angegeben wird.

Der schon in der ersten Briefausgabe im Jahre 1895 von Georg Fischer vollständig wiedergegebene Brief sei hier ausführlich zitiert, da in Billroths begeistertem Bericht über Jenny Lind schon so manche Züge seiner späteren musikalischen Existenz in Zürich und Wien deutlich hervortreten.

Natürlich stand Billroth in engstem Kontakt mit Universitätsmusikdirektor Wehner. Dieser schätzte den musikalisch überaus versierten stud. med. Billroth als Pianist, Komponist und Arrangeur für das studentische Musizieren, aber ebenso auch Billroths organisatorisches Talent. Der Mendelssohn-Schüler Arnold Wehner war es wohl auch, der Billroth mit der Musik seines Lehrers in intensive Berührung brachte. Auch das mit Mendelssohns Wiederaufführung der "Matthäus-Passion" (Berlin 1829) neu erwachte Interesse an der Musik J. S. Bachs ist sehr wahrscheinlich hier in den Horizont der musikalischen Interessen Billroths aufgenommen worden. Brahms war damals noch nicht in seinem Blickfeld, wohl aber konnte er sich damals für die Werke von Louis Spohr begeistern.

Wehner und Billroth waren am 30. Januar 1850 überglücklich über die Zusage Jenny Linds, nach Göttingen zu kommen. Mit Rücksicht auf das wenig leistungsfähige Orchester der Universitätsstadt entschloß sich Wehner, zusammen mit Billroth, stud. med. Bähr und stud. iur. Hambruch, der in Göttingen auch als Klavierlehrer tätig war, im Rahmenprogramm für Jenny Lind Opernouvertüren an zwei Flügeln zu acht Händen zu spielen. Zusammen mit Wehner ebenfalls nahestehenden Studenten bildete man eine "Commission zur Emfangnahme der Bestellungen und Ausgabe der Billets", wobei Billroth die Geldeinnahmen überwachte.

Jenny Lind traf am 1. Februar in Göttingen ein. Billroth berichtet seiner Mutter zunächst über die Ankunft und seine ersten Eindrücke von der Persönlichkeit von Jenny Lind:

"Ich war unendlich neugierig, sie so bald wie möglich zu sehen, eilte deshalb gleich nach der Nachricht, sie sei angekommen, in Wehner's Wohnung und versteckte mich mit Bähr in ein kleines Cabinet, sodaß wir sie hereintreten sehen konnten, ohne daß sie uns bemerkte. - Der Eindruck, den sie zuerst in ihrer äußeren Erscheinung auf mich machte, war durchaus unbedeutend; ich mußte sie eher für häßlich, als für hübsch halten; nur fiel mir auf, daß sie eine ungemein tiefe, sonore Stimme hatte. Als sie in ihre Zimmer ging, entschlüpften wir eiligst, froh, die einzigen Studenten zu sein, die sie gesehen hatten. Sie war in ihren Reisekleidern sehr einfach, hatte einen grauen Hut auf und ein schwarzseidenes Kleid an, und einen braunen Mantel um. - Einigermaßen beruhigt, gingen wir zu Breul, ließen uns etwas Wein holen und waren noch bis spät in die Nacht mit dem Schreiben der Billete beschäftigt, wobei wir aber in Freude über den uns bevorstehenden Genuß so ausgelassen vor Jubel wurden, daß ich vor Aufregung nur wenig schlafen konnte. Doch da fällt mir ein, ich habe ja noch gar nicht gesagt, wie sie aussieht. Wenn dies schon bei jedem Menschen schwer zu beschreiben ist, um wie viel schwerer ist es, Jenny Lind zu beschreiben. Sie ist von mittlerer Größe und Stärke. Ihr Gesicht macht einen höchst lieblichen, angenehmen Eindruck, obgleich sie durchaus nicht hübsch zu nennen ist. Kaum öffnet sie aber den Mund zum Singen und Sprechen, so bezaubert sie und reißt selbst die phlegmatischten Menschen hin. Sie hat blonde Haare, die sie gewöhnlich in Elfen- scheitel oder Wellenscheitel trägt, blaue Augen, einen sehr niedlichen Mund, breite Nase und rundes Kinn. - Sie war an diesem Abend in Rosa gekleidet, und hatte im Haare sehr schöne, grüne Weintrauben über das Nest; ebenso war am Busen eine Traube, was ihr ganz reizend stand, obgleich man es sich nicht schön denken kann, wenn man es beschreiben hört. Außer zwei Ringen an der Hand war sie ganz ohne Schmuck. -

Da habe ich Dir nun ein Bild von meiner lieben Jenny entworfen, und doch wirst Du Dir nicht vorstellen können, wie bezaubernd sie ist."

Über das Konzert am 2. Februar, in dem Billroth ja selbst mitwirkte, schrieb er:

"Ich ging mit den höchsten Erwartungen, die sich ein Mensch von einem Menschen machen kann, in das Concert; aber sowie sie einige Takte der Arie aus den Puritanern (*Die Puritaner*, Oper von Vincenzo Bellini; Anm. d. Verf.) gesungen hatte, sah ich ein, daß meine sonst nicht ganz geringe Fantasie sich keine Vorstellung von einem solchen Gesang machen konnte. Verlange nicht, liebe Mama, daß ich Dir beschreiben soll, wie sie sang. Nur der weiß es, der sie gehört hat. Ihre Coloraturen sind von einer solchen Schönheit und Abgerundetheit, daß Du, wenn Du Dir auf dem schönsten Instrument von dem größten Künstler einen Lauf gespielt denkst, kaum eine Ahnung von der Art und Weise hast, wie sie eine Tonleiter singt. Ich kann mir denken, daß eine Sängerin brillanter singen kann, aber daß es möglich ist, schöner zu singen, das kann sich Niemand denken, der sie gehört. Wenn sie Verzierungen macht, so sind sie vollkommen leicht, daß man gar nicht glauben kann, daß sie schwierig sind. Und nun ihr Triller! O! der ist unbeschreiblich und nur mit

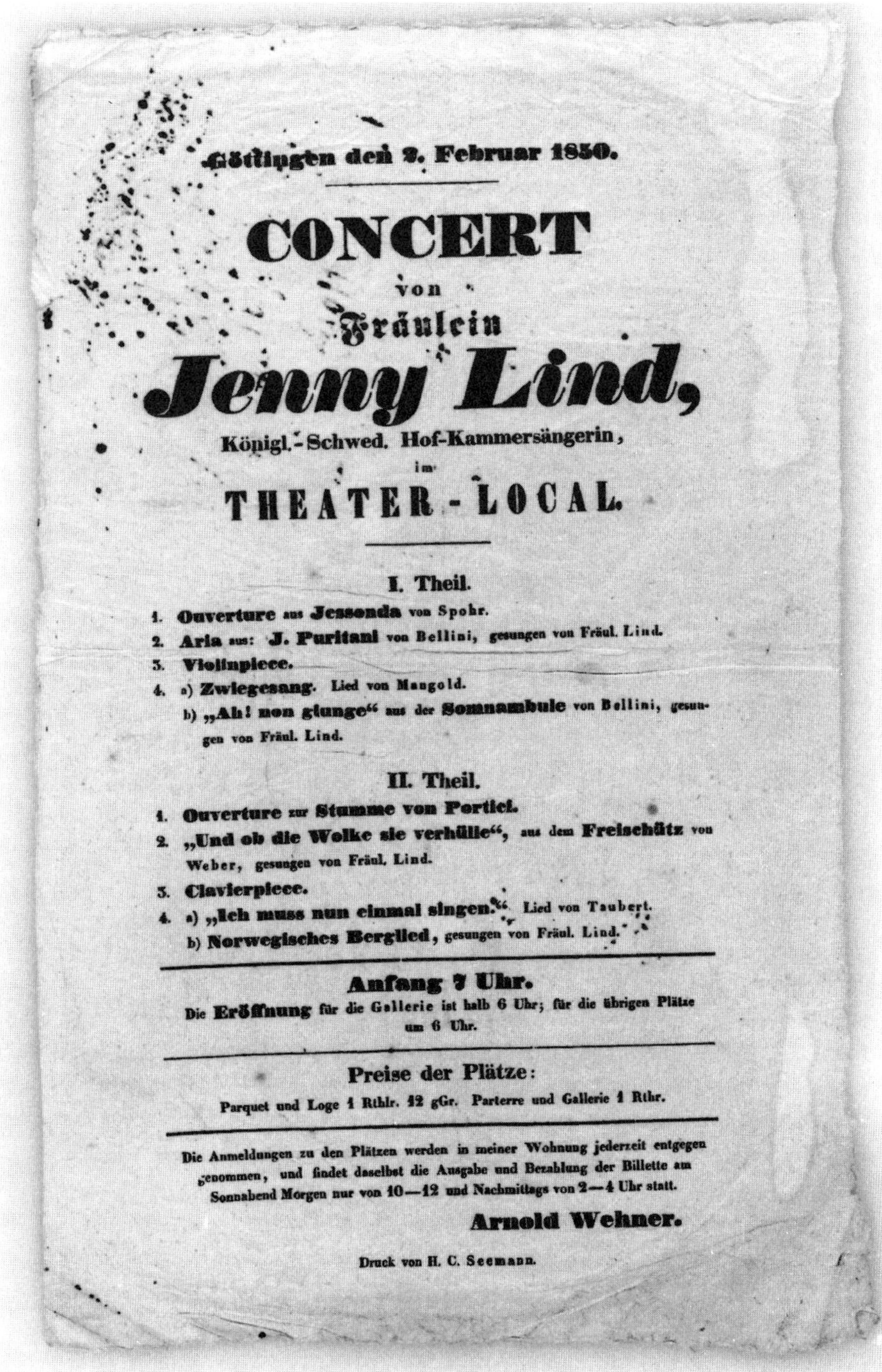

Abb. 14: Ankündigung des Konzertes von Jenny Lind am 2. Februar 1850 in Göttingen, in dem Theodor Billroth mitwirkte.

der Nachtigall zu vergleichen. Sie macht ihn so rasch, daß man nicht im Stande zu sein glaubt, die einzelnen Töne zu hören, und doch hört man sie. Doch was schwatze ich von ihrem Singen. Wenn ich Dir dicke Bücher über ihren Gesang schreiben wollte, so wärest Du doch nicht im Stande, Dir eine Idee davon zu machen.

Sie sang an dem Abend die Arie aus der Nachtwandlerin (*Die Nachtwandlerin,* Oper von Vincenzo Bellini; Anm. d. Verf.), dann aus dem Freischütz 'Und ob die Wolke'. Groß ist sie in der Arie! Reizend und bezaubernd auf der Bühne! Aber wenn sie Lieder singt, da hört Alles auf! Das Publikum gerieth bei den Liedern von Mangold (Carl Amand M., 1813-1889; Anm. d. Verf.) und Taubert's (Carl Gottfried Wilhelm T., 1811-1891, dessen Kompositionen Jenny Lind besonders schätzte; Anm. d. Verf.) reizendem Liede: 'Ich muß nun einmal singen' in solche gräßliche Aufregung, daß einige weinten, andere lachten und sich vor Wonne gar nicht zu lassen wußten, sodaß sie mehrere Male anhalten mußte. Wir waren natürlich immer auf der Bühne, um in ihrer Nähe zu bleiben. Wedemeyer und ich kniffen uns vor lauter Wonne, weil wir uns gar nicht zu lassen wußten, fortwährend in den Arm oder krümmten uns wie die Würmer; wir waren in solcher furchtbaren Aufregung, daß wir zu Allem fähig gewesen wären.

Mit grenzenloser Unverschämtheit verlangte das Publikum jedes Stück da capo, und mit engelgleicher Geduld und Liebenswürdigkeit sang sie dreimal dasselbe da capo. Obgleich einige Vernünftigere einsahen, daß es zu unbescheiden wäre, fortwährend da capo zu rufen, und dies durch Zischen zu erkennen gaben, so machte dies gerade einen höchst unangenehmen Eindruck, da man auch glauben konnte, daß einige das Singen nicht anhören wollten. Obgleich davon keine Rede war, so schien sie sich doch darüber zu ärgern und war am Schlusse des Concertes nicht so heiter, wie Anfangs, was ich ihr auch nicht verdenken konnte.

Als wir zur Eröffnung des zweiten Theils die Ouvertüre zur 'Stumme von Portici' (Oper von Daniel François Esprit Auber; Anm. d. Verf.) spielten, sprach sie uns höchst liebenswürdig ihren Beifall aus. Dieses Mal waren wir schon etwas dreister und erwiderten wenigstens etwas, wenngleich ich nicht mehr weiß, was. -

Wie schon oft gesagt, liebe Mama, das Eigenthümliche ihres Gesanges läßt sich nicht beschreiben. Nur das will ich noch sagen, daß sie

vom tiefen As ♪ bis zum hohen F ♪ mit Leichtigkeit

singt, und daß ein Ton so schön und voll ist wie der andere. Am effectvollsten und einzig in seiner Art ist ihr Crescendo und Diminuendo bis zum leisesten Pianissimo, sodaß man nicht weiß, woher der Ton kommt; er ist so leise, daß man nicht weiß, ob man ihn noch hört oder nicht; und doch hört man ihn ganz genau, und nicht etwa dünn und fein, sondern voll und rund. Ihr Fortissimo ist nie schreiend, sondern immer schön, nie scharf oder spitz, sondern immer kraftvoll und so, daß es einem kalt überläuft. In dem einen Augenblick rollen einem die Thränen über die Backen, und im andern möchte man laut aufschreien vor Vergnügen. - Ihre deutsche Aussprache ist im Gesange rein und vollkommen, sodaß man nicht im Stande ist, ihr anzumerken, daß sie eine Schwedin ist. Wenn sie spricht, merkt man, daß sie eine Ausländerin ist, obgleich sie sehr selten Fehler macht. Die Arien sang sie auswendig, und doch merkte man nie die geringste theatralische Bewegung. Ihr Gesang sowie ihr ganzes Wesen ist die Natur selbst. Jede Bewegung ist schön und malerisch. Sie hat nichts Großartiges in ihrer Erscheinung, sondern ihr ganzes Wesen ist so rein und weiblich und mädchenhaft, daß man einen Engel zu sehen glaubt. Sie ist von der Bühne ganz abgetreten; für diese ist sie auch viel zu gut."

Die Eindrücke von Jenny Linds Konzert waren für das Göttinger Publikum so überwältigend, daß eine "Deputation der Corps" der Studentenschaft sich aufmachte, um die Künstlerin um ein zweites Konzert zu bitten. Jenny Lind sagte zu, machte aber zur Bedingung, daß ihr Auftritt nicht wieder im Theater stattfinden sollte. Ihr hatte die Akustik des Theaters nicht gefallen. Also fand das zweite Konzert am 4. Februar "in dem Saal der Krone" statt. Billroth, ganz in Brand geraten, nahm sich ein Herz. Er wußte ja, wo sein Idol zu finden war:

"Am Sonntag gegen Abend ging ich zu Wehner's, zum Glück ganz allein. Sie war beschäftigt, mit Wehner das Programm für das Montagsconcert zu machen und schien sehr heiter gelaunt. Ich kam ganz ungenirt hinein und sprach mit ihr und Wehner über das, was sie singen wollte. Ich bat sie dringend, doch zwei Mendelssohn'sche Lieder zu singen, was sie mir mit der liebenswürdigsten Freundlichkeit zusagte. Leider sollte aber diese ruhige Heiterkeit nicht lange dauern, da auf einmal Visiten über Visiten angemeldet wurden: der Graf Winzigerode, der Prof. Zachariae, der Rector der Universität; alle wollten sie sehen und sprechen und warteten im Vorzimmer auf sie. Als ich aus ihrem Zimmer kam, um noch Noten für sie zu holen, hättest Du diese langen Gesichter sehen sollen, die ganz empört waren, daß ich dort freien Zutritt hätte, wo sie, die gewohnt waren, daß Alles sich vor Ihnen krümmte, standen und warteten. Durch die unvorsichtige Gutmüthigkeit der Frau Directorin Wehner, die so gern Jedem gönnte, sie kennen zu lernen, traten immer mehr ein, sodaß die Lind ganz schrecklich aufgeregt gewesen sein soll. Sie sagte zu Wehner, sie wolle von diesen falschen alten Menschen, die ihr nichts als Gleißnereien sagten, nichts wissen. Da auch Baum's die Absicht hatten, so lief ich in dem allgemeinen Trubel rasch zu ihnen und sagte ihm, er möchte nicht kommen, da Jenny Niemand annähme. Obgleich ich glaubte, daß sie sich darüber ärgern würden, so war Baum, der eben auch in eine Gesellschaft gehen mußte, die ihm nicht gerade angenehm war, ganz außer sich darüber vor Freude, sodaß er sagte, gerade deshalb schätze er sie um so höher, weil sie es verschmähe, Schmeicheleien von jedem alten Kerl anzunehmen. Auch er fühle sich nie glücklicher und zufriedener, als wenn er unter seinen Studenten wäre, von denen er wüßte, daß sie mit ganzem Herzen an ihm hingen.

Als ich wieder zu Wehner's kam, und der große Trubel sich etwas gelegt hatte, da die meisten Menschen mit langer Nase abgezogen waren, schmuggelten Bähr und ich sich ganz unvermerkt ins Zimmer und machten uns mit den Listen und Concertzetteln u.s.w. so viel wie möglich zu thun und hatten die Freude, daß sie höchst liebenswürdig gegen uns war und uns gern um sich zu haben schien. Nachdem wir zusammen Thee getrunken hatten und uns sehr gemüthlich unterhielten, setzte sie sich an den Flügel und phantasirte vor sich hin (sie spielt nämlich sehr hübsch Clavier). Darauf setzte sich Wehner an den Flügel, und nun nahm sie ein Heft ihr noch unbekannter Lieder von Schumann vor, das sie fast ganz durchsang. Am Flügel sitzend und den Arm auf denselben stützend, bot sie ein überaus reizendes Bild dar. Da außer ihr und Wehner's und Bähr und ich da waren, so fühlte sie sich vollkommen ungenirt und war so reizend und niedlich, daß wir uns kaum vorstellen konnten, daß das liebenswürdige, natürlich einfache Mädchen die große von ganz Europa gefeierte Jenny Lind sei. Obgleich sie nur mit 1/8 ihrer Stimme, also fast in dem leisesten pianissimo sang und nur bei Stellen, die sie besonders begeisterten, in vollen Tönen einfiel, so war gerade dieser Gesang so himmlisch, daß ich, der ich ganz gemüthlich in einem großen Lehnstuhl saß, zu träumen glaubte. Diese Stunden, welche ich mit ihr zusammen war, zähle ich jedenfalls zu den vergnügtesten und wonnigsten dieser Zeit. Als wir uns um 10 Uhr entfernten und sie uns nochmals für die Mühe dankte, die wir für sie gehabt hatten und uns dann die Hand reichte, hätte ich vor Verrücktheit das Wahnsinnigste anfangen können. So taumelte ich denn zu Hause, immer noch ihre Lieder vor mir hersummend, mehr träumend als wachend!"

Über das zweite Konzert schreibt Billroth an seine Mutter:

"Um 12 Uhr fing also das Concert an. Wurde sie im ersten Concert mit Enthusiasmus aufgenommen, so waren diesmal die Leute Alle wahnsinnig. Und auch ich muß gestehen, daß ich keine Worte finden kann, um auszudrücken, was ich an diesem Morgen in mir fühlte. Es war, als wenn der ganze Himmel herunter kam, um uns arme Menschenkinder zu beglücken. Sie sang in diesem Concert die Arie aus dem Freischütz 'Nie nahte mir der Schlummer'. Ferner das rheinische Volkslied von Mendelssohn 'O Jugendzeit, du schöne Rosenzeit' auf allgemeines Verlangen zwei Mal; dies sang sie selbst mit großer Begeisterung. Die Worte 'Der Himmel steht offen, man sieht die Engelein, O! könnt ich, Herzliebste, stets bei dir sein!' vergeß' ich nie mein Lebelang. Sie hatte das Lied besonders für uns Studenten ausgewählt. Wenn sie erschien, erscholl immer ein furchtbares Jubelgeschrei, alle Hüte und Mützen wurden geschwenkt; kurz alle Menschen hatten den Kopf verloren, und ich auch. Außerdem sang sie noch das Frühlingslied von Mendelssohn aus dem nachgelassenen Hefte, dann die große Arie der Königin der Nacht aus der Zauberflöte. Zuletzt noch das Taubert'sche Lied wieder zwei Mal. Wie sie die Worte singt 'Weiß nicht, weiß nicht, weiß nicht, warum ich singe', das kann kein Mensch sagen! Als zuletzt die Begeisterung ihren Höhepunkt erreicht hatte und die Bouquets und Kränze umherflogen, daß man hätte glauben sollen, die ganzen Göttinger Treibhäuser kämen herangeflogen, setzte sie sich noch einmal an den Flügel und sang noch ein schwedisches Lied. Ich war aber geistig schon so abgespannt, daß ich unfähig war noch mehr Schönes zu ertragen. Als das Concert aus war, und sie mit Wehner in das Nebenzimmer trat, fiel sie ihm in ihrer Herzensfreude um den Hals und sagte, sie sei so froh, daß sie die ganze Welt umarmen könnte."

Jenny Lind scheint sich in Göttingen außerordentlich wohl gefühlt zu haben. Mitten im Kreis der akademischen Jugend, fernab von höfischem Opernbetrieb und höfischer Etikette, beglückt von dem Echo ihrer Konzerte, gab sie ihren Gastgebern, dem Ehepaar Wehner, die Anregung, doch einen kleinen Tanztee zu veranstalten. Unter den "ungefähr 10 Paaren" war auch Billroth zu finden. Überglücklich schreibt er:

"Um 7 Uhr zog ich zu Wehner's... Einer von uns Herren spielte Clavier. Die Mütter waren zu Hause gelassen; nur einige alte Damen bemutterten sämmtliche junge Mädchen, und auch das wäre unnöthig gewesen, da jeder Herr und jede Dame sich an diesem Tage natürlich von der liebenswürdigsten und nobelsten Seite zeigten. Um Jenny Lind nicht mit

Abb. 15: Jenny Lind. Gemälde von Eduard Magnus 1876.

Tänzen zu überstürmen, meldeten wir uns bei Wehner zu den Tänzen mit ihr, und auch ich erwischte den zweiten Walzer. Dieser Abend und der folgende Morgen gehörten zu den schönsten Stunden meines Lebens. Ich hatte durch die Güte der Frau Professorin Bartling noch eine sehr schöne Camelie erhalten, woraus ich noch ein Bouquet machte und es auf ihren Tisch legte, ehe sie herein kam. Als die meisten Gäste versammelt waren und sie hereintrat, sah sie sogleich das Bouquet liegen und fragte die Wehner, woher das wunderschöne Bouquet sei. Als diese ihr antwortete, es sei von mir, suchte sie mich mit den Augen, und sogleich waren alle Menschen zwischen mir und ihr verschwunden. Da ich so frappirt war, daß ich nicht einmal zu ihr herantrat, kam sie auf mich zu und dankte mir, indem sie mir ihre Hand reichte, in den liebenswürdigsten Ausdrücken. Ich war natürlich ganz roth geworden und kam mir selbst höchst lächerlich vor, obgleich mir ihr Händedruck durch Mark und Bein drang. Wenn ich mich je in einer Gesellschaft amüsirt habe, so war es an diesem Abend. Wir waren alle so aus Herzensgrunde heiter, Jenny Lind war so vergnügt und froh, sie tanzte so gern und tanzte so hübsch! Jede ihrer Bewegungen ist anmuthig schön! O! es waren herrliche Stunden. Wenn ich oder Bähr zu langsam oder zu rasch spielten, so kam sie an das Clavier und gab uns den Takt an, indem sie auf den Flügel schlug oder die Melodie des Tanzes mitspielte, sodaß ich mich beim Spielen in ihrer Nähe nicht weniger glücklich fühlte, als wenn ich mit ihr tanzte. -

Für uns wurde das Tanzvergnügen für einige Zeit dadurch unterbrochen, daß die Corps-Studenten ihr einen glänzenden Fackelzug in Gala brachten. Die älteste Studententracht zu Pferde mit Dreimaster und kleinem Degen, sowie die neue in Kanonenstiefeln und Cereviskappen wurden an diesem Abend repräsentiert. Als sie aus dem Fenster winkte und rief: 'Es leben die Göttinger Studenten!' war der Enthusiasmus allgemein, die Fackeln und die Mützen wurden geschwenkt. Sie freute sich wirklich wie ein Kind, indem sie in die Hände klatschte und zu Wehner und mir sagte, die wir ihr zur Seite standen: 'Ich habe manchen Fackelzug gesehen, aber nie ist mir einer so schön erschienen als dieser!'"

Der Auszug Jenny Linds aus Göttingen glich dem einer Königin. Billroth schildert noch wonnetrunken viele Einzelheiten des Geleits, das die studentischen Korporationen ect. Jenny Lind bis Northeim bei Göttingen gaben und faßte die erlebnisreichen Tage am Schluß seines Briefes noch einmal zusammen:

"Für mein ganzes Leben sind mir diese Tage unvergeßlich. O! könnte ich Dir, liebe Mama, sagen, wie erhaben man sich in dieser allgemeinen Begeisterung fühlte. Worte sind zu schwach und zu todt, um dies lebendige Gefühl auszudrücken. Ich vermag nichts mehr zu sagen! Denn S i e ist nicht zu beschreiben. Nur singen kann ich mit ihrem Liede:

'Wie der Gesang zum Herzen drang,
Vergeß' ich nimmer mein Lebelang!'"

Auch für Jenny Lind muß der Aufenthalt in Göttingen etwas Besonderes bedeutet haben. Für ihren triumphalen Erfolg hat sie sich danach schriftlich bedankt. Das Original des Schreibens von Jenny Lind wird heute im Billroth-Gedenkzimmer des Rudolfinerhauses in Wien aufbewahrt. Die Vermutung liegt nahe, daß der Dank der Sängerin an die Göttinger Studentenschaft an Billroth adressiert war. Er hat dann Jenny Linds Brief sein Leben lang als Kostbarkeit gehütet.

Mag sein, daß gerade das Erlebnis mit Jenny Lind Billroth besonders eindringlich vor Augen und Ohren geführt hat, was große, begnadete Kunst bedeutet. Vielleicht

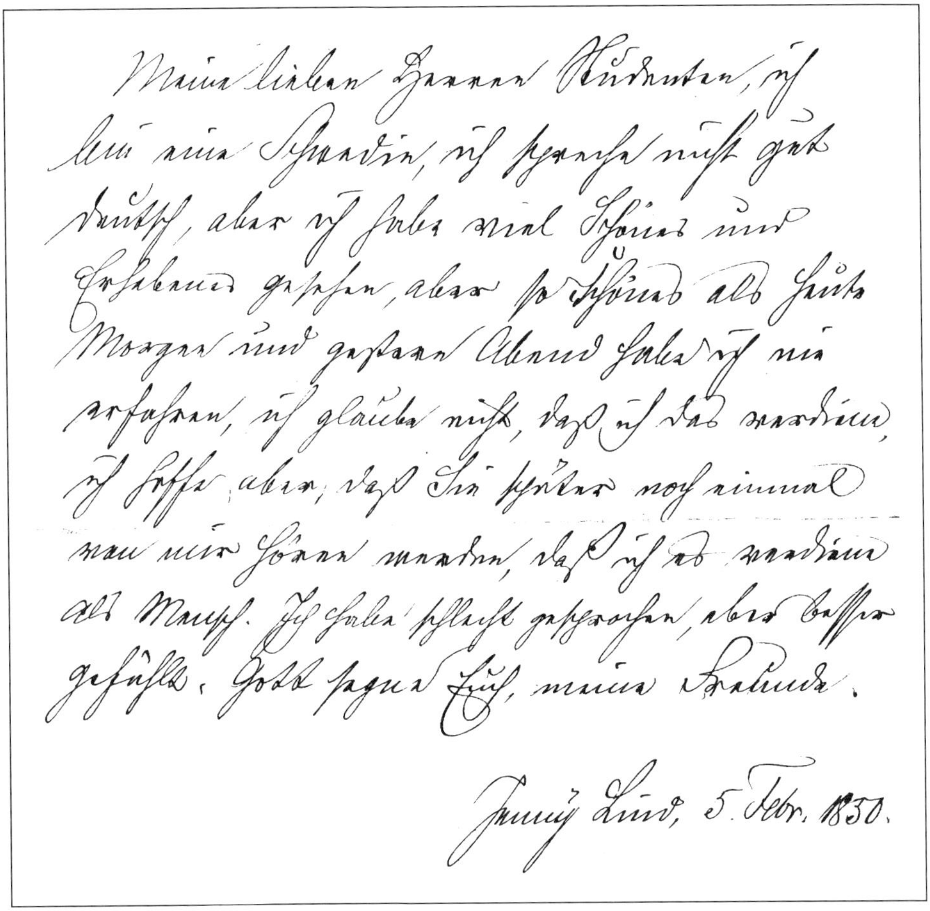
Meine lieben Herren Studenten, ich
bin eine Schwedin, ich spreche nicht gut
deutsch, aber ich habe viel Schönes und
Erhabenes gesehen, aber so Schönes als Heute
Morgen und gestern Abend habe ich nie
erfahren, ich glaube nicht, daß ich das verdiene,
ich hoffe, aber, daß Sie später noch einmal
von mir hören werden, daß ich es verdiene
als Mensch. Ich habe schlecht gesprochen, aber besser
gefühlt. Gott segne Euch, meine Freunde.

Jenny Lind, 5. Febr. 1850.

Abb. 16: Dankesbrief Jenny Linds an die Göttinger Studenten

Meine lieben Herren Studenten, ich bin eine Schwedin, ich spreche nicht gut deutsch, aber ich habe viel Schönes und Erhabenes gesehen, aber so Schönes als Heute Morgen und gestern Abend habe ich nie erfahren, ich glaube nicht, daß ich das verdiene, ich hoffe, aber, daß Sie später noch einmal von mir hören werden, daß ich es verdiene als Mensch. Ich habe schlecht gesprochen, aber besser gefühlt. Gott segne Euch, meine Freunde.

Jenny Lind, 5. Febr. 1850

hat ihn hier hinsichtlich seiner weiteren beruflichen Entschlüsse die dabei gewonnene Einsicht geleitet, daß die höchsten Ränge bei Interpreten wie bei Komponisten letztlich Gnadenerweise von angeborener Persönlichkeit und schicksalprägender Umwelt sind, die durch harte Arbeit alleine unzugänglich bleiben. Oder hat Billroth erkannt, daß die Liebe zur Musik in einem Menschenleben ein höheres Gut bedeuten kann, als tagtäglich, immer wieder von neuem mit musikalischem Können die Gunst des Publikums erringen zu müssen?

Ab 1850 jedenfalls sind die Weichen für Billroth endgültig gestellt. Ganz auffällig tritt die Musik mehr und mehr in den Hintergrund, auch wenn die Sehnsucht nach dem "zweiten Ich" immer wieder zu spüren ist.

Die wichtigste Quelle für die Beantwortung der Frage nach der musikalischen Existenz Billroths während des sein Leben entscheidenden Jahrzehnts zwischen 1850 und 1860 sind seine Briefe an seinen Jugendfreund und zeitweiligen Studienkollegen in Göttingen, Georg Meissner.

Ediert wurden diese Briefe erst 1941 durch den Medizinhistoriker Walter von Brunn. Dabei spielt indirekt die Musik eine eigentümliche Rolle. Walter von Brunn entdeckte die Schreiben Billroths bei der Schwiegertochter des Komponisten Engelbert Humperdinck, Frau Gabriele Humperdinck. Frau Humperdinck war eine geborene Meissner, Enkelin des Billroth-Freundes, und besaß 86 Briefe Billroths, die dieser in den Jahren 1851 bis 1859 an ihren Großvater gerichtet hatte. Walter von Brunn, selbst noch Schüler von Georg Meissner an der Universität Göttingen, hat mit größter Sorgfalt diese Briefe zugänglich gemacht, nachdem Frau Humperdinck ihren Schatz dem Karl-Sudhoff-Institut in Leipzig großzügig geschenkt hatte.

Billroth und Meissner hatten sich in Göttingen u.a. auch durch gemeinsames Musizieren kennengelernt. Ebenso wie diese Leidenschaft verband sie ihr Engagement in der medizinischen Forschung. Walter von Brunn stellt überzeugend dar, daß es gerade die Gegensätzlichkeiten in Billroths und Meissners Persönlichkeitsstrukturen gewesen sind, die beide anzogen, stets aber waren sie zutiefst verbunden in den Gemeinsamkeiten ihrer Forschungsinteressen und ihrer Liebe zur Musik. Wir können davon ausgehen, daß sicherlich das meiste, was Billroth in jenen acht Jahren musikalisch bewegt hat, in seinen Briefen an Georg Meissner zumindest umrißhaft zur Sprache kommt. Dies ist erstaunlich wenig, wobei hervorzuheben ist, daß in Billroths Briefen die Bemerkungen über Musik im Laufe der Jahre immer spärlicher werden.

Im November 1851, einen Monat nach seiner Immatrikulation an der Universität Berlin, schreibt Billroth an Meissner:

"Übrigens habe ich auch 'Fidelio' vor einigen Wochen gesehen, die Wagner (Johanna Jachmann-Wagner, 1828-1894, Kammersängerin an der Berliner Hofoper 1850-1862; Anm. d. Verf.) ist famos in dieser Rolle; die Oper ist schön, das ist wahr, und sie wurde sehr gut gegeben, es wurde vor jedem Act eine Ouvertüre gemacht, vor dem ersten die in E (-Dur. Leonoren-Ouvertüre Nr. 4; Anm. d. Verf.), und vor dem 2ten die in C (-Dur;

Leonoren-Ouvertüre Nr. 1, 2 oder 3, da alle in C-Dur; Anm. d. Verf.). - Man mag nun von der Stadt Berlin soviel schlechtes sagen als man will, aber, man kann sich doch hier in würdiger Weise u. auch allerdings auch in unwürdiger famos amüsiren, und das für 10 Silbergroschen. - Ich bin jedoch mit dem Theatergehen sehr vorsichtig, da es doch ins Geld läuft; Figaros Hochzeit, Zauberflöte und einige andere Opern habe ich an mir vorübergehen lassen, ebenso die Shakespearschen Lustspiele, die hier famos gegeben werden. - So sehr ich es auch entbehre, dass ich hier keine Familie wie Baums oder Wehners habe, so bietet jeder Abend, wenn man nur Zeit daran wenden will, sehr viel dar; das Berliner Publikum ist jetzt merkwürdig klassisch geworden. Unter anderem ist die eine Capelle, die wöchentlich 2 Concerte giebt, die man für 2 gute Groschen geniesst, mit einer Tasse Kaffe, und wo das Programm z.B. aus Ouvertüre zu Iphigenie von Gluck, Figaro, Athalia, Sinfonie von Haydn = B dur u. Eroica von Beeth. bestand, und das Alles so famos ausgeführt, daß ich nicht genug für meine 2 ggr. staunen und mich freuen konnte."

Noch im gleichen Monat, am 30. November 1851, berichtet Billroth an Meissner ausführlich, was ihn musikalisch bewegt:

"Ehe ich an die vielen Angriffspunkte, welche Dein lieber Brief mir bietet, eingehe, muß ich Dir erzählen, dass ich gestern ein Concert hier gehört habe, das allerdings wohl das vollendetste von denen zu nennen ist, die ich je zu hören Gelegenheit hatte. Es fand zum Besten des Kölner Dombaues im Opernhause Statt und hatte folgendes Programm: Concertouvertüre ("Zur Weihe des Hauses"; Anm. d. Verf.) von Beeth. (C dur op. 124), Messe von Palestrina gesungen vom Domchor, Arie aus Iphigenia v. Gluck, ges. von Mantius (Eduard Mantius, 1806-1874, Tenor an der Berliner Hofoper 1830-1857; Anm. d. Verf.), Lied von Haydn ges. vom Domchor, Arie aus Titus (parto!) (Nr. 9, Arie "Parto, parto, ma tu ben mio"; Anm. d. Verf.) ges. von J. Wagner (Johanna Jachmann-Wagner; Anm. d. Verf.), Finale des ersten Actes aus der Oper Loreley von Mendelssohn, Symphonie von Beeth. Nr. IX D moll mit Chören. - Wenn schon das Programm an und für sich eine Art von classischer Musik-Geschichte darstellend, und selbst mässig ausgeführt den grössten Kunstgenuss versprechen musste, so war nun die Ausführung der einzelnen Nummern zugleich so famos, dass ich wohl behaupten möchte, ich habe so Etwas noch nicht gehört. Ich ersuche Dich und Wehner mich um diesen Genuss etwas zu beneiden. Wenn ich anfangen wollte über die einzelnen Nummern zu schreiben, so möchte mein Brief kein Ende nehmen; doch kann ich es nicht lassen, wenigstens über Einiges Dir etwas zu sagen. Vorzüglich überraschend war mir die Leistung des Domchors, der aus lauter Knaben, die Sopran u. Alt singen, so wie aus Männern mit Tenor und Bass besteht. Ich kann die zauberhafte Wirkung, welche die ersten Accorde dieses so zusammengesetzten Chores auf mich machte, nicht anders beschreiben, als wenn man die schönste Orgel anschlägt, wobei nun noch das hinzukommt, dass diese Accorde durch ihr crescendo und decrescendo so wie durch ihr pianissimo einen Zauber gewannen, den meine Feder wiederzugeben nicht im Stande sein würde. - Die Chöre aus dem Loreley-Finale sind wieder in Mendelssohns Typus so originell, daß man nicht genug bedauern kann, dass diese Oper nicht fertig geworden ist; Man sieht die Rheinnixen schwimmen und das Wasser plätschern; es ist dies nicht hyperbolisch ausgedrückt. - Was soll ich Dir aber noch über die Neunte Sinfonie sagen! sie ist enorm! Viel enormer noch! Riesig! Es wäre eine Lüge, wenn ich behaupten wollte, ich hätte dies Riesenwerk ganz verstanden; ich muss gestehen, daß bei der gespanntesten Aufmerksamkeit, und bei der ganzen Concentration meines bisschen musikalischen Verstandes das ganze Werk mir wie eine Art von Dämmerung mit einzelnen Sternenblinken ist, in welcher zuletzt der Mond das Ganze etwas beleuchtet, ohne mich Einzelheiten überschauen zu lassen und ohne die einzelnen Massen genau erkennen zu lassen. Dass es jedoch etwas furchtbar Grosses ist, das ist mir ganz klar geworden. - Ich weiss zwar, dass Du nicht gern etwas über Musik Geschriebenes liest, doch kann ich Dir diesmal nicht helfen."

Schon nach diesem Brief werden Billroths Mitteilungen über Musikalisches immer kürzer und flüchtiger. Im März 1852 heißt es am Schluß des Briefes:

"Natürlich habe ich das Oktett von Mendelssohn gehört. - Euryanthe (Oper von C.M. v. Weber; Anm. d. Verf.) ist hier vor einigen Tagen gegeben; ich halte es für das beste, was Weber gemacht hat..."

Erst wieder am 9. Oktober, nach seiner am 30. September abgeschlossenen Promotion, berichtet Billroth neben Fachlichem wieder von musikalischen Betätigungen. Froh scheint er zu sein, daß auch seine Tätigkeit als "wachhabender Arzt im Militairlazareth am Brandenburger Tor, Station des Füselir-Bataillons des II. Garde-Regiments" zu Ende gegangen ist. Über seine neue Lebenssituation berichtet er:

"Ich war endlich am 1. Oktober mit meinem Lazareth-Dienst fertig und wurde befohlen in die Caserne zu ziehen. Dies war mir ganz Recht, da ich freie Wohnung, freie Heizung und freies Licht hatte. Der Umzug war allerdings bei der Unmasse von Sachen, die ich mit mir herumschleppe nicht angenehm; doch gestaltete sich in der Caserne Alles sehr heiter; ich konnte dort meinen Flügel wieder haben (der mir von meinem in Göttingen studirenden Vetter (Barkhausen; Anm. d. Verf.) wohl zum Spielen überlassen ist.) ich hatte mir bereits ein Sopha gemiethet, hatte einen sehr netten, heiteren Burschen, und dabei gestaltete sich die Aussicht auf den Wechsel, sehr gut, kurz Alles war famos! - Doch die Freude dauerte nicht lange; gestern wurde mir der Befehl, schleunigst wieder auszuziehen (weshalb, ist zu langweilig auseinanderzusetzen.) Wieder ein Umzug u. zwar mit einem Flügel; heute wohne ich nun Charitéstrasse No. 3, 2 Trepp. und hoffe hier wohnen zu bleiben, obgleich mein Flügel mitten im Zimmer steht, und sich kein Mensch darin umdrehen kann, doch zahle ich 6 Thl. und kann nicht höher gehen ohne Concours zu machen. - Nach den neuesten Nachrichten werde ich erst im Februar den ersten Termin zum Examen erhalten, und muss nun so lange hier brach liegen; das hat mir Alles Jüngken (Johann Christian Jüngken, 1793-1875, Prof. der Chirurgie in Berlin; Anm. d. Verf.) durch seine verdammte Badereise eingebrockt! - Doch wozu soll ich Dich auch noch mit diesen kleinen Leiden des menschlichen Lebens ennuyieren! Um mich aus allen diesen Ärgernissen von Zeit zu Zeit herauszureissen, bin ich oft in die Oper gegangen, u. habe zufällig Steinmüller (Opernsänger in Hannover und Berlin; Anm. d. Verf.), der hier engagirt ist 3 mal gehört. - Sein erstes Auftreten in Lucretia (Oper von Gaetano Donizetti; Anm. d. Verf.) als Ferrara - Fürst, wo er noch in vollem Bart erschien, imponirte dem Publikum, man bewunderte seine Schönheit, seine markige Stimme etc. - Doch wie wandte sich das Blatt als er im Figaro sich als Graf sehen liess! Hier stach er in der That so sehr von allen andern ab, dass es mir leid that; er kam mir mit seinem Henri quatre wie ein geschorener Pudel vor. Seine Bewegungen waren fürchterlich plump und unnobel, und sein Gesang kaum zu hören; er behält alle Töne hinter dem Zaun der Zähne, und man versteht nichts. Dass er nicht zu hören ist liegt nicht an der Schwäche seiner Stimme, sondern einzig u. allein daran dass er nicht zu singen versteht, besonders die einzelnen Silben u. Worte nicht scharf genug trennt. - Leider muss ich bekennen, dass er in Fidelio als Pizarro, wo ich ihn gestern hörte, förmlich abfiel, da man fast garnichts von seinem ganzen Gesang hörte. Man räth ihm in den Recensionen viel zu verlernen u. viel noch zu lernen, ich glaube dass das bei Steinmüller nicht zu erwarten ist. Er ist ein rechter Thor gewesen, dass er von Hannover fort ging, hier wird er nie sein Glück machen. - Was Fidelio anbetrifft, so sah ich es gestern zum zweiten Male, muss aber bekennen, dass die Oper mir fast noch weniger als solche gefallen hat als das erste Mal. Das Orchester tritt meist so selbständig auf, dass die Gesangsstimmen garnicht nöthig wären; Das Einzelne ist ganz famos, das erste Duett, der Canon etc. göttlich, doch das ganze hat gar keinen Opernzug. es paßt nicht recht zusammen. Die Oper schließt eigentlich mit dem Duett 'O namenlose Freude'; was danach folgt ist dramatisch von gar keiner Wirkung. Beethoven hat sich zwar bemüht, noch eine Steigerung in der Musik hervorzubringen, doch scheint mir dies misslungen; das letzte Finale finde ich völlig wirkungslos u. viel zu breit! Du magst anderer Ansicht sein; ich kann mir aber nicht helfen; ich trage jedes Mal diesen Eindruck davon."

Billroths Sprache und seine musikalischen Urteile werfen hier schon ein Licht auf seine Zeit als Musikkritiker der *Neuen Zürcher Zeitung*. Bis dahin vergeht zwar noch ein Jahrzehnt. Der Duktus sowie die Fachlichkeit seiner Ausführungen sind hier jedoch kaum anders als bei seinem späteren öffentlichen Wirken als Rezensent. Die dramatischen Schwächen in Beethovens "Fidelio" benennt der 23jährige Billroth aus seiner Sicht, ohne jede naive Genie-Fixiertheit mit entwaffnender Freimütigkeit.

Kurz vor dem Schlußexamen im März 1853 teilt Billroth am Schluß eines Briefes mit: "Von Kunstneuigkeiten ist jetzt sehr wenig in Berlin. Die Milanollo (Theresa Milanollo, verh. Parmentier 1829-1904, italienische Geigenvirtuosin; Anm. d. Verf.) hat unzählige Male gespielt. Ich habe sie oft gehört; sie spielt, wie die (Jenny; Anm. d. Verf.) Lind singt!"

Nunmehr Assistent von Langenbeck, wohnt Billroth im Krankenhaus. Er etabliert sich dort nicht ohne Instrument, worüber er am 25. November 1853 an Meissner berichtet:

"Ich habe ein grosses Zimmer für mich als Wohnzimmer und ein kleineres als Schlafzimmer, die ich jedoch beide auf meine Kosten habe möbliren lassen müssen. Ich habe mir dazu einige gute Stücke angeschafft, und bin besonders contentirt von einem Cylinderbureau, an welchem ich eben an Dich schreibe, und den ich zugleich als Stehpult benutzen kann. Ein tafelförmiges Instrument habe ich mir freilich gemiethet, doch komme ich fast garnicht zum Musiciren außer an einem Tage jeder Woche, wo ich in der Regel mit Begleitung spiele, und neulich auch das schöne Trio von Schubert gespielt habe, wovon Du mir erzählt hast."

Billroth hätte es gerne gesehen, wenn Meissner sein berufliches Wirken nach Berlin verlegt hätte. Der Musizierpartner von einst wäre neben dem geschätzten Fachkollegen für Billroth eine höchst willkommene Bereicherung seines Lebens gewesen. Im August 1854 versucht Billroth am Schluß eines Briefes, den Freund zu locken:

"Dass Berlin namentlich im Winter Manches Angenehme besonders in Bezug auf Musik bietet, was den Menschen frisch erhält, und neu anregt, darf ich Dir nicht sagen. Es würde kein Grund sein, hieher zu kommen, doch ist es eine herrliche Zugabe, um deren Entbehrung ich Dich oft bedauert habe, wenn ich in höchster musikalischer Exstase war."

Fünf Tage später, am 26. August 1854, versucht es Billroth noch einmal:

"Lieber Georg!

So eben habe ich die neunte Sinfonie und die Coriolanouvertüre gehört, und es wirbelt mir noch ein Meer von Tönen im Kopfe. Dass ich gerade heute Abend spät das Bedürfniß fühle, Dir zu schreiben, kommt daher, weil ich gerade heute Abend im Vollgenuss der Harmonien fortwährend daran gedacht habe, wie viel mehr ich Alles dies Schöne noch geniessen werde, wenn auch Du mit daran Theil nimmst, wonach ich mich heute schon unendlich oft gesehnt habe. Sieh mal, Fischer, es gibt Momente! Na! Du weißt schon!"

Immer wieder gewinnt man bei der Lektüre der Briefe Billroths den Eindruck, daß bei ihm während seiner Zeit in Berlin sein aktives Musizieren gegenüber seinen vielfältigen wissenschaftlichen Engagements in der Medizin fast ganz in den Hintergrund gerückt ist, daß er aber andererseits mit höchster Wachheit das vielgestaltige Musikleben in Berlin verfolgte. Billroth hat sich in dieser Zeit als kritischer Hörer eine immense musikalische Bildung angeeignet, die insbesondere bei der Lektüre seiner späteren Briefe an Brahms immer wieder in Erstaunen versetzt. So blitzt sein differenziertes Beurteilungsvermögen von Interpretenleistungen in einem plastischen Vergleich auf, wenn er seinen Brief an Meissner vom 26. Januar 1855 folgendermaßen beginnt:

"Lieber Georg!

Ich komme vor Kurzem aus einem Concert von Schulhoff (Julius Schulhoff, 1825 - 1898, Pianist und Komponist; Anm. d. Verf.), der mir zwar durch sein glattes Spiel sehr gut gefallen hatte, etwa wie ein recht blank geputzter Metallgegenstand einen angenehmen Eindruck macht, - doch nicht begeistert."

Als Meissner seinen Besuch in Berlin ankündigt, ist Billroth glücklich und beeilt sich zu schreiben: "An Kunstgenüssen soll es uns nicht fehlen!"

Kurz vor Eintreffen Meissners macht Billroth Ernst und schreibt am 2. April 1855:

"...Gestern fuhr ich nach Tisch fort zu bummeln, und bin erst am Abend zu Hause gekommen, da ich mit 3 Cousinen (Emmy, Gustchen und Lisbeth Seifert; Anm. d. Verf.) 8 händig auf 2 Flügeln gespielt habe. - Ich werde heute für Dich und mich ein Parquet-Billet zur Euryanthe besorgen, die morgen Abend gegeben wird, und die Du jedenfalls sehen mußt..."

Zu Ostern 1855 ist Bachs "Matthäuspassion" ein wichtiges Ereignis:

"Lieber Georg!

So eben erfahre ich durch ein mir von meiner Tante (Charlotte Seifert, die Mutter der "3 Cousinen"; Anm. d. Verf.) zugeschicktes Billet zur heute Abend Statt findenden Bach-schen Passion in d. Singakademie, dass die Bachsche Passion doch aufgeführt wird. Da ich nun durch das mir zugesandte Billet an meine Familie gekettet bin, so bedaure ich, nicht mit Dir zusammen den Genuß so unmittelbar theilen zu können, als wenn ich neben Dir sässe. Zugleich rathe ich Dir aber sehr hinzugehen..."

Nach diesem Brief sind Billroths Ausführungen gänzlich der Darstellung seiner Forschungsarbeiten, Berichten über sein Literaturstudium, medizinischen Fragestellungen allgemeiner Art und - dies dann immer mehr - Karriereproblemen gewidmet.

Lediglich im letzten der von Walter v. Brunn herausgegebenen Briefe vom 18. Mai 1859 findet sich noch eine humorvolle musikalische Anmerkung:

"Also Du spielst Geige, das nenne ich einen Musik-Enthusiasmus! wie bedaure ich Deine arme Frau, die das Üben mit anhören muss! Du erinnerst Dich, dass ich früher auch Cello gespielt habe um zu quartettiren; das war nun auch so weit ganz gut, doch hat sich keiner gefunden, der mit mir spielen wollte! ich wünsche Dir, dass es Dir besser damit geht. Die Saiteninstrumente sind in vieler Beziehung sehr heimtückisch, man weiss nie ganz genau, was für ein Ton herauskommt! es ist fort erstaunlich, welche Wirkung ein etwas zu hoch oder zu tief aufgesetzter Finger, oder etwas Talg am Bogen hervor bringt! Lass bald wieder über Deine Fortschritte hören."

Gerade in jener Zeit mag Billroth Trost in der Musik gesucht haben. Seine Einnahmen als Privatdozent waren kärglich, die Aussichten auf einen Ruf gering. Im gleichen Brief schreibt er: "Wenn ich nicht meine Operationscurse im Winter halten kann und meine Funktionen als klinischer Assistent selbst vollziehe, so bin ich auf Null reducirt; es wäre diese Lage völlig unerträglich, wenn nicht zum Glück meine Frau für ihre eigene Existenz wenigstens etwas hätte... ich bin... jetzt mehr als je bekümmert, daß ich immer es noch nicht habe zu einer Anstellung bringen können, doch die Verhältnisse sind jetzt einmal ungünstig; es wird einmal wieder besser werden..."

Billroths vorsichtiger Optimismus war nicht auf Sand gebaut. Ein halbes Jahr später, am 24. Dezember 1859 hing der Brief mit der Berufung zum Ordinarius der Chirurgie nach Zürich am Weihnachtsbaum.

Ausgewählte Literatur:

Art. Kullak, Theodor. In: Musik in Geschichte und Gegenwart, Bd. 7, Sp. 1890-1893.
Brunn, W.v.: Jugendbriefe Theodor Billroths an Georg Meissner. Leipzig 1941.
Busoni, F.: Entwurf einer Neuen Ästhetik der Tonkunst. Leipzig 1917.
Fischer, G. (Hrsg.): Briefe von Theodor Billroth. Hannover 1895, 10. Aufl. 1922.
Gottlieb-Billroth, O.: Billroth und Brahms im Briefwechsel. Berlin, Wien 1935, Nd. 1991.
Hemmeter, J.C.: Theodor Billroth, Musical and Surgical Philosopher. A Biography and a Review of His Work on Psycho-Physiological Aphorisms on Music. In: Bulletin of the John Hopkins Hospital, Baltimore, vol. 11 No.117 (Dezember 1900), S. 297ff.
Oehlschläger, J.G.: Jugenderinnerungen an Theodor Billroth. In: Berliner klinische Wochenschrift vom 26.2.1894.

III

Billroth in Zürich (1860 bis 1867)

Chirurg und Organisator

Wie mag Theodor Billroth zumute gewesen sein, als sich vor ihm erstmals das weite Tal mit den hügeligen Ufern rings um den Zürich-See auftat? Das ausgedehnte moderne Kantonspital hat die alte chirurgische Klinik verschwinden lassen, in der Billroth seinerzeit wirkte. Unter dem Weihnachtsbaum hatte Billroth vor seiner jungen Frau das Kuvert mit der Berufung nach Zürich geöffnet. Bis er sein Amt als Ordinarius der Chirurgie dort antrat, vergingen noch drei Monate. Am 14. Januar 1860 schreibt er, noch aus Berlin, an von Esmarch: "Aus den Zeitungen werden Sie erfahren haben, dass ich die Vokation nach Zürich angenommen habe, und also am 1. April in den Dienst der Republik eintreten werde. Sie kennen das schöne Spital in Zürich, seine wundervolle Lage und ich brauche Ihnen nicht zu sagen, dass ich sehr glücklich bin, endlich einen selbstständigen Wirkungskreis zu bekommen. Ich habe zeitenweise in aller Herren Länder gelebt und besitze ein glückliches Naturell insofern, als ich mich sehr leicht in meine Verhältnisse finde..."

In seinem Koffer führte Billroth ein gediegenes Geschenk mit, falls er es nicht wegen seines Gewichtes in den Möbelwagen gepackt hatte. In den Tiefen des Billroth-Schrankes im Rudolfiner-Haus war jahrzehntelang ein gewaltiges, mit einem plastischen Lederprachtrahmen versehenes Album verborgen, das vor nicht allzulanger Zeit ans Tageslicht kam: die Abschieds- und Erinnerungsgabe der Berliner Kollegen für den scheidenden Theodor Billroth. Es handelt sich um 20 schöne und feinausgeführte Stiche von Berlin und Potsdam, vorne sind noch einige große Photos hineingeklebt, deren Zusammenhang mit Billroths Wirken freilich nicht in die Augen springt. Eine Abbildung der Charité ist nicht dabei. Als Datum ist eingetragen: 24. März 1860, die schöngeschwungenen Namenszüge entziffern sich wie folgt: Dr. Biefel, B. von Bärenssprung, Dr. Veit (?), Dr. Senftleben, Dr. Liebrich, Dr. Gurlt, Dr. Adolf Finest, Dr. W. Albrecht, Lewes, W. Müller, P.H. Hank, Dr. Graf, Dr. Dressler, F. Roppe, Dr. C. Ullrich, Miczerli, Adolf Schultze, F. Pagenstecher, Dr. Lücke, Dr. von Recklinghausen. Aus dieser Gemeinschaft war Billroth feierlich und ehrenvoll entlassen worden.

Das Abhängigkeitsverhältnis zu von Langenbeck hatte ein Ende gefunden. Billroth sollte nun eigenständig seinen Weg gehen und anderen die Richtung weisen.

Keine Lebensphase ist in ihrer Gesamtheit bisher so ausgiebig bearbeitet worden, wie die sieben Züricher Jahre. Im Medizingeschichtlichem Institut der Universität Zürich werden dem Interessierten bereitwillig alle Materialien über Billroth vorgelegt, als Wichtigstes ein schmales, broschiertes Heft von 189 Seiten: Die Promotionsarbeit von Arnold Huber 1924 mit dem Titel: *Theodor Billroth in Zürich, 1860 bis 1867.* Auf Seite 104 ist ein Bericht von Billroths Schüler Kappeler wiedergegeben, der erste Eindrücke veranschaulicht:

"Es war zur Zeit der Ferien, als Billroth nach Zürich kam und die Chirurgische Klinik übernahm. Er lud uns junge Studenten eines Tages in den Operationssaal und operierte einen Nasen-Rachen-Polypen. Noch sehe ich ihn vor mir. Auf dem jugendlich elastischen Körper den geistvollen bartumrahmten Kopf, mit den ernst, fast strenge blickenden blauen Augen und der schön gewölbten Stirne, wie er uns freundlich begrüsste und nur bedauerte, dass wir so wenig von der Operation sehen konnten. Mit einem Schlag hatte er unsere Sympathie und unsere ganze Aufmerksamkeit gewonnen. Auf der Höhe seiner Aufgabe, ein vollendeter Mikroskopiker, mit allen Untersuchungsmethoden aufs innigste vertraut, ein begeisterter und begeisternder Lehrer, dabei ein kühner Operateur, ein feinfühlender Arzt und ein edler Mensch. Wer von seinen früheren Schülern könnte jemals die schönen und genussreichen Stunden vergessen, die wir in seiner Klinik verlebten. Billroth war kein Schulmeister und Eindriller..."

Billroths Vortrag hatte etwas temperamentvolles; holprig sprudelnd wie ein Bergbach, war er auch erfrischend wie ein solcher, oftmals sorgfältig vorbereitet, auf den Gegenstand konzentriert, aber noch häufiger improvisiert, abspringend, scheinbar fernliegende Dinge herbeiziehend und bis an die Grenze des Wissens vordringend. Aber immer wurden nebenbei anhand des vorliegenden Materials die wichtigsten Gegenstände der Chirurgie in jedem Semester eingehend und systematisch besprochen. Aber auch in der chirurgischen Kunst war mit Billroth eine neue Zeit in Zürich aufgegangen. Die Grenzen der operativen Chirurgie wurden bis ins Ungeahnte erweitert..."

Kappeler sieht seinen Lehrer vor allem in seiner lehrenden Funktion, sei es auf der Lehrkanzel (die Billroth aber sicher nicht mehr als die stundentenferne, hohe Kanzel erlebt hat) oder sei es im Operationssaal, seine Bemerkungen verstreuend (und ohne Mundschutz auch seine Bazillen) an die Zuhörer, denen er auch das Zuschauen ermöglichen wollte. Als den Forscher im eigentlichen Sinne, hier im großen Stil erstmals gerade als klinischen Forscher, würdigt Kappeler seinen Lehrer in dessen beginnender Arbeit über die "accidentellen Wundkrankheiten", dasjenige Gebiet, welches wir heute als die "Wundinfektionen" bezeichnen.

Da es nicht viele Stimmen gibt, die über Billroth als Dozenten aus eigener Erfahrung erzählen können, sei hier eine weitere zitiert. Johannes Franz Xaver Seitz, ein Schüler Billroths, berichtete dem nachforschenden Huber: "Er war ein Chirurg von grossem Schwung, sehr rasch und verblüffend sicher in seiner Arbeit. Grosszügig und grossartig in der Technik, sodass man als Student den Eindruck bekam: das bringst Du nie fertig; im Gegensatz zu Professor Rose (1867 der Nachfolger Billroths, der eher der kleinlichere Arbeiter war, und wobei man sich denken konnte, das kannst du schliesslich auch noch erreichen)."

Huber fährt fort: "Professor Biermer dessen Assistent später Seitz war, soll einmal über Billroth gesagt haben: 'er hat es so leicht mit seinen Arbeiten, er schmettert alles nur so dahin, schreibt über Nacht die grössten Sachen und unsereiner muss es sich mühsam erarbeiten und es aus sich herausgrübeln'..."

Abb. 17: Theodor Billroth. (Ohne Jahresangabe)

Von Carl Meyer-Imhoff in Zürich, ab 1866 Unterassistent bei Billroth, hörte Huber:

"Als Chirurg zeigte er eine an Virtuosität grenzende Fingerfertigkeit und operierte mit erstaunlicher Sicherheit und grosser Ruhe, trotzdem arbeitete er sehr rasch. Als Dozent hatte er einen fließenden Vortrag, redete immer frei und zeigte dabei gerne von ihm neugestaltete und erweiterte Instrumente und jede Vorlesung erläuterte er durch Untersuchungsmaterial.

Er war eine imponierende Persönlichkeit von mittlerer Grösse, breitschulterig, von sehr mächtiger, übermäßiger kräftiger Gestalt und hatte eine angenehme, wohltuende und tragende Baritonstimme. Aus seinem schönen, edlen Kopfe mit blondem Haupthaar und Bart schauten grosse blaue Augen voll Wärme und Güte. Er war ein Arzt von zarter Empfindung und grosser Menschenfreundlichkeit. In der Klinik trug er immer einen schwarzen Lüsterrock. Er war innerlich und äußerlich vornehm aber nicht exklusiv, nicht 'Geheimrat'... Einmal sein Freund geworden, ist es nur noch ein kleiner Schritt, auch sein Verehrer zu werden."

Als charakteristisch und für Billroths Wirken von besonderer Bedeutung sei zunächst folgende Leistung Billroths in Hubers Darstellung hervorgehoben:

"Im Frühjahr 1862 ersuchte der Präsident der Erziehungsdirektion, Dr. Suter, Billroth, einen Studienplan für das gesamte medizinische Studium zu entwerfen und dieser lieferte am 6. Juli des Jahres die nachstehend wörtlich wiedergegebene Arbeit ab. - Es dürfte das der erste Studienplan der Medizinischen Fakultät der Universität Zürich sein und er wurde denn auch fast genau nach Billroth in die am 12. April 1865 erschienene Verordnung betreffs der Organisation der Lehrkurse und der Einrichtungen der Studien an der Hochschule Zürich in Ausführung der Paragraphen 153 bis 156, 159 und 161 des Gesetzes über das gesamte Unterrichtswesen des Kantons Zürich vom 23. Christmond 1859 aufgenommen."

Im Begleitschreiben zu dem nachfolgenden Studienplan erklärte Billroth, daß er das Vertrauen hochschätze, welches Suter in ihn setze, in dem er ihm eine so wichtige Aufgabe stelle und ihn um seine Ansichten über die Weiterentwicklung der medizinischen Fakultät der Hochschule Zürich frage. Er bitte ihn, diese Mitteilungen als rein individuelle Anschauungen zu betrachten, die einer gereifteren Erfahrung gegenüber gerne nachstehen würden. Er sei aber bereit, seine Ansichten jedem Sachverständigen gegenüber zu verteidigen, denn es könnten sich manche seiner älteren Kollegen gekränkt fühlen, daß Herr Regierungsrat Suter gerade dem jüngsten Mitglied der Fakultät in dieser Hinsicht sein Vertrauen geschenkt habe. Die Folge von Billroths Lehrbefähigung jedenfalls war ein sprunghaftes Ansteigen des Vorlesungsbesuches und sogar der Anzahl der Medizinstudenten in Zürich. Hier ist offensichtlich der Grund gelegt für Billroths intensive Beschäftigung mit der Methodik des medizinischen Unterrichts und der Problematik dieses Studienganges, woraus ein Jahrzehnt später dann seine brisanten Äußerungen *Vom Lehren und Lernen der medizinischen Wissenschaft an den Hochschulen der Deutschen Nation* erwuchsen. Auch der etwas seltsam anmutende Titel erklärt sich aus der

Tatsache, daß Billroth dann 1875 in Wien tatsächlich Erfahrungen aus drei deutschsprachigen Ländern aufweisen konnte.

Von Arnold Huber erfahren wir weiter über Billroths Doktoranden: "Schliesslich ist die Hinleitung zur Promotion auch für den Doktorvater eine besondere, reiz- und verantwortungsvolle Form der Lehre". Huber führt acht Doktorarbeiten auf, von denen drei in französischer Sprache verfaßt wurden. Huber zufolge geht daraus hervor, "dass unsere Westschweizer zu Billroth, obschon er Norddeutscher war, grosse Anhänglichkeit zeigten. Es war dies begreiflich, denn Billroth sprach selbst gut französisch..."

Will man sich über Billroths Leistungen kurz orientieren, folgt man am besten Alfred Brunner, der Billroths Wirken (1951) an hervorragender Stelle gewürdigt hat. Während Billroth und der Internist Griesinger ihre Kliniken mit sechs bis acht Zuhörern übernommen hatten, konnte er im gleichen Brief an Fock vom 15. November 1861 melden, daß er in diesem Winter 20 Praktikanten habe, und "dass ein anderer Geist und reges Interesse die Leute belebt". Zwei Jahre später konnte er an Esmarch schreiben, daß er in der Klinik 34 und in der Vorlesung 20 Hörer habe.

Billroth hatte drei Säle für männliche und drei Säle für weibliche Kranke, jeder Saal zu zehn Betten, also im ganzen 60 Betten als klinische Abteilung zur Verwendung, von denen zwei Säle für Augenkranke bestimmt waren. Es stand ihm außerdem frei, von den Patienten der Kinderstube mit 12 bis 14 Betten für die Klinik zu benutzen, wie er wollte. In den zwei Sälen waren im ganzen Jahr vielleicht 20 Augenkranke, denn Johann Friedrich Horner als eingesessener Züricher Ophthalmologe bekam alle einschlägigen Kranken in seine Privatklinik.

Billroth hatte bei der Bewerbung vergebens den Wunsch ausgesprochen, daß die Augenklinik abgetrennt werde. Im übrigen hat er während der Züricher Jahre ein sehr freundschaftliches Verhältnis zu Horner entwickelt, das lebenslang anhielt. Brunner berichtet weiter:

"In den Jahren 1860 bis 1866 wurden auf den beiden chirurgischen Abteilungen jährlich 730 bis 800 Kranke aufgenommen, wobei die Männer die Frauen um das Dreifache überwogen haben. Wenn man... ersieht, daß fast so viele Verletzungen in Behandlung gekommen sind, wie akute und chronische Entzündungen, Geschwülste und Verschiedenes, so ist das Übergewicht der Männer verständlich. Die zahlreichen Extremitätenverletzungen lassen sich durch die schwere Arbeit der Männer erklären. Die Berichte geben ein anschauliches Bild von den Zuständen vor der Einführung der Antisepsis. Die chirurgischen Infektionskrankheiten spielten selbstverständlich eine große Rolle. Es ist interessant, von Billroth zu hören, daß nach seiner Auffassung 'die dem Kranken eventuell angewehten Infektionsstoffe nicht gasförmiger sondern molekularer Beschaffenheit sind; sie haften im Verbandszeug, an den Betten, an weißen Kalkwänden, vielleicht auch oft genug an Kleidern und Händen der Wärter und Ärzte. Man kann sich von diesen Stoffen nur durch eine übertriebene Reinlichkeit schützen'.

Billroth verlangte deshalb, daß Zimmer und Betten alle Jahre ein- oder zweimal gereinigt wurden. Er setzte sich für Ölfarbenanstrich der Krankenzimmer ein, damit die Wände abgewaschen werden könnten. Er kümmerte sich um die Ventilation der Krankensäle und regte die Erbauung neuer Aborte an der Ostseite des Spitals an, damit die Aborte zwischen den Krankensälen aufgehoben werden konnten.

Die operative Tätigkeit umfaßt im wesentlichen die Entfernung der mannigfachsten Geschwülste, Amputationen und Exarticulationen wegen Verletzungen, akuter Gelenk- und Knocheneiterungen, wegen Gelenkkaries, wegen Brandes und aus anderen Ursachen..."

Man macht sich heutzutage meist nicht den rechten Begriff davon, wie eingeschränkt in den 60er Jahren des vorigen Jahrhunderts das Spektrum der chirurgischen Operationen noch war. Eingriffe in der Bauchhöhle wurden wegen der Gefahr der Peritonitis nur getätigt, wenn eine offene Verletzung der Bauchhöhle oder gar des Darmes dieses dringend erforderten.

Es muß nun ausdrücklich darauf hingewiesen werden, daß Lister sein später als "antiseptisch" bezeichnetes Verfahren erst im Jahre 1867 veröffentlichte, Billroth es in Zürich also noch nicht kennen und damit es weder ablehnen, noch ihm folgen konnte. Seine Maßnahmen gegen den Hospitalismus, gegen die contagiösen Wundinfektionen bewegen sich in der Richtung, die Ignaz Semmelweis 20 Jahre zuvor durch klinische Beobachtungen gefunden hatte, welche die medizinische Welt jedoch nicht zur Kenntnis nahm. Auch Billroth, der sich nie in einen Prioritätenstreit einließ und Semmelweis mit Sicherheit begeistert anerkannt hätte, wußte nichts von dessen Arbeit. Die Gefahren der Toxizität der antiseptischen Mittel ließen Billroth später der ganzen Methode skeptisch gegenüber stehen, während er noch in seinen *Untersuchungen über Coccobacteria septica* die gleichen Maßnahmen vorschlägt wie in Zürich: "Reinlichkeit bis zur Ausschweifung", d.h. das Prinzip der Aseptik, freilich ohne die speziellen hochwirksamen Vorschriften zu deren Realisierung, wie man sie in den 1880er Jahren vor allem in Berlin und Kiel erprobte. Der sterile Gummihandschuh wurde erst im Jahre 1901 durch Halsted entwickelt.

Von Interesse ist hier ein Schreiben Billroths, das Huber ebenfalls wiedergibt:
"An die Hauskommission der Spitalpflege.
Herr Präsident!
Hochgeehrte Herren!
Zu meinem Bedauern muss ich Ihnen anzeigen, dass leider seit dem Frühling dieses Jahres die Erfolge der Kuren und Operationen auf der chirurgischen Abteilung des Kantonspitals wesentlich beeinträchtigt werden durch auffallend häufiges Auftreten von Wundrose und auch von pyämischen Krankheiten. Es erreicht die Ausbreitung dieser üblen Spitalkrankheiten, deren Ursache so äusserst schwierig zu ergründen ist, jetzt zuweilen einen solchen Grad, dass ich schon zu wiederholten Zeiten die Operationen auf das Allerdringlichste beschränken musste. Aber gerade die vielen Schwerverletzten aus dem Arbeiterstande, bei denen Operationen oft leider garnicht zu umgehen sind, werden am häufigsten von der genannten Krankheit und zwar in gefährlichster Form, betroffen..."

Nach Überlegungen Billroths, wovon diese verursacht sein könnten, berichtet er noch von Bemühungen, Abhilfe zu schaffen. Über die Art von Billroths chirurgischer

Abb. 18: Theodor Billroth in seiner Züricher Zeit.

Tätigkeit, finden sich Angaben bei Huber, die aus Kappelers Billroth-Nekrolog stammen:

"... von 7 bis 8 Uhr hielt er Operationskurs, von 8 bis 9 Uhr las er allgemeine Chirurgie, um 9 Uhr begann die Spitalvisite, bei der alle wichtigeren Verbände gemacht und neu eintretenden Kranken besucht wurden, von 10:30 bis 12 Uhr hielt er Klinik und dann wurde fast regelmäßig bis 1 Uhr, oft bis 2 Uhr fortoperiert. Um 3 Uhr sass er schon wieder am Mikroskop in seinem Spital-Arbeitszimmer, wo er selbst den Nachmittag verbrachte, ab und zu auch kleinere Operationen vorführend oder Kranke besuchend. Um 6 Uhr trafen ihn seine Schüler gewöhnlich in Vischers Vorlesungen über Faust, und Kappeler, der im gleichen Hause wohnte, erzählt uns, dass in Billroths Arbeitszimmer noch in später Stunde Licht brannte. Er hatte, wie er uns zuweilen erzählte, wieder einen Druckbogen seiner chirurgischen Pathologie und Therapie geschrieben. Wenn wir dann noch in Betracht ziehen, dass Billroth in den Züricher Jahren von 5 bis 6 Uhr morgens Violine übte, dann müssen wir uns mit Mundy fragen, wie lange mag er sich erholt oder geruht haben?"

Huber setzt eine sehr informative Fußnote: "Billroth lernte damals Bratsche, um selbst in seinem Quartett mitspielen zu können. Dieses Üben von 5 bis 6 Uhr soll den Studenten damals gewaltig imponiert haben."

Zu Billroths Lebensgewohnheiten ließ sich Huber von Friedrich Hegar, welcher als vorzüglicher Geiger in Billroths Quartett oft am ersten Pult gesessen hatte, das folgende berichten:

"Obschon selbst kein Arzt, kritisierte er (Hegar; Anm. d. Verf.), dass Billroth damals mit seiner Gesundheit leichtsinnig umgegangen sei. Billroth ein Hüne an Gestalt, habe gern gut und viel gegessen und mindestens ebenso gut und viel getrunken. Beinahe jeden Abend habe er außer Haus zugebracht, wenn nicht gerade zufällig die Festlichkeit bei ihm Zuhause abgehalten worden sei. Nach diesen fröhlichen Abenden hatte Billroth immer bis am Morgen Licht in seinem Zimmer und arbeitete unter offenem Fenster an den wissenschaftlichen Publikationen. Dazu rauchte er, der schon den ganzen Abend zuvor geraucht hatte, in Ketten Brissagos - keine Zigarre konnte ihm schwer genug sein. So hat ihn Hegar, der ganz in seiner Nähe wohnte, oft, bevor er zu Bette ging, am Fenster sitzend, arbeitend und rauchend gesehen..."

Huber führt dann eine stattliche Anzahl von Assistenten und Unterassistenten auf, die in den sieben Jahren an der Billrothschen Klinik gearbeitet haben. Der Assistent entsprach damals etwa dem heutigen Oberarzt, wobei man aber bedenken muß, daß auch schon Studenten an den Kliniken arbeiten konnten. Wechsel waren häufig, die Kliniken wurden aufgefaßt als Ausbildungsstätten für praktische Ärzte, und nur wenige sind im heutigen Sinne "Chirurgen" geworden. Nur die Namen von Kappeler, Pils (Breslau) und Züblin (Kanton Solothurn) scheinen bekannt; mag sein, daß ein Schweizer noch mehr bekannte Namen entdecken kann. Züblin folgte Billroth nach Wien, stand ihm in der schweren ersten Zeit dort zur Seite und wurde dann Chefarzt in St. Gallen.

In Zürich vergrößerte sich die junge Familie Billroth. Nach dem im Jahre 1859 geborenen Sohn kündigt der Familienvater in einem Brief an seinen Kollegen Fock in Magdeburg am 15. November die Geburt seines zweiten Kindes an: "... Mein Bub ist jetzt 2 1/4 Jahre alt und ein recht munterer, lebhafter kleiner Kerl. Meine Frau erwartet im Dezember wieder ihre Niederkunft, schon deshalb vermeide ich gesellschaftlichen Verkehr..."

Nach der im Jahre 1861 geborenen Tochter Else kommen in Zürich noch zwei Töchter auf die Welt. In den Jahren 1865 und 1866 werden Martha und Helene geboren. Das Familienglück in Zürich blieb alles andere als ungetrübt. Als schwersten Schicksalsschlag mußte das junge Paar den Tod des Sohnes Theodor hinnehmen. Er starb am 15. November 1866 an Scharlach. Auch die Töchter werden durch verschiedene Krankheiten zu Sorgenkindern. Billroths Niedergeschlagenheit kommt am deutlichsten in einem Brief vom 11. Dezember 1866 an seinen Kollegen Eisner in Frankfurt/M. zum Ausdruck, in dem er zu diesem letzten schweren Jahr in Zürich bemerkt:

" Meine Kinder sind seit dem Sommer immer krank. Zuerst hatte die jüngste Pneumonie, genas aber wieder; dann die vorjüngste schwere Kindercholera, genas auch; dann die älteste Keuchhusten, wieder Genesung; dann mein armer Junge Scharlach, er starb vor 4 Wochen daran; dann das vorjüngste Kind Scharlach, Genesung; heut hat mein ältestes Mädchen 'Else' auch Scharlach bekommen. Was wird daraus werden? Ein schlimmes Jahr! Daß meine Frau und ich unter diesen Umständen wenig Grund zur Heiterkeit haben, abgesehen davon, daß wir uns hier immer unglücklich fühlen, werden Sie begreifen. Wir haben daher auch für diesen Winter allen menschlichen Umgang aufgegeben; ich versimple die Arbeit von Woche zu Woche mehr und bin meist melancholisch. Selbst ein neuangeschaffter Flügel von 'Herz' (Paris) der vortrefflich ist, kann mich nur selten erheitern; ich habe viele trübe Stimmungen..."

Wenn selbst die Musik nicht mehr imstande gewesen ist, Billroth Trost zu spenden, so ist dies ein untrügliches Zeichen dafür, daß ein absoluter Tiefpunkt in seinem Leben eingetreten war. Daran Schuld waren nicht nur die Sorgen um die Familie, sondern sein allgemeines Unbehagen in Zürich, das bereits im letztzitierten Brief an Otto Eisner zum Ausdruck kommt.

Berichte über nicht zustande gekommene oder abgelehnte Rufe, so z.B. nach Leipzig, Rostock oder Heidelberg, sind typisch für Briefe, die Billroth in dieser Zeit aus Zürich schreibt. Überraschen muß jedoch, daß Billroth bereits im Jahr seines Amtsantrittes sich mit dem Gedanken trug, seine neue Wirkungsstätte wieder zu verlassen. Schon am 15. Dezember 1860 schreibt er an seinen Lehrer Wilhelm Baum in Göttingen: "...Sie werden sich aus meinen Mittheilungen in Basel vielleicht erinnern, daß ich nicht abgeneigt bin, meinen Wohnsitz unter Umständen zu ändern. Bei vielen Vorteilen der hiesigen Stellung ist einerseits die pecuniäre Beengtheit drückend für mich und meine Familie; andererseits bleibt ein Deutscher in Zürich stets ein Fremder, und dieses Gefühl kann durch die Liebenswürdigkeit einzelner nicht unterdrückt werden, ein behagliches, gemüthliches Wohlsein ist hier nicht zu erwarten. Es kommt hinzu, daß meine Frau sich hier sehr unglücklich fühlt, was mich oft recht bedrückt..."

Immer wieder klingt dann in den folgenden Jahren in Zürich der Wunsch Billroths nach Veränderung durch. Neben der Tatsache, daß sich seine Frau Christel "sehr unglücklich fühlt", ist es wohl in erster Linie die innere Gewißheit Billroths, daß Zürich nicht die Endstation seines beruflichen Wirkens bedeuten konnte. Dabei wäre es falsch anzunehmen, die Züricher Jahre seien unerfüllt für ihn gewesen. Das Gegenteil davon offenbart ein Brief vom 9. April 1866, also fünfeinhalb Jahre nach den Baum gegenüber geäußerten Einschränkungen, an His in Basel: "...Was mich betrifft, so geht es mir über alles Verdienst gut! Und wenn ich jetzt sterben sollte, so wäre ich einer der glücklichsten Menschen gewesen! Alles schlägt mir gut ein! Es wird mir manchmal bange dabei! Ich habe die fixe Idee, dass ich noch einmal an einen der grössten Plätze meiner Wissenschaft in Wien oder Berlin kommen werde, lächerlich!"

Dieser Brief legt die Vermutung nahe, daß Billroth in seiner Züricher Zeit grundsätzlich an Rufen in kleinere Universitätsstädte wenig interessiert war. Allein Leipzig bleibt wohl dabei eine Ausnahme. Für Billroths Haltung erscheint charakteristisch, daß er, wie im letzten Brief an His, das berechtigte Gefühl hatte, die größten Plätze "seiner Wissenschaft" wie Wien und Berlin seien ihm adäquat. Daran ändert auch das nach seiner entsprechenden Feststellung hinzugefügte "lächerlich" im Brief an His nichts.

Billroth weiß letztlich ganz genau, wofür er prädestiniert ist. Im Jahr seiner Berufung nach Wien kommt dies dann in einem Brief vom 6. Februar 1867 an Esmarch in Kiel klar zum Ausdruck:

"Ich fühle mich schon seit längerer Zeit hier unbehaglich, denn ich sehe ein, dass ich hier meinen Wirkungskreis nicht vergrössern kann. Ich habe hier alles erreicht, was ein Chirurg hier erreichen kann, und das ist für einen Menschen von 37 Jahren doch ein entschiedenes Unglück! Wenn ich nicht bald von hier fortkomme, werde ich bald ganz fettig degenerieren... Wenn ich Gelegenheit hätte, ich ginge überall hin, nur fort von hier!"

Billroth hatte bereits seine Fühler nach Wien ausgestreckt. Daß sein Dialog mit der medizinischen Fakultät allmählich Konkretes erwarten ließ, zeigt ein Brief Billroths vom 7. Februar 1867 an Otto Eisner: "...Die Angelegenheit mit Wien schlief lange Zeit, läuft aber seit einigen Tagen wieder sehr energisch... An mir soll es nicht liegen, wenn ich nicht hinkomme. Mag der ganze Kaiserstaat zerfallen - so lange ich lebe, wird Wien noch immer eine sehr grosse und lustige Stadt bleiben..." Auch Lübke in Stuttgart wird von Billroth am 5. März 1867 entsprechend informiert:

"Seit einigen Wochen saugt eine immer anwachsende Partei der Wiener medizinischen Fakultät an meiner Sphäre, ich bewundere die Leute, sie wollen einen Preussen, einen Ketzer in die erste dortige Chirurgenprofessur bringen; es mag wohl Mut dazu gehören, das jetzt in Wien zu wollen. So habe ich keine Ruhe! der Himmel voller Bratschen! Himmelhochjauchzend, vielleicht bald zu Tode betrübt! Komme ich durch die Fakultät, wie komme ich dann durchs Ministerium, das man in diesem Fall doch nicht als den bekannten, leicht zu überspringenden Hundeschwanz betrachten kann. Sie werden mich für recht toll halten! Hier mit 37 Jahren die Empfindung zu haben, im Besitz des höchsten

Gehaltes, im Lande hier alles Erreichbare erreicht zu haben, möchte mancher ein Glück nennen; für mich ist es ein Elend!..."

Der gleiche Adressat erhält dann schließlich am 2. Juni Billroths Erfolgsmeldung: "... Sonntag Nachmittag. Gewitterschwüle. Grünliches Halbdunkel durch Jalousien schwirrender Atmosphäre. Eine untersetzte, kräftige Männergestalt, den Vierzigern nahe, sitzt am Schreibtisch; sie ist mit dem Nothdürftigsten bekleidet; irren wir nicht, so lassen sich nur Hemd, Unterhosen und Strümpfe unterscheiden, doch Alles überall reinlich; es ist Sonntag Nachmittag!

Sie werden glauben lieber Freund, es sei ihnen ein Manuscript eines modernen Novellisten in die Hände gefallen, und in der That, ein Roman will es mir scheinen, daß ich zum ersten K.K. Professor der ersten Chirurgischen Klinik und als erster Director des Operationsbildungsinstituts ernannt bin, ernannt von Sr. Apostolischen Majestät des Kaisers von Österreich, ich, ein Mensch von 38 Jahren, der sich so gräßlich grün erscheint..."

Billroth hält dann am 11. Oktober seine Antrittsvorlesung in Wien mit dem Titel: *Einleitung in die allgemeine Chirurgie* (*Wiener medizinische Wochenschrift* 82, 1867).

Billroth ist am Ziel seiner Wünsche. Das schwere Jahr 1866 liegt hinter ihm. Der Aufbruch zu neuen Ufern beflügelt ihn, die letzten Gipfel seines Faches zu erklimmen. Dazu kommt noch ein anderes Glücksgefühl: "Der Musiker in Billroth" wird in Wien mit Brahms und Hanslick Umgang pflegen können. Daß damit für die Zukunft auch ein Stück Musikgeschichte besonderer Art geschrieben werden würde, konnte Billroth damals noch nicht ahnen.

Seine Zeit in Zürich hat er später jedoch nie geringschätzig beurteilt. Im Gegenteil! Zwei nostalgische Briefstellen belegen dies eindeutig: Am 19. Februar 1872 schreibt Billroth an Horner in Zürich: "Ich muß bald wieder nach Zürich kommen; wenn hier alles drüber und drunter geht, und ich alle meine Nerven anspannen muß, um in solchem ärgsten Trubel noch zu arbeiten, und oft wochenlang nach einer Stunde Sammlung ringe, so denke ich wohl, ich sei doch ein echter Esel gewesen, daß ich nicht in der Züricher Idylle blieb..."

An Rindfleisch in Würzburg schreibt er am 6. Dezember 1879: "Wir haben doch ein schönes Stück Jugend miteinander in Zürich verlebt; ich denke oft mit Sehnsucht und Wehmut an diese Zeit zurück: So wird es nie wieder!..."

Ausgewählte Literatur

Brunner, A.: "Chirurgie". In: Züricher Spitalgeschichte, hrsg. v. Regierungsrat des Kantons Zürich. Zürich 1951.

Huber, A.: Prof. Dr. Theodor Billroth in Zürich. Diss., Zürich 1924.

Kappeler, O.: Zur Erinnerung an Theodor Billroth. In: Correspondenz-Blatt für Schweizer-Ärzte 24 (1894).

Mundy, J.: Bibliographie und Anderes. In: Wiener medizinische Wochenschrift 31 (1881).

Stoomann, G.: Julius Wagner Ritter von Jauregg. 1857-1940. In: Die Großen Deutschen. Deutsche Biographie, hrsg. Hermann Heimpel, Th. Heuss und B. Reifenberg, neue Ausgabe Bd. 4, Berlin 1957.

Züricher Lehrwerke

Wundinfektionen, Antiseptik und Aseptik

Das letzte große, zusammenhängende Forschungsthema nichtklinischer Art, das Theodor Billroth nach seiner Berliner Zeit bearbeitet hat, ist der Komplex der von ihm so benannten *Accidentellen Wundkrankheiten,* der Folgen einer Verletzung mit Zerstörung der Hautbedeckung. In leichter Abwandlung eines Ausdrucks aus der Knochenbruchlehre könnte man sagen: eine komplizierte Verletzung. Es gab aus seiner Feder unter Mithilfe seiner Mitarbeiter zunächst vier große Veröffentlichungen im *Archiv für klinische Chirurgie,* dann die Monographie *Untersuchungen über Coccobacteria septica pp.* und schließlich noch eine Arbeit zusammen mit seinem Assistenten F. Ehrlich 1877 wiederum im "Archiv"; schließlich sollte man hierzu auch die Publikation in Hölders Sammlung klinischer Schriften rechnen: *Über die Einwirkung lebender Pflanzen- und Thierzellen aufeinander,* 1890. Das Thema der Wundinfektion hat Billroth seit Zürich eigentlich nie losgelassen. Wenige der zeitgenössischen Chirurgen haben sich damals so viel Skrupel gemacht und so viel therapeutische Varianten gründlich durchexerziert wie Billroth.

Die erste Veröffentlichung umfaßt 185 Seiten, und der Verfasser hat, was seinerzeit keineswegs üblich war, im späteren Text fünf seiner Mitarbeiter namentlich, unter Angabe ihrer Heimatstädte, aufgeführt, welche ihm als Doktoranden oder Studenten (!) das Material für diese eine unter seinen vielen Mammutarbeiten geliefert hatten: *Beobachtungs-Studien über Wundfieber und accidentelle Wundkrankheiten.* Billroth beginnt sein Werk, dem er später noch drei von ähnlichem Umfang zum gleichen Thema folgen ließ, mit den Sätzen:

"Es ist auffallend, dass unter den vielen Arbeiten über Fieber, welche seit Einführung der Thermometrie veröffentlicht wurden, sich keine befindet, welche die einfachste Form des Fiebers, das Wundfieber, oder, wie man es auch wohl nennen hört, das einfache Reizfieber einlässlicher behandelt".

Er erinnert daran, daß die Untersuchungen die Schärfe eines Experiments zu haben schienen, da ja primär gesunde Personen zu einem genau bestimmbaren Zeitpunkt von der Noxe betroffen würden.

Die Ergebnisse der Arbeit interessieren heute nur noch wenig, zumal sie nicht spektakulär sind und Billroth das auch offenbar selbst ahnte: "...ja es wird Mancher gewiss die vergeudete Zeit und Arbeit bedauern, die auf diese Beobachtungen verwandt sind, wenn er die äusserst trockenen und spärlichen, nicht immer in ein paar

Worten zusammmen zu fassenden Resultate erblickt, welche dieselbe geliefert hat. Indessen ganz ohne Werth werden dieselben hoffentlich nicht erscheinen; die Aufgabe lag nahe genug und musste einmal in Angriff genommen werden."

Die Notwendigkeit, dieses Werk der Vergessenheit zu entreißen, zeigen Passagen, welche ein schönes und scharfes Licht auf die Persönlichkeit Billroths und sein Wirken zu werfen geeignet sind. Billroth befaßt sich nämlich mit der Form, in der wissenschaftliche Arbeiten meist angefertigt werden und gibt auch kund, wie er es gern nicht hätte:

"Da nun viele von den Autoren der hyperexacten Schule, die das Epitheton eines gewandten Stylisten entrüstet zurückweisen würden, selbst einsehen, dass nur wenige Auserlesene im Stande sind, sie ganz zu durchdringen, so müssen Resumées gemacht werden, die sich dann als hippokratische Aphorismen ganz leidlich ausnehmen, zuweilen sogar den zweifelhaften Werth von Dogmen beanspruchen. Mit diesen Sätzen (eine wundervolle Erfindung für den Jahresberichter) begnügen sich nun die meisten Leser, und es entsteht daraus ein kurzes, freilich oft ganz schiefes Urtheil über eine Arbeit, zumal bei allen denjenigen, die sich vor einer wissenschaftlichen Indigestion absonderlich fürchten."

Billroth hat sich erst viel später von der Existenz der bakteriellen Wundinfektion überzeugen lassen. Freilich veröffentlichte er bereits 1863 im 4. Bande des Archivs, S. 537, eine kurze Arbeit *Ein kleiner Beitrag zur Frage, ob gewisse chirurgische Krankheiten epidemisch vorkommen*, in der er für das "Erysipelas" zugibt, daß es "eher im Spital als sonst im Lande vorkommt", was er für eineinhalb Jahre exakt in seiner Klinik nachweisen konnte.

Diese Frage läßt ihn nicht ruhen. 1874 gibt er sein Buch *Coccobacteria septica* heraus, aber noch 1877 liest man in Band 20 des Archivs, S. 419, in der Arbeit von Billroth und F. Ehrlich *Untersuchungen über Coccobacteria septica*: "So sehr ich selbst geneigt bin, gerade das Erysipel als eine durch Coccoshaftung erzeugte und durch Coccosvegetation propagierte Dermato-Lymphangitis aufzufassen, so halte ich es um so mehr für meine Pflicht, gerade hier die schärfste Kritik an alle Argumente anzulegen."

Am Ende dieser Arbeit ist Billroths immer wieder zu beobachtende Gewissenhaftigkeit, der Grundtenor seines chirurgischen Lebenswerkes deutlich formuliert: *"Es ist ja das hohe Ziel unserer Zeit, die chirurgische Kunst zur Naturwissenschaft zu machen."*

"Archiv für klinische Chirurgie"

Von einer der großen Leistungen Billroths auf wissenschaftlichem Gebiet weiß man zunächst nicht recht, wie man sie einordnen soll. Da sie viele Bände umfaßt und vorwiegend der Weiterbildung der Chirurgen gewidmet war, wäre sie mit unter die Lehrwerke zu zählen.

Zunächst zu Billroths Tätigkeit in der Redaktion des *Archiv für klinische Chirurgie*. Dieses älteste deutsche chirurgische Periodikum hatte vom ersten Bande an die Titelseite *Archiv für klinische Chirurgie. Herausgegeben von Dr. B. von Langenbeck etc. pp. Redigirt von Dr. Billroth pp. und Dr. Gurlt pp.*

Langenbeck wollte diese Zeitschrift als eine Art Hausmacht in seiner Hand behalten, denn die beiden Redakteure waren ja gemeinsam bei ihm Assistenten gewesen; und daß Billroth inzwischen Ordinarius in Zürich geworden war, gab dem Ganzen internationalen Anstrich, den Billroths Berufung nach Wien dann noch steigerte. Inzwischen wissen wir über die allerersten Anfänge etwas mehr.

Im Meissner-Brief vom 18. Oktober 1854 erfährt man von der Idee, mit der Billroth umging: "...die Herausgabe zwangsloser Hefte 'Beobachtungen aus der Klinik B. Langenbeck' zu unternehmen." Dies war der erste Anstoß.

Immerhin hat es bis zum Erscheinen des ersten Heftes sieben Jahre gedauert; Billroth erlebte die Genugtuung, daß niemand ihm bei der Realisierung seines Planes zuvorkam, und sich schließlich doch noch einflußreiche Mitstreiter fanden, die der guten Sache zum Durchbruch verhalfen.

Man schreibt das Jahr 1913. Der "leitende Redacteur" W. Körte, Prof. in Berlin, rühmt in der Einleitung zum 100. Band die "Höhe, welche Langenbeck der deutschen Chirurgie gewiesen" habe:

"Eines der Mittel dazu war die Begründung des Archives für klinische Chirurgie, welches noch jetzt am meisten als 'Langenbecks Archiv' bezeichnet wird..."

"Neben Langenbeck war es vor Allem sein genialster Schüler Theodor Billroth, welcher als Mitherausgeber seinen Lehrer aufs Eifrigste unterstützte und bis zu seinem Tode dem Archiv die thatkräftigste Unterstützung angedeihen liess... Was Billroth dem 'Archiv für klinische Chirurgie' gewesen ist, welchen Dank ihm dasselbe schuldet, das lässt sich nicht schöner ausdrücken als mit der Adresse, welche ihm seine Mitherausgeber E.v. Bergmann (als Nachfolger nach Langenbecks Tode) und E. Gurlt bei Gelegenheit der Feier seiner 25jährigen Wirksamkeit an der Wiener Hochschule darbrachten (Jg. 1892)... 'Ihr Wirken und Schaffen hat dafür gesorgt, dass in den vierundvierzig Bänden des Archives, welche heut vor Ihnen liegen, jedem Fortschritt unserer Wissenschaft ein selbstständiger Beitrag geworden ist, und dass die Geschichte der heutigen Lehren von der Wundheilung und Wundbehandlung, welche mit Ihren Untersuchungen über das Wundfieber und seine Ursachen begonnen, hier verzeichnet sind... Der Dritte unter den Begründern war E. Gurlt, welcher durch seine umfassende literarische Kenntniss ganz besonders dazu geeignet war, die Redaction des Archivs zu übernehmen'..."

Langenbeck bewies nicht nur ungemein viel Scharfsinn und Menschenkenntnis bei der Auswahl seiner Partner, sondern er hatte auch das unschätzbare Glück, daß diese beiden lange Zeit mit ihm gemeinsam - fast ein Vierteljahrhundert - die Geschicke des Archivs in den Händen halten konnten und auf diese Weise kontinuierlich den wissenschaftlichen Grundcharakter bewahren.

Vor dem Erscheinen des ersten Heftes mußte lange geworben werden. So wie Billroth bereits am 8. April 1860 bei seinem Lehrer Baum in Göttingen vorgegangen ist, mag er auch noch viele seiner übrigen Freunde und Bekannten angeschrieben haben: "Lieber Herr Hofrath! Anhängenden Prospect (des Archivs; Anm. d. Verf.) übersende ich Ihnen mit der Bitte, unsere Bestrebungen möglichst durch Beiträge aus Ihrer reichen Klinik zu unterstützen", was dann auch geschah.

"Allgemeine chirurgische Pathologie und Therapie"

Einer von Billroths bekanntesten Schülern, Johannes Mikulicz, war eben nach Krakau berufen worden und fühlte sich unter den dortigen, im Vergleich zu Wien etwas primitiven Umständen wohl ziemlich unglücklich, als er von seinem früheren Chef am 12. Februar 1883 einen sehr langen und liebevoll-väterlichen Brief erhielt. Billroth gab ihm viele, übrigens auch heute noch beherzigenswerte Ratschläge, um während der Startzeit in Krakau, ehe er von den Konsultationen zu sehr beansprucht würde, ein Buch zu schreiben. Er empfiehlt Mikulicz ein "kleines Compendium der speciellen Chirurgie": "...So etwas muss man machen, wenn man jung ist; später wird man so von der Gedanken-Blässe angekränkelt, dass es immer schwieriger wird... Es wird Ihnen dann gehen wie mir, dass Sie nach 10 Jahren bedenklich Ihr Haupt über die erste Auflage schütteln. Das macht nichts; das Publikum sieht es nicht, hat auch kein Interesse daran; es soll nur recht viele Exemplare kaufen... Ich hatte fürchterlich viel Zeit und schrieb meine Allgemeine Chirurgie fast aus Langeweile. Machen Sie es ebenso... Die Vollständigkeit eines Lehrbuches bleibt immer eine Illusion... Neue Auflagen müssen immer mit neuem Leben wieder in die Welt geschleudert werden... Schreiben oder dictiren Sie flott hinter einander; drei Monate nach dem zuerst Geschriebenen lesen Sie den Anfang wieder und streichen Sie unbarmherzig, wenn auch mit blutendem Herzen... so lange, bis Alles sich kinderleicht liest. Der Leser muss immer die Empfindung haben, die Chirurgie sei eigentlich sehr einfach und leicht..."

Als das eigene Buch, auf welches Billroth sich hier bezieht, noch im Entstehen war, äußerte er sich in einem Briefe an seinen Jugendfreund Fock in Magdeburg am 15. November 1861: "Ich bin jetzt in einer anderen mehr allgemein-chirurgischen Richtung tätig und halte es für meinen Beruf als Redacteur des Archivs bald hier, bald dort neue Gegenstände anzuregen, oder alte modern umzuformen. So läuft jetzt

Abb. 19: Ernst Gurlt

eine lange Arbeit über Wundfieber und Wundkrankheiten vom Stapel... Dies sind Alles Vorarbeiten und Vorläufer für eine Allgemeine Chirurgie auf modernem Boden, an der ich stückweise schon arbeite; sie soll in Form von Vorlesungen erscheinen nach englischen Mustern. Die künstlerische Verarbeitung des Stoffes und die Abrundung des Ganzen erfordert viel Grübeln, Umarbeiten etc...."

Es handelt sich bei dem Werk, über das wir aus diesen beiden Briefen erfahren, um dasjenige Buch, das Billroths Weltruhm als Wissenschaftler und Lehrer begründet hat: *Die allgemeine chirurgische Pathologie und Therapie in fünfzig Vorlesungen.*

Irreführenderweise hat Billroth diesem - wie wir jetzt sagen würden - reinen Studenten-Lehrbuch den Untertitel gegeben: *Ein Handbuch für Studirende und Aerzte.* Damit sind Verwirrungen und Verwechslungen Tür und Tor geöffnet worden mit Billroths zweitem großen Lehrwerk, dem *Handbuch der allgemeinen und speciellen Chirurgie,* welches er mit Franz v. Pitha in gemeinsamer Redaktion betreute. Während Billroth *Die allgemeine chirurgische Pathologie und Therapie* in erster Auflage 1863 herausgebracht und bis zur 8. Auflage immer selbst und allein bearbeitet hat, war das Handbuch von vornherein als Sammelband und vielbändiges Nachschlagewerk gedacht. Dessen erstes Heft kam 1865 heraus. Billroth verantwortete es, er verfaßte eine ganze Anzahl von Kapiteln selbst. v. Pitha erlebte das Erscheinen des letzten ausgegebenen Heftes (1882) dieses Mammutwerkes nicht mehr; er verstarb 1875. Um den Sinn und Zweck dieser beiden großen Lehrwerke stets getrennt zu halten, wird hier *Die allgemeine chirurgische Pathologie und Therapie* von nun an als "Studentenhandbuch", der "Pitha-Billroth" als das "Große Handbuch" bezeichnet.

Die allgemeine chirurgische Pathologie und Therapie hat unter Billroth acht Auflagen erlebt, von der neunten ab (1880) gab er das "Studentenhandbuch" gemeinsam mit seinem früheren Schüler Alexander von Winiwarter heraus, welcher damals bereits als Ordinarius und Direktor der Chirurgischen Universitätsklinik in Lüttich wirkte. Billroths Werk wurde in acht Sprachen übersetzt: Ungarisch und Russisch 1866, Französisch und Italienisch 1868, Englisch 1871, Italienisch 1874, Serbisch 1875, Japanisch 1876, Spanisch sowie nochmals Englisch 1877. Es ging also rasch um die Welt und machte Billroth in allen Ländern bekannt und berühmt.

Aus dem Vorwort der 3. Auflage seien folgende Sätze zitiert:

"Auf jeder Seite meines Buches stiess ich auf Ausdrucksweisen, auf Darstellungen, welche den neuen Anschauungen widersprachen. Da immer zu modificiren, zu corrigiren, zu vermitteln ist eine Aufgabe, die der Lehrer jeder rasch fortschreitenden Wissenschaft fortwährend zu lösen hat, die aber den Forscher unbehaglich stimmt, weil er sich nicht referirend verhalten will, sondern lieber so lange schweigen möchte, bis er sich durch eigene Untersuchung sein Urteil gebildet hat. Da ich aber in diesen Vorlesungen als öffentlicher Lehrer zu sprechen habe, und es mir daher nicht gestattet ist, meine Vorlesungen so lange auszusetzen, bis ich der Sache als Forscher genügt habe, so bitte ich meine Collegen und Freunde, die Schwierigkeiten einer solchen Situation bei ihrer Kritik zu berücksichtigen."

In seinem Bericht über die Leistungen und Fortschritte der Chirurgie für die Jahre 1863-1865 bespricht Ernst Gurlt, Billroths alter Berliner "Stallgefährte", gleich auf der ersten Seite im 8. Bande des *Archivs für klinische Chirurgie* dieses Lehrbuch. Er tadelt, man könne "auch in dem Versuch, Alles erklären zu wollen, zu weit gehen... weil der noch urtheilslose Anfänger leicht das für bare Münze nimmt, was ihm in Gestalt einer Hypothese gereicht wird." Gurlt hält es für besser, "auf die noch bestehenden grossen Lücken in unserem Wissen hinzuweisen, als dieselben mit einem glänzenden, nur zu bald zu altem Plunder zerfallenden Gewande zu bedekken..."

Das Lehrbuch erlebte in rascher Folge viele Auflagen, die stets auf dem neuesten Stand des Wissens gehalten wurden.

Während er die Lernenden in aller Welt mit dem neuen Inhalt in ansprechender, leicht faßlicher Form sogleich auf seiner Seite hatte, konnten sich die gleichaltrigen oder älteren Kollegen aus den Lehrkörpern offenbar an die "dialektische" Methode Billroths nicht so bald gewöhnen, der den "Wechsel der Dinge im Widerspruch" ganz selbstverständlich in seine Lehrstrategie integriert hatte. Er weist denn auch Gurlts Kritik umgehend zurück (3. Auflage im Mai 1868) und sichert sich gegen Kritik auch noch 1875 ab. Daß die Chirurgie eben aus jahrhundertealter Erstarrung in Bewegung geraten war, hatte Billroth erkannt und förderte diese Entwicklung zielstrebig.

Hier einige Passagen aus der siebten, vermehrten Auflage von 1875. Zunächst beginnt die Einleitung planvoll ortend, indem sie den derzeitigen Zustand im Zuge der Entwicklung der Medizin bestimmt. Es ist seltsam, daß vor über 120 Jahren derartige Sachverhalte noch der Erwähnung wert waren:

"Meine Herrn! Das Studium der Chirurgie, welches Sie mit diesen Vorlesungen beginnen, wird jetzt mit Recht in den meisten Ländern als ein Nothwendiges für den praktischen Arzt angesehen; wir preisen es als einen glücklichen Fortschritt, dass die Trennung der Chirurgie von der Medicin nicht mehr in der Weise besteht, wie es früher der Fall war. Der Unterschied zwischen der inneren Medicin und Chirurgie ist in der That ein rein äusserlicher, die Trennung eine künstliche... und wie der ganze Unterschied eben nur darauf hinauskommt, dass wir in der Chirurgie die örtlichen Veränderungen der Gewebe meist vor uns sehen, während wir die örtlichen Erkrankungen innerer Organe oft erst aus den Functionsstörungen erschliessen müssen. Die Wirkungen der örtlichen Störungen auf den Zustand des Gesamtorganismus muss der Chirurg ebenso genau kennen, als Jemand, der sich vorwiegend mit den Krankheiten der inneren Organe beschäftigt. Kurz, der Chirurg kann nur dann mit Sicherheit und richtig den Zustand seiner Kranken beurtheilen, wenn er zugleich Arzt ist." (!!)

Dieser von Billroth hervorgehobene Satz, so neu er zu seiner Zeit wohl auch gewesen sein mag, hat seine Bedeutung bis zum heutigen Tage nicht verloren.

"Handbuch der allgemeinen und speciellen Chirurgie"

Wenn wir von Billroths "Großem Handbuch" sprechen, so ist dies insofern nicht ganz korrekt, als er außer einem der Chirurgie (in zwei verschieden betitelten Auflagen) auch noch eines der Gynäkologie herausgebracht, genauer und im Zeitstil "redigirt" hat.

Hier ist zu beginnen mit dem *Handbuch der allgemeinen und speciellen Chirurgie* (in Lieferungen seit 1865). Die letzte erschien erst 1882, als die *Deutsche Chirurgie*, welche gewißermaßen als zweite Auflage des "Großen Handbuches" gelten sollte, schon zwei Jahre lief. Tatsächlich waren es 17 - aber von der *Deutschen Chirurgie* erschien die letzte Lieferung (Sprengels *Appendicitis*) auch erst 1906, also 27 Jahre nach der ersten (Haesers *Chirurgiegeschichte*).

Wie sah das große Handbuch der Chirurgie aus, das als erstes in deutscher Sprache den Anspruch erhob, ein umfassendes Nachschlagewerk über alle zu einem bestimmten Thema existierenden Fragen gelten zu können?

Aus der Zeit der Konzeption haben wir ein Zeugnis Billroths an Esmarch vom 29. Mai 1863:

"Vorläufig ist es noch ein Chaos unter den Mitarbeitern; manche möchten wohl, doch der eine will hü, der andere hott! - Anliegend erhältst Du einen Entwurf zu unserem neuen Unternehmen. Ich bitte Dich denselben zu prüfen. Die eingeklammerten Worte sind Sachen, über die ich mir selbst nicht recht klar bin; ich bitte zu streichen, zu ändern nach Belieben. Zeige es nicht zu Vielen; doch soll es mich freuen, wenn Papa Stromeyer auch das Ding ansieht und seinen Segen dazu gibt.

Prinzipienfrage:
1) Soll die Sache national deutsch bleiben? Dann ist der Erfolg pecuniär sehr fraglich.
2) Sollen die Beiträge nur von Deutschen kommen, doch zur Verbreitung die Ueberset-zung in drei Sprachen gegeben werden? schon besser für den pecuniären Erfolg, doch vielleicht nicht sicher genug für den reellen Werth der Beiträge.
3) Soll das Unternehmen ein internationales werden? Sollen wir Beiträge aus Frankreich, England, Russland etc. (Amerika mit seinem chirurgischen Humbug schliesse ich aus) annehmen? Dann erhalten wir vielleicht eine Fluth von Schund, und die Abwehr ist schwierig.
Wir müssen über diese Fragen uns principiell einigen; dann kommt immer noch der Verleger mit seinen Bedenken..."

Mit solchen Problemen bei der Buchherstellung hatte schon vor über 100 Jahren ein Herausgeber zu rechnen. Ob schließlich für die Endfassung der Verleger den Ausschlag gegeben hat, ist nicht ersichtlich.

Dieses Werk ist niemals so "herausgekommen", daß es eines Tages im Buchhandel käuflich, in den Schaufenstern ausgestellt gewesen wäre. Die einzelnen Lieferungen wurden zum Verkauf gebracht, wie die Autoren sie fertigstellten, und dabei hat es

Abb. 20: Friedrich von Esmarch

manche Schwierigkeiten gegeben. Noch 1872 suchte Billroth einen Autor und schreibt seinem alten Freund Socin am 1. November nach Basel: "Ich wende mich nun vertrauensvoll an Dich mit der Bitte, diesen kleinen, aber nicht uninteressanten Abschnitt (Krankheiten der Prostata; Anm. d. Verf.) zur Bearbeitung zu übernehmen. Pitha vereinigt seine Bitte mit der meinigen; er würde Dir selbst geschrieben haben, wenn er sich nicht sehr leidend und angegriffen fühlte..." Eine weitere Schwierigkeit bestand für Billroth also darin, daß sein Mitherausgeber erkrankte und ihm dadurch eine erhebliche Mehrarbeit erwuchs. Als ihm dann Socin seine Arbeit abgeliefert hatte, schrieb er ihm am 21. November 1875 (!) einen Dankbrief, der aber die Sätze enthielt: "Das Buch hält mich fortwährend in Athem. Jetzt hat Simon definitiv abgelehnt (er starb 1876; Anm. d. Verf.), und nun suche ich wieder neue Mitarbeiter. Wenn es einer übernimmt, dauert es wieder Jahre; ich will versuchen, es in mehrere Abtheilungen zu zerlegen und diese an verschiedene Arbeiter zu vertheilen."

Das "Große Handbuch" hat eine komplizierte Einteilung in Bände, Abteilungen, Hefte und Lieferungen, eine eigentliche Inhaltsangabe ist aber ebensowenig aufzuspüren wie später in der *Deutschen Chirurgie*.

Das Thema "Chirurgische Lehrwerke" hat Billroth bis an sein Lebensende beschäftigt, der näher interessierte Leser muß hier auf eigenes Quellenstudium verwiesen werden.

Ausgewählte Literatur:

anon.: Billroths 60. Geburtstag. In: Wiener klinische Wochenschrift 2 (1889).

Billroth Th.: Ein kleiner Beitrag zur Frage, ob gewisse chirurgische Krankheiten epidemisch vorkommen. In: Archiv für klinische Chirurgie 4 (1863).

Billroth, Th.: ("Dritte Abhandlung"). In: Archiv für klinische Chirurgie 9 (1868), S. 52 -168.

Billroth, Th.: ("Zweite Abhandlung"). In: Archiv für klinische Chirurgie 6 (1864), S. 372 - 495.

Billroth, Th.: Beobachtungs-Studien über Wundfieber und accidentelle Wundkrankheiten. In: Archiv für klinische Chirurgie 2 (1861), S. 325 - 511.

Billroth, Th.: Die allgemeine chirurgische Pathologie und Therapie in fünfzig Vorlesungen: Ein Handbuch für Studirende und Aerzte. 1. Aufl., Berlin 1863.

Billroth, Th.: Neue Beobachtungsstudien über Wundfieber und accidentelle Wundkrankheiten. In: Archiv für klinische Chirurgie 13 (1872), S. 579 - 666.

Billroth, Th.: Wünsche und Hoffnungen für unsere medicinische Facultät. In: Wiener klinische Wochenschrift 1 (1888).

Führmann, Franz: Fräulein Veronika Paulmann aus der Pirnaer Vorstadt oder Etwas über das Schauerliche bei E.T.A. Hofmann. Rostock 1979.

Hueter, Carl.: Allgemeine Chirurgie. Eine Einleitung in das Studium der chirurgischen Wissenschaft. Leipzig 1873.

Medizin und Chirurgie (Feuilleton). In: Wiener medizinische Wochenschrift 31 (1881).

Schober, K.L.: Vor etwa 100 Jahren (5). In: Zentralblatt für Chirurgie 104 (1979).

Schober, K.L.: Vor etwa 100 Jahren (14). In: Zentralblatt für Chirurgie 105 (1980).

Schober, K.L.: Vor etwa 100 Jahren (18). In: Zentralblatt für Chirurgie 105 (1980).

Schober, K.L.: Vor etwa 100 Jahren (21). In: Zentralblatt für Chirurgie 105 (1980).

Der erste prominente Musikkritiker der "Neuen Zürcher Zeitung" Theodor Billroth

Musikmanagement im Züricher Musikleben - Hausmusik bei Billroth - Kennenlernen von Brahms - Kompositorische Tätigkeiten

Die näheren Umstände der Entstehung des Musikfeuilletons der *Neuen Zürcher Zeitung* in der zweiten Hälfte des 19. Jahrhunderts sind von A. Steiner beschrieben worden. In der Reihe der Rezensenten tritt Theodor Billroth als erster klingender Name hervor.

Wie die Verbindung Billroths mit der "NZZ" zustande kam, läßt sich bisher nicht feststellen. Billroth hat sicherlich seine neue Aufgabe in mehrfacher Hinsicht gereizt. Zum einen mag es ihn gedrängt haben, sein herausragendes Wissen und Können auf musikalischem Gebiet auch in einer Tätigkeit für die Öffentlichkeit umsetzen zu können. Zum anderen konnte es nicht schaden, wenn der frischgebackene Professor der Chirurgie an der Züricher Universität in seinem neuen Wirkungskreis auch Einfluß auf das gesellschaftliche Geschehen gewinnen konnte.

Billroths Zeit in Zürich war im Konzertwesen von einer Situation des Wechsels und Übergangs gekennzeichnet. Mit Beginn des 19. Jahrhunderts hatte die "Allgemeine Musikgesellschaft" seit 1812 regelmäßige Konzerte ("Abonnementskonzerte") im "Kasino" eingerichtet. Glanzpunkte in der Geschichte dieser Konzerte sind die drei großen "Kasinokonzerte" unter der Leitung von Richard Wagner im Jahr 1853. Finanzielle Nöte zwangen dann die "Allgemeine Musikgesellschaft" zum Verzicht auf ein eigenes Orchester. Mit wechselndem Glück wurde darauf der "Orchesterverein" tätig. Im Jahre 1868, also schon nach Billroths Weggang nach Wien, war die Züricher "Tonhalle Gesellschaft" gegründet worden. Sie übernahm vom "Orchesterverein" die finanzielle Verantwortung für das Orchester und setzte ab 1869 in der neuerrichteten Tonhalle die Abonnementskonzerte der "Allgemeinen Musikgesellschaft" fort.

So trifft Billroth auf eine unsichere Situation des Konzertwesens in Zürich. Es darf für ihn als charakteristisch gelten, daß er versucht, gleich in mehrfacher Hinsicht in dieser Interimszeit nicht nur künstlerische Leistungen zu beurteilen, sondern bis hin zum Kulturmanagement der Stadt Zürich helfende Ratschläge zu erteilen. Billroths Tätigkeit als Kritiker zeigt dabei eine Bandbreite, die auch in unseren Tagen wünschenswert erscheint. Gelegentlich eines Rückblicks am 1. Januar 1865 auf die erste Hälfte der Konzert-Saison 1864/65 formulierte Billroth sein Selbstverständnis als Musikkritiker in Zürich, der wie ein Stammbuch-Eintrag für viele heute in dieser Zunft Tätigen klingt:

"Es ist so schwer, die volle Wahrheit überall zu sagen, ohne zu verletzen; und doch tut dem Musiktreiben, wie allem menschlichen Wirken, die Wahrheit in erster Linie Not, wenn

Gutes gefördert werden soll. Es ist bequemer zu schweigen oder scheinbar zustimmend zu nicken; aber es ist ehrenwerter und ersprießlicher zu reden, wenn es Zeit ist, selbst auf die Gefahr der Mißdeutung.

Das Eine ermutigt uns, an's Werk zu gehen; die Überzeugung, nur der Sache dienen zu wollen, ohne Rücksichten auf Persönlichkeiten. Würde dieser Grundsatz überall festgehalten, es stände wahrlich schon weit besser mit unseren Musikalischen Verhältnissen."

Die desolate Situation des Züricher Orchesters, dessen Hauptaufgabe der Dienst an der Oper ist, liegt Billroth besonders am Herzen. Im Rahmen einer Rezension vom 29. Januar 1862 nimmt er hierzu ausführlich Stellung:

"Die Ouvertüre von C. Reinecke 'Dame Kobold' schien uns sehr sinnig und pikant instrumentiert, ohne nach Effekt zu haschen; doch wollte es uns vorkommen, als habe es dem Dirigenten oder vielmehr dem Orchester große Mühe gekostet, zusammenzuhalten; die Seiten wurden eben heruntergespielt, und das Stück konnte nur dem aufmerksamen Zuhörer einigermaßen klar werden; der Dirigent schien die poetische und charakteristische Seite dieser Musik nicht zu verstehen, oder war unfähig, sie zur Wirkung zu bringen. Doch dieses Urteil ist wohl zu hart; denn man glaubt es kaum, das Orchester wurde in diesem vierten Konzert schon wieder von einem neuen (dritten) Dirigenten geleitet. Armes Orchester! Warum läßt man das Publikum Zeuge sein von diesen Dirigenten und Orchester-Experimenten! Warum quält man alle 14 Tage das Orchester mit einem neuen Dirigenten, von denen jeder vielleicht 40 Proben bedürfte, um mit dem an sich besser zusammenhängenden Orchester vollkommen einig zu werden. Wie man hört, geschieht dies, um sich einen definitiven Dirigenten herauszuprobieren; will man etwa je nach Applaus sein Urteil über die Befähigung eines Dirigenten modifizieren! Kein Publikum, auch selbst kein Künstlerpublikum ist im Stande, nach dem einmaligen Anhören einer bekannten Symphonie unter der Direktion des Herrn X. zu beurteilen, ob der Herr X. ein guter Dirigent ist; es läßt sich nichts weiter sagen, als was wir bereits bemerkt haben: Es ging gut, oder es hätte besser gehen können, es schien, als wenn bei sicherer Direktion mehr hätte geleistet werden können. ... Was würde man dazu sagen, wenn man die Befähigung eines Lehrers am Polytechnikum oder an der Hochschule nach einem öffentlichen Vortrag am Rathaus beurteilen wollte! Es wäre doch geradezu lächerlich! Warum sollte man nun eine Berufung an ein musikalisches Kunstinstitut, denn für ein solches halten wir die Allgemeine Musikgesellschaft, anders anfangen als die Berufung an ein wissenschaftliches Institut. Ein Dirigent, der hier das Orchester reformieren und fixieren soll, muß vor Allem eine künstlerische Persönlichkeit von so überlegenen musikalischen und technischen Kenntnissen sein, daß er auch das eitelste Orchestramitglied leicht beherrscht und Jeder ihn als Meister anerkennen muß. Es werden ja an deutschen und französischen Konservatorien viele tüchtige Dirigenten gebildet; dahin sollte man sich unsrer Ansicht nach wenden. Man übertrage ihm die Direktion der Oper und der Konzerte; wir sind überzeugt, daß man mit einem bescheidenen Gehalt von 4-5000 Franken und 2 bis 3 Monate Urlaub ohne große Schwierigkeiten einen Dirigenten gewinnen kann, wie man ihn hier braucht. Das Stadttheater in Düsseldorf hatte Mendelssohn und Schumann zu Dirigenten, die Stadt Köln hat ihren Hiller; sollte Zürich nicht mit diesen Städten rivalisieren können?"

Die Kritik Billroths über das erste Abonnementskonzert der "Allgemeinen Musikgesellschaft" am 3. September 1861 verschreckte die musikalischen Kreise Zürichs so sehr, daß die "NZZ" zunächst auf die Mitarbeit Billroths verzichtete. Das nächste Konzert besprach ein Anonymus, der am Schluß seines Berichtes vermerkte:

"Es hat sich letzthin im gegenwärtigen Blatt eine Stimme darüber (über das Abonnementskonzert; Anm. d. Verf.) scharf, teilweise sehr scharf tadelnd, vernehmen lassen. Wir wollen mit diesem Beurteiler auf keine Weise rechten, vielmehr willig anerkennen, daß er mit Sachkenntnis urteilt und in musikalischen Dingen offenbar bei Hause ist. Desto mehr hingegen möchten wir ihn doch dringend und angelegentlich bitten, seine Kenntnis und Befähigung bei allfällig weiteren Kritiken mehr teils zur Belehrung des Publikums, teils zur Aufmunterung des Orchesterpersonals zu verwenden."

Auch die Redaktion der "NZZ" stellt sich vor ihren Kritiker Billroth:

"Wir können unsern verehrten Korrespondenten versichern, daß der Verfasser der angezogenen Kritik über das erste Abonnementskonzert keineswegs die Absicht hatte, zu verletzen; mag sein Tadel ein etwas scharfes Gepräge tragen - ungerecht wird ihn Niemand nennen können; ja wir haben von Künstlern, deren Leistungen bisher immer nur Lob und Anerkennung gefunden, den Mensch gehört: von diesem Kritiker möchten wir einmal beurteilt werden; das spornt! Wer überhaupt gerechte Kritik üben will, der darf seine Studien nicht im 'Galanthomme' machen, er muß sich vielmehr und oft mit ziemlicher Selbstüberwindung an das unerbitterliche amicus Plato, sed magis amica veritas halten".

Welcher von Billroth ausgesprochene Tadel hatte so viel Aufsehen erregt? Es war zunächst seine Beurteilung des Orchesters:

"Mit den Streichinstrumenten kann man sich wohl befriedigt erklären; ihre Zahl ist durchaus genügend. Die Trompeten und Posaunen und das erste Horn sind gut besetzt, müssen jedoch in Schranken gehalten werden; die Herren möchten in ihrer schmetternden Freude bedenken, daß sie in einen heißen Saal hineinblasen, in welchem sich Menschen mit Ohren befinden. Der schwache Punkt des Orchesters sind die Holzbläser und besonders auch der Paukist. Die Flöte ist gar zu zart in den Einsätzen; die erste Klarinette ist recht gut, die zweite blast meist unrein, die Oboen sind höchst naiv ungeschickt, das Fagott kann nur unschön grunzen und tölpelt bei jeder Gelegenheit hinein; das große Horn stolpert über seine eigenen Töne: der Paukist mißkennt durchaus den großen Wert seines Instrumentes. Es ist bekannt, daß Mendelssohn, wenn er seine Symphonien in Berlin dirigierte, von dem ganzen Leipziger Orchester nur den Paukisten und dieser seine Pauken mitnahm und seinen Kasten mit 8 - 10 Arten von Paukenschlägeln, die alle mit verschiedenen Stoffen umwickelt waren, um eine jede denkbare Modulation des Tons hervorzubringen; die Pauke ist bei Beethoven nicht selten eine Rivalin der Kontrabässe und muß Töne von sich geben, kein unmusikalisches Gepolter wie heute Abend."

Auch später noch (Kritik vom 10. Januar 1865) macht Billroth Vorschläge zur Verbesserung der Bläser:

"Die Stimmung der Bläser war merkwürdig gut; dennoch ist die Einführung einheitlicher Stimmung durch neue Instrumente durchaus notwendig (beiläufig eine Ausgabe von 3500 Franken), denn es ist beim besten Willen der Musiker immer ein halber Zufall, wenn es ganz rein klingt."

Billroths Kritik am Orchester ist handfest, konkret und sachkundig. Vernichtend aber ist in der gleichen Rezension Billroths Beurteilung einer gefeierten Sängerin:

"Es trat nun Fräulein von Vestvali unter rauschendem Beifall des Publikums auf, um uns aus Rossini's kokettem Stabat Mater eine Arie vorzuführen; dieselbe ist, rein musikalisch betrachtet, höchst unbedeutend. Wir hörten die Sängerin, welche mit allem Pomp einer Prima Donna in Zürich auftrat, zum ersten Mal, hatten indessen viel Rühmens von ihrer Schönheit, ihrer wunderbar schönen Stimme und ihrer entwickelten Gesangskunst gehört. Die Schönheit erkennen wir an, die Stimme war früher gewiß auch schön, die Gesangskunst besteht in einem mangelhaften Verständnis Italienischer Manier mit französischer Karikatur, die wahrhaft guten italienischen Sängerinnen, deren es freilich nicht viele gibt, singen nicht so wie Fräulein von Vestvali, und der ganze Vortrag erinnerte uns lebhaft an einige Aufführungen in der großen Oper in Paris, wo wir Roger als Ruine die Partie des Roul und Edgar zerfetzen hörten; an die graziöse Römerin Picolomini, an die Crivelli, an die Artot und andere gute Sängerinnen, die wir in der Scala hörten, erinnerte uns Fräulein von Vestvali nicht; in Paris würde man sie noch ertragen, in Mailand und Genua würde man sie nicht mehr anhören. Die Stimme ist ein schwerer, aber voller schöner Mezzo-Sopran, und war der ganzen Tongestalt nach zu urteilen nie mehr, jetzt muß die Sängerin schon vom gis an sehr vorsichtig verfahren, und tut dies freilich mit großer Geschicklichkeit, doch so, daß sie in der erwähnten Arie in dem höchsten Aufschwung plötzlich aus der Not eine Tugend machen mußte, und dadurch einen ganz unnatürlichen, fremdartigen Eindruck hervorrief. Die tiefen Töne sind von Natur schön, doch behandelt die Besitzerin derselben auf eine wirklich widrige Art. Franz Schubert hat sich gewiß im Grabe umgedreht wenn er den Wanderer von Fräulein von Vestvali hörte; man kann diesen Liedern einen gewissen dramatischen Akzent verleihen, die Schröder-Devrient, die Lind, die Wagner, Stockhausen verstanden und verstehen das, doch bei Fräulein von Vestvali wird diese Dramatisierung zur Karikatur, sie wird geradezu unschön. Leider mußten wir außer dem ziemlich flachen Lied vom Kücken noch ein drittes hören, in welchem die Sängerin Gelegenheit hatte zu zeigen, daß sie auch keine Koloraturen klar singen kann. Es unterliegt keinem Zweifel, daß unsere heimischen beiden Mezzo-Sopran-Stimmen, die wir in Konzerten zu hören Gelegenheit hatten, gesunder, der Vortrag natürlicher und wahrhaft kunstvoller sind, als der Gesang der Fräulein von Vestvali."

Billroths Qualitätsbewußtsein erweist sich im nachhinein als untrüglich, wenn man seine beißenden Bemerkungen über Fräulein von Vestvali der Rezension des damals erst 36jährigen Sängers Julius Stockhausen vom 29. Januar 1862 gegenüberstellt. Stockhausen hatte gerade die Leitung der Philharmoniekonzerte und die Direktion der Singakademie in Hamburg übernommen. 1868 verpflichtete ihn sein Freund Johannes Brahms als Solist bei der Uraufführung seines "Deutschen Requiems" in Bremen. Viele Lieder von Brahms sind gewissermaßen "indirekt" für die Stimme Stockhausens komponiert worden oder waren von ihr inspiriert. Die "Maggelone-Romanzen" op. 33 jedoch sind Stockhausen von Brahms ausdrücklich gewidmet. Stockhausens Höhepunkt in seiner Sängerkarriere lag zur Zeit der Billroth-Kritik noch vor ihm. Billroth urteilt über Stockhausen:

"Das vierte Abonnementskonzert der allgemeinen Musikgesellschaft, welches gestern unter Mitwirkung von Herrn Stockhausen die freilich nicht großen Konzerträumlichkeiten bis auf den letzten Platz gefüllt hatte, befriedigte sowohl durch sein reichhaltiges Programm als durch manche gediegene Ausführung mehr als frühere Konzerte der Art. Es ist äußerst dankenswert und wird in höchstem Grade allerseits anerkannt, daß in diesen

Feuilleton.

Am 9. Dezember 1315 beschworen die drei Urkantone ein ewiges Bündniß. — An demselben Tage wurde 1594 der große Schwedenkönig Gustav Adolf, 1608 der englische Dichter John Milton, 1717 zu Stendal der große Alterthumskenner Johann Joachim Winkelmann geboren, — und starb 1798 zu Halle der als Begleiter Cook's bekannte Professor Johann Reinhard Forster.

Das erste Abonnements-Konzert der allgemeinen Musikgesellschaft in Zürich am 3. Dezember 1861.

Man war berechtigt, mit großen Erwartungen in das heutige erste Abonnements-Konzert der allgemeinen Musikgesellschaft zu gehen, da dasselbe durch die Mitwirkung eines der bedeutendsten Klaviervirtuosen im guten Sinne, des Herrn Alfred Jaell, und der hier in Zürich in allen Blättern vergötterten Fräulein von Pecwali verherrlicht werden sollte. Was zunächst die Anordnung des Programms und den Gesammteindruck betrifft, so war das Konzert viel zu lang; zwei Stunden ist die äußerste Länge für ein Konzert, wenn Musiker als Zuhörer gedacht werden, anderthalb Stunden ist für ein mäßig musikalisch gebildetes Publikum genug.

Die wundervolle, breite und mit wenigen Mitteln so schwungvoll und großartig hingestellte Ouverture von Cherubini wurde so vortrefflich exekutirt, daß man in die beste Stimmung versetzt wurde und wir uns zu dem neuen Dirigenten Glück wünschen mußten; es war die beste Leitung des Orchesters. Einige schüchterne Einsätze der Blasinstrumente schoben wir mehr auf Befangenheit als Unfähigkeit. Die Geiger überraschten durch ihre Einheit und die langen, doch sich aufschwingenden Tonformen kamen zur vollen Geltung.

Es trat nun Fräulein von Pecwali unter rauschendem Beifall des Publikums auf, um uns aus Rossini's koketem Stabat mater eine Arie vorzuführen; dieselbe ist, rein musikalisch betrachtet, höchst unbedeutend. Wir hörten die Sängerin, welche mit allem Pomp einer Prima Donna in Zürich auftrat, zum ersten Mal, hatten indessen viel Rühmens von ihrer Schönheit, ihrer wunderbar schönen Stimme und ihrer entwickelten Gesangskunst gehört. Die Schönheit erkennen wir an, die Stimme war früher gewiß auch schön, die Gesangskunst bekleidet in einem mangelhaften Verständniß italienischer Manier mit französischer Korrikatur; die wahrhaft guten italienischen Sängerinnen, deren es freilich nicht viele giebt, singen nicht so wie Fräulein von Pecwali, und der ganze Vortrag erinnerte uns lebhaft an einige Aufführungen in der großen Oper in Paris, wo wir Roger als Raoul die Partie des Raoul und Edgar geschrieben hörten; — an die graziöse Römerin Picolomini, an die Crivelli, an die Artot und andere gute Sängerinnen, die wir in der Scala hörten, erinnerte uns Fräulein von Pecwali nicht; in Paris würde man sie noch ertragen, in Mailand und Genua würde man sie nicht mehr anhören. Die Stimme ist ein schwerer, aber voller schöner Mezzo-Sopran, und war der ganzen Tongestalt nach zu urtheilen nie mehr, jetzt muß die Sängerin schon vom gis an sehr vorsichtig verfahren, und thut dies freilich mit großer Geschicklichkeit, doch so, daß sie in der erwähnten Arie in dem höchsten Aufschwung plötzlich aus der Noth eine Tugend machen mußte, und dadurch einen ganz unnatürlichen, fremdartigen Eindruck hervorrief. Die tiefen Töne sind von Natur schön, doch behandelt die Sängerin dieselben auf eine wirklich widrige Art. Franz Schubert hat sich gewiß im Grabe umgedreht, wenn er den Wanderer von Fräulein von Pecwali hörte; man kann diesen Liedern einen gewissen dramatischen Accent verleihen, die Schröder-Devrient, die Lind, die Wagner, Stockhausen verstanden und verstehen das, doch bei Fräulein von Pecwali wird diese Dramatisirung zur Karrikatur, sie wird geradezu unschön. Leider mußten wir außer dem ziemlich flachen Lied von Kücken noch ein drittes hören, in welchem die Sängerin Gelegenheit hatte zu zeigen, daß sie auch keine Koloraturen klar singen kann. Es unterliegt keinem Zweifel, daß unsere heimischen beiden Mezzo-Sopran-Stimmen, die wir in Konzerten zu hören Gelegenheit hatten, gesunder, der Vortrag natürlicher und wahrhaft kunstvoller sind, als der Gesang der Fräulein von Pecwali.

Herr Jaell ist als Künstler zu anerkennen, als daß man über ihn viel sagen könnte, er steht in vieler Hinsicht über jeder Kritik; er hat sich in seiner Manier fern von der Liszt'schen Schule gehalten, wo diese anfängt das Klavier zu schlagen, anstatt es zu spielen; er erinnert an Hummel, so weit uns die Spielart dieses Meisters aus Tradition und Schriften bekannt ist. Dabei entwickelt er ausreichend Kraft, und behandelt das Instrument mit schönem Maß. Hr. Jaell spielte das C moll Concert von Beethoven vollendet schön; die im ersten Satz wie üblich eingelegte Cadenz war mit außerordentlich feinem Geschmack komponirt, und obgleich sie sich genau in den Figuren des Beethoven'schen Satzes hielt, wußte der Künstler doch auf die geschmackvollste Weise seine Force in perlenden Trillerketten zu zeigen; das Concert ist nicht brillant im heutigen Sinne der Technik, es liegt bequem klaviermäßig und schließt sich enger an die Mozart'schen Muster an, als das im vorigen Jahre von demselben Künstler meisterhaft vorgetragene Es dur Concert von Beethoven; wir sind aber gerade deshalb Hrn. Jaell doch besonders dankbar für diese Wahl dieses Concerts, da es jedenfalls eines der schönsten der gesammten Literatur ist. Das zarte Adagio wurde leider vom Orchester völlig vernichtet. Der erste Fagottist war, wie es schien, so entzückt über das Spiel des Hrn. Jaell, daß er gar nicht mehr blies, und so der mittlere Abschnitt des Andante ganz verstummelt und unverständlich zum Vorschein kam. Von um so schlagenderer Wirkung war das Rondo, in dessen Vortrag Hr. Jaell so ächt künstlerisch vorsichtig mit der Beimischung des Pikanten verfuhr, daß wir es nicht genug anerkennen konnten; die vollendeten chromatischen Läufe waren von entzückender Wirkung und liefen wie Quecksilberkügelchen auf einer bald aufwärts bald abwärts bewegten rotirten Platte. — Die kleinern Beigaben wurden nach der Symphonie höchst fein berechnet durch die bekannten Händel'schen Variationen eingeleitet. Der vom Künstler auf lebhaften Wunsch des Publikums zugefügte Carneval sprudelte voll Grazie und Humor, und wäre das ganze Concert hiemit beendet gewesen, so wäre Jeder heiter nach Hause gegangen.

Abb. 21: Billroths Musikkritik in der NZZ vom 10. Januar 1865

Konzerten dem Publikum Gelegenheit geboten wird, Kunstleistungen ersten Ranges zu hören, und zu diesen gehört zumal alles, was Herr Stockhausen singt: das Publikum hätte am liebsten ihm allein den ganzen Abend hindurch zugehört. Es läßt sich über seinen Gesang wenig sagen: er singt eben so vollendet wie Stockhausen. Die Stimme, das Verschmelzen der verschiedensten Register, die vollendete Tonbildung, Aussprache, der Vortrag, die Freiheit von aller Manier, von allen üblen Gewohnheiten, die höchste musikalische Begabung und Bildung, vermöge der er jedes Genre gleich richtig erfaßt, versteht und vorträgt. Alles dies ist unübertrefflich, und jede Leistung die reife Frucht unermüdlicher Studien. Es dürfte wenige Sänger geben, welche die Händel'sche Arie im streng alt-italienischen Stil der Opera Seria ihm so vollendet schön nachzusingen im Stande wären; welche Schwierigkeiten sind hier dem Sänger zugemutet in Intervallen, Koloratur, etc.! und wie grandios wurden sie überwunden! Diese Arie war der Glanzpunkt des ganzen Konzertes. Es würde uns zu weit führen, auf die Schönheiten der übrigen von ihm vorgetragenen Piecen einzugehen; es würden uns die Worte fehlen. Möchte doch auch dem Zürcher Publikum der Genuß werden, von Herrn Stockhausen eine Suite der schönsten Schubert'schen und Schumann'schen Lieder in einem eigenen Konzert von ihm zu hören!"

Nur einen Monat später, am 18. Februar 1862, verneigt sich Billroth vor Clara Schumanns Spiel:

"Heute Abend spielte Frau Clara Schumann in dem fünften Abonnementskonzert der Allgemeinen Musikgesellschaft, deren Kapellmeister sich dadurch den Dank des gesamten musikalischen Publikums in Zürich erworben hat.

Frau Clara Schumann ist schon seit vielen Jahren als Künstlerin ersten Ranges bekannt, und steht als solche immer noch auf derselben Höhe. Ein Stück Geschichte der modern-klassischen Musik wird sich für immer an diese Frau knüpfen; sie gehört innig verbunden zu jenem Kreis in Leipzig, welcher durch Mendelssohn, (Moritz; Anm. d. Verf.) Hauptmann, Schumann etc. gebildet, die deutsche Musik zu einem erneuten Aufschwung brachte, den man so bald nach Mozart und Beethoven kaum erwarten durfte. Frau Schumann spielte das G-Dur-Konzert von Beethoven, und kleinere Sachen von S. Bach und R. Schumann; daß sie alles meisterhaft vortrug, braucht wohl kaum erwähnt zu werden, sie entwickelt eine Kraft und Energie im Spiel, wie sie zuvor nie von einer Frau gehört ist; alle Sachen im klassischen Stil sind ihr recht eigentliches Element, ihre Spielart selbst ließ sich vielleicht am passendsten als 'Spielart im großen Stil' bezeichnen; es kann damit indes nur eine Seite ihrer künstlerischen Individualität angedeutet werden. Das anmutige Konzert von Beethoven entzückte in allen drei Teilen in gleicher Weise, man täte Unrecht, einen Teil von dem anderen hervorzuheben. In zwei von der Künstlerin eingelegten Kadenzen verflocht dieselbe die einzelnen schönsten Blumen des großen Kranzes noch zu reizenden Bouquetten, die in sich noch einmal im Kleinen das ganze Kunstwerk wiederspiegelten. War es der Zauber, der um die Künstlerin schwebt, war es der Dirigent, war es die Begeisterung für die Komponisten, was das Orchester beseelte? - Noch nie hörten wir hier eine so gute Orchesterbegleitung zu einem Solostück; wir konnten uns kaum von unserer staunenden Überraschung erholen; war denn das dasselbe Orchester, welches im ersten Konzert des Winters das C-moll-Klavierkonzert von Beethoven, im vierten das Konzert für Violoncell von Molique so erschreckend verzerrt hatte? Die Orchestersätze griffen so prächtig exakt mit dem Klavier ineinander, die

Begleitung war meist so delikat, so präzis, daß man eine vollkommen abgerundete Anschauung von dem ganzen Kunstwerk bekam; man konnte sich einmal ganz dem Werk selbst hingeben, und brauchte sich nicht fortwährend zu fürchten, daß durch irgend einen instrumentalen Unfall der Genuß des nächsten Moments verbittert werden würde; so gut wurde es uns noch nie."

Billroth konnte damals noch nicht ahnen, daß er mit den beiden zuletzt rezensierten Künstlern noch lange Zeit Verbindung haben würde. Die Brücke zu Julius Stockhausen und Clara Schumann sollte Johannes Brahms sein, den Billroth dann drei Jahre später kennenlernte. Daß ein gleichgesinntes musikalisches Empfinden Billroth und Brahms schon vorher geistig verband, kann bei dieser Besprechung von Billroths Kritikertätigkeit in Zürich noch gezeigt werden.

Wenn Billroth bei der Besprechung des Auftritts von Clara Schumann feststellt, daß sie zu jenem Kreis in Leipzig gehöre, "welcher durch Mendelssohn, Moritz Hauptmann und Robert Schumann ... die deutsche Musik zu einem erneuten Aufschwung brachte, den man so bald nach Mozart und Beethoven kaum erwarten durfte", dann nennt uns damit Billroth gleichzeitig seine geistige künstlerische Heimat. In einem späteren Konzertrückblick vom 1. Januar 1865 zählt er dann auch den damals erst 32jährigen Brahms dazu. Dies bedeutet u.a. auch die Absage an das damals herrschende und vom großen Publikum so geliebte Virtuosentum, dem Billroth höchst reserviert gegenüberstand. In seiner Rezension vom 1. Januar 1865 bemerkt er:

"Wir wollen auch die beiden anderen, von demselben Virtuosen glänzend vorgetragenen Stücke von Vieuxtemps und Paganini passieren lassen, denn auch das bloß Virtuosische hat eine Art Berechtigung, wo es in untadeliger Ausführung geboten wird.

Ja selbst das Harfenspiel der Frl. Herrmann, zierlich, fein und harmlos, wie es sich darstellte, wollen wir nicht mit rigorosem Maßstab zurückweisen, weil es dem Vorgetragenen an tieferem Gehalt fehlte. Man muß auch gewissen Bedürfnissen nach Abwechselung Rechnung tragen, und wer wollte den guten Leuten die Freude am musikalischen Dessert verderben?

Auch das Konzert von Viotti gehört in die Kategorie der innerlich hohlen Musik und wir bedauern die Mühe, welche ein Künstler wie Hr. Hegar sich damit gegeben hat."

Kaum noch vorstellbar ist heute jene Schwemme von sog. "Novitäten" in der 2. Hälfte des 19. Jahrhunderts aus der Feder von unzähligen, heute zu Recht vergessenen Komponisten, für die der von ihnen oft in Anspruch genommene Begriff "konservativ" nur den Mangel an Originalität kompensierte. Hier war Billroth unbarmherzig. Im gleichen Konzert, in dem Clara Schumann auftrat, rezensierte er das Stück eines solchen Kleinstmeisters, seines Zeichen Musikdirektor in Basel.

"Die dritte Nummer bildete ein Oktett von August Walter für Violine, Viola, Violoncello, Kontrabaß, Oboe, Klarinette, Horn und Fagott. Bei einem solchen Aufwand von Mitteln, die ein kleines Orchester darstellen, erwartet man ein Werk, welches sich mehr dem Stil der Symphonie als demjenigen der Kammermusik hinneigt. Doch dies ist nicht der Fall:

die Form schließt sich etwas an die Notturnos von Haydn, die Serenaden für kleines Orchester und Harmoniemusik von Mozart, an das Septett von Beethoven und Ähnliches an; man sollte meinen, das in Rede stehende Werk könnte vor etwa 50 oder 60 Jahren von einem Schüler jener Zeit geschrieben sein; doch warum sollte nicht in der knappen Form jener Zeit etwas Schönes geschaffen werden können?; gewiß ist das Bestreben der Einfachheit anzuerkennen, doch dann muß der Inhalt der Art sein, daß er uns erwärmt, wie es in den Werken eines Haydn, eines Mozart so oft auch in den unbedeutenden Arbeiten noch der Fall ist. Leider können wir dies nach unserem Geschmack von dem Walter'schen Oktett nicht sagen; der Inhalt des Ganzen ist so dürftig, daß man es kaum begreifen kann, wie ein Musiker diese Motive überhaupt niederschreibt, von jenen jedes Einzelne aus älteren Werken nachweisbar ist. Die Harmoniefolgen bewegen sich auf den gewöhnlichen Gemeinplätzen, und erheben sich kaum hie und da zu Spohr'schen Wendungen. Es ist immerhin interessant, daß an einem modernen Komponisten die Neuzeit so spurlos vorübergehen konnte! Wie wir hören, ist dieses eines der frühesten Werke Walter's, von dem uns andere recht hübsche Sachen bekannt sind. Das Werk schmeckt etwas nach einer preisgekrönten Arbeit in einem Konservatorium mit der Zensur 'recht gut komponiert, doch ohne alle eigene Erfindung'. Die Ausführung war tadellos."

Ganz auffällig ist Billroths Bemühen, seinen Lesern nicht nur künstlerische Eindrücke und Beurteilungen des Konzertes zu bieten, sondern darüberhinaus dem Publikum ein Stück musikalischer Bildung zu vermitteln. Billroth fühlt sich hier wahrscheinlich mehr oder weniger bewußt in der Tradition eines Robert Schumann stehend. Die einst von Schumann geleitete *Neue Zeitschrift für Musik* ist offensichtlich für seine künstlerische Haltung Vorbild. Gleich kritisch gegenüber dem virtuosen Salon-Musizieren der Zeit weist Billroth immer wieder auf die große deutsche Tradition im Zeichen Bachs, Beethovens und Schuberts hin.

Dabei fällt besonders auf, daß er sich gegen Streichungen von sog. "Göttlichen Längen" in Schuberts Sinfonien wehrt. Zu Billroths Zeit war man mit solchen Schnitten durchaus nicht zimperlich, der Begriff "Werktreue" war noch unbekannt. Gerade diese fordert aber Billroth im letzten Satz des folgenden Zitats. Kenntnisreich belehrt er seine Leser in einer Renzension vom 14. Januar 1862:

"Es war höchst dankenswert, daß uns heute im dritten Abonnementskonzert der allgemeinen Musikgesellschaft die C-Dur Symphonie von Franz Schubert vorgeführt wurde. Das Werk ist außer seiner musikalischen Bedeutung von besonderem historischen Interesse, in dem durch das Bekanntwerden dieser Symphonie F. Schubert mit einem Schlage als eines der größten musikalischen Genies anerkannt werden mußte; es wurden, zumal durch die eifrigen Bemühungen R. Schumann's, der diese Symphonie in Wien als Manuskript entdeckte, später viele Meisterwerke F. Schubert's zur öffentlichen Kenntnis gebracht, und man hat die Fundgrube seiner hinterlassenen Werke noch nicht erschöpft; immer taucht von Zeit zu Zeit noch Neues von diesem so jung verstorbenen Komponisten auf, der während seines Lebens nur als Liederkomponist sich Ruf zu schaffen wußte, und oft froh war, wenn ihm außer seinen Musikstunden Gelegenheit geboten wurde, für Geld zum Tanze zu spielen. Beethoven sagte von ihm: 'In Schubert lebt ein göttlicher Funke', und in der Tat kein Komponist der nach-Beethoven'schen Zeit stand dem Geist Beethoven's so nahe als Schubert; zumal ist sein Einfluß auf R. Schumann ein durchgreifender gewesen.

Abb. 22: Theodor Billroth 1862.

Es gehört zu der Charakteristik der Schubert'schen Instrumentalwerke, daß sie sehr breit, im größten Stil angelegt sind. Diese Breite ist nicht bedingt durch eine übertriebene Methode oder Manier der Durchführung, wie wir sie in den Spohr'schen Werken finden, in welchem das Thema zuweilen alle existierenden Tonarten durchpassieren muß, sondern sie ist durch die Breite der Themen, durch die Länge der Perioden bedingt, die Verhältnisse der einzelnen Teile eines Satzes sind durchaus ebenmäßig und gehen keineswegs über das Übliche hinaus.

Bei genauer Verfolgung der Partitur wird man freilich finden, daß er mit wenigen bestimmten Themen und Rhythmen schon im ersten Teil der Sätze Kombinationen und Harmonisierungen vornimmt, die sich ein weniger üppig begabter Komponist wohlweislich für den Anfang des zweiten Teils verspart; dies ist nun zwar auch schon von Mozart und Beethoven geschehen, doch in beschränkterem Maße (mit Ausnahme der IX. Symphonie Beethoven's); indes die Steigerung, die Schubert trotz dieser Verschwendung immer noch zu Gebote stand, läßt das Übermaß der epischen Breite bald vergessen; und eine Steigerung liegt in jedem Satz so wie in dem ganzen Kunstwerk, wie sie nur den begabtesten Geistern zu Diensten ist. Ob Schubert, wenn er selbst seine Orchestersachen und Opern öfter gehört hatte, hie und da gekürzt haben würde, ist schwer zu sagen; von Mozart weiß man allerdings, daß er öfter nach den ersten Proben noch strich, denn sein Grundsatz war 'kurz und gut'. Jetzt an einer solchen Symphonie zu streichen wäre ein empörender Vandalismus."

In der gleichen Rezension macht Billroth, für seine Leser wohldosiert, grundsätzliche Ausführungen zur Gattung des Streichquartetts:

"Die meisten Komponisten sind darüber einig, daß es viel leichter ist, eine gute Symphonie und eine gute Oper zu schreiben, als ein gutes Streichquartett; Spohr erklärte es ohne Bedenken für die schwierigste musikalische Aufgabe. Dies hat nun den großen Vorteil, daß sich gerade die gediegensten Musiker seit Haydn diese Aufgabe wiederholt stellten, und so die Quartettliteratur die schönsten Blüten der modernen Kunst aufzuweisen hat. Haydn, Mozart, Beethoven, Schubert sind daher stehend in allen von uns gehörten Quartett-Soiréen und selbst Mendelssohn und Schumann treten hier weniger als Meister hervor, so Schönes sie auch sonst geboten haben."

Zum Schluß dieser Konzertbesprechung überraschen Billroths damalige Vorbehalte gegenüber dem Spätwerk Beethovens. In seiner Wiener Zeit hat er sie dann revidiert:

"Das zweite Quartett E-moll von Beethoven (Herr Eschmann erste Geige) war mit besonderem Fleiße einstudiert, und die vielen Schwierigkeiten wurden sehr glücklich überwunden; zumal gelangen die weichen elegischen Stellen vortrefflich, ebenso der ganze letzte Satz. Über die unerbittliche Konsequenz der kontrapunktischen Verflechtung (zumal im Trio des Allegretto-Satzes), die zuweilen das durch Wohllaut verwöhnte Ohr beleidigen, wird eine spätere Zeit aburteilen müssen. Jetzt gehört es zum guten Ton, auch die letzten Werke Beethoven's, selbst die Klavierfugen in seinen letzten Sonaten für die höchste Potenz des 'musikalisch Schönen' zu erklären. Wir sind nicht dieser Ansicht, sondern sind Männern wie Spohr, Mendelssohn, Schubert, Schumann sehr dankbar, daß sie nicht an diese letzten Werke Beethoven's anknüpften, wie es die Zukunftsmusiker, oder die sogenannte neu-deutsche Musikschule tun möchte - wenn sie es nur könnte."

Billroths liebenswürdiger musikalischer Bildungseifer reicht bis zu Leseempfehlungen für sein Publikum. Eduard Hanslicks im Jahr 1854 in Leipzig erschienene Schrift *Vom Musikalisch-Schönen. Ein Beitrag zur Revision der Ästhetik der Tonkunst* erlebte bis 1922 fünfzehn Auflagen. Billroth, der die bekannteste Schrift des späteren Freundes nicht ganz korrekt zitiert, weist am Ende seiner Rezension vom 10. Januar 1865 auf die B-Dur Symphonie des dänischen Komponisten Niels W. Gade hin und befindet sie in vornehmen Formulierungen zu leicht. Anschließend verkündigt er sein eigenes musikalisches Credo:

"Diese Art von Musik (Gade; Anm. d. Verf.) gehört zu derjenigen, welche in uns so lange wir sie hören Vorstellungen von schönen Gegenden, von halb träumenden Menschen, von lyrisch-idyllischen Szenen und dergleichen Macht, wie ein Notturno in größerer Form. Es hätte danach zu wenig wahrhaft musikalischen Inhalt, und fiele mehr in das Gebiet der dekorativen Kunst, zu der die Zukunftsschule die Musik überhaupt degradieren will. Wirklich bedeutende Musik muß nur musikalische Empfindungen hervorrufen, ohne alles Beiwerk. Hier will ich anhalten, da ich merke, daß ich ins mystische Gebiet der Aesthetik der Musik gerate; ich will dem Leser lieber raten, hier das kleine Heft von Hanslick 'das musikalisch Schöne' zu Rate zu ziehen, das merkwürdig viele vortreffliche Bemerkungen über diesen Gegenstand enthält."

Beinahe hätten sich Billroth und Hanslick schon in Zürich kennengelernt, als Hanslick 1864 in Zürich weilte. Doch Billroth war zur Zeit des Besuches von Hanslick in Luzern, wo er Ferdinand Lasalle zu Hilfe eilen mußte, der im Duell schwer verwundet worden war.

Der aus Winterthur stammende Komponist (und Pianist) Theodor Kirchner hatte 1864 die Leitung der Abonnementskonzerte übernommen. Schon ein Jahr später folgte ihm darin Friedrich Hegar, der sich dann zu der zentralen Gestalt des Schweizer Musiklebens entwickeln sollte. Von Billroth noch als Geiger bzw. Konzertmeister des Orchesters (1862-65) angesprochen, war er dann nicht weniger als 41 Jahre lang, bis zum Jahre 1906, Leiter der Sinfoniekonzerte in Zürich. Aus der beinahe erschreckenden Fülle seiner Ämter (alle in Zürich) seien genannt: Dirigent des gemischten Chores (1865-1901), Kapellmeister am Theater (1860-1869), Dirigent des Männerchores "Harmonie" (1875-1878), Direktor der Musikschule (ab 1902 Konservatorium Zürich) (1876-1914).

Eine führende Rolle in der damaligen musikalischen Publizistik spielte die in Leipzig erscheinende *Allgemeine Musikalische Zeitung*. Für ihre Berichte von musikalischen Zentren des deutschsprachigen Raumes hatte die Redaktion für Berichte aus Zürich Billroth gewinnen können. In seinem mit "B." signierten Artikel "Musikleben in Zürich" vom 18. Mai 1864 setzt sich Billroth scharfzüngig mit den unguten Zuständen in Zürich auseinander. Als Lichtblicke erscheinen ihm instinktsicher Theodor Kirchner und der damals gerade aufgehende Stern am Schweizer Musikantenhimmel, Friedrich Hegar.

"Jeder musikalische Mensch, der diesen Konzerten beigewohnt hat, muß gefühlt haben, daß das Orchester unter Kirchners Leitung mehr als je zuvor geleistet hat. Wenn dasselbe dem feinfühlenden Dirigenten noch nicht ganz genügen konnte, so ist nicht daran zu zweifeln, daß in der Folge mehr erreicht werden wird, wenn es der Musikgesellschaft gelingen sollte, wie das hiesige Publikum wünscht und hofft, Herrn Kirchner für die Direktion der Konzerte im nächsten Winter zu gewinnen.

Einen anderen vortrefflichen Künstler hat der hiesige Orchesterverein in diesem Winter in seinem neuen Konzertmeister gewonnen, dem Herrn F. Hegar von Basel, einem Violinspieler ersten Ranges. Derselbe trat teils als Solist mit einem Konzert von David und dem Konzert von Mendelssohn auf, teils als Quartettspieler. Daß ein Künstler, der heutzutage vors Publikum tritt, die Technik vollkommen beherrscht, ist selbstverständlich. Niemand erzielt jedoch dadurch jetzt noch große Erfolge.

Daß aber der Künstler die Virtuosität nur braucht, um das Schöne so schön wie möglich zu spielen, wie Herr Hegar, das findet man freilich weit seltener. Herr Hegar feierte hier seine größten Triumphe teils in den Solos der Bach'schen Suite, teils in den Quartetten von R. Schumann, die er meisterhaft einstudiert hatte, und in denen er von seinen Mitspielern vortrefflich unterstützt wurde.

Herr Kirchner und Herr Hegar sind zwei Künstler, die sich gegenseitig heben und fördern, und während Ersterer als Pianist besonders in Trios, Quartetten und Quintetten von Beethoven, Mendelssohn, Schumann, Brahms glänzte, erreichte Letzterer im Quartett-spiel die höchste Vollendung in Auffassung und Darstellung der Meisterwerke.

Wir erwähnen noch, daß auch das neue Klavierquartett von Brahms (A-Dur, op. 26, komponiert 1861) zur Aufführung kam, wobei uns schien, als entwickle sich mit jedem Werke dieser Komponist großartiger und vollendeter."

Aus Billroths Bericht, der wiederum von größter Sachkenntnis in cordialem Engagement für die musikalischen Belange Zürichs getragen ist, lassen sich zwei bemerkenswerte Feststellungen treffen.

Theodor Kirchner und Friedrich Hegar zählten zu Billroths engstem Freundeskreis in Zürich, die bei den allwöchentlichen Kammermusikabenden im Hause Billroth mitwirkten. Besonders gepflegt wurden hierbei die Gattungen Klaviertrio und Streichquartett. Friedrich Hegar und Jean Eschmann spielten Geige, manchmal auch Billroth, Julius Ganz spielte Cello. Ein kritischer Punkt war die Besetzung der Bratsche. Billroth löste das Problem auf seine Weise. Friedrich Hegar berichtet: "Billroth begann bei Jean Eschmann Bratsche zu lernen... und zwar einzig aus dem Grunde, weil beim Quartettspielen jeweils ein bezahlter Musiker den engen Kreis der Freunde etwas störte..."

Was die Musik betraf, so war das Haus Billroth in Zürich wohl der Ort, wo auch entscheidende Weichen für das Musikleben der Stadt gestellt wurden.

Die andere Feststellung betrifft den letzten Absatz des Berichtes. Er zeigt, wie stark sich Billroth mit den Werken von Brahms auseinandergesetzt und den auf-steigenden Stern beobachtet hatte, bevor er ihn persönlich kennenlernte.

Diese erste persönliche Begegnung fällt in den Spätherbst 1865. Die von Gottlieb-Billroth genannte Möglichkeit, daß sie sich bereits im Juni anläßlich der Aufführung

*Abb. 23: Theodor Billroths "Polka-Mazurka ohne Ende,
Erinnerung an den 4. März 1863". Ein musikalisches Bonbon,
komponiert für den Geiger Friedrich Hegar (1841-1927)*

der "Matthäus-Passion" durch Theodor Kirchner in Basel kennenlernten, bleibt Vermutung. Auf einer Konzertreise in der Schweiz gastierte Brahms auch in einem jener von Billroth rezensierten Abonnementskonzerte der "Allgemeinen Musikgesellschaft" in Zürich am 21. November. Brahms berichtet darüber in einem Brief an Clara Schumann:

"Wie schön mich die Leute aufgenommen haben, magst Du daraus ersehen, daß nach dem ersten Konzert in Zürich wo ich die D-Dur-Serenade (op. 11) aufführte, einige Musikfreunde (namentlich Dr. Lübke, Prof. Billroth und Wesendonck) ein Privatkonzert am Sonntag früh veranstalteten, damit sie mein Konzert (nämlich das Klavierkonzert op. 15; Anm. d. Verf.) und die A-Dur-Serenade (op. 16, Anm. d. Verf.) noch hören könnten. Sie mieteten das Orchester, telegraphierten nach allen Enden, damit die Stimmen... gewiß kämen, und jedem, der sich dafür interessierte, war ohneweiters das Zuhören erlaubt..."

Das von Brahms genannte Privatkonzert fand am 26. November statt. Wieviele akademische bzw. private Zirkel würden sich heute in dieser Weise für einen führenden Komponisten unserer Zeit begeistern?

Ein Jahr später ist Brahms wieder in Zürich. Diesmal auch Gast im Hause Billroth. Es ist ein rührendes Zeugnis der Menschlichkeit, der künstlerischen wie intellektuellen Redlichkeit des überbeanspruchten Klinikers Billroth, wenn er in einem Brief an Prof. Lübke vom 15. Juni 1866 über diese zweite Begegnung mit Brahms berichtet:

"Vor einigen Tagen hatte ich wieder mal einen musikalischen Abend bei mir arrangiert... Es wurde Sextett gespielt. Ich wollte zweite Bratsche mitspielen, hatte meine Stimme famos eingeübt; doch als ich anfing zu spielen, fing ich so an zu zittern und geriet in eine solche Angst und Aufregung, daß ich gar nicht spielen konnte... Ich war höchst ärgerlich über mich und muß eine höchst possierliche Figur gespielt haben. Die Gegenwart von Brahms... alles muß dazu beigetragen haben, mich in diesen komischen, mir sonst ganz ungewohnten Zustand von Aufregung zu versetzen... Ich habe die bittere Erfahrung wieder als alter Knabe machen müssen, daß es Tollkühnheit ist, in einer Branche von Kunst und Wissenschaft etwas vorzutragen, wenn man den Gegenstand nicht vollständig beherrscht. Außer dieser Erfahrung habe ich noch etwas gelernt, nämlich nie ein Stück in Gegenwart des Komponisten zu spielen."

Wie Billroth es fertigbrachte, neben Beruf, Konzertbesuch, gesellschaftlichen Verpflichtungen und Kammermusikabenden auch noch zu komponieren ist kaum vorstellbar. Billroth erinnert sich in einem Brief an Mikulicz in Krakau vom 12. Februar 1883: "In Zürich habe ich auch viel componirt: 3 Trios, ein Clavierquintett, ein Streichquartett; dann lernte ich Bratsche und arrangirte mir wöchentlich ein Streichquartett. Meine sämmtlichen Compositionen habe ich vor einigen Jahren den Flammen übergeben, es war schreckliches Zeug! und stank gräßlich beim Verbrennen! Wir haben auch öfter Theater gespielt in Zürich. Freilich waren da tüchtige und lustige Leute beisammen; die gibt's überall, wenn es auch mühsam ist, sie zu suchen."

Abb. 24 Billroth (2.v.r.) und Brahms (links) im Streichquartett

Bisher konnten nur drei Kompositionen von Billroth nachgewiesen werden. Das Lied "Todessehnsucht" (siehe Anhang), ein musikalischer Spaß, die "Trichini-Cantata" (s. S. 138 f.) sowie eine "Polka-Mazurka ohne Ende"(s. S.133) für Friedrich Hegar.

Billroths Qualitätsanspruch verdammte zumindest seine Instrumentalkompositionen. Seine Lieder beurteilte er zwar gnädiger, aber auch ironisch. Prof. Billroth schrieb an Freund Lübke:

"Ihre Frau war so liebenswürdig, von meinen Kompositionen zu verlangen. Ich gebe die Quartette nicht gern fort; ich bin überzeugt, daß sie so voller Quinten etc. stecken, daß jeder Kunstverständige sofort höhnisch die Achseln zucken würde... Beifolgende Lieder... schicke ich Ihrer lieben Frau. Da diese kleinen Dinger absolut nichts anderes präsentieren, als kindisch zu sein, so mag man sie dem Dilettantenkomponisten am ersten verzeihen..."

Billroth hat sich somit in seinen Züricher Jahren neben seiner Professur gleich dreifach auf musikalischem Gebiet betätigt: Als praktischer Musiker spielte er Violine, Bratsche und Klavier. Als "denkender" Musiker komponierter er und begründete das Musik-Feuilleton einer Zeitung mit Weltgeltung, das für die Zukunft Maßstäbe für die damals noch junge Zunft der Musikkritik setzte.

Nur ein einziges Mal hat Billroth einem Werk seines Freundes Brahms eine gründliche Rezension gewidmet. Überraschenderweise stammt sie nicht aus der Züricher Zeit, sondern ist, wiederum überregional, für die *Allgemeine Musikalische Zeitung* in Leipzig geschrieben. Es handelt sich um einen Bericht über die Uraufführung des "Rinaldo" op. 50, Text von Johann Wolfgang von Goethe, für Tenor, Männerchor und Orchester am 28. Februar 1869 mit dem "Akademischen Gesangverein" in Wien.

Billroth beendet damit gleichzeitig seine Tätigkeit als Musikkritiker. Auch wenn er zur Zeit der Niederschrift schon zwei Jahre von Zürich nach Wien umgesiedelt war, mag diese Rezension am Ende eines Lebensabschnittes stehen, der auf musikalischem Felde sicherlich qualitativ wie quantitativ für Billroth der intensivste gewesen ist. Billroths Besprechung des "Rinaldo" sei deshalb hier ungekürzt wiedergegeben.

"Wien. (Rinaldo von J. Brahms.)
Im Konzert des akademischen Gesangsvereins am 28. Februar kam ein neues größeres Werk zum ersten Mal zur Aufführung. Rinaldo, Kantate von Goethe, komponiert von J. Brahms. Das Gedicht behandelt in knapper dramatisierter Form die Entführung Rinaldo's von der Zauberinsel Armidens. Schon mancher Komponist hat sich an dieser Kantate versucht, doch keiner bisher mit besonderem Glück. Das dramatische Element ist im Gedicht wenig hervortretend: es handelt sich um einen Dialog zwischen Rinaldo und einem Chor von Gefährten, welche Goethe an die Stelle der von Tasso abgesandten zwei Ritter gesetzt hat; die Situation bleibt vom Anfang bis zum Ende dieselbe; Rinaldo ist bezaubert, wird entzaubert, wird als leidendes Objekt entführt und leistet kaum passiven Widerstand. Das Ganze ist mehr dialogisierte Romanze als Ballade.

136

Zur musikalischen Belegung eines solchen Stoffes bedarf es einer bedeutenden schöpferischen musikalischen Kraft, denn die lyrische Breite der Liebesschwärmerei in welche sich der Held ergießt, wird durch die Musik nur noch fühlbarer und vernichtet geradezu das unbedeutende szenische Element des Gedichts. Besonders unverständlich scheint es, warum Rinaldo, nachdem er durch den Blick auf den diamantenen Schild entzaubert sein sollte, zum zweiten Mal in Liebeswahn verfällt; der Held verliert damit völlig das Interesse und vermag es auch durch den herrlichsten Gesang nicht mehr wieder zu erringen.

Ein Komponist, der vor Allem auf die opernhafte Wirkung eines solchen Werkes sieht und à tout prix dies Gedicht komponieren will, hätte dem alten Goethe Einiges aus seiner Kantate streichen oder einstellen, zumal den Schluß mehr zusammendrängen müssen; denn unser modernes Publikum liebt es nicht, musikalische Liebeselegien anzuhören, es will beim Gesang, zumal bei Chorkompositionen, nicht eigentlich Musik als solche, sondern Musik als glänzende sinnliche Dekoration der Poesie hören. Daß Brahms auch nicht ein Pünktchen an einem Goethe'schen Gedicht verändern wird, weiß Jeder, der ihn kennt, er hat sich dem Gedicht, wie es da ist, ganz hingegeben und sich durch die darin ausgesprochene Stimmung in erster Linie angeregt gefühlt, schöne Musik zu komponieren.

Dies ist ihm bei seinem eminenten Talente natürlich gelungen. Ein leicht faßbares kurzes Motiv der Einleitung zieht sich in mannigfacher Gestalt, bald zwischen die Gesänge tretend, bald in dieselben hineinrufend, durch das Ganze hindurch. Alle mit Ausnahme des Schlußchors unmittelbar in einander übergehende Nummern sind von besonders behaglicher musikalischer Schönheit, von einheitlicher poetischer Stimmung; der Wortlaut in den Soli wie in den Chören ist herrlich; Alles ist von künstlerischer Weihe durchdrungen; die musikalische Formschönheit interessant, ohne den Hörer unruhig zu machen. Das Alles ist man bei Brahms gewöhnt; es versteht sich bei ihm fast von selbst. Da seine Ausdrucksweise, seine individuelle musikalische Sprache bei großer Einfachheit für die meisten Menschen anfangs befremdend ist, ja bis zu dem Grade, daß er von seinen nächsten Freunden, die sich einbilden, ihn zu kennen, zuweilen erst nach längerer Gewöhnung vollkommen verstanden wird, ist auch ziemlich bekannt.

Was an 'Rinaldo' das moderne Publikum am meisten verblüffen muß, ist, daß der Held sich offenbar nicht à la Tannhäuser, Tristan, Faust, Romeo, etc. fortwährend in geiler Brunst befindet, sondern Weisen von tiefster wahrer Empfindung singt. Der Komponist hat nicht einen durch Bezauberung sinnlich verliebten Mann in reiferen Jahren, sondern einen von der Schwärmerei der ersten Liebe beseelten Jüngling aus dem Rinaldo gemacht. In der künstlerischen Produktion kann man eben nicht lügen. - Beethoven's Adelaide, sein Florestan im 'Fidelio', Brahms' 'Romanzen aus der Schönen Magelone' und seine letzten Liederhefte scheinen mir am meisten der musikalischen Behandlung und Stimmung im Rinaldo verwandt zu sein. Wer sich nicht in diese Richtung der Lyrik hineinleben kann, dem wird auch Rinaldo nicht sympathisch werden.

Besonders diskret ist in dem ganzen Werk das Orchester behandelt; Alles ist einfach schön, doch immer nur begleitend, auch in den bewegtesten Stellen durchsichtig, klar, nie lärmend, keinen Moment die Sänger zum Schreien reizend. Die Aufführung unter Leitung des Komponisten war, was Soli und Chöre anlangt, eine vollendete. Man weiß nicht recht, ist unser berühmter Tenorist, Herr Walter, für diesen Rinaldo geschaffen, oder ist dieser Rinaldo für Herrn Walter geschaffen; die daraus schwierige und anstrengende Partie

Abb. 25: Theodor Billroth: Trichini-Cantata für Friedrich Hegar

Cantata
dei Trichini

Programm: eines Musikdirektors in Zürich in der Nacht vom 19. bis 20. November 1866 nach dem Genuß einer Gothaer Mettwurst.
Motto und Intention: Wurst, wieder Wurst! ist mir <u>nicht</u> wurst

Dieser Ton muß mit Kalksteinfestigkeit gehalten werden, da er gleichsam das bevorstehende Ende des Trichino repräsentiert und in diesem Zustand unschädlich ist.

NB. Das Stück wird wiederholt, bis reichliches Erbrechen erfolgt!

wurde mit einer solchen künstlerischen Liebe und einer so feinen Nüancierung gewissermaßen tonlich geschaffen, daß man so mit rechtem Behagen sich von diesen melodischen
Tönen tragen ließ. Die sehr schweren kraft- und schwungvollen Chöre gelangen überraschend. Der akademische Gesangverein hat sich unter der Leitung des Herrn Eyrich rasch
zu einer solchen Höhe hinaufgeschwungen, daß er dem Wiener Männergesangverein nicht
mehr nachsteht; vielleicht überboten die Burschen noch die Philister.

Die jugendliche, kräftige, frische Stimmung, beseelt durch die Begeisterung für die schöne
Musik, brachte zumal den brillanten Schlußchor zu herrlicher Wirkung. Das Orchester
(vom k.k. Kärntnertor-Theater) ließ in der feineren Ausführung, wie leider so oft in der
letzten Zeit, Manches zu wünschen übrig. th."

Ausgewählte Literatur:

Art. Zürich. In: Musik in Geschichte und Gegenwart, Bd. 14, Sp. 1414ff.
Litzmann, B. (Hrsg.): Briefwechsel zwischen Johannes Brahms und Clara Schumann. Leipzig
  1927.
Gottlieb-Billroth, O.: Billroth und Brahms im Briefwechsel. Berlin, Wien 1935, Nd. 1991.
Huber, A.: Theodor Billroth in Zürich. Diss. Zürich 1924.
Kahler, O.-H.: Theodor Billroth als Musikkritiker (eine Dokumentation); Rockville, Md., 1988.
Steiner, A.: Aus dem Züricher Konzertleben der II. Hälfte des 19. Jahrhunderts. In: Neujahrsblatt
  der Allgemeinen Musikgesellschaft Zürich 1904/05.
Steiner, A.: Festschrift zum 150. Geburtstag der NZZ: Zur Entwicklung des Musikfeuilletons;
  Zürich 1926.

IV

Zwischen Zürich und Wien

"Hälfte des Lebens"

Als Theodor Billroth den Ruf nach Zürich erhielt, war er 31 Jahre alt. Damit war das Fundament für seine Karriere gelegt. Durch seine Tätigkeit in Zürich hatte Billroth in seinem Fach Aufsehen erregt. Ein Ruf auf einen der führenden Lehrstühle, Berlin oder Wien, lag nunmehr im Bereich des Möglichen.

Die Hälfte seines Lebens hatte er bereits überschritten. Aber am Ende seiner Zeit in Zürich ist er bereit wie nie zuvor, den größten Herausforderungen seines Faches zu begegnen, ja brennt darauf, sie unter besseren Bedingungen zu meistern. Der Ruf nach Wien bestätigt dann sein Fühlen und Wollen. Billroths Hochgefühl in Zürich als prominenter Hochschullehrer, fachlich wie organisatorisch, als einflußreicher Mentor des kulturellen Lebens des Stadt, in der er wirkte, war andererseits mit außergewöhnlichen Ereignissen seines privaten Lebens schwer belastet.

Ein Hauch von Schwermut durchweht seine Briefe aus jener Zeit. Der Name Hölderlins taucht dort oft auf. Die Widersprüchlichkeit und die Angst menschlicher Existenz in Hölderlins nachstehendem Gedicht, mag das Fühlen und Denken Billroths in jener Zeit widerspiegeln:

Hälfte des Lebens

Mit gelben Birnen hänget
Und voll mit wilden Rosen
Das Land in den See,
Ihr holden Schwäne,
Und trunken von Küssen
Tunkt ihr das Haupt
Ins heilignüchterne Wasser.

Weh mir, wo nehm ich, wenn
Es Winter ist, die Blumen, und wo
Den Sonnenschein,
Und Schatten der Erde?
Die Mauern stehn
Sprachlos und kalt, im Winde
Klirren die Fahnen.

V

Billroth in Wien (1867 bis 1894)

Die frühen Jahre

Wien und die Stätten von Billroths Wirken

Zwei Jahre nach seinem Weggang von Zürich verleiht man Billroth die Ehrenmitgliedschaft der "Medizinisch-chirurgischen Gesellschaft des Kantons Zürich". Er bedankt sich Horner gegenüber in einem Brief vom 12. August 1869 (in Fischers Briefsammlung nicht aufgenommen) für die "Freundlichkeit, welche sie mir durch die Ehrenmitgliedschaft erwiesen hat" und sieht darin ein Zeichen des freundlichen Gedenkens in kollegialen Kreisen: "Das ist mir um so wohlthuender, als ich stets mit größter Liebe an Zürich und meine dortigen Freunde denke".

Man darf also annehmen, daß Billroth im Innersten doch mit Befriedigung auf die sieben Jahre in der Republik zurückblickte. In seinen Briefen spiegelt sich dies Erlebnis nicht unmittelbar; er singt keine Loblieder auf die republikanische Staatsform und ist auch nicht Schweizer Bürger geworden. Erst aus den Briefen der Wiener Zeit kann man entnehmen, wie herzhaft und boshaft, ja geradezu böse Billroth auf die Zustände und die Mißwirtschaft in der Donaumonarchie zu schimpfen fähig war. Amtliche Indolenz, Intrigen und böswillige Verschleppung hat es in der Schweiz wohl nicht gegeben, und sogar für die Reform der Hochschulordnung hatte man den Ausländer vertrauensvoll herangezogen.

Die medizinische und besonders die chirurgische Lehre hat Billroth offensichtlich in Zürich am meisten beschäftigt. Die Studenten waren es, die ihm infolge seiner intensiven und engagierten Lehrweise nach und nach zuströmten.

Billroth ließ es bei dem Vortrag in der Vorlesung nicht bewenden, er füllte den von ihm verspürten Mangel aus, indem er das Lehrbuch für Studenten schrieb mit dem Titel *Ein Handbuch für Studierende und Aerzte.* Von dem noch heute aktuellen Gedanken ausgehend, daß Ausbildung, Fortbildung und Weiterbildung eine organische Einheit bilden sollten, machte er sich zusammen mit Pitha an das *Grosse Handbuch der allgemeinen und speziellen Chirurgie,* nachdem er das *Archiv für klinische Chirurgie* mitgegründet hatte.

Vielleicht hat er erst in den Wiener Jahren erkannt, daß es sowohl darum gehe, Wissen zu verbreiten, als auch um die Einstellung zur Anwendung des Wissens durch den Menschen, um die Handhabung der Wissenschaft durch den Arzt, im persönlichen Umgang mit dem Lernenden. Fast zwangsläufig mußte so der Lehrer Billroth eine "Schule" gründen. Er hat sich seine künftigen Assistenten nach diesen Prämissen ausgesucht.

Billroth hat in seinen Züricher Jahren, trotz der nicht unbedeutenden Anzahl von Schülern, keine Schule begründet. Die Assistenzarztstellen waren in der Schweiz in die Ausbildung der Allgemeinärzte eingebaut, es wurde schnell gewechselt, um recht viele in den Genuß der chirurgischen Kenntnisse und Fähigkeiten kommen zu lassen. "Chirurgen" gab es an den Universitätskliniken und größeren Spitälern nur sehr wenige, der Begriff des "Facharztes" ist erst in unserem Jahrhundert entstanden.

Man muß sich immer wieder vor Augen halten, daß erst Billroth und mit ihm seine hervorragendsten Zeitgenossen den Begriff dessen formten, was wir heute selbstverständlich als die Tätigkeit eines Chirurgen ansehen. Sie bedeutete damals die Behandlung von Unfällen und Verletzungen. So erklärt es sich, daß die politisch Verantwortlichen sich Chirurgenschulen schufen, deren bekannteste in Preußen, in Österreich sowie in Paris existierten. Die berühmten Chirurgen früherer Jahrhunderte waren immer auch Kriegschirurgen. Sie begaben sich auf die wichtigsten Kriegsschauplätze, um die Auswirkung der modernen Waffen und die Erfolge neuer Heilmethoden an Ort und Stelle zu studieren, wie etwa Pirogoff. Auch Billroth hatte den damals naheliegenden Wunsch, auf diesem urchirurgischen Gebiet seine eigenen Erfahrungen zu machen, und er bereitete sich darauf gut vor.

Freude am Krieg als solchem und Befriedigung an irgendeiner Kriegsführung kann man aus keinem einzigen Brief entnehmen. Freilich mag er das Gefühl gehabt haben, daß er, um seine Chirurgie zu vervollkommnen, dort die Heilungsmöglichkeiten überprüfen müßte. So erklären sich die Worte an Esmarch vom 25. Juli 1864, nach dem preußisch-dänischen Krieg: "Was sagst Du zu den neuen Kriegschirurgien von Neudörfer, Pirogoff, Demme?" Es heißt dort auch: "Doch die Kriegstrompete schweige und das Schnarren und Pfeiffen der Diplomatenmusik beginnt... Man sammelt hier fortwährend für Polen, Dänen, Alser, Holsten, Juden, Christen und Heiden, wie das einem neutralen Staat zukommt; das ist das einzige Politische, was hier passiert..."

In den Monaten des preußisch-österreichischen Krieges 1866 zeigt Billroth keine Reaktion. Danach folgt aber die berühmte Stelle über Bismarck in einem Brief an Lübke vom 23. Juli 1866: "Man könnte manchmal auch versucht sein zu sagen, Bismarck ist ein grosser Mann, aber mordsdumm!"; dann in einem etwas rüden Chirurgenjargon: "Ich wünschte, ich wäre auf dem Schlachtfelde; jetzt hier Kolleglesen und alter Weiber und Männer Krebse auszuschneiden, um sie vielleicht etwas länger am Leben zu erhalten, ist doch ein elendes Vergnügen."

Da die kriegsführenden Parteien in ungenügender Weise für die Verwundeten sorgten, mag ein leidenschaftlicher Chirurg sich wohl am falschen Platze vorgekommen sein. Billroth endet diesen Brief friedvoll: "Poetisch ist es schön, einen solchen neutralen Fleck in Europa zu haben! Doch Poesie gilt jetzt wenig."

Während sich Billroth mit voller Kraft und mit seinen wissenschaftlichen Erkenntnissen für die Kriegschirurgie erst ab 1870 einsetzte, begann er noch in Zürich ein ganz großes Forschungsvorhaben in aller Stille. Später, von Wien aus, berichtete er erstmals auf der Grundlage statistischer Erhebungen. An His schrieb er am 9. April 1866:

"Jetzt habe ich ein höchst prosaisches Geschäft vor; ich mache mir eine Übersicht über meine bisherige ärztliche Tätigkeit hier in Zürich; ich will es mir alle 5 Jahre in Zahlen sagen können, was ich denn eigentlich ärztlich geleistet habe. Zu diesem Zweck verfolge ich meine Kranken, zumal die mit Geschwülsten und Knochen- und Gelenkkrankheiten; ich will wissen, was schliesslich aus ihnen wird. Die meisten Chirurgen tappen hier in fantastischem Dunkel. Thiersch' Buch schlägt den einzig richtigen Weg ein. Seit Wochen ordne ich meine 3500 Krankengeschichten und bin jetzt mit dem Rumpf so weit fertig, dass ich über 200 Briefe ausgeschickt habe, auf welche ich von den Pfarrämtern in unerwarteter Weise recht prompte und verständige Antworten erhalte. Das Resultat dieser Arbeit, die mich wohl den grössten Teil des Sommers in Anspruch nehmen wird, wird kurz und bündig sein; für mich sehr wichtig, vielleicht auch für Andere belehrend."

Die Schwierigkeiten der retrospektiven Urteilsfindung sind im Zeitalter prospektiver Forschungsplanung, elektronischer Datenverarbeitung und den Spezial-Dispensaire-Einrichtungen kaum noch vorstellbar. Billroths Bedürfnis, ständig durch neue Forschungsmethoden zu Ergebnissen zu gelangen, welche für die Chirurgie, später für die Medizin und für die Volksgesundheit von großer Bedeutung waren, ist in Zürich auf eine geringe Anzahl, dafür aber sehr umfangreiche und schwierige Werke begenzt geblieben. In Kapitel III wurden sie bereits näher beschrieben.

Im September/Oktober 1867 ist Billroth mit seiner Familie umgezogen. In seinem Gepäck führte er auch seine wissenschaftlichen Großunternehmungen, die er an der neuen Wirkungsstätte weiterzuführen gedachte. Er hatte die laufenden neuen Auflagen seines Lehrbuches zu überarbeiten und mußte sich eineinhalb Jahrzehnte lang mit der Herausgabe des *Großen Handbuches* beschäftigen. Das *Archiv* lief weiter, die Erfahrungsberichte *Chirurgische Klinik* sowie die Forschungen über die Wundinfektion. Billroth hatte sich mit seinen großen Züricher wissenschaftlichen Unternehmungen für seine berufliche Zukunft weitgehend festgelegt.

Wenn man versucht, auf Billroths Spuren in der Kaiserstadt zu wandeln, um sich ein ungefähres Bild von seinem Alltag zu machen, so ist dies nicht einfach. Das Institut für Geschichte der Medizin in Wien besitzt ein Blatt mit einer Aufstellung der Wohnungen während Billroths 27jähriger Wirkungszeit:

Ab 1868: Wien VIII, Tulpengasse 3; ab 1871: Wien IX, Liechtensteinstraße 1; ab 1873: Wien IX, Liechtensteinstraße 13; ab 1876: Wien IX, Alserstraße 20; 1890-1894: Wien IX, Kolingasse 6.

In Billroths letzten Lebensjahren zeichneten sich mit den Neubauten unter Gottfried Sempers Leitung die Konturen der heutigen Architektur des "Ringes" ab. Keines der damaligen Häuser hat den großen Rekonstruktionen der Zeit um die Jahrhundertwende standhalten können.

Die Tulpengasse liegt nahe dem neugotischen Rathaus, das aber erst 1872 unter Friedrich von Schmidt begonnen wurde. Der Weg von hier zur Klinik ist nicht sehr weit für einen Fußgänger, von der Liechtensteinstraße sogar noch ein wenig kürzer. Billroth mag manchmal an der Baustelle der Votivkirche vorbeigegangen sein.

Nach Billroths Zeugnis ist der Umzug in die Alserstraße ein Jahr früher geschehen, als die Akten ausweisen. Bereits am 1. Januar 1875 schrieb er an Lübke:

"Auch habe ich mir ein Haus gekauft. Wenn im nächsten Jahr der Krach über mich kommt, so kannst Du Dir meine dicke, grüne Leiche in der Alserstraße 20 vorstellen, einige Häuser weiter als das grosse Krankenhaus.

Schöne Wohnung, schöner Garten, grausliches Geld! Christel hat grosse Freude daran; damit bin ich auch glücklich. Sie soll ein behagliches Heim haben, und sollte ich noch mehr Nächte durcharbeiten als jetzt."

Wieder an Lübke am 13. Juni 1875, unter Beifügung der neuen Adresse, heißt es dann:

"Mitte Mai sind wir also in unser neues Haus gezogen. Wir wohnen zwar sehr theuer, doch recht schön. Zumal ein hübscher Garten mit Hühnerhaus, Springbrunnen etc. ein wahres Vergnügen für Frau und Kinder.... Ich bin durch Praxis gerade jetzt sehr angestrengt, was mir freilich sehr Noth tut, um die Rechnungen zu bezahlen, doch ermüdet es mich körperlich und geistig sehr, ohne mir auch nur annähernd die Befriedigung zu geben, wie irgendeine literarische Arbeit."

Erst acht Jahre später hat Billroth von der Geschichte seines Hauses erfahren. Er schreibt am 27. Juli 1883 an Johannes Brahms:

"Ich hatte einige Andeutungen, daß einer der berühmtesten Professoren aus der Zeit bald nach Josef II, Johann Peter Frank (Direktor des Allgemeinen Krankenhauses) der Besitzer meines Hauses gewesen sei. Doch wie es so geht, ich begnügte mich mit der Wahrscheinlichkeit. Pohl ging aber gleich zum Magistrat und stöberte in den sogenannten Besitz-oder Grundbüchern; er erhob die Wahrscheinlichkeit zur Gewissheit. Die Frau von dem Sohn des berühmten Johann Peter Frank, eines wenig bedeutenden Medizinprofessors, war eine in ihrer Zeit berühmte Sängerin; sie sang unter Haydn in Schöpfung und Jahreszeiten. Dadurch kam Beethoven ins Haus, wo öfters Musikaufführungen, im Garten auch Scenen aus italienischen Opern der Zeit bei Illumination gegeben wurden. Das Haus lag damals in der Vorstadt, am Alserbach, war wohl noch von Wald und Busch zum Theil umgeben... Das Interessanteste bleibt mir immer, dass Johann Peter Frank und Beethoven in meinem Hause verkehrten, und dass sich ein solcher Verkehr - seien wir einmal arrogant! - fast 100 Jahre später in demselben Hause zwischen Dir und mir wiederholte."

In seinem Heim in der Alserstraße konnte Billroth in Ruhe arbeiten. Am 11. Juni 1879 schreibt er an seine Cousine, Frau v. Schelling in Berlin: "Während ich hier gegen Abend an meinem Schreibtisch sitze, sehe ich von meinem Platz aus Christel mit den Kindern im Garten sitzen. Es ist fast so still wie auf dem Lande, denn wir sind nach allen Seiten vor dem Strassenlärm geschützt."

Sein gesellschaftliches Leben, unter dem wir uns bei ihm den Verkehr mit bedeutenden Künstlern und Gelehrten der Zeit vorstellen müssen, hat Billroth hier in der Alserstraße 2 geführt. Geist und Milieu, die Atmosphäre dieses ehrwürdig-schönen Gebäudes, stellten für den Billroth der vollen Mannesjahre mit seinen vielfältigen Interessen und Aktivitäten die geradezu ideal angemessene Umgebung dar.

Abb. 26: Das Wohnhaus Theodor Billroths in Wien, Alserstraße 20.
Nach einer Photographie (ohne Jahresangabe).

Später, gegen Ende des großen Aufschwungs in Billroths Leben, erwirbt Billroth dann noch einen Besitz in der Nähe von St. Gilgen am Wolfgangsee. Dort hat lange eine Bahnstation "Billroth" und ein Hotel gleichen Namens von seiner Anwesenheit und Beliebtheit Zeugnis abgelegt. Am 23. August 1884 schreibt er hierüber an Lübke; dieser Brief zeigt auch Billroths Freude am Bauen:

"Christel und die Kinder, welche hier schon 6 Wochen in der Post hausen, wo auch ich einquartiert bin, fühlen sich hier ungemein gesund und zufrieden, und Christel, welcher das "Hödelgut" (so heisst nämlich der kleine Besitz, den ich für sie hier gekauft habe) gehört, fühlt sich schon ganz behaglich als Hödelbäuerin. Das Haus ist ein stattliches Bauernhaus, durchwegs von hiesigen Arbeitern nach einem Plan von mir gebaut; ich brauchte einen Architekten nur, um das Technische den hiesigen Leuten klar zu machen, die sich übrigens sehr gescheidt anstellen. Wasserzufuhr in Menge. Ein Kanal mit starkem Fall und starker Spülung sind für mich das A und O (Alpha und Omega) jedes Hausbaues; die Aufgaben sind glänzend gelöst. Herrliche Lage am Wald, mit Aussicht auf den ganzen See. Doch wozu beschreiben. Du solltest herkommen und es Dir ansehen; ich glaube, es würde Dir gefallen. Ich habe einen leidlichen Flügel aus Wien hier, der gleich hier bleiben wird."

Als er in die Alserstraße zog, hatte Billroth wohl die nächstmögliche Nähe zu seiner Wirkungsstätte gefunden. Zu Fuß geht man gemütlich in fünf Minuten. Dieses schöne Haus mit den ausgewogenen Maßen ist nur noch auf einer historischen Aufnahme zu sehen. Es mußte einem Hotelneubau weichen.

Wenige Schritte sind es hinüber zum Allgemeinen Krankenhaus, das man jetzt das AK nennt. Seine Klinik lag innerhalb des festungsartigen Karrees dieser vielhöfigen Krankenhausbauten. In einem dieser großen, verschieden geformten Höfe befand sich in einem jetzt zur Urologischen Klinik gehörigen Teil die Billrothsche Klinik mit ihren 100 Betten.

Welche Zustände und Baulichkeiten hat Billroth damals vorgefunden, als er nach Wien und in sein Krankenhaus kam? Aus der Fußnote auf Seite 198 seines Buches *Vom Lehren und Lernen* führt er dazu aus:

"Ich will hier der Merkwürdigkeit halber erwähnen, dass die Operateure ein besonderes Lokal neben dem klinischen Operationssaal angewiesen erhielten, wo sie präparierten und an Leichen operierten. Als ich 1867 nach Wien kam, war es noch allgemein üblich, die Examensoperationen an der Leiche im klinischen Operationssaale zu machen. Auf den Tisch, wo eben ein Lebender operiert war, wurde gleich nachher eine Leiche gelegt, welche zu diesem Zweck aus dem Leichenhaus des Krankenhauses dorthin gebracht wurde; wollte es der Zufall, so wurde eine halbe Stunde nachher in dem gleichen Lokal, auf dem gleichen Tisch, wieder ein Kranker operiert. Ich erstarrte, als ich von dieser Prozedur hörte, an der man hier nichts Auffälliges fand, da es immer so gewesen war; dass ich dies sofort abschaffte, brauche ich wohl nicht erst zu sagen".

Operationssaal, Hörsaal und so manches andere mußte der neue Chef einbauen lassen. Alle Spuren davon sind durch seitdem erfolgte Umbauten wieder verwischt worden, so daß man die Räume, in denen Billroth einst arbeitete, nur aus Photographien und Bildern rekonstruieren kann.

Die Gründung des Allgemeinen Krankenhauses geht auf Kaiserin Maria Theresia und ihren Sohn Joseph II. zurück. Die Außenfronten wurden pietätvoll historisch erhalten, wo es ging; in den Höfen gibt es Anpflanzungen von kugeligen Blumen, Rasenflächen und Beeten, dazu einige Denkmäler. Das Auffallendste ist das weißfarbene, von Dubril geschaffene Denkmal Theodor Billroths, welches anläßlich des 50. Todestages enthüllt wurde. Es zeigt Billroth in monumentaler Größe im weißen Arztkittel.

In dem gleichen, großen Häuserkarree mit dem Allgemeinen Krankenhaus finden wir auch das Josephinum, die ehemalige Hochschule der Chirurgen, einen unter Josef II. ausgeführten schönen Barockbau. Billroth hat mehrfach bedauert, daß man es seinem früheren Zweck entzogen habe; jetzt ist neben anderem das Institut für Geschichte der Medizin der Universität Wien darin untergebracht.

In der nächsten Billroth-Umgebung finden wir auch die Nachfolgeklinik, welche unter dem Namen "III. Chirurgische Universitätsklinik" noch immer eingegliedert ist in das "Allgemeine Krankenhaus der Stadt Wien". Die Erinnerungen an Theodor Billroth werden wach gehalten: Im Konferenzzimmer sieht er uns aus einem lebensgroßen Porträt von Angeli entgegen, in der Bibliothek doziert er auf dem oft abgebildeten großen Bilde Seligmanns im Hörsaal während einer Operation.

Weitere Wirkungsstätten Billroths sind das Haus der "Gesellschaft der Ärzte in Wien", jetzt "Billroth-Haus" genannt, nicht weit vom Komplex des AK entfernt in der Franckgasse. Nur wenige Minuten weiter befindet sich das weitläufige Gebäude der Semperschen Wiener Universität.

Das Rudolfinerhaus, eine späte Wirkungsstätte Billroths, dessen erster Leiter sein Schüler und Freund Robert Gersuny war, ist nur nach längerer Fahrt zu erreichen. Hier existiert noch heute eine in Funktion befindliche "Reliquie": Im Waschraum des Operationssaales kann man die massigen Marmortröge bewundern, in welchen sich schon der alte Theodor Billroth die Hände gewaschen hat.

Kriegschirurgie und Rotes Kreuz

Henri Dunant, Kaufmann aus Genf, veranlaßte unter dem Eindruck der Greuel der Schlacht bei Solferino (1859) eine Konferenz, auf welcher am 2. August 1864 die Genfer Konvention geschlossen wurde. Er wurde dadurch zum Begründer des Roten Kreuzes, 1901 erhielt er den Friedens-Nobelpreis.

Johann Steiner hat anläßlich des 100. Geburtstages Billroths dessen Tätigkeiten im Roten Kreuz ausführlich gedacht:

"...Schon im Jahre 1859 war Billroth durch seine Schrift 'Historische Studien über Beurteilung und Behandlung von Schusswunden' der Kriegschirurgie näher getreten. Die Feldzüge der Jahre 1864 und 1866 boten ihm, der damals in Zürich wirkte, aber keine Gelegenheit, sich praktisch als Feldchirurg zu betätigen. Da brach im Sommer 1870 der deutsch-französische Krieg aus. Der Österreichische Patriotische Hilfsverein in Wien beschloss im Sinne der Genfer Konvention vom Jahre 1864, beiden kriegsführenden Parteien seinen Beistand anzubieten.

Es war in der denkwürdigen Ausschuss-Sitzung am 21. Juli 1870, daß dieser Beschluß gefaßt wurde und daß sich sofort die Vereinsmitglieder Hofrat Professor Dr. Theodor Billroth, Professor Dr. Karl Folwarczny, Stabsarzt Dr. Jaromir Freiherr von Mundy und Primararzt Dozent Dr. Albert Ritter Mosetig von Moorhof bereit erklärten, als Delegierte ohne Entschädigung auf den Kriegsschauplatz zu reisen, dort ärztlich zu wirken und dem Patriotischen Hilfsvereine fortlaufend Nachricht darüber zu geben, wo und womit am dringendsten auszuhelfen wäre. Das Anerbieten wurde mit großem Dank angenommen, ebenso dasjenige Billroths, einige seiner klinischen Assistenten mitzunehmen. Schon wenige Tage nach dieser Sitzung eilte Billroth mit seinem Assistenten Dr. Czerny (dem nachmaligen Heidelberger Kliniker) und Folwarczny zur deutschen, Mundy und Mosetig zur französischen Armee. Billroth kam am 6. August 1870 nach Mannheim, wo er vorläufig zu bleiben gedachte. Aber er wurde gleich telegraphisch nach Weißenburg gerufen, woselbst am 4. August ein blutiges Gefecht entbrannt war. Hier übernahm Billroth die Mehrzahl der Schwerverwundeten und schuf durch glänzende Improvisation ein großes Kriegsspital. Später dehnte er seine Wirksamkeit auch auf die Spitäler in der Umgebung aus und machte Konsultationsreisen nach Wörth, Soultz und Bergzabern. Ende August übernahm er auf dringende Bitte des Mannheimer Hilfskomitees das dortige große Barackenlazarett, das er bis Anfang Oktober leitete, um sodann wieder zu seiner Lehrtätigkeit an der Wiener Universität zurückzukehren. Der Österreichische Patriotische Hilfsverein ernannte am 20. Oktober 1870 Billroth zum Danke für seine aufopferungsvolle und uneigennützige Wirksamkeit zum Ehrenmitglied."

Seine im Dienste des Roten Kreuzes gesammelten Kriegserfahrungen hat Billroth in den *Chirurgischen Briefen aus den Feldlazaretten von Weißenburg und Mannheim* niedergelegt.

Abb. 27: Theodor Billroth in Rote-Kreuz-Tracht. (1870)

Theodor Billroth, der nicht über einen militärischen Rang verfügte, nicht einer Armee als Sanitätsoffizier angehört hatte (seine halbjährige Dienstzeit rechnet hier wohl nicht), opferte also einen Urlaub - es waren gerade Semesterferien - und tat seine selbstauferlegte Pflicht. Im Rudolfinerhaus zu Wien ist die Rote-Kreuz-Armbinde Billroths, die Photographie mit der Schirmmütze des Roten Kreuzes aufbewahrt, dazu ein Zertifikat des Französischen Botschafters in Wien.

Als selten wenn auch nicht völlig neuartig darf Billroths Verfahren bezeichnet werden, in einer medizinischen Fachzeitschrift als aktueller Spezial-Berichterstatter aufzutreten. Jedenfalls hat Billroth seine Eindrücke, anfangs in mehr journalistischer Form, dann aber als nüchternen Erfahrungsbericht in der *Berliner klinischen Wochenschrift* sogleich drucken lassen. Im Charakter endet das Ganze ähnlich wie die Erfahrungsberichte der *Chirurgischen Klinik* aus den Jahren 1860-1876, wobei die Ergebnisse der Kriegschirurgie nur quantitativ von denen der vergleichbaren Zivilchirurgie abweichen. Die allgemeinen Umstände, die sich auch in den *Chirurgischen Briefen aus den Feldlazarethen* finden, scheinen aus den Briefen an Billroths Frau auf. Sie werfen gleichzeitig ein Licht auf die Einstellung der Bevölkerung, zumindest in Deutschland.

Billroth schreibt aus Weißenburg am 12. August 1870: "Meine Thätigkeit hier in Gemeinschaft mit Czerny ist eine außerordentlich glückliche und segensreiche. In wenigen Tagen hoffe ich, meine Lazarethe fast wie meine Klinik in Stand zu haben. Du hast sehr großen Antheil daran; ohne Dein Verbandzeug, was von Allem, das ich erhalten habe, das beste ist, hätte ich hier gar nichts machen können... Kurz, ich erreiche, was ich wollte: helfen und lernen, denn dieser Feldzug füllt eine große Lücke meiner Erfahrungen aus... Die Bevölkerung hier ist außerordentlich bereitwillig zu aller Hilfe; man giebt, was man hat. Alle Gerüchte, die man über die Mitbetheiligung der Einwohner am Kampfe erzählt, sind völlig erlogen. Ob die Turkos wirklich die Grausamkeiten gegen die Feinde begangen haben, die man ihnen nacherzählt, ist auch wohl mehr als zweifelhaft..."

Es mag das Bild seiner Persönlichkeit in besonderer Weise ergänzen, daß sich Billroth der jungen Idee der Genfer Konvention und des Roten Kreuzes bereits sechs Jahre nach der Etablierung 1864 fest angeschlossen hatte. Er war bereit, sich voll mit seiner Arbeit und seiner Freizeit, ja sogar mit Leib und Leben dafür einzusetzen. Auch in seinen späteren Jahren hat der Gedanke der Verwundetenhilfe im Kriege ihn nicht losgelassen.

Ausgewählte Literatur

Andrée, Chr.: Theodor Billroth (1829 - 1894) zum 150. Geburtstag. In: Medizinische Welt, 30 (1979).

Billroth, Th. und Mundy, J.v.: Historische und kritische Studien über den Transport der im Felde Verwundeten und Kranken auf Eisenbahnen. Wien 1874.

Billroth, Th.: Chirurgische Briefe aus den Kriegslazarethen in Weißenburg und Mannheim. Hirschwald, Berlin 1872. zuvor in der Berliner klinischen Wochenschrift, Jg. 1870 - 1871.

Billroth, Th.: Historische Studien über die Beurtheilung und Behandlung der Schusswunden vom fünfzehnten Jahrhundert bis auf die neueste Zeit. Berlin 1859.

Fontane, Th.: Kriegsgefangen - Erlebtes 1870. Berlin 1898.

Steiner, J.: Theodor Billroth und das Rote Kreuz. In: Das Österreichische Rote Kreuz, Nr. 4 (1929).

"Coccobacteria septica"
Antiseptik und Aseptik

Ignaz Semmelweis hatte 1847 mit seinen schlüssig beweisenden Beobachtungen zum Prinzip der Non-Infektion die Grundlage für die Realisierung der Aseptik geschaffen, das keimfreie chirurgische Arbeiten. Niemand nahm von ihm Notiz. Als Joseph Lister 1867 über seine Luftdesinfektion mit Carbolspray und den Carbolverband die Antiseptik durch chemische Keimverminderung propagierte, geriet innerhalb weniger Jahre die chirurgische Welt in Aufregung: Die Chirurgen schlugen sich fast alle in das Lager Listers oder das seiner Gegner. Nur wenige ahnten oder beobachteten, daß auch noch ein dritter Weg möglich sei: Sie nahmen die Gedanken von Semmelweis auf, meist jedoch, ohne von ihm selbst zu wissen.

Die Problematik der Wundinfektion lag zu eindringlich vor aller Augen, als daß ein verantwortungsbewußter Klinikleiter sich ihr hätte entziehen können. Von Billroths Briefen an die Zürcher Spitalverwaltung her wissen wir, daß auch ihn die fast obligaten schweren Schäden oder tödlichen Verluste durch Wundeiterungen tief belasteten. Er beschloß also, entsprechend den Anregungen aus der Zeit seiner Arbeit bei Traube, die Problematik wissenschaftlich, d.h. durch messen und wägen anzugehen.

Die *Beobachtungsstudien über Wundfieber und accidentelle Wundkrankheiten* sowie die zu diesem Komplex gehörenden Nachfolgearbeiten sind im Kontext der Züricher Werke gewürdigt worden. Bereits vor seinem kriegschirurgischen Intermezzo begann Billroth sich noch einmal intensiv mit diesem Fragenkomlex zu beschäftigen. Seine grundsätzliche Einstellung zur Gesamtproblematik schreibt Billroth an His nach Basel am 30. Januar 1870: "Ich stecke jetzt in Dingen, deren Zusammenhang mit der Chirurgie auf den ersten Blick sehr räthselhaft erscheint, nämlich in dem Studium über die Herkunft und die Metamorphosen der Vibrionen. Die widersprechenden Ansichten über Wundbehandlung, welche in neuester Zeit auftauchen, und die völlige Unklarheit über die Art und Wirkung der angewandten Mittel und Methoden veranlasst mich, etwas tiefer in diese Sachen einzugehen."

1874 erschien die Zusammenfassung des bisher Erarbeiteten in *Coccobacteria septica,* welche sicher mit einer gewissen Spannung erwartet wurde. Schon 1873 hatte der Breslauer Botaniker Ferdinand Julius Cohn an Billroth geschrieben:

"Wenn Männer wie Sie, gleich erfahren in klinischer wie in experimenteller und mikroskopischer Forschung ihre Studien diesem Gebiete zuwenden, das nur zu lange der Tummelplatz unkritischer Phantasien gewesen, so werden wir ohne Zweifel bald klarer sehen und wenn es wirklich pathogene Bakterien gibt, so wird auch die Frage von der

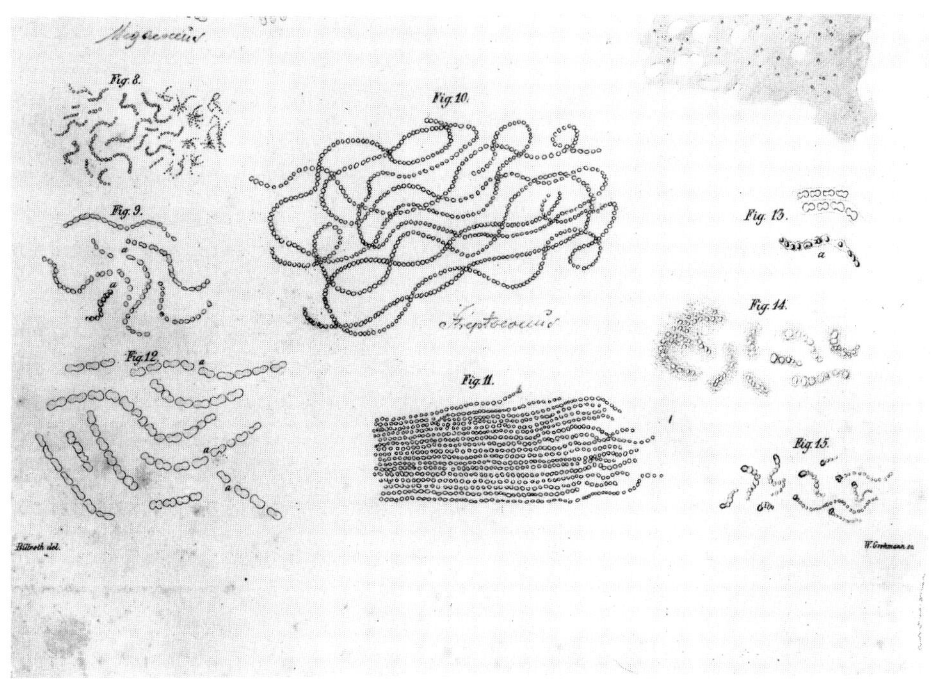

Abb. 28: Theodor Billroth, "Coccobacteria septica".
Fig. 8-15: Streptococcos - aus verschiedenen Medien gewonnen.

Desinfektion eine naturwissenschaftliche Grundlage gewinnen, die sie bisher, wie ich meine, entbehrt."

Welche Unwissenheit, Unklarheit und eigentlich auch Unwissenschaftlichkeit selbst in den Köpfen der Anhänger der Antiseptik damals herrschte, zeigt ein Brief von Volkmann an Billroth vom 1. November 1872: "Was macht Deine Pilzarbeit, erscheint sie bald? Ich bin ausserordentlich neugierig. Denn offen gestanden, habe ich mich der ganzen Pilzfrage gegenüber bis jetzt sehr argwöhnisch und rein passiv verhalten... Ich kann die Sachen nicht glauben, ich mags anfangen, wie ich will, und 's ist eine komische Sache ums nicht glauben können..."

Billroths einzige Großtat in der nichtklinischen, gewissermaßen reinen Wissenschaft stellt das hier mit der Kurzfassung *Coccobacteria septica* bekannte Werk dar, der Deutschen Gesellschaft für Chirurgie gewidmet. Der vollständige Titel lautet:

Untersuchungen

über die

Vegetationsformen

von

Coccobacteria Septica

und

den Antheil, welchen sie an der Entstehung und Verbreitung

der accidentellen Wundkrankheiten haben.

Versuch einer Wissenschaftlichen Kritik der verschiedenen

Methoden antiseptischer Wundbehandlung

Der Inhalt weist sehr große, reich gegliederte Kapitel auf, die Billroths systematisches Vorgehen deutlich machen; danach folgen die wichtigsten Leitsätze:

"I. Uebersicht der verschiedenen Vegetationsformen von Coccobacteria septica.

II. Ueber die Beziehung von Coccos, Bacteria und Hefe zu den Schimmelpilzen.

III. Die Vegetationsformen von Coccobacteria in Leichen, in faulenden Gewebsaufgüssen und Secreten, sowie in Secreten und Geweben lebender Menschen.

IV. Versuche über Transplantationen von Coccobacteria septica in verschiedenen Flüssigkeiten. Infectionsversuche.

V. Ueber die Ursachen der beschränkten Entwicklungsfähigkeit von Coccobacteria auf und in Geweben des lebenden gesunden menschlichen Körpers. - Ueber die Beziehungen von Coccobacteria zur Entstehung und Ausbreitung der localen und allgemeinen accidentellen Wundkrankheiten.

VI. Versuche und klinische Erfahrungen über die Mittel und Behandlungsmethoden, durch welche die faulige Zersetzung auf Wunden und in Entzündungsherden, so wie die Entwicklung von Coccobacteriavegetationen verhindert und gehemmt werden könnten."

Billroth hat Streptokokken und Staphylokokken genau beschrieben und den Streptokokken als erster den heute noch geltenden Namen gegeben, während die letzteren bei ihm als "Gliacoccen" erscheinen.

In einer Arbeit *Billroth und das antibiotische Prinzip* von Marlene Jantsch wird erstmals die Tatsache betont, daß Billroth das Verdienst zugesprochen werden muß, als erster - noch vor Pasteur - auf den Antagonismus von Penicillium und pathogenen Keimen hingewiesen zu haben. Die Beweisführung ist dort nachzulesen.

Kurz nach Erscheinen des Werkes gab er eine pessimistische Prognose, nicht frei von Understatement, aber doch auch mit Selbstbewußtsein und Sicherheit in bezug auf die vollbrachte Leistung. Am 17. Februar 1874 schreibt Billroth an His:

"In den nächsten Tagen wirst Du mein Buch über Coccobacteria septica erhalten. Da ich das Manuskript schon vor einem Jahr abgeschlossen habe, so steht mir das Buch schon etwas fremd gegenüber. Je zorniger die Botaniker darüber sein werden, um so besser ist es; denn dieser Theil der Botanik scheint mir doch sehr im Argen zu liegen. Ich kann nicht verstehen, dass sich nicht ein Jüngerer einmal gründlich über die Algen hermacht, denn die Systematik auf diesem Gebiet ist schon geradezu komisch.

Ich bin völlig darauf gefasst, dass eine Unzahl von Kleffer über dies grosse Stück Fleisch herfallen wird und zähnefletschend unter heftigem Blaffen einzelne Fetzen herausreissen und zerreissen wird; doch ich bin pachyderm (flexibel; Anm. d. Verf.) genug, um mir nichts daraus zu machen. Solltest Du in meinem Buche blättern, so bitte ich Dich, mehr die Absicht als die Leistung ins Auge zu fassen!"

Billroths Buch hat seine Wirkung keineswegs verfehlt. Besonders derjenige Mann, der später die Hauptarbeit in der Klärung der von Billroth angeschnittenen Fragen leisten sollte, Robert Koch, hatte entscheidende Anregungen erhalten. Als sich Billroth später noch einmal mit ähnlichen Fragen beschäftigt, schrieb er ihm am 29. April 1890: "Ihre Schrift über die Wechselwirkungen zwischen Pflanzen- und Tierzellen habe ich mit vielem Interesse gelesen. Es ist so wohltuend und anregend zugleich, an der Hand eines so geistreichen Führers von einem höheren Standpunkte aus auf bekannte Tatsachen herabzublicken und ihnen neue Gesichtspunkte abzugewinnen. Unter dem überstürzten Jagen der Jetztzeit nach immer neuen Tatsachen wird leider nur noch selten die Gelegenheit dazu geboten. In der guten alten Zeit war es in dieser Beziehung doch besser... Als ich meine ersten Untersuchungen begann, stand ich ganz unter dem Eindrucke ihrer Studien über die Coccobacteria septica, welche damals veröffentlicht waren, und diesen Eindruck habe ich bis heutigen Tags noch nicht verloren... würde aber auch jetzt noch, wenn nur irgend eine unbestreitbare Tatsache zu meiner Kenntnis käme, diese sofort mit Freuden annehmen und dem entsprechend meine bisherigen Ansichten modifizieren..."

Die Hochachtung war gegenseitig. Billroth schreibt am 6. September 1884 an Gersuny: "Ganz beglückt bin ich durch die Lectüren von Kochs Arbeit über Septicämie und Tuberkel. Diese Centralblätter sind doch eigentlich gräuliche Institutionen. Koch wächst als einer der bedeutendsten Naturforscher unserer Zeit riesengross, wenn man ihn selbst in seinen Originalarbeiten schaut..."

Billroths Wertschätzung für Lister geht aus einem Brief vom 17. Juni 1879 an Mikulicz nach London hervor, welchem er eine Stipendien- und Studienreise von einem halben Jahr durch die westeuropäischen Länder ermöglicht hatte: "Besten Dank für Ihren Brief aus London. Es freut mich, dass Ihnen die englische Chirurgie und die englischen Chirurgen dort gefallen. Lister ist eine ungemein sympathische Persönlichkeit. Ich hatte schon gefürchtet, er grolle mir, dass ich nicht gleich und nicht ganz unbedingt auf seine Ideen und Methoden eingegangen bin; er zeigt sich auch darin als bedeutender Mensch, dass er seine Sache so beherrscht, dass er mit Ruhe das Urtheil der Anderen abwarten kann."

"Asepsis" ist das Verfahren, dem Billroth innerlich stets näher gestanden hat als der "Antisepsis". Natürlich waren damals die Begriffe noch nicht so klar geschieden: absolute Keimfreiheit durch Keimvernichtung (Hitze) und Keimvermeidung (Non-Infektion, Semmelweis) auf der einen Seite, auf der anderen Seite Keimverminderung durch chemische Verfahren nach einmal erfolgter Keimbesiedelung (Lister). Anfangs wußte noch niemand vom Vorhandensein von Keimen. Manche hatten wohl eine Ahnung - unter ihnen auch Billroth. Die wissenschaftliche Begründung fehlte jedoch. Der Beweis ist nicht Billroth, sondern erst Robert Koch gelungen.

Diese Zusammenhänge zeigen, daß Billroth im Kampf um die dringlichste chirurgische Frage der Jahrhundertmitte, die verheerenden Wirkungen der Wundinfektion, die nur wenige richtig einzuschätzen wußten, durch seine kritische und wägende Haltung eine große Rolle gespielt hat.

Ausgewählte Literatur

Billroth, Th.: Untersuchungen über die Vegetationsformen von Coccobacteria septica ect. Versuch einer wissenschaftlichen Kritik der verschiedenen Methoden Antiseptischer Wundbehandlung. Berlin 1874.

Büdinger, K.: Ueber die relative Virulenz pyogener Mikroorganismen in per primam geheilten Wunden. In: Wiener klinische Wochenschrift, 5 (1892).

Eigen, M. und Winkler, R.: Das Spiel. Naturgesetze steuern den Zufall. München, Zürich 1978 (Sonderausgabe).

Fischer, I.: Theodor Billroth und seine Zeitgenossen. In Briefen an Billroth. Aus dem Archiv der Gesellschaft der Ärzte in Wien, Berlin 1929.

Gleich, A.: Ueber Sterilisierung von Verbandstoffen. In: Wiener klinische Wochenschrift, 4 (1891).

Hacker, V.R.v.: Anleitung zur antiseptischen Wundbehandlung nach der an Prof. Billroth's Klinik gebräuchlichen Methode. Wien, 1884.

Jantsch, M.: Billroth und das antibiotische Prinzip. In: Wiener medizinische Wochenschrift, 103 (1953).

Lister, J.: Der gegenwärtige Stand der chirurgischen Antiseptik. In: Wiener klinische Wochenschrift, 3 (1890).

Wölfler, A.: Chirurgische Briefe über Amputationen XIII. In: Wiener medizinische Wochenschrift, 31 (1881).

"Über das Lehren und Lernen der medizinischen Wissenschaften"

Schon während der Züricher Jahre wurde Billroth durch die Gunst der Umstände - zu denen auch sein Engagement als Hochschullehrer beigetragen hat - auf die Fragen der Gestaltung bzw. Umgestaltung des Medizinstudiums hingeleitet.

Das Buch *Über das Lehren und Lernen der medicinischen Wissenschaften* stand unmittelbar nach seinem Erscheinen im Mittelpunkt einer leidenschaftlichen Diskussion. Ein Jahrhundert später haben sich die Wogen geglättet. Heute ist das Buch sowohl ein Zeugnis für Billroths Persönlichkeit als auch ein Spiegel der damaligen Zeit.

Wie ernst Billroth die Fragen der Erziehung und Ausbildung auch in Wien nahm, zeigt seine Ansprache in der letzten Vorlesung des Wintersemesters 1867/68, welche Leopold Wittelshöfer als Redakteur der *Wiener medizinischen Wochenschrift* abzudrucken für würdig hielt: *An meine Schüler* zum Schluss des Wintersemesters am 27. März 1868. Billroth beschließt seine Ausführungen mit der Feststellung: "Ich weiss auch sehr wohl, dass ich nicht deshalb hierher berufen bin, um mich im Glanze der uralten und berühmten Universität Wien zu sonnen, sondern um mit den Philistern um den Forschritt zu ringen".

Im "Feuilleton" der *Wiener medizinischen Wochenschrift* von 1874, als Billroth seine Arbeiten zu *Über das Lehren und Lernen* wohl bereits abgeschlossen hatte, richtet er ein "Wort an seine Schüler":

"Meine Herren! Da nun unser Kreis auf dieses Semester so ziemlich geschlossen ist, so möchte ich einige Worte zu Ihnen sprechen über eine Modifikation in der Form des klinischen Unterrichtes, welche ich mit diesem Semester zu versuchen beabsichtige...

Eines muss man sich unter allen Lebensverhältnissen klar machen, meine Herren! dass nämlich jede menschliche Organisation nur dann einen dauernden Bestand hat, wenn sie dauernd mit der gesammten Kulturentwicklung fortschreitet. Seine Stellung bewahren heisst eben: immer fortschreiten, noch immer mehr schaffen und fördern als Andere; denn über jedes Stillstehende schreitet die Zeit erbarmungslos hinweg. Ein alter Professor beschwerte sich einmal bitterlich über die Verkommenheit der modernen Studentenwelt und brach endlich in die Worte aus: Ich lese doch jetzt mein Colleg genau so wie vor vierzig Jahren, als ich die vollsten Auditorien hatte, und nun kommen mir kaum 5 bis 6 Leute!

Es unterliegt für mich keinem Zweifel, dass Form und Materie bei jeder wissenschaftlichen und künstlerischen Darstellung so innig miteinander verbunden sind, dass eine Aenderung der letzteren auch eine Aenderung der ersteren nach sich ziehen muss. Während aber von dem wissenschaftlichen Inhalt, von dem, was wir Ihnen zu lehren haben, sehr allmählig und kontinuierlich Altes abbröckelt und Neues sich ansetzt, wird die Aenderung der Form immer etwas Ruckweises, Sprungartiges haben, und die Gewohnheitsträgheit, so wie der Zweifel, ob der Sprung auch wohl nach der richtigen Seite gethan sei, erschwert Ihnen das Folgen...

Seien Sie eifrig und fleissig bei der Sache und bedenken Sie, dass Ihre Eltern vielleicht grosse Opfer bringen, um Ihnen die Möglichkeit zu verschaffen, etwas Tüchtiges zu lernen! Bedenken Sie immer, dass Zeit Leben, und dass verlorene Zeit verlorenes Leben ist! Seien Sie möglichst streng gegen sich selbst! Beschäftigen und befruchten Sie Ihre Fantasie dann vorwiegend in dieser einen Richtung, dulden Sie in sich keine Unklarheiten, wo Klarheit erreichbar ist!..."

Der Schluß lautet: "Überlegen Sie sich wohl, meine Herren! es ist sehr ernst! - Doch entmuthigen will ich Sie nicht! Wollen Sie zu mir stehen, wie ich zu Ihnen, so denke ich, werden wir als Lehrer und Schüler gute Genossen sein! Lassen Sie uns nun frisch an unser ernstes Werk gehen!"

Das wohl am meisten umstrittene Werk von Theodor Billroth: *Über das Lehren und Lernen* gelangte 1876 als 508 Seiten starker Band an die Öffentlichkeit. Seinem Freund Richard v. Volkmann kündigte er das Buchgeschenk am 27. Oktober 1875 wie folgt an: "Ich habe mir viele böse, auch wohl einige gute Gedanken von der Seele geschrieben. Während ich bei allen meinen früheren Büchern stets den Gedanken hatte, dass viele Andere das weit besser hätten machen können, so habe ich bei diesem letzten Opus die Empfindung, dass zur Zeit Niemand ausser mir es hätte machen können. Ist das nicht lächerlich? Das sind so Stimmungen, wie sie über den Menschen kommen und nur langsam wieder ausklingen..."

Bei einer "literarischen Discussion" blieb es freilich nicht. Es kam zu Auftritten unter Studenten und Professoren, die Erregung ging bis in die Ministerien hinein. Im Vorwort heißt es: "Man mag über mich noch so streng zu Gericht gehen, man wird meiner Arbeit den Werth nicht nehmen können, der in der übersichtlichen Zusammenstellung von Thatsachen liegt, die für viele meiner Collegen ebenso neu sein dürften, wie sie beim Finden für mich waren..."

Das Buch ist in fünf große Kapitel gegliedert, danach folgt ein Anhang, in dem alle medizinischen Fakultäten in aller Welt, insgesamt 23 - auch außereuropäische - Länder, dargestellt werden:

"I. Die Entwicklung der medicinischen Fakultäten an den deutschen Universitäten.

II. Der Lehrstoff. Jetzige deutsche Methode des Lehrens der medicinischen Wissenschaften. Lehrfreiheit.

III. Die Schüler und der zukünftige Arzt. Vorbildung zum Studium. Prüfungen und Lernfreiheit. Die Frequenz der deutschen medicinischen Fakultäten. Der ärztliche Stand.

IV. Der Lehrkörper. Zusammensetzung der medicinischen Lehrkörper an den deutschen Universitäten. Ergänzung dieser Lehrkörper. Bildung von Schulen. Leistungen des Staates für die Erhaltung und Gründung naturwissenschaftlich-medicinischer Fakultäten.

V. Die Stellung der naturwissenschaftlich-medicinischen Facultät zur Universität.

Im Jahre 1886 entschloß sich Billroth, zum gleichen Gegenstand, fast unter dem gleichen Titel, *Aphorismen zum Lehren und Lernen der medicinischen Wissen-*

Abb. 29: Billroth mit Assistenten (1869)
o.R.: Kattinger, Wegl, Menzel, Maly, Steiner, u.R.: Agular, Katholicky,
Billroth, Czerny, Janny

schaften, noch einmal zu veröffentlichen; diesmal handelte es sich aber nur um eine 68 Seiten, bzw. in der zweiten, im gleichen Jahre folgenden Auflage 71 Seiten umfassende Broschüre. Am Ende eines jeden Kapitels steht ein "ceterum censeo":

"I. Die Vorbereitung für das Studium der Medizin."

Ceterum censeo: "Die häusliche Erziehung muss bei uns strenger werden; die Schule kann viel, doch nicht Alles thun, um einen jungen Menschen zum Hochschulstudium vorzubereiten."

"II. Ueber Lehr- und Lernfreiheit."

Ceterum censeo: "Die magelhafte, zu laxe häusliche Erziehung muss vom Staate durch zweckmässige Regelung des Hochschulstudiums ergänzt und vervollständigt werden."

"III. Die monströse Frequenz an der Wiener medicinischen Facultät."

Ceterum censeo: "Man soll die Studierenden in Wien nur auf Grund von österreichischen Maturitätszeugnissen zulassen."

"IV. Unsere Lehrkörper und unsere Institute.

Ein "Ceterum censeo" fehlt hier in strenger Form, jedoch heißt es: "Die gesetzgebenden Körperschaften sollten diese Summen als ein Extraordinarium bewilligen, als Baufond für medicinische Unterrichtsinstitute, und sollten diesen Fond einem Cerberus zur Ueberwachung übergeben, wie es mit dem Stadterweiterungsfond geschehen ist."

"V. Die mangelhafte Ausbildung der Aerzte und der Mangel an Aerzten auf dem Lande."

Dieses Werk hat ständig weitergewirkt und ist nach und nach um die ganze Welt gegangen: Im Budapester Institut für Geschichte der Medizin ist ein Brief aufbewahrt, den Harvey Cushing am 8. März 1929 an Emile de Grosz gerichtet hatte, den Herausgeber einer kleinen Gedenkschrift anläßlich des 100. Geburtstages Billroths. Cushing äußert sich wie folgt:: "What a magnificent figure he was! And what strides the new surgery made under his commanding influence! His 'Lehren und Lernen' published fifty years ago, a copy of which I purchased and read when I was a student with Kocher in Bern 1901, has recently been translated into English and published in this country, which shows that his influence is still strong among us. This particular work is one of enduring value for its discussion of some of the fundamental problems of medical education..."

Christian Andrée befaßt sich in der Gedenkschrift Rudolf Virchow - Theodor Billroth (1979) auch wieder mit *Lehren und Lernen*. Dort heißt es: "... 'Es sind die Schulstifter, denen etwas Schwärmerisch-Phantastisches anhaftet', was sie zu den eigentlichen Magneten der Schulen machte."

Ausgewählte Literatur:

anon.: (Wittelshöfer). In: Wiener medizinische Wochenschrift 36 (1886).
Billroth, Th.: An meine Schüler. In: Wiener medizinische Wochenschrift 18 (1868).
Billroth, Th.: Antwort auf die Adresse des Lesevereines der deutschen Studenten Wien's. Wien 1875.

Billroth, Th.: Aphorismen zum 'Lehren und Lernen der medizinischen Wissenschaften'. Wien 1886.

Billroth, Th.: Ein Wort an seine Schüler (19. Oktober 1874). In: Wiener medizinische Wochenschrift 24 (1874).

Billroth, Th.: Über das Lehren und Lernen der medicinischen Wissenschaften, Wien 1876.

Brücke, E. W. v.: Briefe an Emil Du Bois-Raymond; Publikationen aus dem Archiv der Universität Graz. Graz 1978.

Brunn, W. v.: Theodor Billroth. In: Münchner medizinische Wochenschrift 83 (1936).

Brunn, W.v.: Wem verdankt die Welt die Erfindung und Einführung der Operation des Magenkrebses? In: Zentralblatt für Chirurgie 65 (1938).

Gersuny, R.: Theodor Billroth. In: Nord und Süd 47 (1888) Breslau.

Hirschfeld, J.: Galerie berühmter Kliniker und Aerzte unserer Zeit als Beitrag zur Geschichte der Medizin. Wien 1877.

Manassein, W.A.: Wratsch 5 (1894).

Multanowaski, M.P.: Der Stand der medizinischen Ausbildung um die Mitte des 19. Jahrhunderts in der Beurteilung von Th. Billroth und N.J. Pirogow. In: Wissenschaftliche Zeitschrift der Humboldt-Universität Berlin, Mathematisch-Naturwissenschaftliche Reihe, XVII (1968).

Péan, J-E.: De l'ablation des tumeurs de l'etomac par la gastrectomie. In: Gazette des hôpitaux civiles et militaires 60 (1879).

Pirogoff, N.I.: Ssotschenenija (Werke), Bd. I, Kiew 1910.

Seidler, E.: Probleme des Traditionalismus in der Medizin. In: Diagnostik 10 (1977).

Tutzke, D. u. **Wolff, H.-P.:** Wandlungen der ärztlichen Ausbildung in der zweiten Hälfte des 19. Jahrhunderts. In: Zeitschrift ges. Hyg. 25 (1979).

Woitschach, M.: Logik des Fortschritts. Unser Leben zwischen Zufall und Plan. Stuttgart 1977.

"Chirurgische Klinik"

Erfahrungen auf dem Gebiet der praktischen Chirurgie

Unter diesem bescheidenen Titel verbirgt sich das letzte der großen wissenschaftlichen Werke, welche Theodor Billroths Ruhm in der Welt verbreiteten. Er selbst äußerte sich darüber in zwei Briefen. Am 28. November 1878 schrieb er an Eduard Hanslick: "...Vor acht Tagen habe ich mit meinem größten und hoffentlich besseren chirurgischen Werk abgeschlossen. Ich mache nun einen Strich und schreibe nichts ernsthaft Chirurgisches mehr. Was ich etwa noch zu sagen habe, kann ich durch meine vielen talentvollen Schüler sagen lassen, die auf dem Mist meiner Ideen und Arbeiten so kräftig gedeihen, daß sie mir schon über den Kopf wachsen. Bei mir geht Alles etwas gewaltsam vor sich. So bin ich mit diesem Entschluß, meine literarische Carriere abzuschließen, auch wieder ein freier Mann geworden..."

Am 29. November 1878 schreibt er an Czerny nach Heidelberg: "Vor acht Tagen habe ich mein Buch an Hirschwald abgeschickt. Soweit ich mich selbst beurtheilen kann, ist es das Beste, was ich gemacht habe; es ist auch unwiderruflich das Letzte. Es wird mir sehr sauer, noch die Krankheiten der Mamma für Enke zu überarbeiten; dann kommt ein großer Strich, und das Feuilleton beginnt. Es ist geradezu lächerlich, welche Wirkung die Vollendung meines Generalberichtes über meine Klinik von 1860-1876 auf mich gemacht hat. Ich hatte die fixe Idee gefaßt, ich würde vor Vollendung dieses Werkes sterben! - nun jetzt meinetwegen! Doch gerade jetzt wäre es mir viel weniger angenehm als früher. Ich bin wieder von meiner früheren Frische und Spannkraft, bilde es mir wenigstens ein es zu sein, und das ist doch am Ende die Hauptsache für mich."

Der Grundgedanke des Jahresberichtes tauchte bereits während der Berliner Assistentenjahre erstmals auf, als Billroth sich Meissner gegenüber recht abfällig zu dessen derartiger Tätigkeit geäußert hatte. Aber die Idee des wahrheitsgetreuen Berichtes zum Zwecke der Erfahrungsgewinnung an einem großen Krankengut muß wohl doch in Billroth Wurzeln geschlagen haben, denn bereits als Klinikleiter in Zürich wurde durch ihn, gemeinsam mit den Mitarbeitern, das gesamte Material in diesem Sinne aufbereitet. Billroth hatte zur Zeit der Abfassung seines Werkes eine schon umfangreiche Erfahrung auf dem Gebiet der Statistik gemacht. Neu war für die damalige Zeit, daß hier erstmals Erfahrungsberichte auf der Basis seines umfangreichen Krankengutes mitgeteilt wurden.

Der zweite Band: *Chirurgische Klinik* erschien 1870 wiederum bei Hirschwald in Berlin. Aus dem achtseitigen Vorwort, geschrieben in "Ostende, am 28. August 1869" heißt es: "Mein Herr Verleger wünschte die Umänderung des Titels 'Chirurgische Erfahrungen' in *Chirurgische Klinik*. Nachdem ich ihm diese Concession für

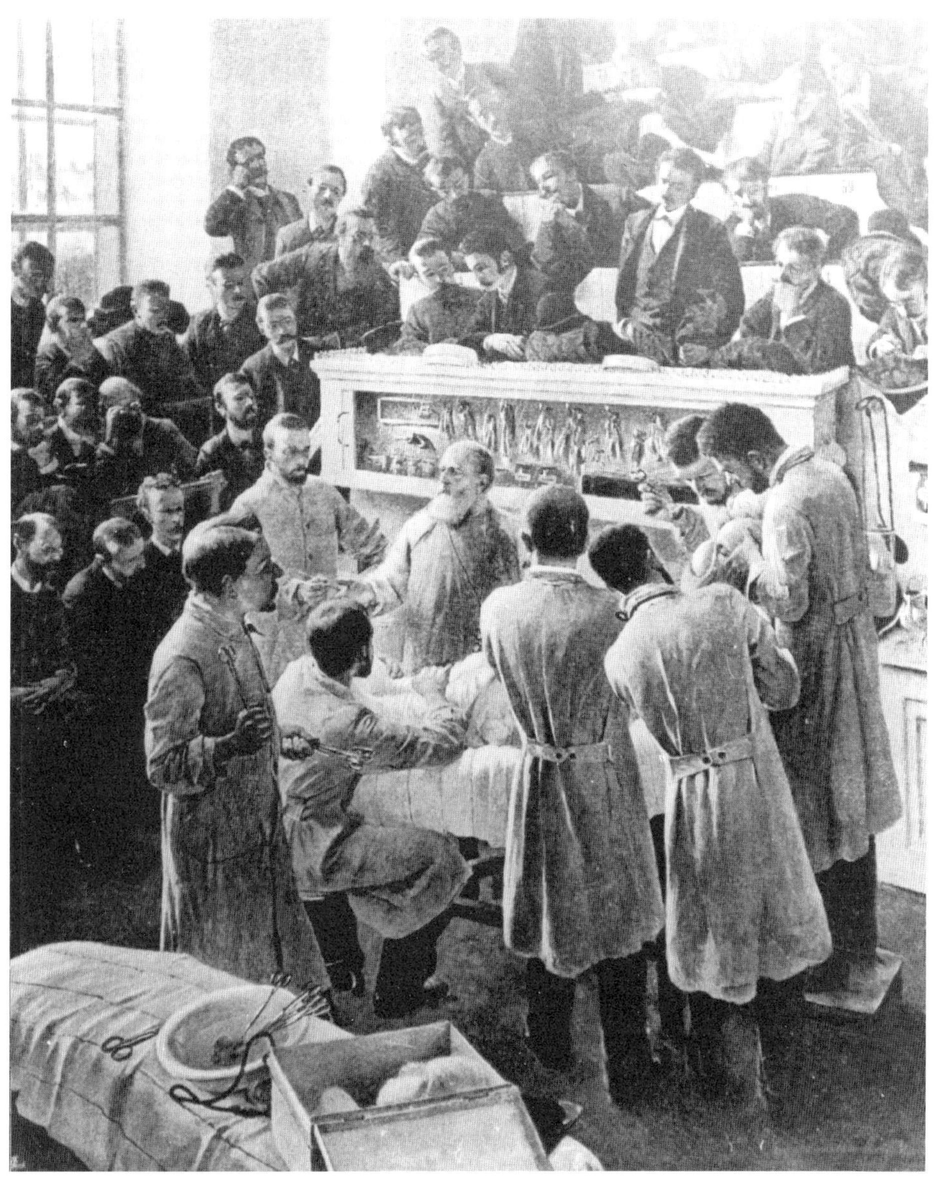

Abb. 30: Allgemeines Krankenhaus zu Wien.
Nach einem Gemälde von A. Seligmann

die Separat-Abdrücke meines Zürcher Berichtes gemacht hatte, schien es zweckmäßig, diesen Titel ferner beizubehalten."

Der dritte Band *Chirurgische Klinik* erschien 1872 mit einem Vorwort aus "Montreaux am Genfer See, 4. Oktober 1872", welches diesmal sehr knapp gehalten ist. Auf zwei Seiten nennt Billroth die Namen der Mitarbeiter und einige Anweisungen für die Technik der Nutzung: "Die Kriegsjahre 1870 und 1871 und meine dadurch angeregte literarische Thätigkeit auf dem Gebiete der Kriegschirurgie haben die Ausarbeitung und Veröffentlichung meiner klinischen Berichte verzögert..."

Die große Zusammenfassung erschien dann 1879 unter dem Titel: *Chirurgische Klinik. Wien 1871-1876 nebst einem Gesammtberichte über die chirurgischen Kliniken in Zürich und Wien während der Jahre 1860-1876.*

Zwei Laudationes auf Billroths wichtigstes Buch erschienen 1881 in der *Wiener medicinischen Wochenschrift* aus der Feder von Jaromir Baron Mundy. Als Motto stellte Mundy über seine beiden Beiträge das Lessing-Wort: "Die edelste Beschäftigung des Menschen ist der Mensch".

Ausgewählte Literatur:

Billroth, Th.: Chirurgische Klinik. Wien 1871-1876 nebst einem Gesammtberichte über die chirurgischen Kliniken in Zürich und Wien während der Jahre 1860-1876. Berlin 1879.
Mundy, J.: Ein neues Buch von Th. Billroth. In: Wiener medizinische Wochenschrift 31 (1881).

Billroth als operativer Chirurg:
Die erste Magenresektion

In keiner Region des menschlichen Körpers hat Billroth die operativen Möglichkeiten zu seiner Zeit weiter vorangetrieben als in der Abdominalchirurgie, vor allem die Eingriffe an Magen und Darm.

Die Geschichte seiner chirurgischen Großtat, der ersten Magenresektion, ist schon oft abgehandelt und dargestellt worden (Absolon-Kern), besonders umfassend und aktuell von Wyklicky. Gelungene Darstellungen gaben mit verschiedenen Zielsetzungen vor dem 2. Weltkrieg von Brunn und danach Ziegler.

Zunächst sei darauf aufmerksam gemacht, daß die erste erfolgreiche Magenresektion natürlich nicht unerwartet vom Baum der Erkenntnis und Erfahrung fiel. Jahrelang hatte Billroth mit seinen Schülern, denen er auch hier weitgehende Freiheit gewährte, an der Problematik der Stenosierung des Magen-Darm-Kanals gearbeitet, wie dies auch in anderen Kliniken der 70er Jahre des vorigen Jahrhunderts geschah. Man kann sich vorstellen, daß im "Generalstab" des Billroth-Hauses unter der Führung des Chefs nach Eroberung des Kehlkopfes und der Speiseröhre, nach der Beherrschung der Darmnaht und erstmals auch der Magennaht, dieser nun endlich die Resektion eines Teiles des Magens systematisch vorbereitete.

Die erste groß angelegte tierexperimentelle Arbeit zu diesem Thema verbinden die Namen Carl Gussenbauer und Alexander v. Winiwarter an der Klinik Billroths bereits Anfang des Jahres 1874. Die eigentlichen Operationen an sieben Hunden zogen sich hin bis in den Juli, die Beobachtung der überlebenden Tiere sogar bis in den November 1874. Bis zur Publikation im *Archiv für klinische Chirurgie* 1876 verging dann aber noch einige Zeit, während der eine andere Gruppe aus dem Billroth-Schülerkreis von dieser Forschung offenbar etwas erfahren haben muß und ihrerseits die gleiche Thematik aufnahm, allerdings in einer bemerkenswert sinnvollen Ergänzung und Erweiterung der Pionierarbeit Gussenbauers und von Winiwarters.

1878 erschien in Wien anläßlich des 25jährigen Doktorjubiläums von Billroth ein Band *Beiträge zur operativen Chirurgie* und mit diesem unter der Federführung von Vincenz Czerny - dem ältesten Schüler Billroths und nun Direktor der Heidelberger Chirurgischen Universitätsklinik - eine größere Anzahl von Arbeiten als Geschenk für den Jubilar. Dieser Band ist nicht so einfach aufzufinden wie die in bekannten Periodika veröffentlichten Arbeiten. So wird die (auf Seite 93ff.) publizierte große Studie von F. F. Kaiser (Heidelberg) häufig in diesem Zusammenhang vergessen oder nur oberflächlich erwähnt. Da Kaisers erster operativer Tierversuch bereits vom 31. März 1876 datiert, muß er unmittelbar nach Erscheinen des Wiener Artikels damit begonnen haben; vermutlich erfolgte bei der hervorragenden Ergänzung der beiden Forschungen eine Absprache.

Während die Wiener Gruppe gleich medias in res ging, gaben die Heidelberger eine nahezu vollständige Übersicht über alles, was seit 1602 bis 1877 an Gastrotomien durchgeführt worden war, mit tabellarischer Auflistung jedes einzelnen Falles.

Die Gastrotomien beginnen 1602 und wurden fast ausschließlich wegen verschluckter Eßgeräte vorgenommen. Bei den Gastrotomien war die Indikation stets ein stenosierender Prozeß in der Speiseröhre, 26 mal ein Krebs, so daß nicht überraschen kann, häufig nach erfolgter Operation den tödlichen Ausgang verzeichnet zu finden. Mehr als diese temporär oder permanent magenöffnenden Operationen hatte man bis in die 70er Jahre nicht ausgeführt.

Besondere Erwähnung verdient an dieser Stelle eine Veröffentlichung Anton Wölflers mit dem Titel *Die Magenbauchwandfistel und ihre operative Heilung nach Professor Billroth's Methode*. Die dort gegebene Darstellung zählt ebenfalls zur Vorgeschichte der ersten Magenresektion.

Geschichte der ersten Magenresektion

Am 9. August 1877 schreibt Billroth an Baum: "In diesem Semester habe ich den Fall von 'großer Magen-Bauchwandfistel', den Wölfler im 'Archiv für klinische Chirurgie' beschrieben hat, noch einmal operiert: ich habe den Magen abgelöst, vorgezogen, nach dem Prinzip der Darm-Nähte vereinigt; Heilung ohne Störung. Eine zweite Deckung darüber durch einen Hautlappen. Jetzt zweifle ich nicht daran, daß die Heilung definitiv sein wird. Das sind so Virtuosen-Stückchen, die ich, wie Kehlkopfexstirpation und dergleichen, nicht hoch veranschlage, - doch es zeigt sich, wie viel mehr als früher wir doch aufgrund unserer fortgeschrittenen Wundbehandlung jetzt wagen dürfen..."

Ebenso wie Kaiser außer den eigenen tierexperimentellen operativen Studien noch eine umfasssende Orientierung brachte über die Geschichte der Magenchirurgie, hatten Carl Gussenbauer und Alexander von Winiwarter eine großangelegte Analyse des Sektionsgutes des Wiener Pathologischen Instituts gegeben, wozu Gussenbauer bemerkt: "Für die bereitwillige Erlaubnis bin ich Herrn Hofrat von Rokitansky umsomehr zu großem Danke verpflichtet, als ich gerade dadurch in die Lage versetzt wurde, dem Vorschlage der operativen Behandlung der Pyloruscarzinome, wie ich glaube, eine mehr wissenschaftliche Grundlage geben zu können."

Die beiden hatten unter 61.287 Sektionen 903 Magenkarzinome herausgefunden! Sie stellten dazu abschließend fest, "daß die Pyloruscarzinome recht häufige Erkrankungen sind, zumeist in den mittleren Lebensjahren vorkommen, und selbst in Cadavere in einer überraschend großen Zahl von Fällen (mehr als 1/3 aller beobachteten) als lokale Erkrankungen vorkommen, welche in der Regel durch die Pylorusstenose und deren Folgezustände den Tod herbeiführen." Die Gruppe aus Wien resezierte meist lediglich einen Pylorus-Ring von zwei bis zweieinhalb Zoll Breite, nur bei dem 7. Hund riskierten sie dreieinhalb Zoll. Als Nahttechnik verwendeten sie das Verfahren von Lembert.

Sowohl die Wiener als auch die Heidelberger Forschergruppe heben hervor, daß der erste, der experimentell die Pylorusresektion versuchte, Daniel Carl-Theodor Merrem gewesen sei, dessen Dissertationsschrift 1810 mit dem Titel: *Animadversiones quaedam chirurgicae experimentis in animalibus factis illustratae* in Marburg erschienen war (nicht Gießen; Anm. d. Verf.). Immerhin scheinen auch bei ihm, trotz der Anwendung einer Invaginationsmethode, von drei Hunden zwei wenigstens drei Wochen am Leben geblieben zu sein, wobei der eine nach 27 Tagen "im besten Wohlbefinden" gestohlen wurde.

Kaiser hatte sich wesentlich kühnere operative Ziele gestellt als seine Wiener Vorgänger. Trotzdem ist er vorsichtig: "Ich weiß wohl, daß man sich sehr hüten muß, die an gesunden Hunden gemachten Erfahrungen direkt auf den kranken Menschen zu übertragen. Aber über gewisse Kardinalpunkte kann uns das Tierexperiment doch eine bestimmte Antwort geben; eine Reihe von wohlüberlegten und eingebürgerten Operationen ist erst nach gelungenem Hundeexperiment am Menschen ausgeführt worden. Ich erinnere an die Exstirpation von Larynx und Niere". Bezüglich der Nahttechnik verfuhr er ebenfalls nach dem bewährten Vorbild der Darm-Naht von Lembert.

Gussenbauer und v. Winiwarter hatten zwei Jahre zuvor ihre Studie etwas weniger zukunfts- und erfolgsgewiß abgeschlossen. Immerhin waren sie nach Merrems nahezu prophetischer, lange wohl als zu phantastisch geltender, oder unbeachtet gebliebener Leistung die ersten gewesen, die sich mit der auch noch in den 1870er Jahren für ganz unmöglich gehaltenen Operation befaßt hatten.

Immerhin verging nach der Veröffentlichung der zweiten experimentellen Studie zur Magenresektion durch Czerny-Kaiser-Scriba (1878) ein weiteres Jahr, ehe die Nachricht von der ersten am Menschen vorgenommenen Operation dieser Art in die Welt hinaus ging! Sie wurde am 9. April 1879 durch den Pariser Chirurgen Jules Péan getätigt und in der *Gazette des Hospital* 1879 veröffentlicht. Der Patient starb am fünften Tag nach der Operation. Auch der polnische Chirurg Ludwig Rydygier hatte am 16. November 1880 eine Magenresektion am Menschen vorgenommen. Der Patient starb nach 12 Stunden. Rydygier hat hierüber im *Zentralblatt für Chirurgie* am 8. März 1881 berichtet.

Wieviel Kenntnise Billroth von den Operationen seiner Kollegen gehabt hat, läßt sich heute nicht mehr mit Sicherheit feststellen. Es sind aber historische Tatsachen, daß die Patienten von Rydygier und Péan kurz nach dem Eingriff verstorben sind. Billroths Patientin hingegen konnte aus der Klinik entlassen werden und überlebte noch vier Monate.

Festzuhalten ist auch, daß es keine Äußerung Billroths gibt, die seinen Anspruch, die erste Magenoperation durchgeführt zu haben, belegen könnte. Andererseits war es ungewöhnlich, daß bereits am 4. Februar 1881, also sechs Tage nach Billroths Operation, am 29. Januar 1881 im Feuilleton der *Wiener medicinischen Wochenschrift* ein detaillierter Bericht Billroths in der Form eines "offenen Briefes" erschien.

Es ist erstaunlich, daß die Ausführungen Billroths, mit denen er sich unmittelbar an die Öffentlichkeit wendet und sich damit auch rechtfertigt, später niemals mehr vollständig publiziert wurden. Billroths Darstellung lautet:

Offenes Schreiben an Herrn Dr. L. Wittelshöfer,
von Prof. Th. Billroth.

Wien, den 4. Februar 1881.

Verehrter Herr Kollege!

Gern komme ich Ihrem Wunsche nach, Ihnen etwas über die am 29. Jänner d. J. von mir ausgeführte *Resektion des Magens* mitzutheilen. Handelt es sich doch um die so wichtige Frage, ob die so häufig vorkommenden Carcinome des Magens, gegen welche alle inneren Mittel vergeblich sind, auf operativem Wege geheilt werden können.

Es sind nun 70 Jahre, als ein junger Arzt, Karl Theodor *Merrem,* eine Dissertation veröffentlichte, in welcher er durch Experimente an Hunden nachwies, dass man den Pylorus ausschneiden, den Magen mit dem Duodemum vereinigen könne, und dass von drei so operierten Thieren zwei diese Operation überlebten; er war so kühn, vorzuschlagen, diese Operation auch bei Menschen mit unheilbaren Pyloruscarcinomen zu machen. Doch einerseits war damals die Ueberzeugung, dass die Lebensprozesse, ihre Störung und deren Ausgleichung im Thier- und Menschenkörper wesentlich dieselben seien, noch zu wenig vorgedrungen, andererseits die operative Technik nicht weit genug vorgeschritten, als dass man die Bedeutung dieser Experimente ganz zu erfassen und das physiologische Resultat auf Menschen anzuwenden im Stande gewesen wäre. Die Frage über die beste Art, Magen- und Darmwunden zu vereinigen, hatte die Chirurgen schon längst beschäftigt, und trat immer wieder und wieder auf. Die hervorragendsten Anatomen und Chirurgen Frankreichs, Englands und Deutschlands haben sich im Laufe dieses Jahrhunderts damit beschäftigt, und seit *Lembert* das allein richtige Prinzip für diese Operationen gefunden hatte, kamen nach und nach auch häufiger glückliche Erfolge der Darmnaht bei zufälligen Verletzungen vor. An die Ausschneidung kranker Darmstücke wagte man sich freilich noch lange nicht. Erst das letzte Dezennium brachte neue sichere Fortschritte auf diesem Gebiete. Im Jahre 1871 wies ich nach, dass man bei grossen Hunden Stücke der Speiseröhre ausschneiden könne, und dass letztere nachher wieder gut zusammenheile unter Bildung einer geringen, leicht dilatirbaren Verengerung. *Czerny* hat diese Operation zuerst beim Menschen mit Glück ausgeführt. Es folgen die Experimente *Czerny's* über die Exstirpation des Kehlkopfes, in Folge deren mir vor einigen Jahren die glückliche Entfernung eines mit Krebswucherungen erfüllten menschlichen Kehlkopfes gelang. Kamen die Versuche von *Gussenbauer* und Al. *v. Winiwarter* über die Resektion von Darm- und Magenstücken, welche in der Folge von *Czerny* und *Kaiser* bestätigt und erweitert wurden. *Martini's* und *Gussenbauer's* Erfolg bei der Resektion des S Romanum und die mir gelungene Gastero-

Feuilleton.

Offenes Schreiben an Herrn Dr. L. Wittelshöfer,
von Prof. TH. BILLROTH.

Wien, den 4. Februar 1881.

Verehrter Herr Kollege!

Gern komme ich Ihrem Wunsche nach, Ihnen etwas über die am 29. Jänner d. J. von mir ausgeführte Resektion des Magens mitzutheilen. Handelt es sich doch um die so wichtige Frage, ob die so häufig vorkommenden Carcinome des Magens, gegen welche alle inneren Mittel vergeblich sind, auf operativem Wege geheilt werden können.

Es sind nun 70 Jahre, als ein junger Arzt, Karl Theodor Merrem, eine Dissertation veröffentlichte, in welcher er durch Experimente an Hunden nachwies, dass man den Pylorus ausschneiden, den Magen mit dem Duodenum vereinigen könne, und dass von drei so operirten Thieren zwei diese Operation überlebten; er war so kühn, vorzuschlagen, diese Operation auch bei Menschen mit unheilbaren Pyloruscarcinomen zu machen. Doch einerseits war damals die Ueberzeugung, dass die Lebensprozesse, ihre Störung und deren Ausgleichung im Thier- und Menschenkörper wesentlich dieselben seien, noch zu wenig vorgedrungen, andererseits die operative Technik nicht weit genug vorgeschritten, als dass man die Bedeutung dieser Experimente ganz zu erfassen und das physiologische Resultat auf Menschen anzuwenden im Stande gewesen wäre. Die Frage über die beste Art, Magen- und Darmwunden zu vereinigen, hatte die Chirurgen schon längst beschäftigt, und trat immer wieder und wieder auf. Die hervorragendsten Anatomen und Chirurgen Frankreichs, Englands und Deutschlands haben sich im Laufe dieses Jahrhunderts damit beschäftigt, und seit Lembert das allein richtige Prinzip für diese Operationen (genaues Aneinanderlegen und Vereinigen der serösen Flächen) gefunden hatte, kamen nach und nach auch häufiger glückliche Erfolge der Darmnaht bei zufälligen Verletzungen vor. An die Ausschneidung kranker Darmstücke wagte man sich freilich noch lange nicht. Erst das letzte Dezennium brachte neue sichere Fortschritte auf diesem Gebiete. Im Jahre 1871 wies ich nach, dass man bei grossen Hunden Stücke der Speiseröhre ausschneiden könne, und dass letztere nachher wieder gut zusammenheile unter Bildung einer geringen, leicht dilatirbaren Verengerung. Czerny hat diese Operation zuerst beim Menschen mit Glück ausgeführt. Es folgten die Experimente Czerny's über die Exstirpation des Kehlkopfes, in Folge deren mir vor einigen Jahren die glückliche Entfernung eines mit Krebswucherungen erfüllten menschlichen Kehlkopfes gelang. Kamen die Versuche von Gussenbauer und Al. v. Winiwarter über die Resektion von Darm- und Magenstücken, welche in der Folge von Czerny und Kaiser bestätigt und erweitert wurden. Martini's und Gussenbauer's Erfolg bei Resektion des S Romanum und die mir gelungene Gasteroraphie (1877) zeigten, dass weitere Fortschritte auf diesem Gebiete zu machen seien; letztere Operation benahm uns auch die Sorge, dass die Magennarbe durch den Verdauungssaft wieder aufgelöst werden dürfte, und so schloss ich die Mittheilung über die letzterwähnte Operation mit den Worten: „Es ist von dieser Operation zur Resektion eines Stückes carcinomatös degenerirten Magens nur noch ein kühner Schritt zu machen".

Dies zur Beruhigung für Diejenigen, welche der Meinung sind, es handle sich bei meiner jetzigen Operation um ein tollkühnes Experiment am Menschen; davon kann gar keine Rede sein. Die Magenresektion ist anatomisch-physiologisch und technisch durch meine Schüler und mich ebenso vollkommen vorbereitet, wie irgend eine andere neue Operation. Jeder Chirurg, der in diesen Thierversuchen und ähnlichen Operationen am Menschen eigene Erfahrung hat, gelangt zur Ueberzeugung: auch die Magenresektion muss und wird gelingen!

Diesen Schluss zog auch Péan, der in Laparotomieen erfahrenste Pariser Chirurg. Er machte 1879 die Resektion eines carcinomatösen Pylorus in der Ausdehnung von 6 Ctm.

bei einem durch das Leiden bereits sehr erschöpften Patienten, welcher am 4. Tage nach der Operation starb. Die von ihm angewandte Operationsmethode und zumal das Nähmaterial (Katgut) scheinen mir nicht glücklich gewählt, so dass ich diesen Misserfolg nicht hoch anschlagen kann. Die Operation scheint auf Péan selbst keinen sehr ermuthigenden Eindruck gemacht zu haben, sonst hätte er sie wohl wiederholt; dies ist, so viel mir bekannt, nicht geschehen; auch hat sich meines Wissens kein anderer Chirurg an diese immerhin nicht ganz leichte Operation gewagt.

Die wenigen Fälle, welche mir im Laufe der letzten Jahre halb durch Zufall zu kamen, schienen mir für eine erste Operation der Art nicht besonders geeignet. Erst in der vorigen Woche führte einer meiner klinischen Assistenten, Herr Dr. Wölfler, mir eine Frau zu, bei welcher die Diagnose eines beweglichen Pyloruscarcinoms zweifellos war. Nach einigen Tagen der Beobachtung und wiederholter Untersuchung entschloss ich mich zur Operation, mit welcher die Patientin einverstanden war, da sie bei der zunehmenden Ermattung und der Unfähigkeit, Speisen bei sich zu behalten, ihr Ende nahe fühlte.

Die 43 Jahre alte, stets blass aussehende, doch früher gesunde und gut genährte Frau, Mutter von 8 lebenden Kindern, erkrankte im Oktober 1880 scheinbar ziemlich plötzlich mit Erbrechen. Es entwickelten sich bald alle Symptome eines Magencarcinoms mit Stenose des Pylorus, die ich als bekannt hier übergehe. Erbrechen kaffeesatzähnlicher Massen kam nur einige Male vor, und die kolossale Blässe und Abmagerung der Frau, sowie der kleine frequente Puls entwickelten sich erst in den letzten 6 Wochen in Folge des dauernden Erbrechens und der geringen Nahrungsaufnahme; das Einzige, was sie wenigstens eine zeitlang bei sich behalten konnte und was sie vor Verhungerung schützte, war saure Milch.

Die Vorbereitung zur Operation bestand in Gewöhnung an Peptonklystiere und Auswaschung des Magens vor der Operation mittelst der gewöhnlichen Injektions- und Pumpungsmethode. — Ich übergehe alle von mir überdachten Möglichkeiten und ihrer operativen Begegnung für den Fall, dass die Operation überhaupt nicht auszuführen, oder dass die Vereinigung von Magen und Duodenum nach der Exzision sich als unthunlich erweisen sollte, und behalte auch die Erwähnung aller hier besonders wichtigen Details der operativen Technik einer späteren ausführlichen Beschreibung vor. Bei der grossen Schwäche der Patientin und der voraussichtlich langen Dauer der Operation (sie hatte bei Péan 2½ Stunden in Anspruch genommen) ersuchte ich einen meiner erfahrenen Privat-Assistenten, Herrn Dr. Barbieri, die Narkose zu administriren. Sie begreifen, dass es mir ein Bedürfniss war, mich, sorgenfrei um die Narkose, ganz allein der Operation hinzugeben. Das besonders für Laparotomieen hergerichtete Operationszimmer war aus bekannten Gründen bis auf 24° R. geheizt. Alle meine Herren Assistenten waren von der wichtigen Bedeutung unseres Unternehmens durchdrungen; es kam nicht die geringste Störung vor, keine Minute unnöthigen Aufenthaltes.

Der dicht oberhalb und etwas nach rechts gelegene bewegliche Tumor schien die Grösse eines mittleren Apfels zu haben. Querinzision über demselben durch die dünnen Bauchdecken, etwa 8 Ctm. lang. Der Tumor war wegen seiner Grösse schwierig zu entwickeln; er ergab sich als theils knotiges, theils infiltrirtes Carcinom des Pylorus und mehr als des unteren Drittheils des Magens. Lösung der Verklebungen mit dem Netz und Colon transversum. Vorsichtige Abtrennung des grossen und kleinen Netzes. Abbindung aller Gefässe vor ihrer Durchschneidung; äusserst geringer Blutverlust. Vollständige Vorlagerung des Tumors auf die Bauchdecken. Schnitt durch den Magen 1 Ctm. jenseits des infiltrirten Theiles, zuerst nur rückwärts, dann ebenso durch das Duodenum. Der Versuch, die Schnittenden aneinander zu führen, zeigt die Möglichkeit der Vereinigung. 6 Nähte durch die Wundränder; die Fäden werden noch nicht geknüpft, sondern nur benützt, die Wundränder in situ zu halten. Weiterer Schnitt durch den Magen schräg von oben und

Abb. 31: Theodor Billroths "Offenes Schreiben" an Dr. L. Wittelshöfer.
Wiener medicinische Wochenschrift.

raphie (1877) zeigten, dass weitere Fortschritte auf diesem Gebiete zu machen seien; letztere Operation benahm uns auch die Sorge, dass die Magennarbe durch den Verdauungssaft wieder aufgelöst werden dürfte, und so schloss ich die Mittheilung über die letzterwähnte Operation mit den Worten: 'Es ist von dieser Operation zur Resektion eines Stückes carcinomatös degenerirten Magens nur noch ein kühner Schritt zu machen'.

Dies zur Beruhigung für Diejenigen, welche der Meinung sind, es handle sich bei meiner jetzigen Operation um ein tollkühnes Experiment beim Menschen; davon kann gar keine Rede sein. Die Magenresektion ist anatomisch-physiologisch und technisch durch meine Schüler und mich ebenso vollkommen vorbereitet, wie irgend eine andere neue Operation. Jeder Chirurg, der in diesen Thierversuchen und ähnlichen Operationen am Menschen eigene Erfahrung hat, gelangt zur Ueberzeugung: auch die Magenresektion muss und wird gelingen!

Diesen Schluss zog auch *Péan,* der in Laparotomieen erfahrenste Pariser Chirurg. Er machte 1879 die Resektion eines carcinomatösen Pylorus in der Ausdehnung von 6 Ctm. bei einem durch das Leiden bereits sehr erschöpften Patienten, welcher am 4. Tage nach der Operation starb. Die von ihm angewandte Operationsmethode und zumal das Nähmaterial (Katgut) scheinen mir nicht glücklich gewählt, so dass ich diesen Misserfolg nicht hoch anschlagen kann. Die Operation scheint auf *Péan* selbst keinen sehr ermuthigenden Eindruck gemacht zu haben, sonst hätte er sie wohl wiederholt; dies ist, so viel mir bekannt, nicht geschehen; auch hat sich meines Wissens kein anderer Chirurg an diese immerhin nicht ganz leichte Operation gewagt.

Die wenigen Fälle, welche mir im Laufe der letzten Jahre halb durch Zufall zu Gesicht kamen, schienen mir für eine erste Operation der Art nicht besonders geeignet. Erst in der vorigen Woche führte einer meiner klinischen Assistenten, Herr Dr. *Wölfler,* mir eine Frau zu, bei welcher die Diagnose eines beweglichen Pyloruscarcinoms zweifellos war. Nach einigen Tagen der Beobachtung und wiederholter Untersuchung entschloss ich mich zur Operation, mit welcher die Patientin einverstanden war, da sie bei der zunehmenden Ermattung und der Unfähigkeit, Speisen bei sich zu behalten, ihr Ende nahe fühlte.

Die 43 Jahre alte, stets blass aussehende, doch früher gesunde und gut genährte Frau (Theria Heller; Anm. d. Verf.), Mutter von 8 lebenden Kindern, erkrankte im Oktober 1880 scheinbar ziemlich plötzlich mit Erbrechen. Es entwickelten sich bald alle Symptome eines Magencarcinoms mit Stenose des Pylorus, die ich als bekannt hier übergehe. Erbrechen kaffeesatzähnlicher Massen kam nur einige Male vor, und die kolossale Blässe und Abmagerung der Frau, sowie der kleine frequente Puls entwickelten sich erst in den letzten 6 Wochen in Folge des dauernden Erbrechens und der geringen Nahrungsaufnahme; das Einzige, was sie wenigstens eine zeitlang bei sich behalten konnte und was sie vor Verhungerung schützte, war saure Milch.

Die Vorbereitung zur Operation bestand in Gewöhnung an Peptonklystiere und Auswaschung des Magens vor der Operation mittels der gewöhnlichen Injektions- und Pumpungsmethode. - Ich übergehe alle von mir überdachten Möglichkeiten und ihrer operativen Begegnung für den Fall, dass die Operation überhaupt nicht auszuführen, oder dass die Vereinigung von Magen und Duodenum nach der Exzision sich als unthunlich erweisen sollte, und behalte auch die Erwähnung aller hier besonders wichtigen Details der operativen Technik einer späteren ausführlichen Beschreibung vor. Bei der grossen Schwäche der Patientin und der voraussichtlich langen Dauer der Operation (sie hatte bei

Péan 2½ Stunden in Anspruch genommen) ersuchte ich einen meiner erfahrenen Privat-Assistenten, Herrn Dr. *Barbieri,* die Narkose zu administrieren. Sie begreifen, dass es mir ein Bedürfniss war, mich sorgenfrei um die Narkose, ganz allein der Operation hinzugeben. Das besonders für Laparotomieen hergerichtete Operationszimmer war aus bekannten Gründen bis auf 24° R. geheizt. Alle meine Herrn Assistenten waren von der wichtigen Bedeutung unseres Unternehmens durchdrungen; es kam nicht die geringste Störung vor, keine Minute unnöthigen Aufhaltens.

Der dicht oberhalb und etwas nach rechts gelegene bewegliche Tumor schien die Grösse eines mittleren Apfels zu haben. Querinzision über demselben durch die dünnen Bauchdecken, etwa 8 Ctm. lang. Der Tumor war wegen der Grösse schwierig zu entwickeln; er ergab sich als theils knotiges, theils infiltrirtes Carcinom des Pylorus und mehr als des unteren Drittheils des Magens. Lösung der Verklebungen mit dem Netz und Colon transversum. Vorsichtige Abtrennung des grossen und kleinen Netzes. Abbindung aller Gefässe vor ihrer Durchschneidung; äusserst geringer Blutverlust. Vollständige Vorlagerung des Tumors auf die Bauchdecken. Schnitt durch den Magen 1 Ctm. jenseits des infiltrierten Theiles, zuerst nur rückwärts, dann ebenso durch das Duodenum. Der Versuch, die Schnittenden aneinander zu führen, zeigt die Möglichkeit der Vereinigung. 6 Nähte durch die Wundränder; die Fäden werden noch nicht geknüpft, sondern nur benützt, die Wundränder in situ zu halten. Weiterer Schnitt durch den Magen schräg von oben und innen nach unten und aussen, entlang und immer 1 Ctm. entfernt von dem infiltrirten Theil der Magenwandung. - Nun zunächst Vereinigung der schrägen Magenwunde von unten nach oben, bis die Oeffnung nur so gross war, dass sie dem Duodenum angepasst werden konnte. Darauf völlige Ablösung des Tumors vom Duodenum in die übrig gelassene Magenöffnung. Im Ganzen einige fünfzig Nähte mit *Czerny's* karbolisirter Seide. Reinigung mit 2%iger Karbollösung. Revision der ganzen Naht; Anlegung einiger Hilfsnähte an scheinbar schwachen Stellen. Reposition in die Bauchhöhle. Schluss der Bauchwunde. Verband.

Die Operation hatte mit der langsam vorgenommenen Narkose 1½ Stunden gedauert. Keine Schwäche, kein Erbrechen, kein Schmerz nach der Operation. In den ersten 24 Stunden per os nur Eis, dann Peptonklystiere mit Wein. Am folgenden Tage zuerst alle Stunden, dann alle halbe Stunden ein Esslöffel saurer Milch. Patientin, eine sehr verständige Frau, fühlt sich ganz wohl, liegt ausserordentlich ruhig, schläft mit Hilfe einer kleinen Morphininjektion den grössten Teil der Nacht. Kein Wundschmerz, mässige fibrile Reaktion. Der Verband liegt noch unangerührt. Als Nahrung bleibt nach einigen der Operirten nicht angenehmen Versuchen mit Bouillon ausschliesslich saure Milch, von welcher sie im Laufe des Tages 1 Liter nimmt. Die Pepton- und Pankreasklystiere erzeugen leicht Flatulenz und Kolik und werden daher fortgelassen; eine Injektion von etwas Wein 2-3 Mal täglich per Rektum ist der Patientin angenehm. Gelblicher breiiger Stuhl wie bei Säuglingen. Der Puls weit ruhiger und voller als vor der Operation. So geht es bisher fort ohne Störung. Als Beweis des Wohlbefindens der Patientin theile ich Ihnen noch mit, dass ich sie vorgestern auf ihr dringendes Bitten in ein grosses allgemeines Krankenzimmer umbetten musste, weil sie in dem Isolierzimmer neben einer sich ebenfalls langweilenden am gleichen Tage Ovariotomirten zu wenig Unterhaltung fand.

Das exzidirte Stück beträgt an der grossen Kurvatur (horribile dictu!) 14 Ctm.; durch den Pylorus bringt man mit Mühe einen Federkiel. Die Form des Magens ist durch die Operation nicht sehr verändert, er ist nur kleiner als früher.

Ich bin selbst freudig erstaunt über den so überaus glatten Verlauf; ich hätte doch mehr örtliche oder allgemeine Reaktion, fast möchte ich sagen, mehr Unarten von Seite des Magens erwartet. Noch wage ich kaum zu glauben, dass das Alles so ruhig fortgehen sollte. Es könnte noch Rückfall in den früheren Schwächezustand kommen: die fatalste Komplikation, da wenig dabei zu thun wäre. Bei dem 6 Tage lang reaktionslosen Verlauf muss die Wunde und Alles um sie herum bereits fest verklebt sein, so dass selbst bei Eiterung der einen oder anderen Naht eine plötzliche allgemeine Peritonitis kaum zu erwarten ist. Doch könnten circumskripte Eiterungen, Abszesse um die Narbe entstehen; hoffentlich entdecken wir sie früh genug, um sie nach aussen abzuleiten.

Schon der bisherige Verlauf genügt, um die Durchführbarkeit dieser Operation zu beweisen. Die Indikationen und Kontraindikationen festzustellen und für die verschiedensten Fälle die Technik auszubilden, muss die nächste Sorge und der Gegenstand unseres ferneren Studiums sein. Ich hoffe, wir haben wieder einen guten Schritt vorwärts gethan, um die Leiden unglücklicher, bisher für unheilbar gehaltener Menschen zu heilen oder, falls es bei Carcinomen zu Rezidiven kommen sollte, wenigstens für eine Zeitlang zu lindern, und Sie werden es mir wohl verzeihen, wenn ich einen gewissen Stolz darüber empfinde, dass es die Arbeiten meiner Schüler sind, durch welche auch dieser Fortschritt ermöglicht ist. - Nunquam retrorsum! lautet der Wahlspruch meines Meisters Bernhard *v. Langenbeck;* er soll auch mein Wahlspruch und derjenige meiner Schüler sein."

Die Medizinhistorikerin Erna Lesky hat mit Recht darauf verwiesen, daß es letztlich müßig ist, sich auf eine Prioritätendebatte einzulassen, die Billroth übrigens nie geführt hat. Für die Geschichte der Magenchirurgie ist wichtig, daß Billroth mit seiner Operation einen Weg gewiesen hatte, der nun auch von anderen praktiziert werden konnte. Nur so ist zu erklären, daß in relativ kurzer Zeit Billroths epochemachende Tat als "Billroth-I" um die Welt gegangen ist.

Operationstechnische Modifikationen der Magenresektion werden in dieser Publikation bewußt nicht in weiteren Details beschrieben. Es wird auf die wichtigen und kompetenten Erfahrungsberichte aus jüngster Zeit im Literaturverzeichnis verwiesen.

Ausgewählte Literatur:

Billroth, Th.: Gasteroraphie. In: Wiener medizinische Wochenschrift 27 (1877).

Billroth, Th.: Oesophagotomie (Bericht über die Sitzung der Gesellschaft der Ärzte in Wien vom 20.2.1885). In: Wiener medizinische Wochenschrift 25 (1885).

Billroth, Th.: Offenes Schreiben an Herrn Dr. L. Wittelshöfer. In: Wiener medizinische Wochenschrift 31 (1881).

Billroth, Th.: Über 124 von November 1878 bis Juni 1890 in meiner Klinik und Privatpraxis ausgeführte Resectionen am Magen- und Darmcanal, Gastro-Enterostomien und Narbenlösungen wegen chronischer Krankheitsprocesse (Vortrag, gehalten auf dem 10. Internationaler Medizinischer Kongreß Berlin). In: Wiener klinische Wochenschrift 4 (1891).

Billroth, Th.: Ueber Enterographie. In: Wiener Medizinische Wochenschrift 29 (1879), (Offener Brief an Herrn Hofrath Professor Dr. V. Czerny in Heidelberg).

Billroth, Th.: Verengerungen des Verdauungstractes durch Carcinom (Sitzung der Gesellschaft der Ärzte in Wien vom 25.2.1885). In: Wiener medizinische Wochenschrift 35 (1885).

Brunn, W. v.: Wem verdankt die Welt die Erfindung und Einführung der Operation des Magenkrebses? In: Zentralblatt für Chirurgie 65 (1938).

Czerny, V.: Ueber Magen- und Darmresectionen (Bericht von der 62. Versammlung deutscher Naturforscher und Ärzte in Heidelberg). In: Wiener klinische Wochenschrift 2 (1889).

Erlacher, Ph.: Theodor Billroth und die Orthopädie. In: Wiener medizinische Wochenschrift 106 (1856), Sonderheft (Oktober).

Fronmüller, F.: Operation der Pylorusstenose (Diss. Erlangen). Fürth 1886.

Gussenbauer, C. - A. v. Winiwarter: Die partielle Magenresection. Eine experimentelle, operative Studie etc.. In: Archiv der klinischen Chirurgie 69 (1876).

Hacker, V. v.: Die Verengungen des Magens durch Knickung in Folge des Zuges von Adhäsionssträngen. In: Wiener medizinische Wochenschrift 37 (1887).

Hacker, V. v.: Über die Magenoperationen an Prof. Billroth's Klinik 1880- März 1885. Wien 1886.

Hacker, V. v.: Über die Bedeutung der Anastomenbildung am Darm für die operative Behandlung der Verengungen desselben. In: Wiener klinische Wochenschrift 1 (1888).

Hacker, V. v.: Zur Casuistik und Statistik der Magenresectionen und Gastroenterostomieen; in: Verhandlungen der Deutschen Gesellschaft für Chirurgie 14 (1885).

Janicke: Die erste Magenresection beim Magengeschwür (Referat). In: Zentralblatt für Chirurgie 9 (1882).

Kaiser, F. F.: Beiträge zu den Operationen am Magen. Gastroraphie; in Wiener Medizinische Wochenschrift 27 (1877).

Lauenstein, K.: Demonstration anatomischer Präparate von eriner Pylorusexstirpation. In: Verhandlungen der Deutschen Gesellschaft für Chirurgie 11 (1882).

Lesky, E.: Die Wiener medizinische Schule im 19. Jahrhundert (Studien zur Geschichte der Universität Wien, Bd. VI); Graz/Köln 1965.

Mikulicz, J. v.: Zur operativen Behandlung des stenosirenden Magengeschwüres. In: Verhandlungen der Deutschen Gesellschaft für Chirurgie 16 (1887).

Péan, J. E.: De l'ablation des tumeurs de l'estomac par la gastrectomie. In: Gazette des hôpitaux civiles et militaires 60 (1879).

Péan, J. E.: Diagnostic et traitement des tumeurs de l'abdomen et du bassin; Paris 1880.

Rydygier, L.: Die erste Magenresektion beim Magengeschwür. In: Berliner klinische Wochenschrift 3 (1882).

Rydygier, L.: Meine Erfahrungen über die von mir seit 1880 bis jetzt ausgeführten Magenoperationen. In: Deutsche Zeitschrift für Chirurgie 58 (1901).

Rydygier, L.: Vorstellung eines Falles von geheilter Pylorusresection wegen Magengeschwür, nebst Demonstration des Präparates. In: Verhandlungen der Deutschen Gesellschaft für Chirurgie 9 (1882) -(Kongreß 31.5. - 3.6.1882).

Rydygier, L.: Wyciecie rako odzwiernika zoladkowego, smierc w 12 godzinach. In: Przeglad lekarski 19 (1880).

Rydygier, L.: Zur Geschichte der circulären Pylorectómie. Eine Antwort an Alfred Stieda. In: Deutsche Zeitschrift für Chirurgie 60 (1901).

Schober, K. L.: Vor etwa hundert Jahren (27). In: Zentralblatt für Chirurgie 106 (1981).

Stieda, A.: Noch einmal zur Geschichte der circulären Pylorectomie. Ein Erwiderung auf Rydygiers Antwort. In: Deutsche Zeitschrift für Chirurgie 61 (1902).

Stieda, A.: Zur Geschichte der circulären Pylorectomie. In: Deutsche Zeitschrift für Chirurgie 59 (1901).

Wagner, G. A.: Billroth und die Chirurgie des weiblichen Genitales. In: Wiener klinische Wochenschrift 57 (1944).

Wehr, V.: Zur Operationstechnik bei Pylorus-Resection. In: Zentralblatt für Chirurgie 8 (1881).

Wölfler, A.: Die Magenbauchwand-Fistel und ihre operative Heilung nach Professor Billroth's Methode. In: Archiv der klinischen Chirurgie 20 (1877).

Wölfler, A.: Gastro-Enterostomie. In: Zentralblatt für Chirurgie 8 (1881).

Wölfler, A.: Über die von Herrn Professor Billroth ausgeführten Resectionen des carcinomatösen Pylorus. Wien 1881.

Wyklicky, H.: Vor hundert Jahren, Übersicht.(Billroths erste Pylorusresektion, seine diesbezüglichen Publikationen in der "Wiener Medizinischen Wochenschrift" und ein Rückblick auf seine Zeit). In: Wiener Medizinische Wochenschrift 131 (1981), Nr. 1.
Ziegler, H.: Billroths erste Magenresektion. In: Der Krebsarzt 4 (1949).

Schwesternschule - Rudolfinerhaus

"Salus aegroti lex suprema -
Das Wohl des Kranken sei höchstes Gesetz"

Beim Verfolgen der Spuren von Theodor Billroths vielfältigen Lebensbezügen sind wir heute ausschließlich auf die Form der Schriftlichkeit angewiesen. Seine Gedanken wie ebenso seine Taten sind gewissermaßen in Buchstabenform geronnen oder kondensiert. Billroths Schriftlichkeit ist jedoch von besonderer Art deswegen, weil sie in ihren Aussagen immer wieder auch eine Theorie seines Handelns liefert. Billroths niedergeschriebene Reflexionen sind auch immer Zeugnisse seines ständigen Gewissens, Offenlegungen und (auch) Rechtfertigungen seines Denkens und Fühlens. Die Fülle dieser Schriftlichkeit muß immer wieder erstaunen, wenn man bedenkt, daß sie Billroth neben ständigen Operationen, der Arbeit am Mikroskop, seiner Korrespondenz, der Durchsicht von Krankenblättern, dem Überwachen von Experimenten, seinen statistischen Übersichten u.a. geleistet hat.

Von all diesem Wirken ist noch ein anderes, besonderes Lebenswerk Billroths (an dessen Zustandekommen auch andere, ganz besonders aber Jaromir von Mundy beteiligt waren) geblieben: die nach dem Kronprinzen Rudolf benannte Schwesternschule "Rudolfinerhaus". Es handelt sich um die Ausbildungsstätte "Rudolfinerinnen", die Krankenschwestern hohen Könnens heranbildet, die in ganz Österreich hohes Ansehen genießen. Jaromir von Mundy und Michael Conrad-Billroth haben einiges über die Gründungsgeschichte dieser "Ausbildungsstätte für Krankenpflegerinnen" berichtet. O.v. Mitis hat darüber hinaus in seinem Buch *Das Leben des Kronprinzen Rudolf* in einem Anhang "Kronprinz Rudolph und Theodor Billroth" Näheres zu den Beziehungen dieser beiden Männer mitgeteilt. Noch ein weiterer Name ist fest verknüpft mit der Geschichte des Rudolfinerhauses, der seines ersten Chefarztes Robert Gersuny, einer der tüchtigsten und liebsten Schüler Billroths. Von ihm wurde er für diese Aufgabe und Position vorgeschlagen und in sie eingesetzt.

Aus der Zeit der ersten Begegnung der beiden später so berühmten Chirurgen datiert der Antwortbrief Billroths vom 23. Juni 1869 auf Gersunys Bewerbungsschreiben:

"Geehrter Herr Doctor! Wenn Sie Lust zum ausdauernden Studium haben und sich sonst in Ihrer hiesigen Stellung behagen, so kann es mich nur freuen, wenn Sie zwei Jahre bei mir bleiben wollen. Ich bitte Sie jedoch Alles abzuwägen und zumal in Überlegung zu ziehen, welche Chancen Ihnen geboten sind, wenn Sie Ihre Karriere in Prag fortsetzen. Ich bin natürlich nicht in der Lage, Ihnen für Ihre weitere Zukunft hier etwas bieten zu können; auch kenne ich Sie natürlich zu wenig, um Ihnen zur Verfolgung einer wissenschaftlichen Karriere zu- oder abrathen zu können. Ich möchte es nicht auf mich nehmen, Sie zu etwas zu überreden, da ich Ihre Verhältnisse zu wenig kenne..."

In der Folgezeit entwickelte sich ein Lehrer-Schüler-Verhältnis von besonderer Herzlichkeit. Dafür ein Zeugnis Billroths aus Wien vom 11. Oktober 1892 : "Mein lieber Freund! Ich kann meinen heutigen Ehrentag nicht zu Ende gehen lassen, ohne Ihnen noch einmal für alle Liebe und Freundschaft zu danken, welche Sie mir seit 20 Jahren erwiesen haben. Wie arm wäre mein Leben gewesen, ohne so treue Freunde um mich zu haben wie Sie! Gewähren Sie mir die Bitte, daß wir von nun an das brüderliche 'Du' einführen unter uns und zwar sans façon. Behalte mich auch ferner lieb! Deiner lieben Frau herzlichste Grüße! Dein Th. Billroth". Bei dem "Ehrentag" handelte es sich um die akademische Feier, welche am 11. Oktober 1892 im Festsaale der Wiener Universität anläßlich von Billroths 25jähriger Tätigkeit an der Hochschule begangen wurde.

In der kleinen Schrift: *Ein Vermächtnis Theodor Billroths* vom Jahre 1905 berichtet Gersuny: "...er hinterließ uns ein wirkliches Vermächtnis, das Produkt mühsamer, zielbewußter Arbeit, ein Vermächtnis für sein Adoptivvaterland, für sein geliebtes Wien: das Rudolfinerhaus, dieses kleine Krankenhaus mit kaum 75 Betten, diese Schule für Krankenpflegerinnen..."

Über die Zeit der Entstehung des Rudolfinerhauses berichtet Gersuny weiter: "Den künftigen Arzt hatte er schon gewählt. Eines Tages forderte er diesen zu einer gemeinsamen Fahrt auf; unterwegs sagte er: 'Ich kenne jetzt sämtliche verkäuflichen Grundstücke in der Umgebung von Wien; am besten paßt mir für unser Spital eines in Unterdöbling, das wollen wir jetzt ansehen.' Der Wagen hielt vor einem Garten, dem jetzigen Garten des Rudolfinerhauses. Beim Aussteigen zog Billroth seine Uhr heraus: 'Wir sind von Ihrer Wohnung hierher 12 Minuten gefahren, der Weg ist also wohl nicht zu weit für Sie.' Das Grundstück wurde gekauft. Das Gesuch um die Erlaubnis, dort ein Krankenhaus erbauen zu dürfen, gelangte an die Gemeinde Unterdöbling..."

Ein Jahr nach Billroths Tod wurde sein Denkmal errichtet, und auf eine Gedenktafel im 'Theodor Billroth-Pavillon' setzte man die Worte: "Sein Geist walte stets in diesem Hause".

Am 22. Februar erging der Aufruf zur Gründung des Rudolfiner-Vereins in Wien. Sein Motto war das Grillparzer-Wort: "Laß uns tun die strenge Pflicht." Billroth führt in diesem Dokument aus:

"In der Reihe der mannigfaltigen im Kaiserstaate bestehenden Wohlthätigkeits-Anstalten fehlt noch immer eine der wichtigsten Institutionen: Eine theoretischpraktische Schule für die Heranbildung von Pflegerinnen für Kranke und Verwundete. Wissenschaft und Erfahrung lehren, daß es nie gelingen kann, günstige Heilerfolge zu erzielen, wenn die Pflege der Kranken nicht richtig geleistet wird... Es ist daher Grundbedingung für die vollständige Erreichung des angestrebten Zweckes, daß ein Verein zur Heranbildung von Pflegerinnen für Kranke und Verwundete sein eigenes Spital besitze."

Die enormen Fortschritte der Chirurgie in der folgenden Zeit der beginnenden Asepsis und Antisepsis wären ohne geschulte Krankenschwestern gar nicht möglich gewesen.

Abb. 32: Robert Gersuny

Nach Vollendung der Ausbildungszeit muß sich die Probeschwester einer Prüfung vor dem Schul-Comité des Vereins unterziehen; wenn sie dieselbe besteht, bekommt sie ein Diplom und darf die Billroth-Brosche an ihrer Tracht als Schwester des Rudolfinerhauses oder Rudolfinerin tragen.

Während das Rudolfinerhaus und die Rudolfinerinnen bis zum heutigen Tage blühen und gedeihen, ist Billroths seinerzeit sehr bekanntes *Handbuch für Familien- und Krankenpflegerinnen* so gut wie vergessen.

Billroth hatte bereits frühzeitig erkannt, daß im Zuge der damals voraussehbaren Entwicklung der Chirurgie das Operieren allein nicht mehr ausreichen würde. Was er in Form der Ausbildung hochqualifizierten Pflegepersonals anstrebte, war nichts anderes, als die heutige erste Stufe der "Intensivmedizin".

Das Bild Billroths als eines großzügig und umfassend denkenden und handelnden Chirurgen und sozialen Arztes dokumentiert sich hier auf besondere Weise.

Ausgewählte Literatur:

Billroth, Th.: Die Krankenpflege im Hause und im Hospitale. Ein Handbuch für Familien und Krankenpflegerinnen. Wien, 3. Aufl. 1889.
Conrad-Billroth, M.: Die Rudolfinerinnen. In: Österreichische Ärztezeitung 22 (1967).
Eiselsberg, A.v.: Lebensweg eines Chirurgen. Innsbruck, Wien 1949.
Gersuny, R.: Ein Vermächtnis Theodor Billroths. Wien 1905.
Gersuny, R.: Theodor Billroth. Ein Gedenkblatt. Wien 1918 (Seperatdruck aus der "Neuen Freien Presse").
Mitis, O.v.: Das Leben des Kronprinzen Rudolf. Mit Briefen und Schriften aus dem Nachlaß. Neu herausgegeben und eingeleitet von A. Wandruszka. Mit einem Anhant: Kronprinz Rudolf und Theodor Billroth. Wien, München 1971.
Mundy, J. v.: Ein neues Buch von Th. Billroth. Wiener medizinische Wochenschrift 30 (1881).

Der Musiker Billroth in Wien

Die frühen Jahre bis zu Billroths Krankheit im Jahre 1887. Die Billrothschen Hauskonzerte.
Der Vertraute von Johannes Brahms. Brahms' Widmung seines op. 51 an Billroth.
Drei Reisen mit Brahms nach Italien. Billroth und Hanslick

Vielleicht ist in der bisherigen Billroth-Literatur noch zu wenig darauf hingewiesen worden, daß Billroths Doppelengagement für die Medizin und die Musik mit seiner Berufung nach Wien eine schicksalhafte Wendung nahm, die unter diesem Aspekt an die Metapher vom "Götterliebling" denken läßt.

Die Grenzen Zürichs für den nach den Sternen greifenden Kliniker Billroth sowie die doch weithin selbstgenügsame Musikszene der Stadt, ganz abgesehen vom Tod seines behinderten Sohnes in Zürich, haben eine Neuorientierung in Billroths Leben bewirkt. Das Jahr 1867 ist für ihn - und natürlich auch für seine Familie - ein einschneidendes Schicksalsjahr. Die notwendigen Umstellungen auf die Verhältnisse in Wien, verbunden mit dem Bewußtsein, erst dort den entscheidenden Herausforderungen seines Berufes zu begegnen, haben bei Billroth zu neuen Akzentsetzungen sowohl in seinem Fach wie auch in der Musik geführt. Wohl nicht zufällig hat Billroth in seinen Wiener Jahren auf eine weitere Tätigkeit als Musikkritiker verzichtet. Wien war nun doch in seinen Herausforderungen ein ganz anderer Boden als Zürich, in der Medizin wie in der Musik. Hier rezensierten scharfzüngig und kenntnisreich u.a. der damals schon weithin bekannte Eduard Hanslick und der spätere Brahms-Biograph Max Kalbeck. Hier waren auch keine öffentlichen Ratschläge des Chirurgen mehr vonnöten, die sich - wie in Zürich - auf die Anschaffung von besseren Blasinstrumenten etc. bezogen. In Wien dachte und dirigierte, sang und spielte die Weltelite der Musik. Das Pendant hierzu konnte nicht der Musiker Billroth sein. Dies war der geniale Chirurg Billroth, der sein "anderes Ich" nun in neuer Weise orten und bestimmen mußte.

Schon in seinem Brief vom 2. Juni 1867 an Lübke treibt Billroth die Sorge um, wie er "den Musiker in Billroth" auch in Wien etablieren kann. Nach der stolzen Meldung über die erfolgte Berufung, über die er, glücklich und stolz, immer noch fassungslos ist, kommt gleich dieses "andere Ich" zum Vorschein: "... Ich war 4 Tage in Wien und bin erst seit kurzem zurück. In Wien war ich täglich mit *Brahms* zusammen; Hanslick war leider verreist. Ich freue mich sehr, dort einen Kreis von Menschen zu finden, von denen man geistige Anregung empfängt; vielleicht gelingt es mir, einen solchen Kreis um mein Haus zu fesseln, wenn die Praxis das dazu nötige kleine Geld abwirft..."

In Hanslicks Autobiographie *Aus meinem Leben* ist leicht festzustellen, warum Billroth den ihm nur von seinen Schriften her bekannten Musikgelehrten nicht antraf. Hanslick war noch bei der Weltausstellung 1867 in Paris. Gleich nach seiner

Rückkehr nach Wien haben die später Unzertrennlichen sich kennengelernt. Hanslick schildert die Situation genau:

"Erfüllt von künstlerischen, geselligen und Natureindrücken jeder Farbe, reich beladen mit persönlichen Erinnerungen, kehrte ich von meinem viermonatlichen Pariser Aufenthalt in meine stille Studierstube in Wien zurück. *Da trat eine Erscheinung in mein Leben, die ich als ein unerwartetes Geschenk der Vorsehung hege und preise: Theodor Billroth.* (Hervorhebung v. Verf.) Nicht, als ob ich seiner hilfreichen chirurgischen Hand bedurft hätte, - er ist mir ohne Messer tief ins Herz gedrungen. Eines Morgens trat er bei mir ein: ein kräftiger, stattlicher Mann mit dichtem, braunem Vollbart, schön gewölbter Stirn und etwas tiefliegenden blauen Augen, aus denen Geist, Lebensfreude und Wohlwollen glänzten. Was mir die Ehre eines so ausgezeichneten Besuches verschaffte? Ich konnte es nur ahnen: *es war der Musiker in Billroth* (Hervorhebung v. Verf.). Als ich im Sommer 1864 Zürich besuchte, hörte ich seinen Namen zum ersten Mal. 'Wie schade, daß Billroth nicht da ist!' rief mit dort Professor Lübke entgegen. 'Wenn nur Billroth nicht verreist wäre!' wiederholte der Komponist Theodor Kirchner, zu dem mich Lübke geführt hatte. 'Billroth', fügte er hinzu, 'ist heute telegraphisch nach Luzern gerufen worden, um den im Duell mit Rakowitz schwer verwundeten Ferdinand Lasalle zu verbinden.' Meine Frage, was den berühmten Kliniker denn an mir interessieren könne, beantwortete man mir mit der Schilderung von Billroths großer Musikliebe und seines weit über den Dilettantismus hinüberreichenden Musiktalents. Er sei ein trefflicher Klavierspieler und versammle ein Quartett bei sich, in welchem er selbst die zweite Geige oder auch die Viola übernehme. Die in Zürich versäumte Bekanntschaft wurde mir also zwei (richtig: drei; Anm. d. Verf.) Jahre später doch in Wien zuteil. Glücklicherweise kannte ich Billroths Namen und Bedeutung sehr wohl und entging dem komischen Mißverständnis, welches ihm selbst bald nachher mit dem großen Rechtsgelehrten Professor Ihering in Wien begegnet ist. Ihering, als Professor an die Wiener Universität berufen, macht seine Antrittsbesuche und kommt auch zu Billroth während der Ordinationsstunde. 'Ich heiße Ihering.' - 'Womit kann ich dienen?' - 'Ich heiße Ihering.' - Pause. - 'Ja, was fehlt ihnen?' - 'Ich habe ihnen doch gesagt, ich heiße Ihering!' ruft barsch und gereizt der Professor des römischen Rechts, dreht sich um und stürzt davon. Billroth hat diese Ordinationsszene oft lachend erzählt und mit Recht gemeint, daß ein Mediziner doch nicht notwendig die Namen aller bedeutenden Juristen kennnen müsse. Die beiden Herren haben sich übrigens später in geselligen Kreisen ganz gut gesprochen. War doch Ihering, bei allerdings hitzigerem Temperament als Billroth, ein ebenso geistvoller und großer Musikfreund wie dieser."

In Billroths oben zitiertem Brief an Lübke finden wir im Ansatz schon sein Programm für Wien, das er dann Schritt für Schritt verwirklicht. Die Bindungen mit Brahms und Hanslick werden nun immer enger geknüpft und auch deren Freundeskreis weitgehend in das gesellschaftliche Leben des Hauses Billroth miteinbezogen.

Auch Brahms und Hanslick wußten umgekehrt sehr wohl, wer da aus Zürich kam. Wer da mit dem ganzen Gewicht seiner Persönlichkeit auch ihr musikästhetisches Credo mitvertreten half, von dessen Stellenwert im alltäglichen Leben kunstbeflissener Kreise der damaligen Zeit wir uns heutzutage nur noch schwer eine Vorstellung machen können.

Abb. 33: Theodor Billroth (stehend mit Sektglas),
Johannes Brahms (Mitte) und Eduard Hanslick (links).
Zeichnung von A. Seligmann.

Der Musiksaal im Hause Billroth wird bald Treffpunkt einer musikalischen Elite, die keineswegs auf Wien begrenzt bleibt. Mit Beginn der 70er Jahre ist Brahms der Mittelpunkt. Die neuen Kompositionen des Meisters, vorwiegend Kammermusik und Lieder, wurden im Billrothschen Musiksaal in Anwesenheit einiger weniger Auserwählter, etwa Hanslick und Kalbeck, vom Hellmesberger-Quartett oder Joachim und seinen Quartettfreunden für Brahms zu Gehör gebracht, der damit eine für ihn wichtige letzte Kontrolle vor der Veröffentlichung seiner Werke übte.

Daneben hatte Billroth Hauskonzerte eingerichtet, die für einen größeren Kreis bestimmt waren. Allerdings nach strengem Reglement: Billroth nannte zunächst einen Personenkreis, der dann erst nach der Billigung durch Brahms und dessen eventuellen weiteren Vorschlägen geladen wurde.

Eduard Hanslick hat in seiner Autobiographie eine farbige Schilderung vom Leben Billroths in Wien gegeben. Sie zeigt Billroth nicht nur in seinem neuen Wirkungskreis, sondern beschreibt auch unnachahmlich die Atmosphäre des Musiksalons im Hause Billroth:

"Ein Glück für Wien, wie für Billroth selbst, daß er aus den engen Verhältnissen in Zürich in die Flut höherer, breiterer Wogen geworfen wurde. Ebenso eine Künstler- wie Gelehrtennatur, ein Forscher ohne Pedanterie, ein geselliges Talent voll Lebenslust und Lebensfrische, hing Billroth bald mit 'klammernden Organen' an allem, was Wien Schönes, Großes, Sehenswertes bietet. Jeder Abend fand ihn in einem Theater oder Konzert, auf einem Ball, einer Maskerade oder Soirée, überall mit Leib und Seele bei der Sache. Nach Hause zurückgekehrt aus solcher Lustbarkeit, zündete er seine Studierlampe an und schrieb ununterbrochen bis zum frühen Morgen! In diesen Nachtstunden sind Billroths epochemachenden Arbeiten entstanden. Dann verging der Vormittag auf der Klinik, wo der kühne Operateur bald die Bewunderung seiner Kollegen, der Abgott seiner Schüler ward. Nie ist mir eine ähnliche Arbeits- und Lebensenergie vorgekommen. 'Ein außerordentlicher Mensch!' riefen bald die Ärzte, die Studenten, die Musiker - und wer nicht sonst.

Billroth erwarb das einstöckige Haus in der Alserstraße, das früher sein Kollege Hofrat Bamberger bewohnt hatte, und ließ insbesondere den geräumigen Musiksaal mit künstlerischem Geschmack ausziehen. Wieviel schöne Erinnerungen hängen an diesem, durch die beste Musik, die edelste Geselligkeit geweihten Saal! Seit jeher war Billroth ein warmer Verehrer von *Brahms*, den er auch persönlich von Zürich her kannte. Die drei Streichquartette, die beiden ersten Violinsonaten und andere Instrumentalwerke von Brahms sind bei Billroth zum ersten Male gespielt worden. Auch einzelne Vokalquartette und Frauenchöre hörten wir da früher als in öffentlichen Aufführungen. Das ältere Hellmesberger-Quartett und Brahms am Klavier besorgten die Kammermusik; auch Saint-Saëns, Amalie Joachim, Georg Henschel und andere fremde Künstler gaben hier gerne ihr Bestes. Billroth selbst wirkte nicht mit - also ein 'Dilettant' von der seltenen guten Art, die nicht persönlich glänzen will–; er machte den liebenswürdigsten Hausherrn und verhielt sich während der Produktion, abseits in einem Fauteuil, als aufmerksamster, stillvergnügter Hörer. Den Musikabend schloß immer ein heiteres Souper - auch dafür pflegte Billroth als feiner Kenner und wählerischer Geist das Programm selbst zu verfassen. Mitunter gab es auch einen zwanglosen Herrenabend; Billroth hatte bald die besseren musikalischen Geister

*Abb. 34: Der Musiksalon in Billroths Haus, Alserstraße 20, Wien.
Nach Makarts Entwurf, Aquarell eines unbekannten Malers.*

Wiens an sich herangezogen und sah Goldmark, Nottebohm, Door, Epstein, Brüll, Robert Fuchs, Richard von Perger, Kalbeck u.a. gern als seine Gäste. Den engeren musikalischen Dreibund bildeten aber doch wir drei: Billroth, Brahms und ich. Es war ein gar traulicher Abend nach einer schönen Konzertaufführung, als Brahms und Billroth das brüderliche 'Du' mit mir tauschten. Das hat mich mehr gefreut, als zwei Orden! Ich habe viel mit Billroth vierhändig gespielt, insbesondere alle neuen Sachen von Brahms, sobald sie im Arrangement gestochen oder soweit sie in Brahms Handschrift leserlich waren. Billroth war ein tüchtiger Spieler von mächtigem Anschlag, ein schneller Avistaleser und sicherer, treffender Beurteiler. Bei ersten Vorstellungen, namentlich in der Oper, fand ich sein Urteil oft von augenblicklichen Stimmungen beeinflußt, ihn aber stets bereit, dasselbe zu korrigieren, wenn späteres Hören ihm einen anderen Eindruck gemacht hatte."

Für die Beantwortung der Frage nach dem "Musiker in Billroth" in Wien ist das Buch *Billroth und Brahms im Briefwechsel,* vom Schwiegersohn Billroths, Otto Gottlieb-Billroth herausgegeben, eine unverzichtbare Grundlage. Im hier gesetzten Rahmen kann keine Rede davon sein, Gottlieb-Billroths literarische und philologische Meisterleistung auch nur annähernd ausloten zu wollen. Vielfältig und vielschichtig in den sachlichen, komplex in den menschlichen Dimensionen, ist dieser Briefwechsel ein herausragendes Zeugnis für Leben und Denken beider Persönlichkeiten. Die Lektüre dieses Buches ist für den näher interessierten Leser unersetzlich.

Hier kann lediglich versucht werden, beispielhaft einigen wichtigen Ereignissen in Billroths musikalischem Engagement in Wien nachzugehen. Neben Billroths Briefwechsel mit Brahms sind auch seine Briefe an Hanslick weitere wichtige Zeugnisse.

Was den Briefwechsel mit Brahms betrifft, so läßt seine Schriftlichkeit letztlich doch nur ahnen, welchen Einfluß Billroths Urteil, Sachverstand und seine hingebungsvolle Einfühlung in Brahms' jeweilige "Novitäten" ab Beginn der 70er Jahre auf das Werk von Brahms insgesamt gehabt haben. Das unwiederbringliche, gesprochene Wort anläßlich der Billrothschen Hauskonzerte, bei den gegenseitigen Besuchen, bei den Proben zu den Konzertaufführungen, den Gesprächen in den Wiener Restaurants und Cafés und vor allem bei den gemeinsamen Ausflügen und Reisen hat sicherlich noch mehr gewogen.

Die Freundschaft zwischen Billroth und Brahms ist langsam und stetig gewachsen. Erst acht Jahre nach dem persönlichen Kennenlernen im Jahre 1865 in Zürich schreibt Brahms im Juli 1873 (so von Billroth datiert) aus Tutzing am Starnberger See seinen ersten Brief mit dem brüderlichen "Du". Die Sensibilität beider Persönlichkeiten legt die Annahme nahe, daß damit für Brahms (und sicherlich ebenso für Billroth) eine neue, noch innigere Phase der Freundschaft beginnt, denn Brahms unterstreicht und bekräftigt in diesem Brief diese neue Form seiner menschlichen Zuneigung zu Billroth mit der Zueignung seines Quartetts op. 51 c-Moll. Daß später auch das zweite Quartett des op. 51 in a-Moll in diese Widmung miteinbezogen wurde, hängt damit zusammen, daß sich Brahms vom ursprünglich dafür vorgesehenen Widmungsträger, dem Geiger-Freund Joseph Joachim, nach einem Zerwürfnis bei der Bonner Schumann-Feier im Jahre 1873 zurückgezogen hatte. Jedenfalls geht aus dem Brief hervor, daß Billroth zunächst mit dem c-Moll Quartett bedacht werden sollte. Brahms schreibt an Billroth:

"Lieber Freund!

Ich bin im Begriff, nicht die ersten, aber zum ersten Male Streichquartette herauszugeben. Es ist nun nicht bloß der herzliche Gedanke an Dich und Deine Freundschaft, der mich dem ersten Deinen Namen voraussetzen läßt; ich denke Dich einmal so gern und mit so besonderem Plaisir als Geiger und 'Sextettspieler'. Ein Heft riesig schwerer Klaviervariationen würdest Du gewiß freundlicher annehmen und Deinem Verdienst gerechter finden? Das hilft nun nichts, Du mußt Dir die Widmung auch mit dem kleinen lustigen Hintergedanken gefallen lassen.

Ich hätte nun auch nicht dafür die Unkosten zweier Briefe beansprucht, aber Du hast so viele Titel, daß ich nicht weiß - welche ich weglassen soll? Wer keine zu tragen gewohnt ist, geht vorsichtiger mit dem Zeug um! - Magst Du mir wohl diese nötige Modulation angeben?

Quartett für 2 Viol......

....

....

von J.B.

Ich darf Dir eigentlich nicht verraten, daß das betreffende Quartett aus dem berühmten C-Moll geht, denn wenn Du nun abends daran denkst und darin phantasierst, wirst Du es gar zu leicht überphantasieren und hernach - gefällt Dir das zweite besser. Meine Adresse ist Tutzing am Starnberger See. (Eigentlich wäre wohl Karlsbad eine bessere Adresse?) Mit herzlichen Grüßen an Dich und Deine Frau

Dein

Joh. Brahms."

Der Brief bedarf der Erklärungen. Bereits Mitte der 60er Jahre hatte sich Brahms, wie die Korrespondenz mit Clara Schumann und Joseph Joachim ausweist, mit der Komposition von Streichquartetten beschäftigt. Aber jetzt erst gibt Brahms "zum ersten Male" Streichquartette heraus. Seine Anspielung auf den Geiger und "Sextettspieler" Billroth bezieht sich auf die Aufführungen seines Streichsextetts G-Dur op. 36 im Jahre 1866 in Zürich in Billroths Haus. Die "schweren Klaviervariationen" sind wahrscheinlich die ebenfalls in jener Zeit vollendeten Variationen über ein Thema von Joseph Haydn in der Fassung für zwei Klaviere. Brahms denkt sicherlich dabei an den versierten Klavierspieler Billroth, dessen außerordentliche Fähigkeiten Brahms vom gemeinsamen Musizieren seiner Kompositionen sehr zu schätzen wußte. Kann sein, daß Billroth dem Freund zur Behebung seiner Beschwerden Karlsbad als Kurort empfohlen hatte.

Billroths Dankschreiben für die Zueignung des Streichquartetts, die er, sicher ähnlich wie der Dirigent Hans von Bülow anläßlich einer Brahmsschen Widmung, als "Standeserhöhung" empfunden haben mag, ist nicht erhalten. Jedoch in einem

Brief an den Physiologen Wilhelm Engelmann in Utrecht vom 24. Februar 1890, siebzehn Jahre später also, äußert sich Billroth zur Brahmsschen Dedikation:

"Wir sind auch außerhalb der Universität Collegen, da Brahms Ihnen sein drittes Streichquartett (B-Dur op. 67; Anm. d. Verf.) und mir seine beiden ersten Streichquartette gewidmet hat... Ich fürchte, daß diese Dedicationen unsere Namen länger in Erinnerung halten werden als unsere besten Arbeiten. Für uns nicht sehr schmeichelhaft, doch schön für die Menschheit, die mit richtigem Instinct die Kunst ewiger nimmt als die Wissenschaft. Es ist der ewige, menschliche Satz, daß uns Liebe schwerer wiegt als Hochachtung..."

Erinnert man sich an die Äußerung von Brahms: "Mir sind Zueignungen von Geistesprodukten immer etwas Ernstes", hätte Billroths Wertschätzung nicht dankbarer und verständnisvoller sein können.

Wie der Briefwechsel Billroth-Brahms des öfteren zeigt, hatte Brahms eine Art Beraterfunktion für die Programmgestaltung der Musikabende im Hause Billroth. Die Verständigung und die Absprachen erfolgten meist per Postkarten oder kurzen Briefmitteilungen, deren für Außenstehende oft verschlüsselte und unverständliche Botschaften manchmal auch eng mit Brahms' hohen künstlerischen Wertmaßstäben aber auch persönlichen Gefühlen verknüpft waren.

Ein ebenso kompliziertes wie reizvolles Beispiel hierfür bietet einer dieser Briefe mit dem Poststempel vom 6. Mai 1877. Brahms schreibt an Billroth:

"Lieber Freund!
Mir ist jeder Abend recht, und von Dessoff will ich baldmöglichst melden.
Eine Deiner Programmnummern wäre denn freilich ein Ziel, aufs innigste zu wünschen. Aber dann schenke anderen Wein! Zum Beispiel Mozart oder Grädener Klavierquartett, das auch wir beide nicht gehört, Haydn oder Goldmark Streichquartett, das auch - - - - Hättest Du etwa die Absicht, Walter einzuladen, so könnte ich ihm etwa ein paar neue Lieder einüben?
Besten Gruß Deines
J. Brahms."

Auch für diesen dunklen Brahms-Text gibt Gottlieb-Billroth ausführliche und vorzüglich recherchierte Erklärungen, die hier aber noch ergänzt werden müssen.

Otto Dessoff, Dirigent "an der Spitze der Hofoper" und Leiter der Philharmonischen Konzerte als Brahms 1862 erstmals in Wien weilte, war ein von Brahms hochgeschätzter Musiker. Auch nach Dessoffs Weggang von Wien im Jahre 1875 nach Karlsruhe blieben die freundschaftlichen Beziehungen zwischen beiden Männern erhalten. Gottlieb-Billroth schreibt: "Billroth war, wie es scheint, zu Dessoff nicht in engerer Beziehung. Wenn dieser nun aber aus Karlsruhe nach Wien zu Besuch kam, gehörte er mit in den Billrothschen Musikerkreis."

"Walter" ist der von Brahms ebenso geschätzte Sänger Gustav Walter, der u.a. die Titelpartie bei der Uraufführung von Brahms' "Rinaldo" op. 50 am 28. Februar 1869 in Wien gesungen hatte (siehe hierzu auch Billroths Rezension, S. 136 ff.).

Abb. 35: Johannes Brahms

Brahms Vorschlag, er solle im Billrothschen Hauskonzert "ein paar neue Lieder" vortragen, bezieht sich wahrscheinlich auf seine im Frühjahr 1877 komponierten Opera 69-72.

Ausführlich berichtet Gottlieb-Billroth in seinen Anmerkungen zu diesem Brief über Hermann Grädener, den Dirigenten der Wiener Singakademie und des Orchestervereins, der in Wien großes Ansehen genoß. Nicht so bei Brahms! Grädeners Vater Karl Pius hatte Brahms bei dessen Anfängen in Hamburg gefördert, und auch mit Grädeners Mutter war Brahms freundschaftlich verbunden. Aus Gründen, die uns wohl für immer verborgen bleiben werden, warf Brahms dem Sohn Hermann "pietätloses Verhalten" (Gottlieb-Billroth) gegenüber der Mutter vor. Brahms' bekannte Aversionen gegenüber dem beliebten und geschätzten Hermann Grädener stießen bei den Wienern auf Unverständnis und Ablehnung.

Anders verhielt es sich bei Karl Goldmark. Brahms pflegte zu ihm ein freundschaftliches Verhältnis, die Kompositionen Goldmarks jedoch schätzte er nicht besonders. Gottlieb-Billroth bemerkt dann schließlich zu diesem Brief: "Welche Stücke bei Billroth im Mai 1877 aufgeführt wurden, habe ich nicht feststellen können. Aber ich bin überzeugt, daß im vorliegenden Briefe die Zusammenstellung Mozart/Grädener und Haydn/Goldmark böse Brahmssche Humore sind!"

In der Tat! Die von Brahms genannten und natürlich ironisch gemeinten Komponisten-Alternativen sind hämische Seitenhiebe auf seine Wiener Zeitgenossen Grädener und Goldmark. Nur: ein "Kavierquartett" hat Grädener gar nicht komponiert! Es erscheint so gut wie sicher, daß Brahms hier einen (erst im Jahre 1973 im Druck erschienenen) Satz für Klavierquartett in a-Moll von Gustav Mahler meint.

Mahler hatte im Jahre zuvor am Wiener Konservatorium Aufsehen erregt, indem er gleich zwei erste Preise, einen für Klavier und einen für Komposition, errungen hatte. Sein damals preisgekröntes Klavier*quintett* (ein 1. Satz) ist verschollen. An sein im gleichen Jahr entstandenes Klavier*quartett* und den besonderen Zusammenhang mit Hermann Grädener und Billroth hat sich Gustav Mahler später erinnert.

Mahlers langjährige Freundin Natalie Bauer-Lechner berichtet in ihren *Erinnerungen an Gustav Mahler* (Wien 1873, Abschnitt "Jugendkompositionen"): "Auf einem Abendspaziergang... sprachen Mahler und ich von seinen Jugendkompositionen, mit denen er so leichtsinnig umging, daß kaum mehr etwas vorhanden war. Das Beste davon war ein Klavierquartett, erzählte er mir, welches am Schluß der... Konservatoriumszeit entstand und das großen Gefallen erregte. Grädener behielt es monatelang bei sich und es gefiel ihm so, daß er es bei Billroth zur Aufführung brachte..."

Es paßt gut zu Billroths großzügiger Lebensauffassung, daß er - im Gegensatz zu Brahms, der Grädeners Schwärmen von Mahlers Komposition wohl mißtrauisch gegenüberstand - auch der musikalischen Jugend Wiens in seinem berühmten Salon ein Forum bot. In diesem Fall dem damals 17 Jahre alten Gustav Mahler.

Auch an anderen Stellen des Briefwechsels gewinnt man den Eindruck, daß Billroth die Programme seiner anspruchsvollen "Hausmusik" durchaus großzügig gestaltete. Immer war er aber darauf bedacht, weder durch seine Wahl der Interpreten noch durch seine Werkauswahl die manchmal auch überempfindlichen Qualitätsansprüche von Brahms zu verletzen.

Viele Texte des Briefwechsels gewähren jedoch auch tiefe Einblicke in die Eigenart des fachlichen Dialogs und auch der Auseinandersetzung, wenn es zwischen Billroth und Brahms zu Diskussionen über die "res musica" kommt. Die geschliffene Sprache Billroths in seinen Briefen zu Kompositionen von Brahms ist zweifellos "suaviter in modo", aber das "fortiter in re" ist hier in gleicher Weise zu spüren wie in seinen Züricher Konzertkritiken.

Ein eindrucksvolles Beispiel, das die Beziehungen Billroth-Brahms auf mehrfache Weise erhellt, ist der Briefdialog zum "Gesang der Parzen für sechsstimmigen Chor und Orchester op. 89" von Brahms.

Der Text des "Parzenliedes", des Gesanges der römischen Geburtsgöttinnen Klotho, Lachesis und Atropos, ist J.W. von Goethes *Iphigenie auf Tauris* (4. Aufzug, 5. Auftritt) entnommen. Für das Verständnis von Billroths ausführlicher Darlegung seiner ersten Eindrücke von Brahms' neuer Komposition sei hier die Textstelle wiedergegeben:

Iphigenie:

Vor meinen Ohren tönt das alte Lied -
Vergessen hatt' ich's und vergaß es gern -
Das Lied der Parzen, das sie grausend sangen,
Als Tantalus vom goldnen Stuhle fiel:
Sie litten mit dem edlen Freunde; grimmig
War ihre Brust, und furchtbar ihr Gesang.
In unsrer Jugend sang's die Amme mir
Und den Geschwistern vor, ich merkt' es wohl.

Es fürchte die Götter
Das Menschengeschlecht!
Sie halten die Herrschaft
In ewigen Händen
Und können sie brauchen,
Wie's ihnen gefällt.

Der fürchte sie doppelt,
Den je sie erheben!
Auf die Klippen und Wolken
Sind Stühle bereitet

Um goldene Tische.
Erhebet ein Zwist sich,
So stürzen die Gäste,
Geschmäht und geschändet,
In nächtliche Tiefen
Und harren vergebens
Im Finstern gebunden,
Gerechten Gerichtes.

Sie aber, sie bleiben
In ewigen Festen
An goldenen Tischen.
Sie schreiten vom Berge
Zu Bergen hinüber:
Aus Schlünden der Tiefe
Dampft ihnen der Atem
Erstickter Titanen,
Gleich Opfergerüchen,
Ein leichtes Gewölke.

Es wenden die Herrscher
Ihr segnendes Auge
Von ganzen Geschlechtern
Und meiden, im Enkel
Die ehmals geliebten,
Still redenden Züge
Des Ahnherrn zu sehn.

So sangen die Parzen;
Es horcht der Verbannte
In nächtlichen Höhlen,
Der Alte, die Lieder,
Denkt Kinder und Enkel
Und schüttelt das Haupt.

Brahms schreibt am 31. Juli 1882 an Billroth:

"Nun sei nicht bös, wenn ich was beilege, eine ganz flüchtige Bleistiftzeichnung. Ich hörte gar gern ein Wort darüber, doch zwinge Dich nicht, falls es Dir nicht einleuchtet. Es geht Dich ein wenig besonders an - es wird ja mit Schere und Faden gearbeitet!... Ich brauche kaum zu sagen, daß ich es gern *gleich* wieder hätte!... Aber wenn Du Zeit hast, gehe jetzt ans Klavier! Ich bin recht begierig, wie es Dir scheint.

Mit herzlichen Grüßen   Dein - J. Br."

Wie so oft kündigt Brahms sein neues Werk mit einer für ihn typischen Untertreibung an. Die "ganz flüchtige Bleistiftzeichnung" war nichts anderes als die handschriftliche "Klavierfassung" (das "Particell") seines "Parzenliedes". Billroth bestätigte per Telegramm den Erhalt der Komposition und Brahms, stets ängstlich besorgt um den Verbleib seiner Manuskripte, schreibt postwendend mit Poststempel vom 1. August 1882:

"Lieber Freund!
Du bist doch sehr gut und gütig. Ich muß Dir gleich danken für die Depesche, die mich aufs beste beruhigte. Jetzt vertiefe Dich nur gern - ich habs auch getan!
Von Herzen Dein
J.B."

Erwartungsvoll und gespannt auf das Neueste aus der Werkstatt des Freundes vertieft sich Billroth sofort und schickt - nur zwei Tage später - bereits am 3. August einen ausführlichen Brief an Brahms nach Bad Ischl.

Wie in so vielen Fällen war Billroth auch beim "Parzenlied" der erste, der diese wichtige, bedeutende Komposition zu Gesicht bzw. zu Gehör bekam. Brahms' Einschätzung von Billroths musikalischem Sachverstand kann u.a. daran ermessen werden, daß Brahms seinem Freunde zutraute, die spätere Orchestrierung seiner vorläufigen "Klavierfassung" (seines "Particells"), bereits mit dem inneren Ohr mitzudenken bzw. mitzuhören. Diese Erwartung von Brahms erfüllt Billroth dann auch in seinem Brief prompt.

Es ist ein Vergnügen besonderer Art, Billroths "ius primae noctis" an Brahmsschen Kompositionen nachzuvollziehen. Brahms' "Parzenlied" liegt in mehreren vorzüglichen Aufnahmen auf CD vor, und jedermann, der dies wünscht, kann den ersten Höreindruck Billroths anhand seines nachstehenden Briefes an Brahms mitverfolgen.

Unabhängig aber vom unterschiedlichen Rezeptionsverhalten nach über 100 Jahren besticht der Brief Billroths neben seiner profunden Fachlichkeit auch durch sein engagiertes, liebevolles Versenken in die Besonderheiten des Brahmsschen Werkes. Billroth schreibt an den Komponisten:

" Ich kann mir nicht helfen! Für mich muß jedes musikalische Werk, wenn es den Namen eines Kunstwerkes verdienen soll, doch eine bestimmte Form haben, die sich in eine Art von Architektur übersetzen lassen kann. Dies gilt ebenso von Musik, welche zu Worten komponiert ist, wie für freie Komposition; ein Gedicht, welches durch den Guß in eine musikalische Form zerstört wird, soll man nicht komponieren. Die Worte und der gedankliche Inhalt können doch nur ganz allgemein die Tongestaltung influenzieren, letztere bleibt immer die Hauptsache. Leicht hingeworfene lyrische Empfindungen in musikalische Form zu bringen, gelingt manchem auch mäßig Begabten gelegentlich; tiefe, zwischen Poesie und Philosophie schwankende Gedichte durch das Eingießen in eine musikalische Form in ihrer Wirkung zu steigern, halte ich für sehr schwer; die rein deklamatorische Behandlung ist leichter, aber auch viel trockener als die eigentliche musikalische; letztere hat Schumann nur im dritten Teil seines Faust erreicht, mit ersterer hat er sich später für den ersten und zweiten Teil abgefunden. Meiner Empfindung nach hast Du im Parzenlied ein tiefgedankliches Gedicht in wundervolle musikalische Gestaltung gebracht. Das Gedicht hat unverkennbare Analogie mit Hölderlins Schicksalslied; ohne Deiner herrlichen und allgemein als Meisterwerk geschätzten Komposition desselben Eintrag zu tun, habe ich doch den Eindruck, daß sich dein Parzenlied zum Schicksalslied etwa verhält wie Goethe zu Hölderlin, selbst wenn letzterer zu glücklicherer Entwicklung gekommen wäre. Die ersten Strophen auf dem Orgelpunkt (vermutlich Pauken) wirken herrlich, gewissermaßen balladenartig. Der erste Zwischensatz muß von berauschender Klangwirkung sein, kraftvoll melodisch und rhythmisch energisch; von olympischer Wirkung ist nach dem: 'sie harren vergebens usw.' die so sonnige kleine Variante des früheren F-Dur-Motivs: 'Sie aber, sie bleiben usw.' und nun das: 'Sie schreiten vom Berge usw.' Herrlich! Großartig, wie ein Balladenrefrain ist dann die Einschaltung des Anfanges; dies wirkt, abgesehen von dem Rückgang in die phantastisch-mysthische Anfangsstimmung, so herrlich architektonisch, die beiden Dursätze auseinanderhaltend und verbindend. Und nun, welch herrlicher Gedanke, den zweiten Dursatz a capella zu bringen, wo die sechsstimmige Klangwirkung so gesättigte Farben trägt, und bei der mannigfachen Bewegung in den Stimmen doch so ruhige Klarheit herrscht; Girgenti! Und nun wieder der mysthische, über das Mysterium selbst erstaunte Schluß! Ja, wenn das nicht erhaben, poetisch und musikalisch schön ist, - dann weiß ich nichts mehr zu sagen und zu empfinden. Das Ganze kommt mir vor, wie drei große mittelhohe Bogen, mit zwei schönen, klassischen Mittelbauten, wie sich so etwas bei Paul Veronese wohl findet.

Ich sehe Dich über dieses Geschreibsel lächeln, Du hast aber schon Schlimmeres über Dich ergehen lassen müssen und dazu geduckt; man möchte gerne Eindrücken der Kunst Gestaltung in Worten geben, doch es gelingt nicht leicht, das so zu sagen, wie man es empfindet. - Ich habe expreß Iphigenie aufgeschlagen, um mir den Zusammenhang ins Gedächtnis zurückzurufen, in welchem Goethe das Gedicht bringt. Ob er sich wohl eine klare Vorstellung von der 'Amme' gemacht hat, die dies Gedicht gesungen hat? Nach seinen musikalischen Vorstellungen und dem Gebrauch seiner Zeit, könnte er sich doch nur ein Strophenlied für Altstimme gedacht haben: - für uns eine fürchterliche Profanation seines tiefsinnigen Liedes. Ich meine, er hat sich darüber gar keine realistische Vorstellung gemacht, und sich unter 'Amme' wohl nur die personifizierte alternde und schon mehr reflektierende Volksphantasie gedacht; Iphigeniens Amme kann unmöglich so gedacht und gesungen haben; eine bestimmte Beziehung zu den Atriden ist auch kaum angedeutet. Die Berechtigung eines Komponisten, dies 'Ammenlied' für Chor und Orchester zu setzten, seinen Inhalt also mit den stärksten und mächtigsten Mitteln musikalisch wiederzugeben, scheint mir, künstlerisch betrachtet, ganz zweifellos.

Die Geister, die Du beschworen hast, wirst Du nun nicht los; das geht nicht nur Zauberlehrlingen so, sondern auch Zaubermeistern. Harmoniefolgen, wie Fis-Moll D-Moll, Cis-Moll C-Moll, Fis-Moll F-Moll, F-Moll D-Moll, sind Dir eigentümlich und wirken gewiß herb und düster und leidenschaftlich desperat, wie sie sollen; sie spielen in diesem Stück eine sehr wichtige und wesentliche Rolle; immerhin muß man sich immer wieder daran gewöhnen. Am schwersten wird mir dies immer wieder am Anfang eines Stückes und so hier im zweiten Takt, über den ich lange nicht ohne ein gewisses Gruseln hinweg konnte. Jetzt wirf mir nur einen 'Esel' oder 'Schafskopf' zu; vermutlich wird die

Abb. 36: Billroths Zeichnung zum "Parzenlied" in einem Brief an Hanslick

grausliche Härte im Orchester durch ein tiefes orgelpunktartiges A gemildert. Hanslick wird jedenfalls bei den ersten zwei Takten einige Zuckungen bekommen; erst vom dritten Takt an fühlt man sich etwas sicher im D-Moll. Du wirst natürlich Deine bewußten oder unbewußten Gründe haben und die abnorme Herbheit der Parzen, die ja etwas Abschreckendes haben sollen, besonders betonen wollen. Unser modernes Ohr leidet aber Pein darunter. 'Soll es Pein leiden', wirst Du sagen; auch gut, sag' ich. Bei der Wiederholung (auf der dritten Seite) ist man schon daran etwas gewöhnt. Vermieden ist der plötzliche Rückfall von Fis-Moll in D-Moll unten auf Seite 13. - Sei nicht böse über diesen weichlichen kleinen Schmerz: Aber das Ganze ist so klassisch groß, ernst und erhaben, daß man den Eindruck so ganz griechisch olympisch haben möchte. Vielleicht klingt es auch nur auf dem Klavier so gar hart; ich habe mich auch eigentlich schon ganz daran gewöhnt, doch der erste Eindruck war schmerzhaft, und die meisten Menschen hören es doch nur von Zeit zu Zeit im Konzert.

Ich habe mir die Zeit zum Studium Deines Werkes recht abstehlen müssen und mich dazu wiederholt eingeschlossen, da man mir keine Ruhe hier läßt. ...

Dein
Th. Billroth

P.S. Auch ich finde Hanslicks Parzival-Artikel vortrefflich. Die Wagnerianer betrachten ihn jetzt schon dreiviertel als den ihren. Es sind doch genügsame Leute!"

Nach Billroths grundsätzlichen Ausführungen zur Problematik von Musik und Sprache sowie dem formalen Großaufbau des "Parzenliedes" schließt er seine Überlegungen mit einer Erinnerung an die gemeinsame Reise nach Sizilien im Jahr zuvor. "Girgenti!" beschwört die von ihm so empfundene Nähe der Brahmsschen Komposition zur klassischen Architektur in Agrigent auf Sizilien und er stellt, wie auch in anderen Fällen, Vergleiche mit der Baukunst an. In einem Brief an Hanslick vom 26. August 1882 konkretisiert er seine Vorstellungen mit einer Zeichnung und spricht von der "großartigen Form des Ganzen" (siehe Abbildung, S. 199).

Wie aus einem Brief von Clara Schumann an Brahms hervorgeht, hatte Brahms ihr den Brief Billroths zugeleitet. Frau Schumann bedankt sich hierfür am 10. August 1882 aus Degenbalm bei Brunnen, Kanton Schwyz:

"Lieber Johannes,

...Sehr danke ich Dir für den interessanten Brief Billroths und Deine Sendung des Gedichts ("Parzenlied", Anm. d. Verf.), die mich nun schon vorher mit der Situation bekannt gemacht. Wie versteht Billroth es, Dir eingehend und mit so feinem Verständnis über Deine Sachen zu schreiben - ich fühle mich immer beschämt durch seine Urteile; nicht als ob er es besser fühlte und verstände als ich, aber seine Ausdrucksweise läßt mir die meine immer so dilettantisch erscheinen.

Habe ich das Gefühl schon immer, wenn ich Dir schreibe, so fühle ich beim Lesen seiner Briefe meine Unzulänglichkeit doppelt. Du machst mir dennoch immer große Freude damit - ich lerne auch immer daraus. Darf ich den Brief noch eine Weile behalten? Möchte ihn gern Eugenien (Tochter von Robert und Clara Schumann, Anm. d. Verf.) zeigen, die aber wohl erst in 8 Tagen zu uns kömmt..."

Clara Schumanns begeisterte und überschwengliche Urteile über Billroths feinsinnige Kunst der Formulierung bedürfen keines Kommentars. Auf die von Billroth als problematisch empfundene Stelle ("Harmoniefolge") geht sie dann gleich in ihrem darauffolgenden Brief an Brahms vom gleichen Ort am 23. August 1882 ein:

"Lieber Johannes,

mit freudig bewegtem Herzen schreibe ich Dir heute, nachdem ich eine herrliche Stunde mit Deinem Parzenchor verbracht habe. Welch ein Werk ist das, wie genial durch und durch, welch tiefe Schönheiten sind da drinnen, wie packt es einen von der ersten bis zur letzten Note! Wunderbar hast Du das düster, geheimnisvoll Mächtige der Worte in Tönen wiedergegeben, wie rührend die milden, aber traurigen Worte im ¼-Takt-Satz! Ich kann es Dir gar nicht sagen, welche Wonne mir das Stück schafft - die düstere Schönheit der Harmonien! Gleich die Harmoniefolge im 2. Takt, über die Billroth spricht, und wo ich seine Meinung nicht begreife, ergreift mich ganz wunderbar, wohl ist sie kühn, aber durch das a im Basse und das fis, g in der Melodie ganz motiviert und wie genial am Schluß, wo sich das Fis moll weiter pp wehmütig sanft ausspinnt, bis es zuletzt ins D moll kommt - wie merkwürdig ist der Schluß - da schüttelt man im Geist noch lange das Haupt mit dem Alten träumend fort! - Es ist nicht leicht, sich in das plötzliche D moll am Schluß zu finden, aber hier helfen die Worte, und man staunt, wie Du sie erfaßt und so wiedergegeben."

Wenn Gottlieb-Billroth meint, den Höreindruck des Schwiegervaters gegenüber dem der gefeierten Künstlerin als "prachtvollen Dilettantismus" qualifizieren zu müssen, so tut er ihm in diesem seltenen Fall sicher Unrecht! Wichtiger scheint bei Billroths Höreindruck das zunächst zögernde Staunen, das aber im nächsten Schritt sofort bereit ist, gewohnte Hörklischees über Bord zu werfen. Letztlich ist ihm doch ganz klar, daß gerade diese "Kühnheiten" des Freundes dessen Rang ausmachen.

Billroths Hang und ständige Sehnsucht nach Gespräch, Austausch und Mitteilung bei wissenschaftlichen wie bei künstlerischen Themen zeigen sich beispielhaft anhand des "Parzenlied". Schon drei Tage später, am 6. August, schreibt er an Lübke in Stuttgart:

" Ein wahres Kunstwerk schickte er (Brahms; Anm. Verf.) mir neulich im Manuscript: das 'Parzenlied' aus Iphigenie von Goethe, für 6-stimmigen Chor mit Orchester. Es ist ein 'Schicksalslied', welches sich zum ersten der Art verhält wie Goethe zu Hölderlin. Sehr tief und doch einfach, zum Teil balladenartig, dann wieder herrliche, olympische Zwischensätze. Ich halte dies Stück für eine seiner schönsten und tiefsten Schöpfungen.... Das 'Parzenlied' hat mich begeistert; es wird rasch die Runde in allen Concerten machen."

Brahms reagiert dann auf Billroths ausführlichen Brief am 6. August:

"Lieber Freund!

Du glaubst nicht, wie wichtig und lieb mir Dein zustimmendes Wort ist und wie dankbar ich Dir dafür bin.

Man weiß, was man gewollt und wie ernst man gewollt hat. Eigentlich sollte man auch wissen, was dann nun geworden ist; das läßt man sich aber doch lieber von andern sagen und glaubt dann gerne dem freundlichen Wort.

So geht es mir auch diesmal; erst jetzt freue ich mich des Stücks und sehe es ganz vergnügt an. ...Ich denke, Dich im September in Bönigen abzuholen, denn an die italienischen Seen möchte ich jedenfalls. Nun aber nochmals recht von Herzen Dank, daß Du mir mein Lied gelobt - geschenkt hast!

Ganz Dein

J.B."

Dieser Briefdialog darf in seiner Art für Billroths liebevolle Versenkung in die schöpferische Arbeit des Freundes als beispielhaft angesehen werden. Billroth ist für Brahms der "Expertenhörer", anspruchsvollste Testperson unter der damals schon großen Brahms-Gemeinde im deutschsprachigen Raum. Billroths Urteil wog für Brahms schwer, und leider wird wohl für immer verborgen bleiben, ob Umarbeitungen Brahmsscher Werke - z.B. des 2. Klavierkonzerts in B-Dur op. 83 - nicht auch auf Ratschläge Billroths zurückgehen. Direkte Belege hierfür sind bisher zwar nicht bekannt geworden, doch legt der Briefwechsel Billroth-Brahms diese Vermutung des öfteren nahe. Brahms schätzte Billroths eminenten musikalischen Sachverstand ebenso wie dessen Sensibilität seiner konstruktiven, sprachkünstlerischen Kritik. Hinzu kam die für Brahms so wichtige Schweigepflicht des Arztes Billroth, die sich in diesem Freundschaftsverhältnis fast wie selbstverständlich auch auf die intimen schöpferischen Prozesse des seinem Wesen nach introvertierten, ja scheuen Johannes Brahms erstreckte.

Der Dialog zum "Parzenlied" entstammt der wohl intensivsten Phase der Freundschaft zwischen Billroth und Brahms. Der beinahe brüderlich zu nennende Gleichklang der Seelen liegt wohl nicht zufällig zwischen der zweiten und dritten gemeinsamen Reise nach Italien.

Die Gemeinsamkeiten der künstlerischen und ästhetischen Empfindungen bei Billroth und Brahms erfuhren in einem für beide wesentlichen Punkt noch eine wichtige Ergänzung. Die uralte Sehnsucht der Nordländer nach dem Süden verband beide zu drei gemeinsamen Reisen nach Italien in den Jahren 1878, 1881 und 1882.

Schon jeweils eine geraume Zeit vorher spricht Billroth in seinen Briefen, nicht nur an Brahms, sondern auch an andere Freunde, von diesen Vorhaben und macht Angaben zu den geplanten Daten und den jeweiligen Reisezielen und Reiserouten. Billroths Vorfreude auf diese Unternehmungen erscheint dabei fast ebenso wichtig wie die Reisen selbst und mag so manche Anstrengung seines Berufsalltags erleichtert haben.

Mit dem Reiseziel Neapel brachen die Freunde am 8. April 1878 zum ersten Mal nach Italien auf, wobei in Rom lediglich übernachtet werden sollte. Nach einer Information in Florenz jedoch, daß während der Karwoche nach langen Jahren erstmals wieder alte Kirchenmusik (Gregorianik) im Petersdom zu hören sei, entschlossen sich beide dann doch zu einem Aufenthalt in der Heiligen Stadt. Vergeblich leider, da der Papst in letzter Minute diesem Vorhaben seiner Musiker dann doch nicht seinen Segen gab.

Enttäuscht setzten Billroth und Brahms ihre Reise nach Neapel fort. Während des ca. einwöchigen Aufenthaltes genossen sie auf ausgedehnten Spaziergängen nicht nur den herrlichen Frühling des Südens, sondern besuchten auch die Sehenswürdigkeiten der Stadt bis hin zu einem Ausflug nach Pompeji.

Auf der Rückreise erlebten sie in Rom dann doch noch ein besonderes musikalisches Ereignis, die Erstaufführung von Richard Wagners "Lohengrin" in Italien. Billroth, der am 2. Mai schon wieder Verpflichtungen hatte, reiste alleine nach Wien zurück, und Brahms, nicht so eilig, traf erst am 6. Mai nach gemütlicher Rückreise in Pörtschach ein. Gottlieb-Billroth teilt in diesen Zusammenhängen noch einen Brief Billroths mit, der einen anschaulichen Bericht von der Stimmung auf dieser Reise gibt:

"Es war ein herrlicher Tag im Albanergebirge. Wir gingen von Albano über Aricca, Genzano, Nemi zum Monte Cavo hinauf, über Rocca di Papa nach Frascati herunter. Dies ist wohl einer der schönsten Spaziergänge, die man in der Welt machen kann. Die Luft war durch Regen am Tage vorher abgekühlt, keine Spur von Staub trübte den Genuß. Der Ausblick auf die See war ebenso frei wie der auf den schneebedeckten Apennin. Die Luft frühlingsfrisch, durchduftet von Zyklamen, Reseda, Akazien, Orangenblüten. Alle unsere Bäume in neuem hellgelbem Laub, dazwischen die Ölbäume. Eichen, Zypressen in ihrer eigentümlich blaugrünen und schwarzgrünen Farbe. Schöner kann man es nicht treffen. Ich sah überhaupt Italien noch nie so schön in vollem, jungen Frühlingsschmuck. Brahms ist dazu ein vortrefflicher Reisebegleiter, so voll warmer Empfänglichkeit für alles Schöne und immer bei gutem Humor. Wir machen fast alles zu Fuß und befinden uns vortrefflich dabei."

Für seine Familie beschreibt Billroth den Aufenthalt so:

"So schön wie diesmal sah ich Rom noch nie! Voller Frühling! Flieder in der Blüte, die meisten Bäume in frischem Grün. Abends herrlicher Vollmond. Die Stunden auf dem Pincio und dann bei Mondschein über das Forum zum Kolosseum waren wunderbar. Brahms ist ganz außer sich vor Entzücken und Wonne. Er ist ein prächtiger Reisegefährte. Ich habe ihn heute früh allein in ein paar Kirchen geschickt, um einen längeren Brief nach Hause zu schreiben. Lange pflegt er es, ohne sich mitzuteilen, nicht auszuhalten ... da ist er schon ... Jetzt geht's zum Lateran. Brahms grüßt Dich sehr! sehr! ... Rom ist doch die Stadt der Städte; man hat dort die Empfindung des allerschönsten Lebensgenusses wie nirgends in der Welt. Wir genießen beide in vollen Zügen. Brahms ist so vorbereitet auf Italien, zumal auch in Kunst- und Kulturgeschichte, daß ich oft darüber staune. Er hat noch wie jeder, der zuerst nach Italien kommt, den Drang, alles Nationale kennenzulernen, und ißt die grauslichsten gebackenen Meerviecher lieber als das schönste Rostbeef."

Billroths zweite gemeinsame Reise mit Brahms (im Monat zuvor war ihm seine später weltberühmte Magenoperation, der "B-1", gelungen) beginnt am 25. März 1881. Als weiterer Reisegefährte fand sich der skurrile Musikgelehrte Gustav Nottebohm ein, wahrscheinlich auf Vorschlag von Brahms, der die Arbeiten Nottebohms außerordentlich schätzte. Es war das vorletzte Lebensjahr Nottebohms, und wer weiß, was den Senior in dieser Dreierrunde bewogen hat, sich jeweils zeitversetzt mit Billroth und Brahms an deren Aufenthaltsorten zu treffen.

Nach der Abreise der beiden fand sich Nottebohm einen Tag später in einem Café in Venedig ein und ließ Billroth und Brahms alleine nach Siena weiterziehen, um dann erst Tage später nachzukommen. Billroth und Brahms waren über Florenz und Pisa gereist und widmeten drei volle Tage den Sehenswürdigkeiten von Siena. Anschließend ging es weiter nach Orvieto, einer Stadt, an die besonders Brahms sein Herz verlor. Schließlich erreichten sie Rom, und Brahms schwärmt in einem Brief an Clara Schumann:

"Rom, April 1881. Mittwoch

Liebe Clara,

... Wie oft denke ich an Dich und wünsche Deinem Auge und Deinem Herzen die Wollust. die hier Auge und Herz empfinden. Wenn Du nur eine Stunde vor der Fassade ständest, Du wärest selig und meintest, das wäre für die ganze Reise genug. Und nun trittst Du ein, aber da ist auf dem Fußboden und in der ganzen Kirche kein Fleckchen, das nicht nicht in gleichem Maß entzückte. Und morgen in Orvieto mußt Du gestehn, der Dom sei eigentlich noch schöner. Und nun hier in Rom untertauchen, das ist eine Lust, gar nicht zu sagen ...

Bis hierher bin ich mit Billroth und Nottebohm gefahren. Vermutlich fahre ich mit ersterem nächsten Montag nach Sizilien. Auf der Rückreise bleibe ich wieder hier und wo sonst noch."

Billroth hingegen berichtet nach Hause:

"Wir bilden ein höchst komisches Kleeblatt. Auf der Straße gehen wir selten zusammen. Brahms als der jüngste immer voraus, immer lustig, in alle Laden schauend und sich über alles amüsierend; 10 bis 15 Schritte zurück folge ich, schon etwas bedächtiger; dann etwa 30 bis 50 Schritte zurück Nottebohm, sehr langsam! An den Ecken Stillstand und Versammlung, Beratung mit dem Stadtplan. Brahms ist ganz versessen aufs 'Italienisch-sprechen'; er hat monatelang Grammatik studiert und unregelmäßige Verba gelernt; nur findet er selten im Augenblick das, was er braucht, und staunt mich über meine Sprachgewandtheit an, wenn ich mit großer Kühnheit meine Worte hervorschleudere. Nottebohm hat als Giovane auch Italienisch gelernt, doch nur theoretisch und soviel er für seine musikalischen Studien brauchte. Beim Essen besinnt er sich immer sehr lange, was er wählen soll - wenn auch nichts zu wählen ist! Heute verlor der Kellner die Geduld, sagte aber sehr höflich, wenn auch mit einem feinen ironischen Lächeln und Verbeugung: 'Lei penserà'. Table d'hôten (Festessen; Anm. d. Verf.) wird ausgewichen. In Trattorien und Cafés werden die Mahlzeiten eingenommen. - Unser Pranzo (Abendessen; Anm. d. Verf.) - Makkaroni, Risotto und Costolette - macht, wenn wir uns alle drei ganz satt essen und viel Chianti trinken, mit Trinkgeldern selten mehr als 5 Lire zusammen."

Der sich an Rom anschließende Aufenthalt in Sizilien, nun ohne Nottebohm, ist der Höhepunkt dieser Reise. Am 12. April schreibt Billroth an den zuhausegebliebenen Eduard Hanslick:

"Taormina! ja weißt Du, was das bedeutet? Träume, Träume! und denke Dir das Schönste! Ich sage Dir, es ist gar nichts. 500 Fuß über rauschendem Meer! Vollmond! berauschender Duft von Orangenblüten! Rotblühender Kaktus an pittoresken, kolossalen Felsen in solchen Massen wie bei uns das Moos. Palmen! Orangen-, Zitronenwälder! malerische

Abb. 37: Theodor Billroth am 20. April 1884 in Rom.
Heliogravüre von V. Angerer, nach einer Zeichnung von Lenbach

Burgen! Ein sehr schön erhaltenes griechisches Theater! dazu die breite, lange, schnee-
bedeckte Fläche des Ätna, Feuersäule! dazu ein Wein aus der Nähe von Syrakus, genannt
Monte Venere! - dazu Johannes in Schwärmerei! Ich in trunk'ner Frechheit ihm aus seinen
Quartetten vorphantasierend! Märchen aus Tausend und einer Nacht. Es gibt Augenblicke
im menschlichen Leben - ach wärst Du bei uns, lieber Hans!" (Spitzname für Eduard
Hanslick; Anm. d. Verf.)

Für seine Familie schreibt Billroth am 12. April folgende Schilderung:

"Tief unten rauscht das Meer, ein Strand wie auf Feuerbachs Medea-Bilde. Dazu
rotblühender Kaktus, ein Wald voll Orangenduft, Palmen und nun!! die breite, schneebe-
deckte Linie des Ätna, Rauch, Feuersäule - das alles im Mondschein!! Ist es Wirklichkeit?
Ist es ein Traum?! Dazu der sizilianische Wein! Johannes und ich ganz allein in einem
reizenden Hotel, jedes Zimmer mit einem Balkon. Brahms läßt mir keine Ruhe! Ich muß
immer wieder hinausschauen. Er sagt: 'Wenn ich eine Frau hätte, an die würde ich auch
schreiben! Aber so! Zu wem könnte ich jetzt reden?!'"

Von Taormina geht die Reise weiter nach Syrakus und nach Agrigent. Letztere
Stadt wird für beide der Höhepunkt des Aufenthaltes in Sizilien. Schlußpunkt der
Reise ist Palermo, wo Billroth und Brahms das Schiff nach Neapel nehmen. Am 20.
April treffen sie wohlbehalten in Rom ein. Billroth reist sofort weiter zu einer
Operation nach Triest, während Brahms über Siena eine beschauliche Rückreise
antritt.

Wie hat Brahms auf Billroths Begeisterung von den Schönheiten Siziliens reagiert? Er hat dann doch an eine Frau geschrieben, und zwar am 25. April 1881 aus
Rom an Clara Schumann:

"Liebe Clara,

hier kommt wieder ein kurzer und sehr länglicher Gruß! Ich will nur melden, daß ich
langsam nach Hause reise...

Auf meiner Reise ist ja nur von den herrlichsten Genüssen die Rede, es fehlt leider die Zeit
- mir auch die Gabe, davon zu schreiben. In Sizilien war's auch, namentlich in Taormina
und Girgenti, unbeschreiblich schön. Auch in Catania war ich und in Palermo...

Billroth ist vor einigen Tagen nach Haus gereist, wo er jetzt zum drittenmal in diesem Jahr
den Fühling - sehr langsam - kommen sieht. In Sizilien ging die Erdbeeren-Zeit langsam
zu Ende, hier ist sie im Anfang, und bei Euch ahnt man sie erst. Auf der Rückreise von S.
nachts auf dem Dampfschiff hat Billroth einen kleinen Weltbürger helfen herauskommen!
Darüber hat er Seekrankheit und alles vergessen; ist aber wohl gelungen, dies ihm nicht
geläufige Experiment...

Ich denke in den ersten Tagen des Mai zu Hause zu sein - eigentlich ist es unrecht, und das
nächstemal darf mir niemand und auch ich selbst nicht von Nach-Hause-Reisen reden!
Macht nur jetzt endlich für den Herbst italische Pläne!

Venedig, Florenz, Perugia, Assisi - Rom, und zurück über Orvieto, Siena, Florenz..."

Soweit man sehen kann ist Brahms der einzige, der von einer Tätigkeit Billroths
als Geburtshelfer berichtet. In der Tat, menschliche Not ließ Billroth alles vergessen.

Ein Jahr später, im Frühjahr 1882, reist Billroth, nach einem Familientreffen in Venedig, mit Frau und Kindern nach Neapel und Sorrent. Wie immer auf seinen Reisen erlebt er seine Umgebung nicht nur visuell, sondern gleicherweise auch akustisch. Billroth war stets auch von der Ursprünglichkeit und Kraft der Volksmusik angezogen, im Ausland ebenso wie zu Hause. Seine musikalischen Eindrücke schildert er in einem Brief an Hanslick:

"In Sorrent und Amalfi hätte ich Dich und Johannes besonders gern in unserer Mitte gehabt. Es gab da viel Volkstümliches zu sehen und zu hören. Lied und Tanz gehören dort überall zusammen. Das Volk tanzt, wie es singt, und umgekehrt. Am originellsten sind die Neapolitaner; mit welchen soi-disant Instrumenten sie die gräßlichsten Töne hervorbringen, um den Takt zu markieren, ist zum Totlachen; dazu die Volksspiele, zumal der Fackeltanz; es bindet sich einer eine lange Papiertüte am Hintern und dreht und springt damit umher; die andern versuchen die Tüte anzuzünden, was ihnen selten gelingt. Die Naivität dabei ist reizend. Dann wieder die schwärmerischen Kanzonettensänger; ich bringe etwas davon mit, gedruckt, auch ein Manuskript von einem Barbier-Komponisten in Sorrent. Doch wie dumm sieht das auf dem Papier aus: Kostüm, Mondnacht, das Meer, der Vesuv, die laue Luft gehören dazu. Das Landvolk in der Umgebung von Neapel hat sich am ungetrübtesten seinen nationalen Tanz-Gesang bewahrt. Sonst hört man in ganz Italien - Wiener Musik! Hat Wien früher viel Freude durch italienische Musik gehabt, so zahlt es diesen Genuß jetzt reichlich durch Strauß und Suppé zurück... Auf den Werkeln hört man fast ausschließlich Straußsche Walzer... Strauß würde mehr gesungen werden, wenn die Walzer italienische Texte hätten. Der Italiener summt nie Melodien vor sich her ohne Text, auch pfeift er nicht; eine Melodie, die keinen Text hat, kann er nur gerne hören, doch er singt sie nicht. Wie sich nun die vielen Guitarre- und Zitherspieler die Straußschen Walzer harmonisieren, ist oft zum Totlachen: so z.B. die ganze blaue Donau in einer Tonart immer nur mit Tonika und Dominant; ich brauchte einige Zeit, um aus dieser Harmonisierung das Original herauszuhören. Viele allerliebste kleine Tenorstimmen hört man; alle singen natürlich mit trefflicher Aussprache und naiver Empfindung; man hört bald diejenigen heraus, die sich durch das Hören schlechter Opernsänger verfeinert zu haben glauben. Ich muß Euch noch manches davon erzählen."

Schon im darauffolgenden Herbst zieht es Billroth wieder nach Italien. Auch Brahms soll mit von der Partie sein. Billroth schreibt bereits im August an Lübke:

"Vom 15. September bis 1. Oktober möchte ich in Oberitalien bummeln. Brahms hat Lust, mitzureisen; ich habe ihm für den 15. September Rendez-vous in Vicenza proponiert, weiß aber noch nicht, ob er annehmen wird."

Brahms nahm an. Der Terminplan jedoch gestaltete sich anders. Man traf sich zunächst am 13. September in Bellagio in der Villa Carlotta, dem Besitz des Herzogs von Meiningen, am Comer See, um dort mit Clara Schumann und ihren Kindern den 63. Geburtstag der Künstlerin zu feiern. Das nun einsetzende schlechte Wetter verzögerte Billroths und Brahms' Weiterreise. Schließlich versuchten sie, über Bergamo, Mailand und Brescia Verona zu erreichen, aber Oberitalien war, wie so oft, von einem Hochwasser betroffen. Der Plan mußte geändert werden.

Nach einem kurzem Aufenthalt in Vicenza reisten sie nach Venedig weiter. Auf dem Markusplatz trafen die Freunde zufällig wieder auf Clara Schumann und ihre

Töchter. Eugenie Schumann erzählte später folgende Episode von diesem Zusammentreffen: Ohne daß Billroth Zeuge des Gesprächs war, behauptete Brahms, morgen sei Billroths Geburtstag. Daraufhin besorgten die Schumanns ein Säckchen mit Nüssen, die Billroth gerne aß, verfaßten ein Gedicht und schickten die Gaben samt Blumengebinde am anderen Morgen in Billroths Hotelzimmer.

Mit welchen Gefühlen Billroth den plumpen Ulk des Freundes aufklärte, wissen wir nicht. Sicher ist jedoch, daß dies eine der Eigenarten der Persönlichkeit von Brahms gewesen ist, die in späterer Zeit zur Entfremdung der Freunde mit beigetragen hat. Zur Zeit dieses Aufenthaltes in Venedig waren Wolken solcher Art noch nicht am Horizont. Jedenfalls bewirkte das nun einsetzende schöne Wetter, daß Billroth und Brahms weitere zehn Tage in der Lagunenstadt verbrachten.

Von einer weiteren gemeinsamen Reise nach Italien ist nichts bekannt, obwohl Billroth in der Folgezeit noch siebenmal in Italien weilte und Brahms noch sechsmal die Alpen mit gleichem Ziel überquerte.

Billroths Verhältnis zu Brahms ist durch das Buch von Otto Gottlieb-Billroth umfassend gewürdigt worden. Billroths Verhältnis zu Hanslick, von dem Billroth selbst manchmal gemeint hat, es "trage eigentlich den Charakter der Gefühlsschwärmerei des 18. Jahrhunderts" (Otto Gottlieb-Billroth), harrt bis heute einer eingehenden Untersuchung.

Wer die Diktion Billroths in seinen Briefen an Hanslick mit denjenigen der Briefe an Brahms vergleicht, wird unschwer feststellen können, daß die Sprache Billroths gegenüber dem schöpferischen Musiker eine andere ist, als diejenige gegenüber dem Musikkritiker. Umso mehr muß man bedauern, daß Peter Wapnewski in seiner Neuausgabe der Hanslickschen Autobiographie den Anhang Hanslicks weggelassen hat. Wapnewski meint (S. 514 f.): "Überdies aber hat Hanslick seinem medizinischen Freunde Theodor Billroth in einem Appendix ein Denkmal gesetzt, indem er anschließend auf mehr als fünfzig Seiten Zitate aus 'Briefen von Billroth' vorgelegt hat: Dokumente einer lebhaft plaudernden Freundschaft, von privatem Wert, doch für die Leserschaft unserer Tage von nur begrenztem Interesse..."

Diesem Urteil Wapnewskis ist entgegenzuhalten, daß der Hanslicksche "Appendix" in der Gesamtkonzeption der Autobiographie eine ganz bestimmte Rolle spielt. Es handelt sich nicht um ein Freundschaftsdenkmal, sondern Billroths Briefe sind für Hanslick Belege für seine Musik- und Musikeranschauungen, wie er sie vorher im Schlußkapitel seines Buches *Ein Gespräch über Musikkritik* - das Zentrum seiner musikologischen Existenz - dargelegt hat. Diesen Stellenwert des "Zeugen Billroth" für das Denken Hanslicks näher zu untersuchen, ebenso wie eine umfassende Darstellung des Verhältnisses Billroth - Hanslick bleibt eine Aufgabe.

Bisher läßt sich ahnen, daß Billroths menschliche Zuneigung zu Hanslick in dem Maße zunahm, wie sie im Laufe der 80er Jahre gegenüber Brahms allmählich geringer wurde.

Mag sein, daß dem alternden Billroth der über Musik nachdenkende Hanslick immer näher stand als der schöpferische Brahms, der - um es in der Sprache Billroths zu sagen - permanente "Mineur" in der Musik; jener "Mineur" seiner in das 20. Jahrhundert weisenden Kompositionen, an denen der sich allmählich auf das medizinische Altenteil zurückziehende Billroth immer weniger Anteil genommen hat. Diese Überlegungen haben heute jedoch lediglich das Gewicht einer Vermutung.

Mit Hanslick war Billroth schon vor den Reisen mit Brahms in Italien gewesen. In seiner Autobiographie erinnert sich Hanslick anläßlich der von ihm besuchten Erstaufführung von Guiseppe Verdis "Fallstaff" in Rom am 15. April 1893 im Teatro Constanzi (nach der Uraufführung an der Mailänder "Scala" am 9. Februar 1893) an die gemeinsame Reise mit Billroth nach Rom und Neapel im Jahre 1874.

Nicht ohne Stolz läßt Hanslick in seinen Bericht einfließen, daß ihn Verdi bei diesem Aufenthalt in Rom zum Essen einlud. Der greise Meister nahm dabei auf seine Weise den Dauerkonflikten von Kritiker, schöpferischem Musiker und Interpreten elegant die Spitze. Hanslick erinnert sich: "Der Mittagstisch für vier Personen war bereits gedeckt. Es erschienen der Impresario und der Kapellmeister (Eduardo; Anm. d. Verf.) Mascheroni. Mit dem geistreichen Schmunzeln, wie es nur den Italienern eigen ist, wenn sie sich an einem Bonmot ergötzen, stellte mich Verdi als 'il Bismarck della critica musicale' vor. Als vollendeter Galantuomo beschenkte er noch meine Frau mit einer Photographie samt Dedikation und wir empfahlen uns mit dem angenehmsten Eindruck."

Dieser "Bismarck der Musikkritik" wählte sich im September 1893 keinen anderen als Theodor Billroth als Partner für ein Grundsatzgespräch über Musikkritik, wie es im zehnten Buch in Hanslicks *Aus meinem Leben* wiedergegeben ist. Hanslick würdigt damit gewiß nicht den ehemaligen Kollegen der *Neuen Zürcher Zeitung,* und noch weniger will er dem großen Chirurgen ehrerbietige Komplimente machen. Hanslick wählt in diesem Schlußkapitel seiner Autobiographie einen aus seiner Sicht kongenial reflektierenden Musiker als kompetentes Gegenüber. Mehr noch: Hanslick ruft mit Billroth einen für ihn wichtigen Zeugen seiner Anschauungen auf. Nimmt man das Kapitel "Theodor Billroth" im siebenten Buch von Hanslicks Autobiographie sowie die im Anhang von Hanslick wiedergegebenen Briefzitate Billroths von ca. 50 Druckseiten hinzu, so erscheint Billroth neben dem Autor als wichtigste Persönlichkeit in Hanslicks *Aus meinem Leben.*

Das von Hanslick gewählte Szenario für das Gespräch mit Billroth über Musikkritik ist ein "Spaziergang gegen Mondsee" während eines Besuches im September 1893 in der Billroth-Villa in St. Gilgen, knapp ein halbes Jahr vor Billroths Tod. Hanslick erinnert sich:

" Wir waren von unserem kurzen Spaziergang zurückgekehrt und setzten uns auf eine Bank vor Billroths Villa, die den herrlichsten Ausblick auf den Wolfgangsee bietet. Billroth zündete sich eine Zigarre an und nahm unser musikalisches Gespräch wieder auf: 'Es macht mich immer toll, wenn die Parteigänger der Zukunftsmusik Dich als einen

Marodeur bezeichnen, der hinter dem Vormarsch des Zeitgeistes zurückgeblieben ist. Dann müßte auch ich ein Zopf heißen, ich, der Schwärmer für unsere modernsten Meister: Brahms! Ein Zopf und Marodeur, weil ich weder Bruckner noch Richard Strauss für einen zweiten Beethoven halte, und weil Wagners Musik mir widerwärtig ist, samt ihrem dreifach verderblichen Einfluß auf die Komponisten, die Sänger und das Publikum! Gerade gegen den Vorwurf der Verzopftheit brauchst Du Dich nicht zu verteidigen - liegen doch in Deinen Kritiken über Schumann, Brahms, Dvorak und so viele neue Opern die Beweise des Gegenteils gedruckt vor den Augen der Welt'."

In diesem Gespräch scheint in einer prägnanten Formel auch Billroths Haltung zu Wagner auf. Zeitlebens ist ihm seine Musik "widerwärtig" gewesen, eine Fülle von entsprechenden Urteilen in seinen Briefen belegen das eindeutig. Trotzdem klingt hin und wieder ein verhülltes Wort der Achtung, ja Bewunderung für den Bayreuther Meister durch. Billroth wie Hanslick haben rational an der Genialität Wagners nicht gezweifelt. Ebensowenig vermochten sie es aber, sich emotional mit seiner Musik zu identifizieren.

VI

Billroth in Wien (1867 bis 1894)

Die späten Jahre

Abb. 38: Die Begründer der Deutschen Gesellschaft für Chirurgie.
Gemälde von Ismael Gentz aus den Jahren 1893/94.
v.l.n.r: Richard von Volkmann, Johann Friedrich August von Esmarch,
Heinrich Adolf von Bardeleben, Bernhard Rudolf Conrad von Langenbeck,
Theodor Billroth, Victor von Bruns, Gustav Simon, Ernst Julius Gurlt

Billroth und die wissenschaftlichen Gesellschaften

Wenn man die Liste der Mitgliedschaften Billroths in den verschiedenen wissenschaftlichen Gremien durchsieht, in erster Linie Gesellschaften und Akademien, so wird schnell klar, daß es unmöglich ist, auf alle im einzelnen einzugehen. Das ist auch nicht notwendig, denn wirklich tätig ist Theodor Billroth eigentlich nur in zweien dieser Vereinigungen gewesen: in der "Deutschen Gesellschaft für Chirurgie" sowie in der "Gesellschaft der Ärzte in Wien".

Viele Jahrgänge der *Wiener medizinischen Wochenschrift* aus der Billroth-Zeit Seite für Seite durchzublättern, bedeutet bei aller Beschwerlichkeit für den historisch Interessierten eine Quelle des Genusses. Jene ganze Zeit wird in aufregender Weise lebendig, die berühmten Ärzte der zweiten Hälfte des letzten Jahrhunderts spazieren über die imaginäre Bühne, vieles verbindet sich zu sinnvollen Zusammenhängen. Die Zeitschrift war von Leopold Wittelshöfer zu einem allseits orientierenden und bildenden, in die Tagesläufe eingreifenden Organ entwickelt worden. Sie wurde so für den interessierten Wiener oder österreichischen Arzt, ja für jeden deutschsprachigen Mediziner zum gern gelesenen, fast unentbehrlichen Nachrichtenblatt. In dieser Wochenschrift, die in kritischen den Zeiten im Jahre 1887 Tagesbulletins über den Gesundheitszustand Billroths gebracht hat, findet sich aber keine Nachricht über eine wie auch immer geartete Vortragstätigkeit, die er in einem der vielen im Nekrolog aufgeführten medizinischen oder chirurgischen Gremien entfaltet hätte. Die wenigen Ausnahmen seien in gebührender Weise herausgehoben.

Obgleich Billroth gelegentlich in Briefen, aber auch im *Lehren und Lernen* despektierliche Ansichten über den Wert von Akademien äußerte, hat er natürlich keine der Mitgliedschaften abgelehnt, die ihm angetragen wurden.

Es kann sich nicht darum handeln, die Geschichte der "Deutschen Gesellschaft für Chirurgie" näher zu schreiben, zumal man Theodor Billroth nicht zu ihren eigentlichen Gründern rechnen darf. Offenbar war Billroth, der sich zu jener Zeit schon intensiv mit dem Material zu *Lehren und Lernen* befaßte, über die Ziele der Gesellschaft wirklich nicht unterrichtet.

Billroth fuhr nach Berlin, aber alles gestaltete sich ganz anders, als er es sich vorgestellt hatte. Bei einer Anzahl von 51 Abstimmenden wurden mit einfacher Stimmenmehrheit gewählt: zum Vorsitzenden: Herr v. Langenbeck, zum Stellvertreter desselben: Herr v. Bruns, zum ersten Schriftführer: Herr Volkmann zum zweiten Schriftführer: Herr Gurlt, zum Cassenführer: Herr Trendelenburg, zu weiteren Ausschußmitgliedern die Herren: Billroth, Bardeleben, Simon, Baum.

Theodor Billroth saß also gleich wieder mit obenan, hielt sich aber auf diesem Kongreß sehr zurück. Nur einmal ergriff er in der Diskussion das Wort. Zu Heines Vortrag *Über parenchymatöse Injektion zur Zertheilung von Geschwülsten* teilt er warnend einen tödlich verlaufenen Fall aus der eigenen Klinik mit. Zugleich wandte er sich dann auch noch gegen Roser, der bereits in der Eröffnungssitzung jene seltsame, im Grunde frappant fortschrittliche Resolution vorgeschlagen hatte, einen staatlichen Preis auszusetzen auf die Erforschung des "Pyämiepilzes". (Der Antrag ist abgelehnt worden, nachdem Baum gemeint hatte, man solle "diese Sache lediglich dem deutschen Forschergeist überlassen.")

Auf dem zweiten Kongreß 1873 hielt dann Theodor Billroth das Eröffnungsreferat des ersten Tages. Billroth hatte ein spezielles operationstechnisches Thema gewählt: *Über die Exstirpation ausgedehnter Zungen-Carzinome von der Regio suprahyoidea aus.*

Er verfügte damals über ein an Zahl allen anderen weit überlegenes Krankengut von zehn Patienten (gegenüber lediglich Fallmitteilungen) sowie eine Überlebensrate von 6:4, für die damalige Zeit ein vorzügliches Ergebnis, während sonst niemand Gutes zu berichten wußte.

Auf dem dritten Kongreß 1874 war Billroth nicht anwesend. Wir finden jedoch im Protokoll: "Von Herrn Billroth (Wien) ist ein Exemplar seiner von ihm der Gesellschaft gewidmeten Schrift über 'Coccobacteria septica' eingegangen; das dieselbe begleitende folgende Schreiben gelangt zur Vorlesung."

Billroth besuchte nur noch die Kongresse von 1877, 1879, 1882 und 1889. Nicht einmal im Jahre 1887 auf dem 16. Chirurgenkongreß finden wir ihn, obgleich er am Eröffnungstag, dem 13. April, zum Ehrenmitglied ernannt wird; als erster Deutscher, nachdem im Jahre zuvor v. Langenbeck als Ehrenpräsident gewählt worden war. Mit Billroth gemeinsam erfuhr auch Spencer Wells diese Ehre: Die Gesellschaft hatte nunmehr vier Ehrenmitglieder und einen Ehrenpräsidenten.

Nur noch einmal besuchte er den Berliner Kongreß: zur Zeit seines 60. Geburtstages Ende April 1889, dessen Feier in Wien deshalb verlegt werden mußte. Auf der Liste der Sprecher fehlt er.

Die Teilnehmer an den Berliner Kongressen der "Deutschen Gesellschaft für Chirurgie" haben Billroth nicht wiedergesehen. Auf dem 23. Kongreß 1894 hatte sein alter Freund, der damals 71jährige Friedrich von Esmarch, den Vorsitz. Er hielt beim Totengedenken den Nachruf auf das Ehrenmitglied Billroth, "...der einer der Mitstreiter unserer Gesellschaft... gewesen ist...", und schloß: "So kann mit vollem Recht gesagt werden, daß wir mit Billroth einen der größten Männer aller Zeiten und vielleicht den bedeutendsten Chirurgen der Gegenwart verloren haben."

In den Jahren zuvor war das (alte) Langenbeck-Haus errichtet worden (Ziegelstraße 10/11, an der Spree), zu welchem Esmarch gerade in jenem Jahre 1894 noch das folgende zu sagen hatte: "Das Langenbeckhaus ist, wie wohl Alle schon gesehen

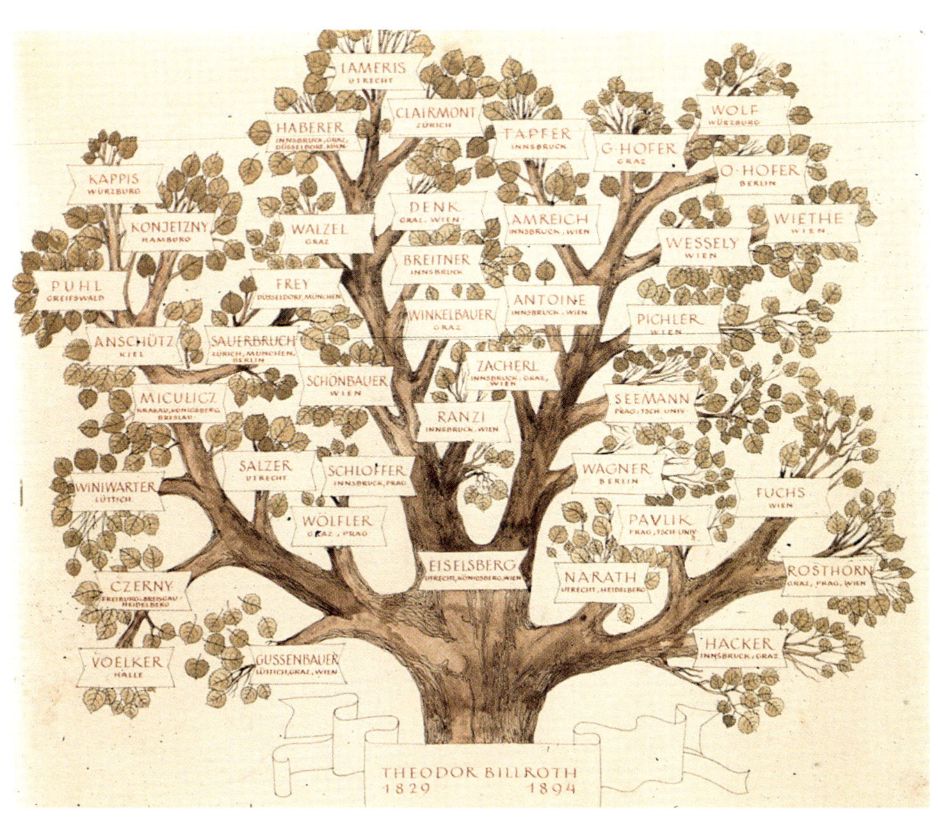

Abb. 39: Der Billroth-Baum

haben, um eine künstlerische Ausschmückung reicher geworden, um ein Ölgemälde, welches die Nische der Schmalseite seiner Wandelhalle schmückt. Die Construktion dieser Nische forderte schon während des Baues dazu auf, an die Einfügung eines Bildschmuckes zu denken..." Obgleich Spenden hierfür eingegangen waren, hätte die Summe nicht gereicht, "wenn nicht der Künstler mehr als diese Stifter für das Bild opferte. Ein solcher Künstler hat sich in der Person des jungen Malers Ismael Gentz gefunden..."

Dieser wurde 1890 mit der akademischen Ausstellung prämiert (übrigens auch von Theodor Fontane sehr geschätzt) und hat "...mit meisterhaftem Geschick und mit großem Fleiße an dem Bilde gemalt, welches die Stifter der Deutschen Gesellschaft für Chirurgie darstellt. Er hat sich nicht gescheut, große Reisen zu unternehmen und wochenlang am Wohnorte Derjenigen zuzubringen, die er für das Bild malte. Er ist der letzte Maler gewesen, dem Billroth gesessen hat..."

Dieses schöne, große Ölbild von Ismael Gentz existiert noch in der Chirurgischen Universitätsklinik Berlin (Charité). Es ist restaurationsbedürftig und sollte erhalten werden.

Von diesem sind die Reproduktionen des letzten authentischen Porträts von Theodor Billroth gemacht worden. Es fällt auf, daß Billroth die eigentlich zentrale Figur auf diesem Monumentalbilde darstellt. Alle gruppieren sich um ihn (der niemals Vorsitzender der Gesellschaft gewesen ist), selbst Langenbeck wirkt, zu Billroth hingewendet, neben ihm weniger bedeutend, und Bruns sieht geradezu zu ihm auf. Billroth ist der einzige, der auf uns hinschaut; dabei hat man aber noch den Eindruck, als ob sein Blick sich über uns hinweg in die Ferne aller Zeiten und Räume richte.

Als Kuriosum und als ehrfurchtgebietender Spiegel der schon bei Lebzeiten legendären Berühmtheit und Beliebtheit Billroths sei auf das Verzeichnis im Nekrolog Gussenbauers verwiesen.

In die "Kaiserlich Leopoldinisch-Karolinische Deutsche Akademie der Naturforscher" wurde Billroth im Jahre 1888 aufgenommen. Aus den Unterlagen geht nicht hervor, daß Billroth innerhalb der Akademie irgendeine Wirksamkeit ausgeübt hätte. Er war nach der Krankheit doch in seiner Aktivität bereits beträchtlich eingeschränkt und hatte ja ohnehin beschlossen, die eigentliche Wissenschaft abzuschließen und sich dem "Feuilleton" zu widmen.

Eine größere Reise hat Billroth in Sachen Chirurgie wohl nur noch 1890 zum "X. Internationalen Medicinischen Congress" nach Berlin unternommen. Um so größere und wirkungsvollere Aktivität entfaltete er jedoch gerade vom Jahre 1888 an in der Gesellschaft der Ärzte in Wien.

In der Sitzung vom 14. Dezember übernahm Billroth mit einer kurzen Ansprache das Präsidentenamt: "Jetzt haben Sie sich einen Chirurgen als Präsidenten gewählt. Wer hätte es vor einem halben Jahrhundert für möglich gehalten, daß ein Chirurg,

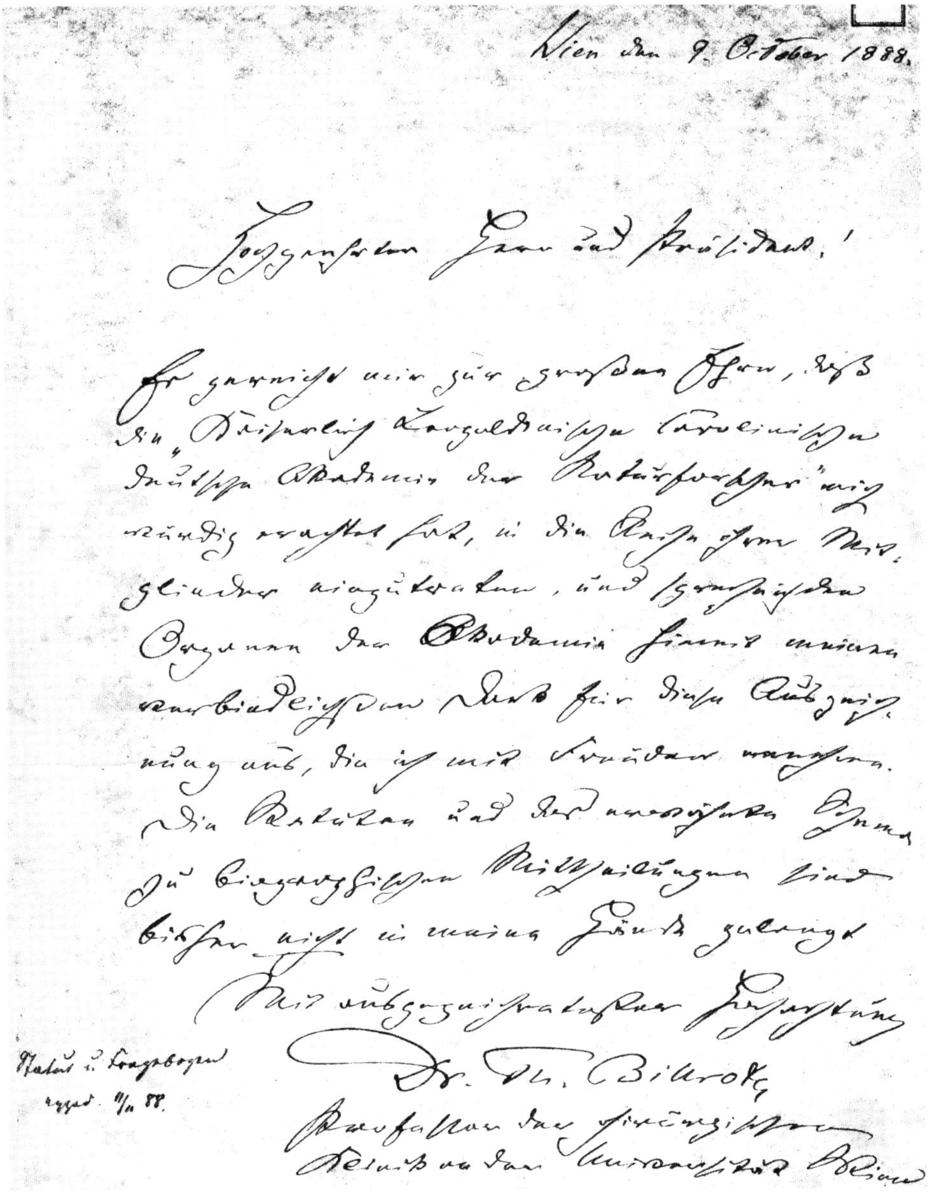

Wien den 9. October 1888.

Hochgeehrter Herr und Präsident!

Es gereicht mir zur grossen Ehre, daß die Kaiserlich Leopoldinische Carolinische deutsche Akademie der Naturforscher mich würdig erachtet hat, in die Reihe ihrer Mitglieder einzutreten, und spreche ich den Organen der Akademie hiemit meinen verbindlichsten Dank für diese Auszeichnung aus, die ich mit Freuden annehme. Die Statuten und der erwähnte Schema zu biographischen Mittheilungen sind bisher nicht in meine Hände gelangt.

Mit ausgezeichneter Hochachtung

Dr. Th. Billroth

Professor der chirurgischen Klinik an der Universität Wien

Statut u. Fragebogen expd. 11/10 88.

Abb. 40: Antwortschreiben Theodor Billroths an den Präsidenten der "Kaiserlich-Leopoldinischen-Carolinischen Deutschen Akademie der Naturforscher" nach seiner Wahl in die Akademie

damals im günstigsten Fall ein geachteter Zunftmeister, zu einer solchen bedeutenden socialen Stellung hätte gelangen können. Daß dies jetzt zur Thatsache geworden
ist, darin sehe ich die Anerkennung, daß der Chirurg heute würdig befunden wird,
über seinem Handwerks- und Künstlerwamms, das er stets in Ehren halten soll, einen
Doctormantel wie die andern Aerzte zu tragen, und sich mit ihnen in Reih und Glied
beim Vormarsche der Wissenschaften und Künste aufstellen zu dürfen.

In diesem Sinne danke ich Ihnen vor allem für Ihre Wahl, und füge mit freudigsten
herzlichsten Empfindungen meinen persönlichen Dank hinzu... Wir wären also
eigentlich berechtigt, fast möchte ich sagen verpflichtet gewesen, in diesem Jahre das
fünfzigjährige Jubiläum unserer Gesellschaft zu feiern. Es hätte sich sowohl ein recht
interessanter Stoff für eine Jubiläumsrede geboten, wenn man darzulegen versucht
hätte, welche gewaltige Veränderungen sich in dem Leben und der Thätigkeit der
ärztlichen Gesellschaft in diesem halben Jahrhundert vollzogen haben. Hat man nicht
daran gedacht oder wollte man nicht daran denken, - kurz, der Tag ist ohne Feier
verflogen. Man denkt dabei an das Dichterwort: 'Was Du von der Minute ausgeschlagen, gibt keine Ewigkeit zurück'."

Auf der "feierlichen Jahressitzung" (offensichtlich stets um den Jahrestag der
Gründung gehalten: 24. März 1838) am 22. März des Jahres 1889 verlas der erste
Sekretär Professor Kundrat den Bericht: "...Ich bin wohl der Zustimmung der ganzen
ansehnlichen Versammlung sicher, wenn ich nun der Freude Ausdruck gebe, daß
unter diesen Umständen Herr Hofrath Billroth sich so gerne bereit gefunden, die auf
ihn am 7. Dezember 1888 gefallene Wahl zum Präsidenten anzunehmen, und daß er
mit solcher Energie bestrebt ist, das Ansehen und die Interessen der Gesellschaft zu
fördern. Nur ihm haben wir es zu danken, daß ohne Störung die Thätigkeit der
Gesellschaft ablief und auch das von Bamberger activirte publicistische Unternehmen keinen Schaden litt! Reicher als in jedem der verflossenen Jahre hat sich die
wissenschaftliche Thätigkeit des Vereins gestaltet..." Billroth hatte offenbar Wort
gehalten.

Wohl das Hauptziel der "k.k. Gesellschaft der Ärzte" in Wien während der
Präsidentschaft Billroths war es, in einem eigenen Haus zu residieren. In der Sitzung
vom 13. Januar 1893 unter dem Vorsitz Leo v. Dittels verliest der Vorsitzende
folgendes Schreiben des Präsidenten Billroth:

"Ich bitte Sie, der k.k. Gesellschaft der Aerzte in der heutigen Sitzung mitzutheilen, daß
ich sehr betrübt darüber bin, aus Gesundheits-Rücksichten meine Ehrenpflicht nicht
erfüllen zu können, daß ich aber im Geiste unter meinen lieben Collegen weile und nicht
nur für unsere Gesellschaft alles Beste für das Jahr 1893 wünsche, sondern jedem einzelnen
Mitgliede derselben ein herzliches 'Prosit Neujahr' zurufe.

Wenn Alles, was wir erstreben, unserem Programm entsprechend verläuft, so werden wir
im Herbst dieses Jahres 'unser Haus' beziehen...

Möge der von gegenseitigem freundlichen Wohlwollen getragene collegiale Geist und das
ernste wissenschaftliche Streben, wie es jetzt zu meiner größten Freude in unserer

Gesellschaft herrscht, mit uns in unser neues Heim einziehen. Dann wird es ein Haus des Segens nicht nur für unser liebes Wien und unser geliebtes Vaterland, sondern für die ganze Menschheit werden.

Ihr Th. Billroth."

Endlich ist es soweit. In der No. 44 der *Wiener klinischen Wochenschrift* vom 2. November 1893 liest man:

"Officielles Protokoll der k.k. Gesellschaft der Aerzte in Wien.

Feierliche Eröffnungs-Sitzung im neuen Hause vom 27. October 1893.

Vorsitzender: Hofrath Billroth

Schriftführer: Prof. Bergmeister."

Ein Schwarm geladener Ehrengäste wird namentlich aufgezählt, dann heißt es:

"Der Vorsitzende Hofrath Billroth begrüsst die Versammlung mit folgenden Worten: 'So sind wir denn in unserm eignen Hause. Die k.k. Gesellschaft der Aerzte in Wien, welche vor 57 Jahren durch 40 Mitglieder zur gegenseitigen wissenschaftlichen Förderung begründet wurde, ist zu einer Mitgliederanzahl von nahezu 400 angewachsen. Der Besitz, das Ansässigwerden auf einem, wenn auch noch so kleinen Punkt unserer Erde war immer von entscheidender fortschrittlich-cultureller Bedeutung für einen Volksstamm.... Wir haben nun diesen hochbedeutenden Schritt gethan und uns in unserem lieben Wien ansässig gemacht. Das wird die Bestrebungen und Wirkungen unserer Gesellschaft, wie ich hoffe, mächtig steigern. Als ihr Ziel und ihren Hauptzweck erkenne ich unsere immer regere gegenseitige wissenschaftliche Förderung zum Heile der leidenden Menschheit'...."

An Johannes Brahms hatte er zu dieser Veranstaltung am 22. Oktober 1893 folgende Einladung gesandt: "Lieber Freund! Vielleicht interessiert es Dich, meine jüngste Schöpfung in Wien, das Haus der k.k. Gesellschaft der Aerzte in der Frankgasse (vor der Alserkaserne) zu sehen; es ist recht hübsch ausgefallen. Es würde uns sehr freuen, wenn Du uns die Ehre erweisen wolltest... Ich möchte Dich auch einmal schön decorirt sehen... Mein Hauptaugenmerk bei der Construction des Sitzungssaales war darauf gerichtet, daß man lautlos durch eine der 20 Thüren verschwinden kann, wenn es langweilig wird; nur ich muß auf meinem Präsidenten-stuhl ausharren. Jedenfalls wird es mich sehr freuen, Dich zu sehen. Dein Th. Billroth."

Theodor Billroth hatte die Gesellschaft der Aerzte in Wien an das erwünschte Ziel geführt. Nur einmal war es ihm noch vergönnt, in dem neuen Hause zu sprechen: am 10. November 1893 hielt er in der ersten Arbeitssitzung seinen großen Vortrag: *Eigene Erfahrungen über Aneurysmen an den Extremitäten und am Halse.*

Es entspricht wahrscheinlich den Tatsachen, daß Billroths Einstellung zu wissenschaftlichen Gesellschaften zurückhaltend gewesen ist. Den meisten hat er wohl nur nominell angehört, wenn ihm die Ehrenmitgliedschaft oder Mitgliedschaft angetragen wurde. Daß seine Aktivität in der "Deutschen Gesellschaft für Chirurgie" nicht erheblich geworden ist, mag mehreren Gründen zuzuschreiben sein, die vielleicht sogar aufeinander folgten: Einmal war er bei der Gründung der Gesellschaft abseits gestanden, möglicherweise nur deshalb, weil er, in Wien weit vom Schuß, in die Vorgespräche nicht mit einbezogen wurde. Er stand aber den "Akademien" auch gedanklich fern, und er scheint diese Chirurgengesellschaft anfangs für eine Art Akademie gehalten zu haben. Die individuelle Phase der Arbeit, die mit dem Abfassen des Lehrwerkes ihren Abschluß gefunden hatte, war endgültig der Phase der öffentlichen Tätigkeit gewichen.

Ausgewählte Literatur:

Billroth, Th.: Arzt, Staat und Publikum.Rede zum Gesetze über die Einrichtung von Ärztekammern, gehalten in der Herrenhaussitzung vom 25. November 1891. In: Wiener klinische Wochenschrift 4 (1891).
Billroth, Th.: Über den Einfluß der Antiseptik auf Operationsmethoden, chirurgischen Unterricht und Krankenhausbau In: Wiener klinische Wochenschrift 3 (1890).
Gussenbauer, C.: Theodor Billroth. In: Wiener klinische Wochenschrift 7 (1894).

Abb. 41: Theodor Billroth. (1888)

Letzte wissenschaftliche Arbeiten

In einem Brief vom 29. November 1878 an Vincenz Czerny hatte Theodor Billroth die *Chirurgische Klinik* als sein wohl bestes, aber auch "unwiderruflich letztes" Werk bezeichnet und nach Überarbeitung des Mammakapitels für die *Deutsche Chirurgie* der Welt der Wissenschaft verkündet: "das Feuilleton beginnt".

Mit einem wirklich umfassenden großen Buch für die Medizin hat er sich nicht mehr befaßt, wie wir das aus den Jahren seiner hohen Schaffenskraft von ihm gewohnt waren. Wir dürfen annehmen, daß Billroth unter "Feuilleton" allgemein verständliche Schriften und Vorträge sowie Öffentlichkeitsarbeit verstand. Das "Feuilleton" bei Billroth ist nicht wörtlich zu nehmen, da auch seine Schriften *Das Gute im Menschen* und *Wer ist musikalisch?* aus den 90er Jahren auf hohem denkerischen Niveau stehen. Auch wenn Billroth kein größeres Forschungsthema mehr aufgreift, so äußert er sich doch noch fachlich in mehreren Arbeiten.

Bereits seine Beiträge aus den Jahren 1876 bis 1879 in der *Wiener Medizinischen Wochenschrift*, meist auf der Titelseite jeweils einer Nummer, unter einer Serien-überschrift: *Zur Diskussion über einige chirurgische Zeit- und Tagesfragen* sind fast auschließlich auf die Abdominalchirurgie bezogen. Es sind Vorarbeiten für die Epoche machende Magenresektion im Januar 1881. Auch das berühmte *Offene Schreiben an Herrn Dr. L. Wittelshöfer* vom Januar 1881 gehört schon hierzu. Dann kommt eine lange Pause in Billroths Werkverzeichnis, erst 1888 erscheint wieder eine größere, wissenschaftliche Arbeit. Das Thema lautet: *Über die Ligatur der Schilddrüsenarterien behufs Einleitung der Atrophie von Kröpfen*. Der Gegenstand mag uns im Zeitalter der abgeschlossenen Technik in der Schilddrüsen- und Kropfchirurgie nicht mehr allzu interessant erscheinen.

Eine weitere wissenschaftlich-klinische Veröffentlichung stammt dann erst aus dem Jahre 1890 und trägt den Titel: *Über die Behandlung kalter Abscesse und tuberculöser Caries mit Jodoformemulsion*.

Bei den Arbeiten über das Wundfieber, 1861 beginnend, habem sich Billroths klinische und pathologisch-physiologische Fragestellungen immer wieder um den Begriff der "Entzündung" gruppiert. Es verwundert also nicht, wenn am Ende seiner wissenschaftlichen Publikationsreihe noch einmal zwei Arbeiten auftauchen, welche sich mit diesem Komplex befassen. Die erste von ihnen ist sogar etwas umfangreicher; sie kam als Broschüre von 43 Seiten heraus: *Über die Einwirkungen lebender Pflanzen- und Thierzellen aufeinander*. In ihr sind manche Rückblicke Billroths auf die Bestrebungen seiner früheren Jahre, Erinnerungen, Betrachtungen und auch philosophische Gedanken enthalten.

Abb. 42: Theodor Billroth. Gemälde von Brandeis.

Nicht nur wissenschaftsgeschichtlich interessant ist eine Bemerkung Billroths in dieser Schrift, welche die zukünftigen Aufgaben der Bakteriologie aus seiner Sicht beschreibt:

"Wie vermögen die uns erst kürzlich bekannten Malaria-Plasmoiden durch Chinin und Arsenic, die noch ganz unbekannten Syphilisbazillen durch Quecksilber und Jod zu töten, ohne dem Gesamtorganismus zu schaden. Wir werden auch Mittel finden, die Tuberkelbazillen und die noch nicht bekannten Karzinom-Mikrobien zu töten, um den schon halbgestorbenen Körper vom Tode zu retten. Das sind die großen Aufgaben, vor denen die folgenden Generationen stehen."

Noch einmal, ein letztes Mal, beschäftigt sich Billroth in der Öffentlichkeit mit der gleichen Frage: 1893 erscheinen - ausdrücklich unter "Feuilleton" - seine *Reminiszenzen* unter dem Titel *Erlebtes und Gedachtes über Entzündung und Eiterung*. In dieser Schrift äußert Billroth über das rein Fachliche hinaus viele philosophischspekulative Gedanken zur Entstehung des Lebens und über das Wunder der Schöpfung.

Die letzte wissenschaftliche Arbeit Billroths finden wir in der *Wiener klinischen Wochenschrift* vom 14. Dezember 1893 auf der Titelseite: *Eigene Erfahrungen über Aneurysmen an den Extremitäten und am Halse*. Sie ist die letzte fachspezifische Arbeit, die von Billroth gedruckt wurde. Sie basiert auf einem "Vortrag, gehalten am 10. November in der Sitzung der k.k. Gesellschaft der Ärzte in Wien."

Ausgewählte Literatur:

Billroth, Th.: Eigene Erfahrungen über Aneurysmen an den Extremitäten und am Halse. In: Wiener klinische Wochenschrift 6 (1893).
Billroth, Th.: Erlebtes und Gedachtes über Entzündung und Eiterung, Reminiszenzen. In: Wiener klinische Wochenschrift 6 (1893).
Billroth, Th.: Ueber die Behandlung kalter Abscesse und tuberculöser Caries mit Jodoformemulsionen. In: Wiener klinische Wochenschrift 3 (1890).
Billroth, Th.: Über die Einwirkung lebender Pflanzen und Thierzellen aufeinander. Eine Biologische Studie (= Sammlung medicinischer Schriften, hrsg. von der Wiener klinischen Wochenschrift, 10), Wien 1890.
Billroth, Th.: Über die Ligatur der Schilddrüsenarterien behufs Einseitung der Atrophie von Kröpfen. In: Wiener klinische Wochenschrift 1 (1888).

Öffentlichkeit und Herrenhaus

Diejenigen Veröffentlichungen, welche Theodor Billroth mit dem etwas plakativen, für den exakten Naturwissenschaftler wie für den Vorkämpfer der strengen klinischen Forschung fast abwertend klingenden Schlagwort "Feuilleton" belegte, zählen in unerwarteten Blickrichtungen zu seinen bedeutendsten.

Wer den Lebensgang Billroths verfolgt, wer Anspielungen aus seinen Briefen aufmerksam gelesen hat und wer aus Erfahrungen weiß, daß mancher Wissenschaftler gegen Ende seines Lebens hin die eigenen, oft trüben Erfahrungen in ein Handeln zugunsten der öffentlichen Verhältnisse, der Gesellschaft oder gar der Menschheit einsetzte, wird von dieser Wendung in Billroths Leben, seinen Anschauungen und Äußerungen gar nicht so überrascht sein.

In einem Brief an seine Cousine, Frau Schmeling, vom 15. Dezember 1888 gibt Billroth detaillierte Einblicke in seine Tätigkeit als klinischer Bauherr. Außerdem erwähnt er seine Berufung in das "Herrenhaus", eine Art Beratungsgremium für die Regierung. Nur auf Vorschlag von Hof und Kirche konnten in dieses "Herrenhaus" wichtige Persönlichkeiten aus Wissenschaft, Kunst und Wirtschaft etc. berufen werden. Billroth schreibt: "...Nun kämpfe ich einen noch viel schwierigeren Kampf, dessen Ende ich nicht erleben kann. Seit 20 Jahren arbeite ich für den Umbau und Neubau unserer Kliniken und unseres großen Krankenhauses, das zur Zeit Joseph II. ein Musterhaus war, jetzt aber, noch in gleichem Zustande bestehend, ganz antiquirt ist. Ich habe durch verschiedene Zeitungs-Artikel unsere Minister und Behörden so wüthend gemacht, daß sie mich gern des Amtes entsetzen möchten, wenn nicht das Abgeordnetenhaus und die gesammte Bevölkerung auf meiner Seite wäre, und wenn nicht Alles wahr wäre, was ich über die verrotteten Verhältnisse in unserem Krankenhause, und über die Indolenz und Stupidität unserer höheren und niederen Beamten sage und schreibe. Unser Unterrichtsminister, der mich hoch verehrte und meine Berufung ins Herrenhaus dem Kaiser vorschlug, möchte mich jetzt gern vergiften. Doch das ist mir Alles Wurst! Du wirst daraus ersehen, daß es mir körperlich gut geht; ich fühle mich stark wie in meinen besten Zeiten..."

Billroth scheut nicht den Gang in die Öffentlichkeit. Einer der erwähnten Zeitungsartikel stammt aus der Nummer 342 (14. Dezember 1884) des *Illustrirten Wiener Extrablattes*, dessen Charakter sich von dem so mancher Boulevardzeitung unserer Tage wohl kaum unterschieden hat. Auf Seite 2 steht Billroths Artikel *Aus meiner Klinik,* dazu die Fußnote: "Die Wichtigkeit des Gegenstandes veranlaßt uns, den Aufsatz des ausgezeichneten Gelehrten an leitender Stelle zu veröffentlichen."

"Löbliche Redaction!

Wenn ich Sie bitte, Nachfolgendes in Ihr so viel gelesenes Blatt aufzunehmen, so geschieht dies hauptsächlich, um den vielen Kranken aus Wien, welche an meiner Klinik Hilfe suchen, kund zu geben, daß ich persönlich nicht die Schuld an den widerwärtigen Zuständen trage, welche dort in Betreff der Localitäten und der zu geringen Anzahl von Hilfskräften während der Morgenstunden, zumal zur Zeit des klinischen Unterrichtes, herrschen.

Es vergeht selten ein Monat, in welchem ich nicht mehrere Briefe voller Vorwürfe über diese und jene Mißstände an meiner Klinik erhalte. Gestern z.B. sandte mir die Krankenhaus-Direction folgendes an sie gerichtete Schreiben zu, welches ich in seiner Originalität hier mittheile:

'Löbliche Direction! Im Namen vieler Kranken bitten wir um Abhilfe auf der Klinik des Herrn Professors Billroth, wir rechnen das zu keinen Humanitätsact wenn arme unbemittelte Kranke von früh 9 Uhr bis halb 2 auf der Bank sitzen müssen, bis sie vorkommen, wir glauben, der Hr. Professor könnte die Sache anders eintheilen und armen Leuten die Sache leichter machen, damit die Ordinationsstunde um zwölf Uhr beginnt, damit den armen Kranken nicht vor Hunger und Geruch unwohl wird, wie es schon vorgekommen ist; wir bitten kniefälligst um Abhilfe und hoffen daß unsere Bitte erhört wird. Hochachtungsvoll - viele Kranke von der Ordinationsstunde der Klinik Billroth.'

Dieser mit sehr hübscher Hand geschriebene Brief ist so vernünftig, daß ich dem Absender nur vollkommen Recht geben kann... Als Ihre Majestät die Kaiserin neulich die Gnade hatte, meine Klinik zu besuchen, wußten die wartenden, dicht gedrängten Kranken nicht, wohin ausweichen, um der hohen Frau den Zugang zu den Krankensälen zu ermöglichen.

Vor mehreren Jahren habe ich bereits um Vermehrung von Hilfskräften und Erweiterung der Localitäten meiner Klinik unter wärmster Befürwortung der Krankenhaus-Direction beim hohen Ministerium nachgesucht, wurde aber abschläglich beschieden, weil dem Unterrichts-Ministerium dadurch zu viel Mehrkosten erwüchsen."

Billroths Artikel hat, soweit wir sehen können, nichts bewirkt. Die *Wiener medizinische Wochenschrift* enthält 1888 wieder eine diesbezügliche Notiz:

"Das alte Lied von der Ueberfüllung der Hörsäle im Allgemeinen Krankenhause und von den unzureichenden Räumlichkeiten der Kliniken ist wieder einmal recht kräftig angestimmt worden. Ein Journalartikel, der die bekannten Mißstände an der Klinik Billroth in einer etwas drastischen, aber zumeist zutreffenden Weise schildert, bot den willkommenen Anlaß hierzu. Zuerst interpellirte der Abg. Dr. Roser den Unterrichtsminister, was dieser zur Abhilfe der an der Klinik Billroth herrschenden Mißstände zu thun gedenke..."

1889 geht Theodor Billroth in der *Wiener klinischen Wochenschrift* wieder zum Angriff über. Es ist ein reich bebilderter Artikel, die Gemeinschaftsarbeit des Chirurgen mit einem Architekten: *Wie sollen die Unterrichtsräume einer chirurgischen Klinik in Wien beschaffen sein, und wie könnten die in Aussicht genommenen neuen Kliniken in den Rahmen des k.k. allgemeinen Krankenhauses eingefügt werden? Eine klinisch-tektonische Studie.*

Abb. 43: Billroth mit Assistenten, 1888.
o.R.: Pilz, Klotz, Meyer, Pawlecke, Hochstetter, Hinterstoisser, Brunner, Dittel,
Rosthorn, Stöhr; u.R.: Scheimpflug, v. Eiselsberg, Salzer, Billroth, v. Hacker,
Tief, Schwarz

Diese Bemerkungen zur baulichen Entwicklung der Billrothschen Kliniken zeigen anschaulich, daß es wohl kaum an Billroth gelegen hat, wenn er fortwährend in Sorgen um das Gebäude und die Ausstattung seiner Klinik gelebt hat.

Was dann tatsächlich aus Billroths Klinik geworden ist, schildert Julius Hohenegg in Kapitel II seiner *Chronik der II. Chirurgischen Klinik in Wien* für das Jahr 1904 und 1905:

"Ich kann wohl sagen, daß ich niemals in meinem Leben so verwahrloste Räume gesehen hatte; ...es erfüllte mich mit Bewunderung für Gussenbauer und dessen ärztliches Personal, daß trotz der haarsträubenden Verhältnisse so schöne operative Resultate und so tadellose Wundheilung erzielt worden waren...

Für mich als neuen Vorstand lagen die Verhältnisse anders. Der Neubau der Kliniken ist ja beschlossene Sache; von den maßgebenden und eingeweihten Kreisen wurde mir aber zugestanden, daß bis zur Vollendung der neuen chirurgischen Klinik noch immerhin ein Zeitraum von mindestens 6, ja nach anderer Ansicht von 10 Jahren verstreichen durfte...

Nun, es sind schließlich gut 10 Jahre geworden, ehe man das 'Neue' A.K. erbaute, welches aber bald auch nicht mehr genügte, so daß man nun vom Alten wie vom Neuen Allgemeinen Krankenhaus in Wien aufblickt zu dem seit Jahren entstehenden 'Neuesten' A.K., einem ungeheuren Klotz aus Eisen und Beton, auf einem Hügel gelegen ganz Wien bedrohend, wie eine Zitadelle der allbeherrschenden Medizin: wartet nur, Ihr! wenn Ihr nicht gehorcht, werdet Ihr alle gesund gemacht! ...dagegen das Alte A.K. von Maria Theresia und Joseph II... eine niedrige graue quadratische Festung gegen die Krankheit, in der Stadt die Kranken gegen die Stadt isolierend..."

Durch den oben zitierten Brief an Frau v. Schmeling wissen wir von Billroths Ernennung zum Herrenhausmitglied. In der *Wiener Medizinischen Wochenschrift* 1887 finden wir mit Datum vom 20. Januar einen redaktionellen Artikel wohl aus der Feder L. Wittelshöfers, mit der Überschrift "Professor Billroth - Herrenhausmitglied". Der letzte Abschnitt lautet: "...Eines nur müssen wir bedauern, daß er jetzt so wenig Antheil an den Verhandlungen des Professorenkollegiums nimmt, seitdem in gehässiger Weise gegen ihn in einer Personalangelegenheit intriguirt wurde. Billroth wäre berufen, die Führerschaft zu erlangen. Die Anerkennungen und Auszeichnungen, die ihm in den 20 Jahren von allen Seiten, von seinen Kollegen, von der Studentenschaft, von der österreichischen und fast allen fremden Regierungen zu Theil wurden, sind bisher hier noch niemals irgend Jemandem beschieden gewesen. Schon kurze Zeit nach seiner Berufung hierher wurde er zum Hofrathe ernannt, bald darauf erhielt er das Ritterkreutz des Leopold-Ordens; von der Akademie der Wissenschaften wurde er nach Publizirung seines Werkes über die Coccobacteria sofort zum ordentlichen Mitgliede gewählt, von den Universitäten Berlin, Breslau und Straßburg wurden ihm Berufungen zu Theil und mit einer großen Anzahl von Orden und Ehrendiplomen wurde er bedacht, und die heutige Wiener Zeitung bringt seine Berufung in's Herrenhaus, womit ihm die höchste bürgerliche Auszeichnung zu Theil wurde. Dabei aber hat er sich auch einen Weltruf als genialer Operateur

Abb. 44: Billroth im Burgtheater, Wien. Gemälde von Gustav Klimt.
Unter den abgebildeten Personen finden sich: Adolph Wilbrandt, Alexander
Giradi, Katharina Schratt, Ludwig Speidel, Dr. Eduard Bacher, Johannes Brahms,
Karl Goldmark, Karl Mayerhofer, Heinrich von Angeli, Ernst Klimt, Ludwig
Lobmayr, Martin Gerlach, Serena Lederer, Eduard Graf Taeffe, Karl Lueger,
Karl Freiherr v. Hasenauer und Theodor Billroth (3. Reihe, rechte Sitzgruppe,
links).

errungen, wie selten einem Arzte beschieden. Möge Billroth noch lange seiner so vielseitig ersprießlichen Thätigkeit erhalten werden!"

Seine erste großangelegte Rede im Herrenhaus hielt Billroth am 25. November 1891; sie wurde in beiden *Wiener medizinischen Wochenzeitschriften* wörtlich abgedruckt. Die *Wiener klinische Wochenschrift* brachte sie unter der Überschrift *Arzt, Staat und Publicum*. Es ging in der Kammer um ein Gesetz zur Errichtung von Ärztekammern. Einige Auszüge seien hier wiedergegeben:

"3. Die Aerztekammern sollen aber auch dem ärztlichen Stande, der wahrlich zu den mühevollsten gehört, einen corporativen Halt geben, nicht nur in moralischer, sondern auch in materieller Beziehung; sie sollen die Aerzte auch vor ungebührlichen Anforderungen des Publicums schützen.

In einem vor 15 Jahren erschienenen, wie ich später wohl eingesehen habe, vielfach mit Recht angegriffenen Buche 'Ueber das Lehren und Lernen der medicinischen Wissenschaften' habe ich schon ausgesprochen, daß es meiner Ansicht nach drei Personen sind, welche in kleinen Landgemeinden und kleinen Städten den größten Einfluß haben und ausüben: der Geistliche, an welchen sich der Lehrer, der Richter, an welchen sich der Advocat anschließt, und der Arzt. Sie sind die Sachverständigen und Vertrauensmänner für das Volk..."

Es folgt ein bedeutender Absatz zu Billroths großem Thema, das Medizin, Philosophie und Politik in sich begreift: der Dualismus Naturwissenschaftler und Arzt:

"Die glänzenden Fortschritte und Resultate unserer naturwissenschaftlichen Forschungen genügen nämlich selten den Ansprüchen, welche der leidende Mensch an den Arzt stellt; ja sie zerstören oft noch das, was wir früher zu wissen meinten. - Den 'Zopf des neunzehnten Jahrhunderts, nennt mein verehrter Freund und College Adolf Exner mit feinem Humor die 'einseitige naturwissenschaftliche Denk-Weise' unserer Zeit. Die Ars medica mußte aber endlich auf diesen Zopf anbeißen, um nicht im bodenlosen Meer der Speculation zu versinken, und sie hat sich so fest in diesen Zopf verbissen, daß sie schwerlich sobald wieder davon loskommen wird, trotzdem sie sich dadurch als helfende Kunst ihre Arbeit enorm erschwert. Ich gebe dem trefflichen Rector unserer Alma mater vollkommen Recht, wenn er in seiner geistvollen Antrittsrede stark betont, daß dasjenige, was er in großen Zügen als 'politische Bildung' bezeichnet, nicht vernachlässigt werden darf; und wenn ich darunter auch die sorgfältige Beobachtung und ernste Beachtung des wunderbaren Kunstwerks der menschlichen Gesellschaft und der Beziehungen der Menschen untereinander einbegreifen darf, so muß ich auch für den Arzt ein gut Theil dieser Art von Bildung verlangen; denn er soll den Menschen nicht nur als Thierkörper, sondern auch als Mitmenschen menschlich auffassen. Die Krankheit soll durch einseitig naturwissenschaftlichen Denken verstanden, wenn möglich auch geheilt werden; der Kranke will aber mit politischer Bildung behandelt sein..."

Theodor Billroth hat in den letzten Jahren seines Lebens in der Öffentlichkeit Österreichs eine große und bedeutende Rollen gespielt. Sein segensreiches Wirken fand soviel Anerkennung, daß behauptet wurde, er sei nächst dem Kaiser die bekannteste Persönlichkeit gewesen.

Ausgewählte Literatur:

Adler, M.: Offenes Sendschreiben an Herrn Professor Billroth. In: Sonntagsblatt des "Bund" 8 (21.2.1892).

Adler, M.: Offenes Sendschreiben an P. T. Herrn Professor Theodor Billroth. Mit einem Vorwort von Bertha v. Suttner. Berlin, Leipzig 1892.

anon.: Billroths Reformprojekt, Wien den 12.12.1888. In: Wiener medicinische Wochenschrift 38, (1888).

Billroth, Th.: (über Schulhygiene). In: Wiener medicinische Wochenschrift 35 (1885).

Billroth, Th.: Arzt, Staat und Publicum. Rede zum Gesetze über die Errichtung von Aerztekammern, gehalten in der Herrenhaussitzung vom 25. November 1891, In: Wiener klinische Wochenschrift 4 (1891).

Billroth, Th.: Humanität, Wissenschaft und Staat. In: Wiener klinische Wochenschrift 3 (1890).

Billroth, Th.: Ueber den Einfluss der Antiseptik auf Operationsmethoden, chirurgischen Unterricht und Krankenhausbau. In: Wiener klinische Wochenschrift 3 (1890).

Billroth, Th.: Wie sollen die Unterrichtsräume einer chirurgischen Klinik in Wien beschaffen sein, und wie könnte die in Aussicht genommenen neuen Kliniken in den Rahmen des k.k. allgemeinen Krankenhauses eingefügt werden? Eine klinisch-tektonische Studie (Mit Plan). In: Wiener klinische Wochenschrift 2 (1889).

Billroth, Th.: Wünsche und Hoffnungen für unsere medicinische Facultät. In: Wiener klinische Wochenschrift 1 (1888).

Billroth, Th.: Billroth's Rede über den ärztlichen Stand, gehalten in der Sitzung des Herrenhauses am 25. November 1891 anläßlich der Verhandlung über das Aerztekammergesetz. In: Wiener medicinische Wochenschrift 41 (1891).

Hochenegg, J. v.: Jahresbericht und Arbeiten der II. Chirurgischen Klinik zu Wien; Berlin, Wien 1906.

Krankheit und Tod

Theodor Billroth entstammt einer Familie, die durch Krankheiten und frühzeitige Todesfälle schwer belastet war. Billroth aber erschien allen als die Personifizierung der Kraft, sein Arbeitspensum war erstaunlich. Seine körperliche Erscheinung war beeindruckend.

Während der Züricher Jahre hat Theodor Billroth bei seiner Freude an gutem Essen und Trinken, der er als ehemals armer Pastorensohn, unbemittelter Student und Assistent gern nachgab, stark an Gewicht und Körperfülle zugenommen, was er zunächst ironisierte, später wohl bedauerte und gern abgestellt hätte, aber - er hat es nie wirklich vermocht.

Schon vor seiner lebensgefährlichen Lungenentzündung im Mai 1887 hatte Billroth bereits Todesahnungen. Am 7. Januar 1886 schreibt er an Czerny: "...Eigentlich braucht mich die Welt schon jetzt nicht mehr; doch ich brauche die Welt noch ein paar Jahre, um das Geschick meiner Kinder zu sichern. Hätte ich früher daran gedacht und nicht so gar arg verschwendet, so könnte ich jetzt schon in St. Gilgen im Frühjahr meinen Kohl selbst pflanzen. Faust, Ende des zweiten Theils: ich höre in der Frühe in St. Gilgen meine Lemuren arbeiten... nicht lange, so werden sie auch mein Grab graben, und ich werde mich recht behaglich müde hineinlegen. Sollten darüber noch ein paar Jahre vergehen, so wäre es mir recht. Vorläufig befinde ich mich anscheinend auch ganz wohl und grüße Sie herzlich..."

Billroths Krankheit wurde von ganz Wien mit größter Aufmerksamkeit und Teilnahme verfolgt. Nach seiner Genesung im Juni 1887 widmete er den Sommer seiner Rekonvaleszenz.

Am 10. Oktober 1887, genau 20 Jahre nach seiner ersten Wiener Vorlesung, begann Billroth nach dieser Krankheit wieder mit seinem Unterricht: "...die weiten Räume des Hörsaales ringsum bis an das Dach gedrängt voll von Studenten und Aerzten, lauter jetzige oder einstige Schülern dieser Klinik, und im Mittelraume nebst einigen Gästen eine stattliche Schaar ärztlicher Notabilitäten aus den Lehr- und Spitalkreisen sowie gewesene Assistenten und spezielle Schüler Billroth's, deren einige eigens zu diesem Tage von auswärts herbeigeeilt waren..." (*Wiener Medizinische Wochenschrift* vom 12. Oktober).

Dann begrüßte stud. med. Breus im Namen der Studenten 'nach minutenlangem Beifall, Händeklatschen und Hochrufen', mit denen man Billroth empfangen hatte: "Herr Hofrath! Hochgeehrter Herr Professor! Gestatten Sie mir, Ihnen im Namen meiner akademischen Mitbürger unsere Freude auszudrücken, daß wir Sie an dieser

Abb. 45: Theodor Billroth, St.Gilgen. Nach 1890

durch Ihr segensreiches Wirken geweihten Stelle wieder mit frischen Kräften rüstig ans Werk schreiten sehen. Als zur Zeit der letzten Frühjahrswende die erschütternde Kunde uns ward von der schweren, tückischen Krankheit, welche Sie befallen, da bemächtigte sich unser bange Sorge und schwerer Kummer; und die ganze Bevölkerung dieser Stadt nahm Anteil an unserem Schmerze..."

Billroth erwiderte dann und schloß mit den Worten: "...Ich finde keine andere Form, um dem Drange meines dankerfüllten Herzen Raum zu geben, als daß ich verspreche, auch ferner, so weit meine Kräfte noch reichen, für Sie und mit Ihnen zum Wohle der leidenden Menschen, zum Ruhme unserer altehrwürdigen Universität und zum Heile Österreichs zu wirken..."

In den nächsten Jahren findet man wenige Notizen über den Gesundheitszustand bei Billroth; neue Krankheiten sind wohl auch nicht hinzugekommen. Sicher ist, daß sich in den darauf folgenden Jahren trotz vollständiger Genesung von seiner Pneumonie der allgemeine Gesundheitszustand Billroths stetig verschlechtert hat.

Das Heft No. 41 der *Wiener klinischen Wochenschrift* von 1892 ist angefüllt mit den verschiedensten Beiträgen, Festaufsätzen, Berichten: Theodor Billroth begeht sein 25jähriges Jubiläum als Hochschullehrer in Wien. Am 11. Oktober findet im Festsaale der Universität die akademische Feier zu seinen Ehren durch den Rektor, Hofrat Professor Ludwig, statt. Billroth steht wieder einmal, das letzte Mal, im Zentrum des Interesses der Öffentlichkeit, aber es fällt ihm bereits schwer, die vielen und anstrengenden Ehrungen körperlich durchzuhalten. Ein Auszug aus dem persönlichen Taschenkalender von 1892 beweist, mit welcher Kraft Billroth sich zwingen mußte, seine Rolle vor der Welt zu spielen:

1892 (Donnerstag 29. September) St. Gilgen - trüber, doch warmer Tag ohne Regen - Vormittag Christel mit Kuhle (Kühle?) abgereist - Arbeiten abgeschlossen - Allein Abends auf dem Balkon! Wie schön Alles rings umher! Wohl zum letzten Mal. - Habe mich gründlich ausgeweint.

(Freitag 30. September) St. Gilgen - Trübe Warm - Rechnung abgeschlossen, gepackt. Viele Glückwünsche - Telegramme - Mit Hilfe von 2grm Chloral im Stuhl von 1/2 12 bis 6 Uhr geschlafen - Morgens frisch

(Samstag 1. Oktober) Alt-Aussee 11:45 Ischl ab 1:4 Aussee an 94½ kg mitgenommen - Abends sehr starke Dyspnoë, sehr elend wirklich

(Sonntag 2. Oktober) Alt-Aussee - Nacht im Bett mit Gestell (sehr gut) verblieben. - im ganzen 2 Stunden geschlafen. - Morgens sehr trübe, dann schön - Für den Abend sehr matt. Dyspnoë. Sehr viele Telegramme, - Beantwortet bis ½ 2 Uhr - Cognac mit Giesshübler (d.i. Mineralwasser) - Digitalis 0,50. (diese Notiz erfolgt jeden Abend)

(Mittwoch 5. Oktober) Alt-Aussee. - Morgens kleiner Spaziergang. Mit Helen. 4händig gespielt... Seit vorgestern constant etwas Oedem an Fuß und Unterschenkel, Digit. 0,50

(Donnerstag 6. Oktober) Alt-Aussee - Wien Aussee ab v. Attnang 12:8, Wien ~n 9:l~, Attnang an 3:26 ab 4:6 Linz 5:12 St. Pölten 7:S0 Wien 9:10 Empfang von Otto, Eiselsberg, Frisch, Gersuny sehr müde und (??) angekommen

Abb. 46: Theodor Billroths Taschenkalendar vom Jahr 1894

(Freitag 7. Oktober) Wien Eiselsberg - (unleserlich) - Paltauf - Nothnagel - Czerny
(Samstag 8. Oktober) Klinik-Jubiläum - Feier 10 Uhr. - Abend 6 Uhr Bankett im Riedhof
(Sonntag 9. Oktober, ohne Eintragung)
(Montag 10. Oktober) 10 bei Löw Ovariotomie. Heumarkt 19
(Dienstag 11. Oktober) Festsaal der Universität Jubiläum - Feier 12 Uhr ½ -
Apotheker-Empfang.
Mein höchster Ehrentag!

Das Jahr 1893 verging. Am 31. Dezember trug Theodor Billroth in den Taschenkalender ein: "Abbazia - Nacht wenig geschlafen. Draußen kalt in der Frist vor
Sonnenaufgang... Warme Sonne. Langer Brief von Christel."

Die letzte Eintragung Billroths in den von Gersuny geschenkten, in Saffian
gebundenen Taschenkalender stammt vom Samstag, 3. Februar 1894 in Abbazia.
Sie lautet:

"Die Nacht war sitzend mit 1 Mof. p. 8 Stund. ziemlich gut. Den ganzen Tag über sehr matt.
Weniger Urin ausgeschieden als Flüssigk. eingenommen - Starkes Schwächegefühl und
etwas Benommenheit."

Über die darauffolgenden Tage Sonntag, Montag, Dienstag hatte Billroth in
seinem Kalender als Aufenthaltsort Abbazia bereits vorweg eingetragen - sonst
blieben diese Spalten leer. Er lebte noch bis zum Dienstag. In den Morgenstunden
des 6. Februar 1894 ist Theodor Billroth gestorben.

In der No. 6 der *Wiener Klinischen Wochenschrift* von 1894 finden wir auf der
Titelseite die Todesanzeige Billroths, unterzeichnet von Rudolf Chrobak, Ernst
Fuchs, Ernst Ludwig Edmund Neusser, L. R. von Schrötter und Anton Weichsel-
baum. Die darauffolgende No. 7 vom 15. Februar mit dem Nachruf Gussenbauers
ist Billroth insgesamt gewidmet. Sie enthält seine Autobiographie (siehe S. 13 ff.),
die Krankheitsgeschichte sowie Berichte über die verschiedenen Trauerfeierlichkeiten.
Gussenbauer hat hier auch das gesamte Werkverzeichnis der Billrothschen Arbeiten
abgedruckt, sowie seine Mitgliedschaften in wissenschaftlichen Gesellschaften und
Vereinen. Die offizielle Mitteilung von Billroths Krankengeschichte in diesem Heft
sei hier wiedergegeben:

"Schon vor Billroth's Erkrankung an Pneumonie (1887) waren Zeichen einer chronischen
Herzaffektion deutlich, und diese letztere bedingte wohl auch die schwerste Gefahr
während jeder acuten Krankheit. Umso überraschender war die fast vollständige Recon-
valescenz, nach welcher Billroth eine höhere körperliche Leistungsfähigkeit besaß als
vorher. Er hatte sich ein zweckmäßiges Regimen auferlegt und mit großer Ausdauer
durchgeführt, und verdankte dieser Energie ein paar Jahre erneuter Lebens- und Arbeitskraft. Nur von Zeit zu Zeit bedingten intercurrente Bronchitiden starke und anhaltende
Dyspnoë und mehrwöchentliche Unterbrechungen der Berufsthätigkeit.

Allmählich jedoch stellten sich auch wieder Arhythmien mit Dyspnoë starker Leberan-
schwellung und anderen Stauungserscheinungen ein, ohne daß eine accidentelle Erkrankung die Schuld getragen hätte. Die gewöhnlichen Symptomfolgen chronischer Myocar-

ditis konnten zwar durch periodischen Digitalisgebrauch im ganzen ziemlich erfolgreich bekämpft und erträglich gehalten werden, gewannen aber doch in häufiger Wiederkehr oft peinliche Intensität. Doch zeigte gerade die Unberechenbarkeit des Verlaufes, daß es sich nicht um reine degenerative Herzschwäche handelte, sondern um Störung der Function durch ablaufende Processe. Recht gutes Befinden wurde durch ziemlich schwere Störungen plötzlich unterbrochen, und diese glichen sich wieder vollständiger und für längere Zeit aus, als man von einem gleichmäßig anhaltenden Zustand einfacher Dilatation hätte erwarten können. Der Klappenapparat blieb immer völlig intact.

Der Sommer 1893 war in solchem wechselnden Befinden verstrichen, als sich im September der Zustand auffallend besserte; Billroth konnte durch mehrere Wochen die gewohnte Digitalismedication entbehren, und diese Besserung hielt in den letzten Monaten in erfreulicher Weise an. Er war völlig arbeits- und genußfähig, wie seit Jahren nicht. Erst gegen die Mitte des December trat die mit Dyspnoë verbundene Schlaflosigkeit wieder auf, wie Billroth selbst meinte, wesentlich bedingt durch angestrengte geistige Thätigkeit und Nachtarbeit. Immerhin war gegen früher auffallend, daß ohne Arhythmie doch Herzinsufficienz bestand und dem entsprechend Digitalis weniger leistete. In Abbazia, wohin Billroth zu Weihnachten sich begab, entwickelten sich die Stauungserscheinungen rasch weiter; ein ziemlich starker Hydrops machte ihm die Bettlage wünschenswerth, welche der Dyspnoë halber doch ohne Morphium nicht ertragen werden konnte. Es sollte eben der Hydrops durch eine energische Diurese (Urinausscheidung; Anm. d. Verf.) bekämpft werden, als eine plötzliche Herzlähmung Billroth's Leben endete.

Es ist wohl als ein Glück zu preisen, daß (mit Ausnahme der allerletzten Wochen) die letzten Monate in gutem Befinden verflossen; daß dieses theuere Leben noch einmal freudig aufleuchten konnte, bevor dann ein rascher Tod dem klarblickenden, hoffnungslosen Manne die Monate traurigen Hinsiechens ersparte."

Ausgewählte Literatur:

Billroths Todesanzeige. In: Wiener klinische Wochenschrift 7 (1894) (auf dem Titelblatt von Nr. 7).

Andre, Chr.: Rudolf Virchow - Theodor Billroth, Leben und Werk. Ausstellung der Stiftung Pommern im Rathenaubau des Kieler Schlosses vom 9.6. bis 2.9.1979.

Billroth, Th.: Hofrat Prof. Billroth's Eröffnungsvorlesung am 10. Oktober 1887. In: Wiener medizinische Wochenschrift 37 (1887).

Ebstein, E.: Theodor Billroth und seine Zeit. Ein Gedenkblatt zu seinem 100. Geburtstag. In: Ärztliches Vereinsblatt für Deutschland 12 (21.4.1929).

Gussenbauer, C.: Theodor Billroth. Nekrolog. In: Wiener klinische Wochenschrift 7 (1894), S. 117 f. Dort bis S. 124 folgend: Bibliographie, Mitgliedschaft bei Gesellschaften und Vereinen, Billroths Autobiographie vom Juni 1880, Krankheitsgeschichte, Aus Billroth's Briefmappe (sieben Briefe, u.a. vom Kronprinzen Rudolf).

Hanslick, E.: Wer ist musikalisch? Nachgelassene Schrift von Theodor Billroth. 4. Aufl. Berlin 1912.

Naunyn, E.: Erinnerungen, Gedanken und Meinungen. München 1925.

Wyklicky, H.: Zur Entwicklung des Rettungswesens in Wien. In: Österreichische Ärztezeitung 34 (1979).

Abkühlung des Verhältnisses zu Brahms - Das zerschnittene Autograph des Brahms-Quartetts - Ein fehlgeleiteter Brief

Im Frühjahr 1887 reiste Billroth mit Hanslick nach Italien. Dabei war für die Freunde die gemeinsam erlebte Uraufführung von Giuseppe Verdis Oper "Othello" am 5. Februar in der Mailänder Scala das große musikalische Ereignis.

Billroth kehrte bereits krank zurück. Seine Unpäßlichkeit mündete schließlich in eine lebensgefährliche Lungenentzündung. Mit äußerster Energie, die auch aus der Sorge um die finanzielle Sicherstellung seiner Familie erwuchs, überwand er schließlich seine Erkrankung. Noch einmal kehrte er ins Leben zurück, wenn auch zunächst noch schwer gezeichnet von den Strapazen seiner langen Bettlägrigkeit. Die unzähligen Sympathiebezeugungen seiner Freunde, seiner Kollegen und Schüler sowie die Anteilnahme weiter Kreise der Wiener Bevölkerung, die Billroth als "herzliche Popularität" empfunden hat, haben ihn gerührt. Brahms erfuhr erst nach seiner Italienreise, die er Ende April mit Freunden unternommen hatte, am Thuner See von den dramatischen Ereignissen in Wien. Von dort schreibt er an Billroth. Dieser bedankt sich am 12. Juni für Brahms' "lieben und warmherzigen Brief":

"Mein lieber Freund!

Als wir uns zum letzten Male sahen und uns für den Sommer Adieu sagten, hatte ich die Empfindung, daß ich Dich kaum wiedersehen würde, so krank fühlte ich mich schon damals innerlich. Beinahe wäre vor kurzem meine Ahnung in Erfüllung gegangen. Ich nahm an einem Tage Abschied von den Meinen, von meinen nächsten Schülern und den Freunden, die mich umgaben; ich sandte durch (Dr. Josef; Anm. d. Verf.) Seegen letzten Gruß an Hanslick und durch ihn an Dich, da kein direkter Vermittler zwischen uns beiden um mich war. Ich habe Dir gedankt für das viele Schöne, womit Du mein Leben erfreut und geschmückt hast. Nun ist das alles wie ein Traum hinter mir. Doch ich kann nicht sagen, daß ich eigentlich schon wieder im Leben recht drin wäre; denn ein Leben ohne Schaffen, ohne Arbeit ist doch eigentlich kein Leben, des Atmens Mühe wert. Doch ganz unbildlich gesprochen; es liegt mir immer noch wie ein Reif um die Brust, es ist auch noch nicht alles in Ordnung mit den Lungen; doch geht es, wenn auch langsam, täglich ein wenig besser. Nächsten Mittwoch, den 15. d. M., soll ich endlich nach St. Gilgen, wo ich mich stets so glücklich fühlte, und wo ich ganz zu genesen hoffe, wenigstens so weit, daß ich wieder ohne Beschwerde im Herbst meinem Beruf nachgehen kann. Meine ärztlichen Freunde, meine Familie, meine Schüler, alle haben gewetteifert, mich zu erhalten, mich zu pflegen.

Ich lag längere Zeit in einem nicht unangenehmen Halbschlummer, manchmal wohl dabei ärztlich mich beobachtend, wie die Atemzüge immer rasselnder, immer flacher wurden und mein Geist zu wandern schien. Ich weiß ganz deutlich, wie ich aus einem Deiner Lieder sprach: 'Mir ist, als ob ich schon gestorben bin' usw. ("Feldeinsamkeit" op. 86, Nr. 2; Anm.

d. Verf). Und das alles war so milde und schön, ich schwebte und sah die Erde und meine Freunde so ruhig und freundlich unter mir! - Mit einem Male rüttelte man mich empor; ich mußte wie ein Soldat auf Kommando atmen, allerlei Zeug schlucken. Ich bat: Laßt mich! Mir ist so gut! Doch umsonst, immer wieder rüttelte man mich auf, und aus vielen Stimmen, dies und das zu tun, hörte ich dann die Stimme meiner Frau: 'So tu's doch um der Kinder willen!' So ließ man mich über eine Woche lang nie zum festen Schlaf kommen - mein Schlaf hatte wohl eine zu große Ähnlichkeit mit seinem Zwillingsbruder - usw. Die halb träumerische, durch die Krankheit bedingte Stimmung brachte mich über diese Dinge leichter hinweg, als man meinen sollte. Der Mensch vergißt zum Glück auch das Unangenehme bald. Der Schlaf, der mich in den letzten Jahren schon so oft floh, ist mir auch jetzt noch nicht hold; ich muß mich mit 3 - 4 Stunden begnügen und habe mich gewöhnt, damit zufrieden zu sein. Das wird hoffentlich alles besser werden draußen in der freien Natur, in der frischen Bergesluft. Was später sein wird, darüber ist noch nichts entschieden; man sagt mir, daß mein Aussehen nicht mehr krankhaft ist. Ob ich den ganzen Sommer in St. Gilgen bleiben oder irgendwelchen Kurort besuchen werde, darüber läßt sich jetzt noch nichts bestimmen.

Nun bin ich also hoffentlich im Herbst wieder da. Die Teilnahme der Menschen um mich war intensiv und extensiv derart, daß ich gerührt und beschämt bin. Doch was kann ich alter Mann nun noch den Menschen für alle ihre Zeichen der Sympathie und Liebe bieten? Neues noch schaffen? Schwerlich!! - Doch ich habe die Beobachtung gemacht, daß die große Menge der Menschen doch noch oft in schwierigen, neuen Fällen fragt, was 'Dieser oder Jener' wohl dazu sagt. Solche populäre Persönlichkeiten können, ohne selbst Neues zu schaffen, doch dadurch, daß sie zusammenhalten und fest am Tüchtigen, Wahren, Guten und Schönen festhalten, zum Guten und Schönen den großen Haufen hinleiten helfen. Und einer von 'Diesen und Jenen' zu sein, damit will ich mich nun gern begnügen.

Von Deinen Arbeiten in Thun sagen die Zeitungen allerlei Romantisches! Die Geister lasse ich gern in Ruh'; wenn sie etwas schaffen, so wird's schon an den Tag kommen (Gerücht über eine Oper von Brahms; Anm. d. Verf.).

Von Hanslick weiß ich nichts, als daß er von Karlsbad nach Franzensbad übersiedelt ist.

Nun noch tausend Dank für Deinen lieben, herzenswarmen Brief aus Thun. Behalte mich auch ferner lieb!
Dein
Th. Billroth."

Die Ereignisse des Jahres 1887 hat Brahms später, am Morgen des Beerdigungstages von Billroth, nach einem Bericht seines Biographen Max Kalbeck folgendermaßen kommentiert: "Der Billroth, der vom Totenbette aufstand, war nicht mehr der alte, war mein Freund nicht mehr, kaum noch der Schatten des früheren..."

Ganz anders sieht das in seinen Lebenserinnerungen der "Dritte im Bunde", Eduard Hanslick. Von einem "Schatten des früheren" ist hier keine Rede:

"Ich wüßte keine Persönlichkeit, namentlich keine aus Norddeutschland herübergekommene, zu nennen, die in Wien eine so allgemeine Verehrung und Liebe genossen hätte wie Billroth. Das zeigte sich am deutlichsten bei seiner schweren Erkrankung im Frühjahr 1887. Vom frühesten Morgen bis zum späten Abend umstand eine dichte Menschenmenge sein Haus, jeden Augenblick Nachricht verlangend. Alle Zeitungen brachten zweimal des Tages Bulletins über sein Befinden, sie waren das erste, wonach man begierig blätterte. Durch mehrere Tage galt Billroth für einen verlorenen Mann. Ich war wütend, wenn mir Leute mit dem Ausruf kamen: 'Welcher Verlust für die Wissenschaft!' Was kümmerte mich die Wissenschaft - die wird sich schon weiter helfen. Auch große Ärzte werden wiederkommen. Aber der Mensch Billroth! Dieser einzige, auch ohne seine medizinische Kunst und Wissenschaft schlechterdings einzige Mensch, der wird nie seinesgleichen haben, wird so niemals wiederkommen! Zum Glück ist das Gefürchtete nicht eingetreten. Billroth ward gerettet durch seine energische Natur und eine beispiellose Pflege. Wien überströmte von Kundgebungen des freudigsten Dankgefühls. Bald hatte Billroth sich erholt und mit verdoppeltem Eifer seine Tätigkeit wieder aufgenommen. Die Jahre haben seine Kraft nicht gemindert, seinen Geist nicht getrübt, seine Empfänglichkeit für alles Schöne und Große nicht geschwächt; sie haben ihn nur noch milder und liebenswürdiger gemacht."

Brahms' traurige Erinnerung erwächst aus einer Reihe von Mißverständnissen, unseligen Zufällen und - wie auch immer - allmählich gewachsenen Überempfindlichkeiten im Verkehr zwischen den Freunden nach dem Jahre 1887. Insgesamt erscheinen sie im nachhinein als Vorkommnisse, die im Laufe einer schrittweisen Entfremdung ein gegenseitiges Vergeben immer schwerer werden ließen. Es sind gegenseitige Verletzungen, so darf dies heute gesehen werden, deren persönliche, soziale und andere Befangenheiten heute wohl kaum die letztlich doch tiefe innere Zuneigung zwischen beiden Männern verdecken können.

Mag sein, daß auch die Meinungen der Damen des Hauses Billroth über den kantigen Brahms die Haltung Billroths gegenüber dem Freund mitbestimmt haben. Insbesondere Billroths Tochter Else, eine hochbegabte Sängerin, hielt es bei aller Genieverehrung mit Joseph Joachim, der mit Bezug zu Brahms feststellte: "Künstler und Mensch sind zwei verschiedene Dinge!"

Brahms' bissige und kauzige Bemerkungen, sein mitunter abweisendes, ja verletzendes Verhalten in Gesellschaft waren Eigenschaften, die im großbürgerlichen Salon des Hauses Billroth eben nur bedingt eine gewisse "künstlerische Narrenfreiheit" genossen. Auch wenn der Austausch von schriftlichen Mitteilungen zwischen den Freunden bis zu Billroths Tod fortgesetzt wurde, so ist die Abkühlung des Freundschaftsverhältnisses deutlich zu spüren. Unzulänglichkeiten im menschlichen Verhalten beider sind die Gründe.

Brahms ist zutiefst enttäuscht, daß Billroth plötzlich auch Gefallen an zeitgenössischen "französischen Sachen" findet. Jules Massenets Oper "Werther" in der Hofoper, die auch Hanslick in der *Wiener Neuen Freien Presse* beifällig rezensiert, spielt Billroth aus dem Klavierauszug und schreibt darüber an Hanslick: "... Es ist eine Musik, wie sie zu meiner jetzigen ungesunden weichlichen Stimmung paßt."

Brahms hat diese Aussage aber keineswegs als tolerierenswerte Erklärung für die labile körperlich-seelische Verfassung Billroths aufgefaßt, sondern Billroths Urteil als eine Art Abtrünnigkeit von seiner Person und seinem Werk gewertet. Übelgenommen hat Brahms aber am meisten, daß er auf Drängen Billroths an einem Essen im Hotel Sacher teilnehmen mußte, das Billroth für den in Wien zu Besuch weilenden Jules Massenet gab. Auch wenn Massenet in seiner Tischrede von Brahms als "dem größten der lebenden Komponisten" sprach, so konnte Brahms seinen (letztlich unbegründeten) Verdacht nicht unterdrücken, daß es für Billroth auch noch "andere Götter" als ihn selbst gab.

Wiederum Bezug nehmend auf Billroths schwere Krankheit im Jahre 1887 äußert sich Brahms am Morgen des Begräbnistages von Billroth gegenüber Kalbeck: "... Jener Billroth, den wir alle kannten und liebten hätte den Massenetschen 'Werther' nicht gutgeheißen oder gar schön gefunden, hätte mich auch nicht des Großmannsdünkels beschuldigt!"

Äußerste Betroffenheit bei Brahms bewirkte auch folgendes Ereignis: Auf Billroths Schreibtisch, so Gottlieb-Billroth, stand eine großformatige Photographie von Brahms aus den 60er Jahren. Bei einem Besuch bei Billroth erschrak Brahms, als er bemerken mußte, daß Billroth das erste Partitursystem seines ihm gewidmeten Streichquartetts a-Moll op. 51 vom Manuskript abgeschnitten und unter eine Photographie von Brahms geklebt hatte. Was bei Billroth unschuldig als intensiver Ausdruck seiner Verehrung für den Freund gemeint war, mußte den leidenschaftlichen Autographensammler Brahms ins Herz treffen.

In einem späteren Gespräch mit dem Archivar und Leiter der Sammlung der "Gesellschaft der Musikfreunde" in Wien, Eusebius Mandyczewski, erinnerte Brahms zunächst an die Tatsache, daß der Bruder Franz Schuberts eine Schubert-Handschrift zu Souvenirs zerschnitten hatte und beklagte sich dann: "Nu, denken Sie nur, Billroth hat mein Quartett zerschnitten, denken Sie! Und mußte doch wissen, daß ich ihn so lieb habe, daß ich ihm, wenn ich ihm damit einen Wunsch erfülle, auch das ganze Quartett noch einmal abschreibe! Und schneidet da ein Stück heraus!"

Später hat Billroths Tochter Else diese Brahms-Partitur samt abgeschnittenem erstem Partitursystem der "Gesellschaft für Musikfreunde" in Wien zum Geschenk gemacht.

Billroths Vorwurf des "Großmannsdünkels" bei Brahms bezieht sich auf ein Ereignis, das Gottlieb-Billroth die "Hanslicksche Brief-Affäre" nennt. Hanslick hat das Vorkommnis nach Billroths und Brahms' Tod in der *Wiener Neuen Freien Presse* dargestellt.

Nach Aufführungen von neuen Brahms-Werken pflegte Billroth seine Eindrücke und Überlegungen brieflich an Hanslick mitzuteilen. Als Hanslick beiläufig Brahms davon berichtete, bat dieser darum, diese "ungedruckten Kritiken" auch einmal lesen zu dürfen. Hanslick entsprach Brahms' Bitte und erschrak, als er bemerken mußte, daß in seiner Briefsendung an Brahms auch so manche verletzende Äußerung Billroths über Brahms zu finden war.

Billroth hatte Brahms mit Beethoven verglichen, der oft ebenso "rücksichtslos und verletzend schroff gegen seine Freunde" gewesen sei. Wie bei Beethoven auch merke man bei Brahms die "Nachwirkungen einer verwahrlosten Erziehung". Hanslick befürchtete nun, daß Brahms bei einer seiner sarkastischen Anwandlungen im Gespräch mit Billroth davon Gebrauch machen könnte und schrieb einen entschuldigenden Brief an Brahms. Dessen Antwortschreiben hat Hanslick mitgeteilt und fand es "ebenso würdig und aufrichtig, wie höchstbezeichnend für seinen (Brahms; Anm. d. Verf.) Charakter":

"Lieber Freund!

Du brauchst Dich nicht im geringsten zu beunruhigen. Ich habe den Brief von Billroth kaum gelesen, gleich wieder in den Umschlag getan und nur leise den Kopf geschüttelt. Ich soll nichts gegen ihn erwähnen - ach, lieber Freund, das geschieht leider ganz von selbst nicht bei mir! Daß man auch von alten Bekannten und Freunden für etwas anderes gehalten wird, als man ist (oder also in ihren Augen: sich gibt), das ist eine alte Erfahrung. Ich weiß, wie ich früher in solchem Fall erschreckt und betroffen schwieg, jetzt schon längst ganz ruhig und selbstverständlich. Das wird Dir gutem und gütigem Menschen hart oder herbe erscheinen - doch hoffe ich, noch nicht zu weit vom Goetheschen Wort abgekommen zu sein: Selig, wer sich vor der Welt ohne Haß verschließt.
Recht herzlich Dein
J. Brahms."

Brahms' Liebe und Zuneigung zu seinen Eltern und seiner Verwandtschaft sind hinreichend bekannt. Daß der aus großbürgerlichem Hause stammende Billroth dem Freunde dessen schwere Jugend zum Vorwurf machte, muß Brahms zutiefst gekränkt haben. Diese Entgleisung Billroths hat Brahms sicher nie vergessen und auch nicht vergeben.

Der bedauerlichste Vorfall ereignete sich im Herbst des Jahres 1892. Billroth, der keine Kenntnis von Hanslicks Fehlleistung hatte, lud Brahms zusammen mit Hanslick, Kalbeck und Adolf Exner einige Wochen später ahnungslos zu einem Herrenabend in sein Haus. Der Abend fand zu Ehren des scheidenden Rektors der Wiener Universität, Adolf Exner, statt.

Billroth schreibt auf seiner Einladung Abendanzug vor. Brahms antwortet indigniert auf die von ihm so empfundene steife Förmlichkeit Billroths und macht ein ebenso bissiges wie überheblich klingendes Wortspiel mit dem Begriff "Format", das bereits Böses ahnen läßt. Brahms' Rohrpostkarte trägt den Poststempel vom 14. November 1892:

"L.(ieber) Fr.(reund)!

Gern werde ich Deine Trauerfeierlichkeit (alles in schwarzem Rock) mitmachen, hoffe aber, Du läßt für den Abend den Unterschied zwischen Hoch- und Querformat *Noten*papier auf sich beruhen. Es gibt allerlei Formate von allerlei Sachen, die Deine Gäste mehr interessieren werden, nicht zum wenigsten
Deinen
J. Br."

Abb. 47: Das zerschnittene Streichquartett.

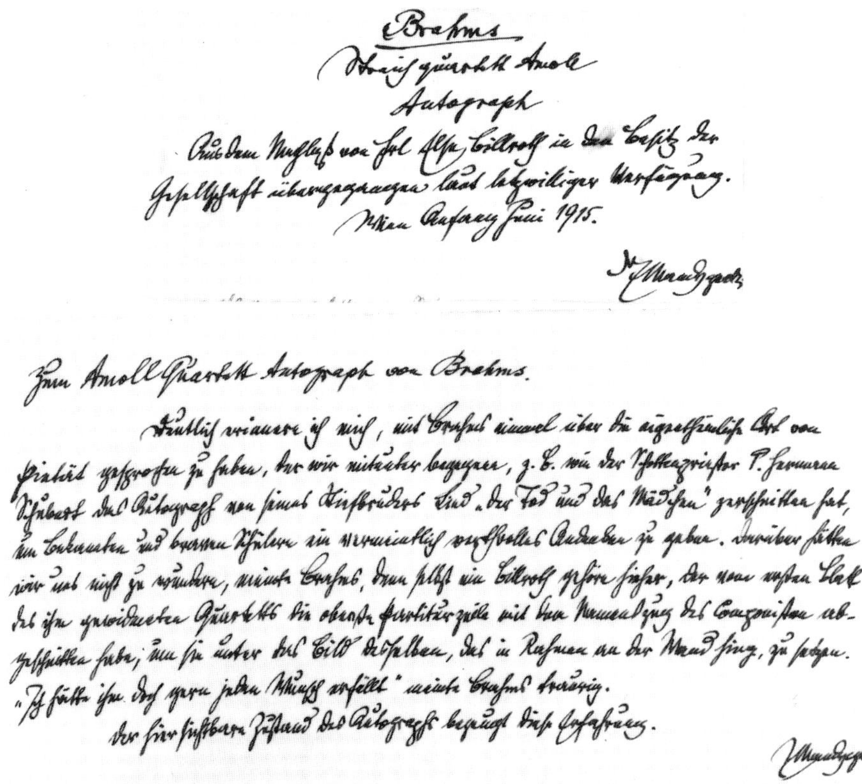

Brahms
Streichquartett Amoll
Autograph
Aus dem Nachlaß von Prof. Alex. Billroth in den Besitz der Gesellschaft übergegangen laut letztwilliger Verfügung.
Wien Anfang Juni 1915.
Dr. Mandyczewski

Zum Amoll Quartett Autograph von Brahms.

Deutlich erinnere ich mich, mit Brahms einmal über die eigenthümliche Art von Pietät gesprochen zu haben, der wir mitunter begegnen, z.B. wie der Schulerzieher T. Hermann Schubert das Autograph von seines Stiefbruders Lied „Der Tod und das Mädchen" zerschnitten hat, um Bekannten und braven Schülern ein vermeintlich werthvolles Andenken zu geben. Darüber hätten wir uns nicht zu wundern, meinte Brahms, denn selbst ein Billroth gehöre hiezu, der vom ersten Blatt des ihm gewidmeten Quartetts die oberste Partiturzeile mit dem Namenszug des Componisten abgeschnitten habe, um sie unter das Bild desselben, das im Rahmen an der Wand hing, zu setzen.
„Ich hätte ihm doch gern jeden Wunsch erfüllt" meinte Brahms traurig.
Der sichtbare Zustand des Autographs bezeugt diese Erfahrung.

Mandyczewski

Abb. 48: Eusebius Mandyczewskis Bericht zum "zerschnittenen Streichquartett"

"Deutlich erinnere ich mich, mit Brahms einmal über die eigenthümliche Art von Pietät gesprochen zu haben, der wir mitunter begegnen, z.B. wie der Schulerzieher T. Hermann Schubert das Autograph seines Stiefbruders Lied "Der Tod und das Mädchen" zerschnitten hat, um Bekannten und braven Schülern ein vermeintlich werthvolles Andenken zu geben. Darüber hätten wir uns nicht zu wundern, meinte Brahms, denn selbst ein Billroth gehöre hiezu, der vom ersten Blatt es ihm gewidmeten Quartetts die oberste Partiturzeile mit dem Namenszug des Componisten abgeschnitten habe, um sie unter das Bild desselben, das im Rahmen an der Wand hing, zu setzen.

'Ich hätte ihm doch gern den Wunsch erfüllt', meinte Brahms traurig.

Der sichtbare Zustand des Autographs bezeugt diese Erfahrung.

E. (Eusebius) Mandyczewski"

Brahms war an diesem Abend zum letzten Mal im Hause Billroth zu Gast. Gottlieb-Billroth schildert in Anlehnung an die Brahmsbiographie von Max Kalbeck den Verlauf des Abends in der Einleitung zu seinem Buch *Billroth und Brahms im Briefwechsel*:

"Brahms wird gebeten, die neuen Klavierstücke (op. 117 usw.) zu spielen; er läßt sich nur mit Mühe zum Klavier bringen und spielt dann etwas anderes. Auf die Frage, ob dies nicht von Bach sei, dreht sich Brahms mit ironischem Lächeln um, 'ob von Bach, von Massenet oder von mir, das ist doch alles ganz egal!' - Die Werther-Vorliebe kann er Billroth nicht vergeben. Dann erst spielt er seine Sachen, aber nur fragmentarisch und widerwillig.... Billroth hat eben Monate mit lebensgefährlicher Verschlechterung seines Leidens hinter sich; augenblicklich geht es wieder besser; dem Kranken fehlt aber die alte Elastizität und Frische, mit einem verständnisvollen Lächeln über die ihm bekannten Ruppigkeiten des großen Freundes hinwegzukommen. Er ist durch das Verhalten Brahms' diesmal ernstlich verletzt..."

Gottlieb-Billroth überliefert danach noch einige Äußerungen Billroths, die er noch am gleichen Abend gemacht hat. Helmut Wyklicky hat nun den Text des Briefes von Billroth an seine Tochter Else, dem Gottlieb-Billroth diese Äußerungen entnahm, in seinem Buch *Unbekanntes von Dr. Th. Billroth* (Wien 1993) erstmals vollständig ediert. Die eckig eingeklammerten Textpartien im folgenden Zitat sind diejenigen Briefpassagen, die bereits von Gottlieb-Billroth publiziert worden sind. Billroths Traurigkeit und Enttäuschung machen betroffen und meinen sicher nicht nur diesen Abend:

"Eben sind sie fort. Es geht mir gut, und ich will Dir daher noch brühwarm berichten. - Brahms war sehr lustig, und in dieser Lustigkeit ebenso unausstehlich kindisch, wie vor 30 Jahren, als ich ihn in Zürich kennen gelernt habe. Er kam spät; ich sprach meine Freude über seine neuen Claviersachen aus, die wirklich sehr schön und interessant sind. Er machte einige schnoddrige Witze. Mama und Helene erschienen gar nicht, assen in Mama's Zimmer allein. Wir baten ihn Alle, uns etwas von den neuen Sachen zu spielen. Wieder schnoddrige Witze und Versicherung hochgradigen Hunger's. Ich liess also anrichten. Wir plauderten bei Tisch sehr gemüthlich. Die Austern waren vortrefflich und überreichlich. Dann vortrefflicher Rehbraten mit Kartoffelpuré, Kastanien, Krautsalat, Preisselbern, alles delicat. - Ponch à la Romaine, Früchte, Roquefort und Chestres. - Brauneberger, Chateau d'Yquen. - Dann Rückkehr in mein Vorzimmer. Caffe, Cognac, vorzügliche Gutmann-Cigarren. Wir baten Alle, er möge sich doch ein bischen ans Clavier setzen. Schnoddrige Witze, Hanslick soll doch lieber Strauss'sche Walzer spielen ect. - Endlich setzt er sich an den Flügel und spielt: ein altmodisches kleines Stück von Bach, dann ein zweites, wo er bald nicht mehr weiter konnte. Hanslick brummte endlich stark. Nun fing er mehreres von seinen neuen Claviersachen an; konnte aber nie zu Ende kommen; seine Finger seien schwer, er könne nicht spielen, wenn er Wein getrunken habe ect. (er hatte nemlich gar nicht viel getrunken). Er setzt sich wieder hin, klimperte herum, brachte endlich ein Stück zu Ende, doch Alles widerwillig. Dann plauschten wir noch eine halbe Stunde und dann gingen sie fort. Aehnliches habe ich unzählige Male mit ihm durchgemacht. Er ist immer derselbe, und es ist recht schwer, ihn in solchen Situationen zu ertragen. [Er macht da gar keinen Unterschied ob er ernste Männer vor sich hat, die ihm auf's Wärmste zugethan sind, oder irgend eine Gesellschaft von Lumpen vor sich steht.]

Rücksichten kennt er absolut nicht. - [Hätte er einfach gesagt: ich bin heute nicht aufgelegt zu spielen, so hätte Jeder von uns das begriffen, und man hätte ihn nicht weiter aufgefordert. Doch diese Manier ist schwer erträglich.] - Und dann wieder: nimmt man *nicht* Theil an seinen neuen Compositionen, und bekümmert man sich nicht um ihn, so verletzt es ihn auch. - Hätte ich ihn nicht in sehr weichen Momenten gesehen, und kennte man ihn nicht aus seinen Compositionen als sentimentalen Häring, so möchte man glauben, er sei absolut ohne alles Gefühl für andere Menschen. [Mir bleibt er immer ein interessantes Räthsel, das ich nicht ganz zu lösen vermag. Ich finde die Brücken zwischen dem tiefen Ernst und der Weichheit seines Wesens - zu dem läppischen Benehmen auch in ernsten Kreisen nicht. Eine gewisse Freude an Frozzelei, selbst eine Art Schadenfreude ist ihm Bedürfniss; es mag ein Rest von Bitterkeit sein, der ihm von früher Jugend geblieben ist, als er, sich schon als erster fühlend, nicht nur nicht anerkannt sondern verhöhnt wurde mit Compositionen, die er mit seinem Herzblut geschrieben hat.] Man sollte nun meinen, er habe das bei den Triumphen die er jetzt fortdauernd feiert, und bei der hohen Anerkennung die er jetzt überall findet, endlich vergessen. - Doch es scheint ein Charakterzug aller der Künstler zu sein, die sich aus schwierigen ärmlichen und niederen socialen Verhältnissen heraufgearbeitet haben. [Nach den vorhandenen Biographien muß Beethoven ganz ähnlich gewesen sein; auch bei ihm wird als Charakterzug hervorgehoben, dass er mit seiner Lustigkeit ganz kindisch war, und an nichts mehr Vergnügen hatte, als wenn er Andere anführen konnte. - Dasselbe sagt man auch von Wagner, der in seinem Humor immer tölpelhaft läppisch, kindisch war. - Alle drei sind pathetische Naturen; vielleicht gehört das läppische Wesen als Kehrseite dazu.] Wie Schiller und Hebbel in dieser Beziehung waren, weiß ich nicht. So bleibt der Eindruck des heutigen Abend's ein gemischter. Die Künstler-Natur ist eben eine Sphinx. - [Jedenfalls hat mir der heutige Abend die Lust benommen, mit Brahms wieder etwas Aehnliches zu unternehmen.] Ich hatte ihm sehr herzlich geschrieben, wie glücklich ich sei, nach den überstandenen Monaten schweren Druck's durch meine Krankheit, endlich ihn mit einigen intimen Freunden im kleinsten Kreise wieder bei mir zu sehen. [Er macht es Einem recht schwer, ihn lieb zu behalten.] - Nun Gute Nacht! Ich werde heut ein Morphinpulver nehmen um zu schlafen. Dein alter Papa."

Als Billroth einige Zeit später Brahms' Horn-Trio op. 40 in Wien mit dem Komponisten am Klavier hört, schreibt er an seine bei Julius Stockhausen in Frankfurt Gesang studierende Tochter Else: "Ich konnte Brahms kaum etwas darüber sagen. Wir werden einander immer fremder! Schade!"

Es ist wohl kein Zufall, daß von den 331 schriftlichen Mitteilungen zwischen Billroth und Brahms, die Gottlieb-Billroth in seinem Buch wiedergibt, 249 auf die Zeit zwischen 1865 und 1887 entfallen. Bis zu den bedauerlichen Ereignissen, die im November 1892 mit dem beschriebenen Abend kulminieren, sind es dann noch 65, bis zu Billroths Tod im Jahre 1894 noch 17. Der letzte Brief von Brahms an Billroth ist noch von Billroths Hand in seinem Sterbeort Abbazia, knapp drei Wochen vor seinem Tod, auf den 17. Januar 1894 (sicher der Tag des Erhalts des Briefes) datiert worden.

Zu Recht, wie der Brief zeigt, haben Billroths Frau Christel Brahms' Äußerungen noch lange gekränkt. Brahms, der genau wußte, wie es um Billroth stand, schrieb dem Todkranken alles andere als einen teilnehmenden Abschiedsgruß:

"L. Fr.!

Ich meine immer, Du solltest Deine Einfälle und Betrachtungen auch ruhig von Deinem Standpunkt aus machen. Sie werden gewiß interessant und geistreich ausfallen. Dadurch aber, daß Du auf anderes Gebiet hinüberschielst (einer gewissen oder ungewissen Gründlichkeit zuliebe), möchten sie nur ein schiefes Gesicht kriegen und unklarer herauskommen. So meine ich auch, daß Dein Gedächtnis genügt, Dir Deine Frage wegen Rhythmus der Volkslieder zu beantworten. Auf das bestimmteste weiß ich, daß dort, wo die rhythmische und tonale Bewegung der Lieder für mich immer mehr Interesse hat, das Deine ganz schweigen würde.

Neuere aber und Dir bekannte brauche ich nicht für Dich zu zählen und werden Dir leicht genug einfallen, immer abwechselnd in Zweivierteltakt und Dreivierteltakt und selten in anderem als Viertaktrhythmus. Du kannst Dir ja auch leicht das beweisen und klar machen, wenn Du die bloßen Worte bedenkst.

Solche Rhythmen sind selten wie:
'Prinz Eugen', 'Friederikus Rex', 'Der König faßte den Beschluß', 'Was blasen die Trompeten', 'Husaren heraus', 'Es reitet der Feldmarschall' usw.
Wenn es aber heißt: 'Guten Abend mein Schatz', so müßte das ja ein komischer Komponist sein, der es in anderem als dem bequemen Viertakte sänge.
Und nun singe Dir in Gedanken (an Dein stattliches Buch denkend):
Im Viervierteltakt: 'Wir hatten gebauet', 'Wohlan, die Zeit ist kommen', 'Es, es, es und es', 'Es ist ein Schnitter'. 'Wär ich ein wilder Falke'.
Im Dreivierteltakt: 'Morgen muß ich', 'Heut scheid' ich', 'Es ritten drei Reiter', 'Wenn ich ein Vöglein wär', 'Wenn alle untreu werden'.
Du kannst hier ohne jede Anstrengung so gut endlos weiterschreiben, wie Dein Dich herzlich grüßender, Dir alles Gute wünschender
J. Br."

Brahms' nüchterne und manchmal auch überheblich klingende Fachlichkeit war für Billroth wohl alles andere als eine Ermunterung für sein letztes Opus, das ihm so am Herzen lag, seine letzte Schrift *Wer ist musikalisch?*. Das Manuskript des Buches lag auf seinem Sterbebett, und Billroth verwandte seine letzte Kraft auf die Niederschrift seiner Gedanken.

Die zehn letzten schriftlichen Mitteilungen im Briefwechsel beziehen sich fast ausschließlich auf die Problematiken, die Billroth in seinem Buch beschäftigen. Billroth bittet Brahms u.a. um Auskünfte zu den zahlenmäßigen Verhältnissen von Dur und Moll im deutschen und europäischen Volkslied, er müht sich um eine Definition des Begriffs "Melodie" etc.

Brahms äußert sich aus seiner Sicht, nicht immer ganz bereitwillig und freundschaftlich interessiert. In Brahms' Briefen gegenüber Billroth ist unschwer die Haltung eines "Schuster, bleib bei Deinem Leisten!" herauszuhören, die ja auch im letztzitierten Brahmsbrief schon durchklingt. Daß dort kein Genesungswunsch für den Todkranken zu finden ist, ja sogar Sarkasmus, sei lediglich vermerkt.

Zweifellos hat Brahms dieses "von-oben-herab" nach dem Tod von Billroth leid getan. Sein fast reuig zu nennendes Verhalten gegenüber der Witwe Billroths und

Abb. 49: Theodor Billroth. Nach 1890

ihren Töchtern in der Zeit bis zu seinem Sterben im Jahre 1897 gibt davon des öfteren Zeugnis.

Was Billroths letzte Schrift, die Auseinandersetzung des herausragend gebildeten Naturwissenschaftlers mit der Musik angeht, so bleibt Brahms auch nach dem Tod des Verfassers skeptisch, ja abweisend.

In einem Brief am 31. Oktober 1895 an Christel Billroth, in dem sich Brahms für je ein Exemplar von *Wer ist musikalisch?* und die von Billroths Fachkollegen Georg Fischer besorgte erste Auswahl von Briefen Billroths bedankt, kommt dies deutlich zum Ausdruck:

"Verehrte Frau Hofrat!

Als Herr Dr. Gottlieb mir gestern die nachgelassene Schrift Ihres verewigten Gatten brachte, hatte ich gerade die eben angekommenen Briefe aufgeschlagen - und auch Ihrer herzlichst gedacht.

Es war mir nämlich sofort aufgefallen, wie lieb und schön Sie durch Ihre Briefe uns nur die Lücke von 1870 aufgefüllt haben! Für beide Bücher habe ich Ihnen herzlichst zu danken; sie werden mir eine werteste Erinnerung an den teuern Mann sein.

Beim einstweiligen, allerdings flüchtigen Durchblättern der 'Schrift' will mir scheinen, daß ich eine ganz richtige Ahnung von dem Buch hatte und was es mir sein könnte. Das in harmlosem aber geistreichem Briefstil Geplauderte wird mir am sympathischten sein, das Physiologische mehr oder weniger fremd bleiben - wie das denn auch bei den Arbeiten seiner großen Meister hierin uns simplen Musikern so geht.

Uns liegt das eben ferner und wir denken anderer Disziplinen unserer Lehre und Wissenschaft, die den Jüngeren nötiger wären und leider von ihnen arg vernachlässigt werden.

Darf ich Ihnen schließlich vertrauen, daß ich mich im stillen fast freuen möchte, die Schrift unvollendet zu sehen!

Ihr Mann hatte vor, allerlei zu behaupten und zu beweisen, das, ganz natürlich und geistreich erfunden oder gedacht, doch in scharfem Widerspruch mit den Tatsachen und dem besseren Wissen gestanden hätte.

Ich war ihm gegenüber bescheiden - aber recht verlegen, und jetzt freue ich mich, nicht mehr zu widersprechen nötig zu haben.

Nun aber verzeihen Sie, daß ich die Feder so lange laufen ließ. Jedenfalls sehen Sie daraus, daß ich Ihr Geschenk nicht nur freundlich, sondern auch ernsthaft dankend empfange.
In hoher Verehrung ergeben
J. Brahms"

Sind es Brahmssche Ressentiments gegenüber dem "Intellektuellen Billroth", wenn er sich in seinem Brief an Frau Billroth linkisch als "simpler Musiker" apostrophiert? Ist es ein Stückchen irrationaler Eifersucht gegenüber dem "Dritten im Bunde", Eduard Hanslick, der die nachgelassene Schrift des Freundes im Auftrag des Verfassers herausgeben darf? Was heißt schließlich "Tatsachen und besseres Wissen" anderes, als Brahmssche Subjektivität in den von Billroth angeschnittenen

Fragen? Ist es auch späte Trauer und Einsicht in so manches eigene Fehlverhalten gegenüber Billroth, nachdem die Blüte der Freundschaft nach dem Jahre 1887 zu welken begann? Wir können nur Vermutungen anstellen.

Sicher ist, daß sich beide Männer über viele Jahre, ja Jahrzehnte hinweg gegenseitig als essentielle Bereicherung ihres Lebens empfunden und geschätzt haben. Niemand anderem als Billroth jedenfalls wurde von Brahms die Ehre zuteil, so oft in bezug auf ein neues Werk gefragt zu werden: "Ich hörte gar gern ein Wort darüber."

Die Schriften "Wer ist musikalisch?" und
"Das Gute im Menschen"
Blicke über die "Specialwissenschaft" hinaus

> *Schon oft habe ich mir die Frage vorgelegt, ob bei der*
> *Schöpfung der neunten Sinfonie die Phantasie, die Emp-*
> *findung oder der Verstand Beethovens mehr Gewicht*
> *hat, bin jedoch zu keinem Resultat gekommen.*
> Theodor Billroth, Über die Einwirkung lebender Pflanzen
> und Thierzellen aufeinander

Billroth hat mit seinen grundlegenden Forschungen ein breites Fundament für die moderne Chirurgie des 20. Jahrhunderts geschaffen. Seine herausragenden Tätigkeiten zur Theoriebildung sind der Wissenschaft der Medizin nicht nur in Billroths engerem Fachgebiet, der Chirurgie, zugute gekommen. Insgesamt hat Billroth ein œuvre vorgelegt, das nach Breite und Fülle demjenigen anderer großer Gelehrter des 19. Jahrhunderts in keiner Weise nachsteht.

Vielleicht ist dies der überzeugendste Nachweis für den existentiellen Stellenwert, den die Musik in Billroths Leben einnimmt, daß seine letzte Schrift sich nicht mit einer medizinischen, sondern einer musikalischen Fragestellung beschäftigt, nachdem er kurz vorher ein philosophisches "Fragment" mit dem Titel *Das Gute im Menschen* abgeschlossen hatte. Im Zusammenfügen seines polar sich ergänzenden Lebensengagements liefert Billroth am Ende seines Lebens aus medizinischer Sicht einen Beitrag zu einer Problemstellung, die Natur- wie Geisteswissenschaft im ausgehenden 19. Jahrhundert immer mehr beschäftigt: *Wer ist musikalisch?*

Schon Eduard Hanslick hat in seiner Vorrede zu Billroths Buch in einer (in Parenthese versteckten) Bemerkung darauf hingewiesen, daß Billroths Titel für sein Buch "...weniger zutreffend, weil zu eng" sei. In der Tat erweist sich Billroths Schrift bei näherem Hinsehen nicht nur als ein Versuch, seiner Fragestellung aus dem Blickwinkel des in seinem Fach auf dem Gipfel stehenden Mediziners näherzukommen. Billroths Buch leistet vielmehr einen unter vielen Aspekten neuen Beitrag zur Musikästhetik in der zweiten Hälfte des 19. Jahrhunderts.

Die Schilderung der Entstehung von Billroths Buch bis zu seiner Drucklegung, die für Billroths Persönlichkeit so charakteristisch erscheint, ist dabei ebenso wichtig wie die Darlegung von Billroths Gedankengängen.

Eduard Hanslick hat den zunächst zögerlichen Billroth immer wieder bestärkt, "seine Ideen über Musik zu ordnen zu präcisiren und zu Papier zu bringen." Im Vorwort zu Billroths Buch schreibt er: "In diesem Vorhaben eiferte ich ihn gerne an, schien er mir doch durch seine Doppelstellung als gründlicher Musiker und genialer

Physiolog in ganz einziger Weise berufen, das geheimnisvolle Grenzgebiet zu beleuchten, auf welchem musikalische Wirkungen mit unserem Nervenleben zusammentreffen..."

Hanslick zufolge gehen Billroths Beschäftigungen mit seiner Fragestellung bis ins Jahr 1888 zurück. Billroth schrieb ihm damals im Sommer von seinem Sommersitz in St. Gilgen:

"Wer ist musikalisch? Das wäre so eine Ueberschrift für einen Essay für Dich. Wie complicirt ist dieser Begriff! Der eine hat vorwiegend rhythmisches Talent und Empfindung (das elementar-rhythmische Moment im Menschen ist der Herzschlag), der Andere hat vorwiegend melodisches Talent (Melodie ist vom Rhythmus nicht zu trennen; die Gliederung des menschlichen Körpers, feine Doublirung nach horizontaler und verticaler Richtung ist ein Theil seiner elementaren Grundlage); wieder ein Anderer erscheint musikalisch durch ein eminent technisches und mechanisches Talent (elementares Moment: die Freude an der Ueberwindung von Schwierigkeiten als Hauptprincip des gesteigerten Selbstbewußtseins); wieder ein Anderer erscheint musikalisch durch eine Uebertragung seines intensiven Temperamentes im dramatischen Ausdruck (elementares Moment: Wunsch, so großartig wie möglich zu erscheinen, wie etwa der Pfau, der sein Rad vor dem Weibchen schlägt); wieder ein Anderer durch colossales Tonformen- und Rhythmusgedächtniß; wieder ein Anderer durch Hingabe an die sinnliche Gehörswirkung u.s.w."

Im gleichen Brief an Hanslick lassen sich noch zwei wichtige Feststellungen machen. Zum einen bekennt Billroth, welche Rolle und welche Funktion er aus seiner Sicht in seiner "Specialwissenschaft" einnimmt, zum anderen geht aus der folgenden Briefstelle eindeutig hervor, daß sich Billroth mit dem gleichen Ernst und dem gleichen Engagement seinen Problemstellungen in der Musik zuwendet wie jenen seines eigentlichen Fachgebietes.

Im September 1890 berichtet Billroth über den Fortgang seiner Arbeiten an seinem Manuskript und genau ein Jahr später, im September 1891, meldet Billroth den vorläufigen Abschluß seiner Arbeiten.

"Vor einem Jahr habe ich hier und in Abbazia ein ziemlich dickes Manuscript zu Papier gebracht: 'Aphorismen zur Anatomie und Psycho-Physiologie des Musikalischen'. Es lag unberührt ein Jahr; nun nahm ich es hier wieder vor. Das erste Capitel: 'Ueber den Rhythmus als eines der wesentlichsten, mit dem Organismus des Menschen innig verbundenen Elemente der Musik' passirte meine Kritik leidlich, so daß ich es ins Reine schrieb..."

Was den Abschluß des gesamten Buches betrifft, ist Billroth pessimistisch, denn, wie es im gleichen Brief an Hanslick weiter heißt: "...ich nehme... jeden Satz bleiern schwer. So wird wohl nichts aus meinem projectirten Essay werden. Schadet nichts! Wenn es notwendig ist, wird es doch geschrieben, von irgend einem Anderen."

Billroths letzter Satz beleuchtet dann sein wissenschaftsgeschichtliches Bewußtsein ebenso wie seine Bescheidenheit, die hinsichtlich des Folgenden eher unangebracht erscheint: "Was in einer Zeit einer denkt, denken Hundert andere mit ihm."

Ursprünglich trug das letzte Kapitel von Billroths Abhandlung die Überschrift: "Wer ist musikalisch?" Die anderen entsprangen wohl Billroths musikalischem Humor:

I. Marcia.

II. Allegro serioso, ma non troppo.

III. Grave.

IV. Thema con Variazioni.

V. Serenata.

VI. Intermezzo.

VII. Finale, Tempo giusto.

Hanslick erhielt Billroths Manuskript von Billroths Schwiegersohn, Dr. Otto Gottlieb-Billroth, kurz nach dem Tode Billroths. Auf dem Umschlag stand von Billroths Hand:

"Dieses Manuscript soll meinem lieben Freunde Ed. Hanslick übergeben werden, und mag der darüber verfügen, was damit geschehen soll.   Abbazia, 2. Februar 1894."

Hanslick hat Billroths Abhandlung nicht als "Reflexionen eines Musikliebhabers" eingestuft oder gar mit nachsichtigem Freundesblick belächelt. Er hielt Billroths Ausführungen einer Veröffentlichung für würdig, auch wenn für seine Ohren so manche Passagen in Billroths Schrift merkwürdig, wenn nicht gar utopisch geklungen haben müssen. Die Krise der Tonalität um die Jahrhundertwende etwa wird von Billroth viel schärfer formuliert als dies Hanslick je in seinen Schriften zum Ausdruck gebracht hat.

Das musikalische Vermächtnis seines Freundes war Hanslick teuer. Er bereitete das Manuskript zum Druck vor, das drei Auflagen erleben sollte (Berlin 1895[1], 1896[2], 1898[3], Reprint: Hamburg 1985).

In der Korrektur Hanslicks zur 2. Auflage findet sich ein wichtiger Hinweis zum Verhältnis Autor Billroth/Herausgeber Hanslick: "In seinem Manuscript hat Billroth die beiden ersten Capitel ausdrücklich mit 'fertig' bezeichnet. Die späteren Kapitel erheischten vom Herausgeber eine sorgfältigere Durchsicht wegen der oft schwer leserlichen Correkturen, nachträglichen Anmerkungen und eingeschobener Extrablätter. Ich vermied es gewissenhaft, an Billroths Gedankengang und Ausdrucksweise zu rühren und habe mich auf kleinere stilistische Abänderungen und Beseitigung mancher unnöthiger Wiederholungen beschränkt..."

Vor Erscheinen des Buches waren noch zu Billroths Lebzeiten die ersten drei Kapitel in der *Deutschen Rundschau* erschienen. In einem Brief an Hanslick beruft sich Billroth mehrmals ausdrücklich auf dessen Anregung zu einer Veröffentlichung und schreibt abschließend:

"Hat man erst einige hundert Kilo Druckerschwärze verbraucht, wie ich, so kommt es auf einige Deka mehr nicht an, und so habe ich mein kleines Opus drucken lassen. Hoffentlich ist es kein Klex auf meinem chirurgischen Namen. Das Publikum kennt viele Kinder aus meiner legitimen Ehe und hat sie über mein und ihr Verdienst gütig aufgenommen; vielleicht wird es neugierig sein, auch dies Kind meiner Alterslaune anzusehen. Nimm freundlichst Pathenstelle bei ihm an; es ist noch nicht viel, doch kann Pflege und gute Erziehung durch andere im Lauf der Zeiten etwas aus ihm machen. Vielleicht hast Du es schon seiner Großväter wegen ein bißchen gern. Du kennst sie: ihre Namen fangen beide mit einem H an.

In alter Liebe und Verehrung
Dein
Theodor Billroth."

Am Schluß seines Briefes nennt Billroth die Quellen, denen sich seine Schrift verpflichtet fühlt. Mit den "beiden Namen, die mit H anfangen" meint Billroth Hermann von Helmholtz, den Begründer der modernen Lehre von der Akustik (besonders dessen Buch *Die Lehre von den Tonempfindungen als physiologische Grundlage für die Theorie der Musik*, erschienen in Braunschweig 1863) und natürlich Eduard Hanslick selbst.

Auch wenn Billroths Musikanschauungen von zahllosen Begegnungen mit Hanslick und Brahms seit Mitte der 60er Jahre beeinflußt waren, so bieten seine Überlegungen nicht nur Neues, sondern sogar Musikalisch-Utopisches, das unmittelbar auf Ferruccio Busonis *Entwurf einer Neuen Ästhetik der Tonkunst* hinweist.

Hier sei das äußerst differenzierte, genauestens gegliederte Inhaltsverzeichnis wiedergegeben, das nicht nur Denkansätze Billroths, sondern auch sein methodisches Vorgehen anschaulich zeigen kann.

Erstes Capitel: Ueber den Rhythmus als ein wesentliches, mit unserem Organismus innig verbundenes Element des Musikalischen (S. 13 ff.).
Eintönige rhythmische Bewegung ist schon eine Art Musik. - Rhythmische Bewegungen in unserem Körper: Rhythmus des Athmens. Rhythmus des Herzschlags. - Die Rhythmik unserer gesammten Körperbewegungen: Das Gehen, Marschiren, Tanzen. - Gesetz der Mitbewegung. Die rhythmischen Bewegungen vieler höheren Thiere. Beziehungen des Rhythmus zu anderen Eigenschaften unseres Nervensystems. - Das Volksthümliche wie auch die Langlebigkeit und das Interessante einer Musik beruht hauptsächlich auf dem Ryhthmus. - Das Phantasiespiel mit Rhythmen. - Specifische Freude daran ist ein wesentliches Kennzeichen musikalischer Begabung. - Andere dazu gehörige individuelle Eigenschaften. - Wirkung rhythmischer Wahrnehmungen auf die Association von mannigfaltigen Vorstellungen.

Zweites Capitel: Ueber die Beziehungen von Tonhöhe, Tonklang und Tonstärke zu unserem Organismus (S. 48 ff.).
Die peripheren und centralen Endogene unserer Nerven bestimmen die Modalität unserer Sinnesempfindungen. -Subjective Sinneswahrnehmungen, Sinneserregungen durch Vorstellungen. - Hallucinationen. - Der Hörapparat des Menschen. - Das Corti'sche Organ. - Seine möglichen individuellen Verschiedenheiten. - Mögliche Verkümmerung durch Krankheitsprocesse. - Seine Beziehungen zu anderen individuellen Eigenschaften des Nervensystems. - Hypothesen über die Art seiner physiologischen Wirkung. - Obertöne.

- Klangfarbe. - Tonstärke. - Dämpfungsvorrichtungen. - Uebersrpingen von Tonempfin- dungen auf andere Nerven. - Beziehungen zwischen Gehörs- und Vibrationsempfindun- gen. - Rein physiologische Mitempfindungen. - Reflectorisch hervorgerufene Bewegun- gen. -Tonwirkungen auf Hunde.

Drittes Capitel: Die Entwicklung des Musikalischen zur 'Tonkunst' (S. 72 ff.). Physiologie und Psychologie. - Die absolut Unmusikalischen. - Wer ist musikalisch? - Wie entstand das, was wir heute Musik, Tonkunst nennen? - Entwicklung der Sprache. Klangebärden. Klangfarbensprache. Warum nicht Tonsprache? - Entwicklung des Sin- gens aus der Sprache, und der Tonkunst aus dem rhythmischen Sprechen in bestimmten Tonstufen. - Das 'Harmonische'. Tonarten. Tonleiter. Notenschrift.- Unser heutiges Musiksystem aus individueller und socialer Empfindung hervorgegangen und conventio- nell geworden. - Dur und Moll. - Das Melodiöse auf dem Harmonischen beruhend. - Ablösung der Musik vom Wort. - Polyphone Musik. Musikalische Motive. Unmusikali- sche Formen. - Das Wesen des Melodischen ebenso conventionell wie das des Harmoni- schen.

Viertes Capitel: In welcher Weise wirkt die Musik auf uns ein? (S. 131 ff.). Das musikalisch gebildete Publicum im Verhältniß zur gesammten Menschheit sehr klein. - Poesie, Malerei, Musik greifen oft ineinander. - Die Musik als bewegliche Kunst kann dadurch wirken, daß sie zu den körperlichen und psychischen Bewegungen des Menschen in gewisse Beziehungen tritt; einen Zweck oder eine Richtung dieser Bewegung kann sie nicht bezeichnen. - Symbolische Wirkungen und ihre Associationen: Hörner-, Trompe- ten-, Oboe-, Flöten-, Posaunen-Klang. Psycho-physiologische Wirkungen. Malende Musik. - Erzählende Musik, Programm-Musik. Ernste, heitere, schwere, leichte Musik. Patheti- sche Musik. - Kann die Musik auch komisch sein? Scherze. Graziöse Musik. Religiöse Musik. Musik und Malerei. Romantische, classische Musik. Poetische Musik. Gedanken- volle, geistreiche, leere, geistlose Musik. Geschmacklose Musik. Originelle Musik. Wirkung neuer Musik auf das Publicum. Die Entwicklung der neuen Meister.

Fünftes Capitel: Musik in Verbindung mit anderen Künsten. (Musik mit aufgezwungenen Associationen) (S. 185 ff.). Musik mit Anschauung von Bildern. Gemalte und lebende Bilder mit Musik. Mimik, Tanz, Ballet. Tafelmusik. - Combination von Sprachgedanken mit Musik. - Melodram. - Das gesungene Lied. Ballade. - Oper. - Musikalisches Epos.

Sechstes Capitel: Die Sinne und die Künste. (S. 216 ff.).

Siebentes Capitel: Wer ist musikalisch? (S. 228 ff.).

Die letzten beiden Kapitel hat Billroth als "Skizze" bezeichnet. Im Vergleich zu den vorangegangenen von Billroth als "fertig" bezeichneten sind sie nicht durchgearbei- tet wie jene. Das 7. Kapitel "Wer ist musikalisch?" endet schließlich im Telegramm- stil. In diesen Überlegungen scheinen Billroths letzte Gedanken auf und weiter scheint es, daß sich Billroth erst beim Verlöschen seines Lebens entschlossen hat, seiner gesamten Abhandlung - als der wahrscheinliche Ausgangspunkt seiner Fragestellungen - die Überschrift seines letzten Kapitels zu geben. Schon Hanslick hat darauf verwiesen, daß die lediglich skizzierten Teile "nicht weniger inhaltsreich

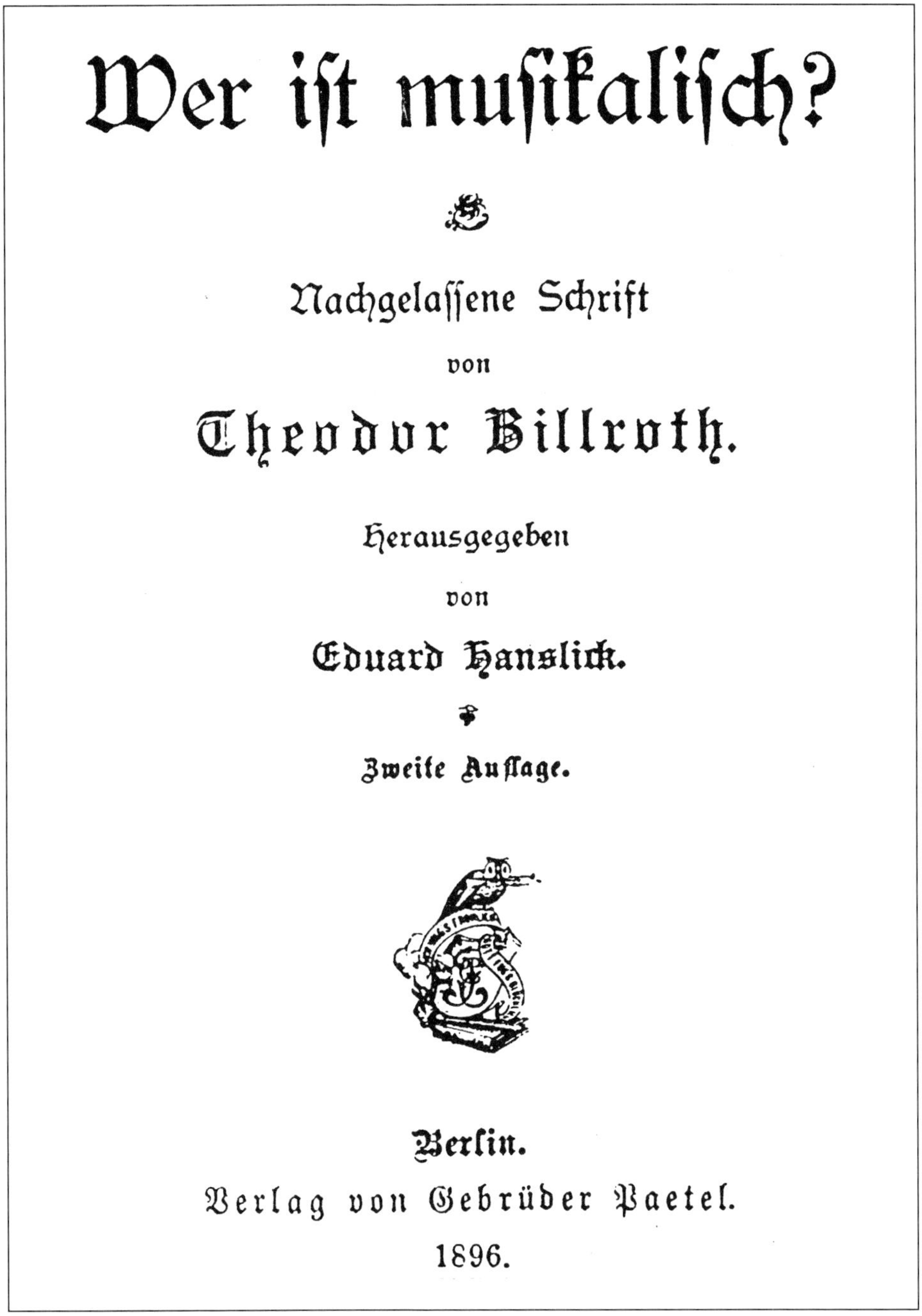

Wer ist musikalisch?

Nachgelassene Schrift

von

Theodor Billroth.

Herausgegeben

von

Eduard Hanslick.

Zweite Auflage.

Berlin.

Verlag von Gebrüder Paetel.

1896.

Abb. 50: "Wer ist musikalisch?" - Titelseite der posthum veröffentlichen Schrift Billroths. 2. Auflage, Berlin 1896

und werthvoll [sind], ja sie haben für meine Empfindung einen eigentümlichen, noch größeren Reiz durch die frische Unmittelbarkeit ihres fast improvisierten Vortrags."

Wie beantwortet Billroth nun die Frage "Wer ist musikalisch?"

Billroths Überlegungen liegt ein zunächst verblüffender Begriff der Musik zugrunde: "er beginnt mit dem monotonen Rhythmus und reicht bis zur Sinfonie", eine "Stufenleiter", deren Sprossen nach oben zu erklimmen zunächst von unseren Empfindungen für "Tonhöhe", "Tonstärke", "Tontimbre" und unserer "Begabung für Rhythmus" abhängt, was im übrigen teilweise mit modernem "Parameterdenken" von Tonhöhe, Tondauer, Tonstärke und Klangfarbe in unserem Jahrhundert übereinstimmt. Diese *Empfindungen,* die aber "auch vielen Tieren zukommt" denkt sich Billroth als eine Art Grundlage für das nun spezifisch menschliche musikalische *Talent,* das "man wohl meist erst bei dem spontanen Auffassen und Behalten einer Melodie" gelten lassen kann. Die substantielle Andersartigkeit gegenüber den vorher dargestellten Einzelwahrnehmungen, die entweder nur angenehm oder unangenehm sind, besteht für Billroth darin, daß die Melodie neben ihrer rhythmischen aus "symmetrischen Stücken" zusammengesetzt ist, die wir nun mit ästhetischen Kategorien wie 'schön' oder 'häßlich' beurteilen. Diese Fähigkeit zur ästhetischen Empfindung bzw. zur Beurteilung von Musik ist dem Menschen zwar angeboren, kann aber, insbesondere was komplizierte Zusammensetzungen (Formen) betrifft, nur durch entsprechende Übung und Erfahrung erworben werden. Diese Erfahrungen führen schließlich zum *Verstehen* von musikalischen Gebilden. Dieses Verstehen wiederum ist von unserem "Gedächtnis für das Vorübergezogene" als Voraussetzung für "die Art seines Zusammenhanges" abhängig. Billroths Überlegungen gipfeln dann in der lapidaren Feststellung: "Eine kurze, scharf rhythmische und sehr deutlich gegliederte Melodie, die ohne gleichzeitig empfundene Harmonie nicht denkbar ist, zu behalten, sie inmmer wieder zu erkennen und auch summend oder pfeifend richtig zu *reproduciren,* gelingt Vielen. - Dies ist der erste Grad des Verständnisses von Musik, der musikalischen *Bildung.* Wer das nicht vermag, ist unmusikalisch."

Billroth legt Wert auf die Feststellung, daß die beschriebene Fähigkeit allerdings nur "der erste Grad in der musikalischen Bildung" sei. Die vielen Stufen der "musikalischen Bildung" - von Billroth nicht in ihren Einzelheiten beschrieben - gipfeln in einem "klaren musikalischen Bewußtsein", das als "musikalisches Verständnisvermögen" zwar in der menschlichen Natur liegt, aber lediglich Mittel zum Zweck des Erwerbs musikalischer Bildung ist. Diese Gedankengänge Billroths haben heute wohl die gleiche Gültigkeit wie damals. Billroth führt weiter aus:

"Es werden aber zuweilen Lieder populär, die schon recht complicirt im Rhythmus und in der Gliederung sind. Dies findet gewöhnlich bei starker Erregung der Volksseele statt und wird durch die allgemeine Mitbewegung und endlose Wiederholung gesteigert, und man würde sich sehr täuschen, wenn man alle die Menschen, welche 'Schleswig-Holstein meerumschlungen', 'Wacht am Rhein', 'Marseillaise' mitgebrüllt haben, mitbrüllen und mitbrüllen werden, für hervorragend musikalisch gebildet halten wollte. Diese Vorgänge erfolgen zum größten Theil mechanisch (subcortical) mit wenigen Verbindungen zum klaren musikalischen Bewußtsein; nur letzteres können wir als musikalisches Verständnißvermögen bezeichnen, das im Keim wohl immer als psycho-physiologische und ästhetische Anlage angeboren ist, sich jedoch unter günstigen Bedingungen durch Uebung an verschiedenen Tonobjecten (Kunstwerken) immer mehr und mehr entwickeln kann."

Sieht man einmal davon ab, daß Billroths Begriff des Musikerlebens ausschließlich am musikalischen Kunstwerk orientiert ist, so könnten seine folgenden Überlegungen jeder modernen Musikpädagogik zum Trost gereichen:

"Kommt es aus Gründen, die im Charakter (Indolenz, Trägheit trotz der starken Anziehung von Seiten der Musik) oder in socialen Verhältnissen liegen können, nicht zur vollen Entwicklung der musikalischen Bildung, so bleibt dieselbe auf viertel oder halbem Wege stehen. Die Zahl dieser unvollkommen gebildeten Musikalischen ist ebenso groß wie die Zahl Derjenigen, welche auch auf anderen Gebieten in ihrer geistigen Gefühls- und Verstandesbildung aus den gleichen Gründen auf niederen Stufen stehen bleiben. Wie die in der Jugend angehäuften erfrischenden und belebenden Studien eine gewisse Menge von Gefühls- und Verstandesbildung erzeugt haben, welche in dem Einerlei eines ganz in Anspruch nehmenden Amtes, in einem monotonen Leben ohne alle geistige Anregung allmählig versauert, die Erinnerung daran aber frisch belebt, wie dann für kurze Zeit aus der neuen Gährung durch Herausschütteln noch nicht ganz erstorbener Hefe ein neuer, wenn auch rasch wieder versauernder Wein entsteht - so wird auch der in seiner musikalischen Bildung stehen Gebliebene seine Freude an seiner Jugendmusik, sagen wir an Haydn und Mozart, nicht verlieren, doch Schumann und Brahms werden ihm unverständlich sein; er genießt von allem uns Erfreuenden weniger als wir, doch dies schmeckt ihm, zumal wenn er selten zu einem guten Bissen gelangt, um so besser; er verlangt nicht mehr und ist mit dem, was er hat, glücklich, und das ist doch wie bei allem menschlichen Genießen die Hauptsache in unserem Verhältniß zur Kunst. Freilich ist die Freudenempfindung ausgedehnter, je mehr von Kunst wir verstehen lernen, sie wird aber nicht intensiver. Reichthum an sich macht uns ja überhaupt nicht glücklicher; er vermag nicht den Grad unserer angeborenen Empfindungsfähigkeit zu steigern. Ob ich das höchste Glück bei einer Bach'schen Sarabande, einem Hayden'schen Menuet, einem Mozart'schen Andante empfinde, oder bei einem Beethoven'schen Adagio, oder einem Lied von Brahms, ist schließlich dasselbe; denn über das für uns höchste Glücksgefühl kann das Subject nicht hinaus."

Billroths Begriff der "musikalischen Bildung" verneigt sich schließlich vor den Anschauungen seines Freundes Eduard Hanslick. Dieser hatte pointiert formuliert: "Das Schöne hat überhaupt keinen Zweck, denn es ist bloße Form" und "Der Inhalt der Musik sind tönend bewegte Formen". Hanslicks Begriff einer "absoluten", von allen äußerlichen Einflüssen freien Musik steht hinter Billroths hierarchisch gegliedertem System des Musikempfindens und -erlebens:

"Die musikalische Bildung in dem angedeuteten Sinne führt zum specifischen musikalischen Gefühl, was von dem übrigen Gefühl dadurch verschieden ist, daß letzteres sich immer zu etwas Anderem wendet, zu Mensch, Thier, Natur, auch zu sich selbst, dadurch sich in sich selbst steigernd. *Musikalische Schönheit ist ein Ding für sich, nur aus den*

Tönen als Ton - Erscheinung auf uns wirkend (Hervorhebung durch den Verf.). - Das Gefühl dafür ist ein rein ästhetisches, angeboren in der Anlage. *Es hängt von der Form ab* (Hervorhebung durch den Verf.) und ist untrennbar von der Technik, der Gestaltung im Großen und der Rhythmik der einzelnen Glieder, der Zusammenfügung derselben; der Farbe (Instrumentirung)."

Mit seinem höchst elitären Begriff des Verstehens von Musik scheint Billroth nicht zufrieden gewesen zu sein. Störte ihn daran die Realitätsferne oder kollidierte schließlich seine Sicht andererseits an seinem Begriff des Humanums? Wir wissen es nicht. Jedenfalls fragt er zum Schluß seiner Abhandlung: "Wie ist nur die Freude zu erklären, welche nichtmusikalisch Gebildete an der Musik haben?"

Billroths verbliebene Lebenskraft reichte nur noch für die Notiz von Stichworten, um diese ihn bedrängende Frage zu beantworten: "Freude am Rhythmus. Freude am Klang. Dynamische Wirkung. Freude durch die Association mit anderen Künsten, durch die Association mit allerlei Gegenständen und Personen, Interesse für die Persönlichkeit der Künstler. Freude am Mitgenießen mit Anderen, an dem geselligen Zusammensein, an der Zugehörigkeit zu dem Kreise der Eingeweihten." Das klingt heute fast wie eine Einleitung in eine Soziologie musikalischer Subkulturen.

In den Kapiteln 1 bis 6 erweist sich Billroth keineswegs nur als Kind seiner Zeit. Zwar kann er sich nicht vorstellen, daß "unser ... Tonsystem sich wesentlich ändere" ebenso wenig wie unsere Sprache, trotzdem gelangt Billroth zu der für seine Musikanschauung wesentlichen Einsicht, daß unsere "moderne Musik, (damals Brahms! Anm. d. Verf.) als bisher schönste Frucht unseres Tonsystems", noch kein Beweis für eine wie immer geartete "Naturgesetzlichkeit" der Musikentwicklung sei.

Die damals bereits geführte Diskussion um eine "Natürlichkeit" von angenehmen ("consonirenden") und unangenehmen ("dissonirenden") Zusammenklängen ergänzt Billroth so: "Das Unsichere dabei liegt darin, daß 'angenehm' und 'unangenehm' zu verschiedener Zeit und bei verschiedenen Menschen ebenso variable Empfindungsqualitäten sind, wie etwa 'gut' und 'böse'."

In der Folge relativiert Billroth das Tonsystem seiner Zeit in fast radikaler Weise. Nach einer kritischen Prüfung von Dur und Moll stellt Billroth fest: "Ein mathematischer Beweis, daß *nur* der (Dur und Moll-)Dreiklang *konnte*, und daß nur *er* als Ausgang eines Harmonisystems dienen konnte ist nicht zu führen..." und: "Ich wüßte nicht, was man physiologisch und psycho-physiologisch dagegen einwenden könnte, wenn Jemand behauptete, der Zusammenklang von C Cis D, oder C D E, oder C Cis Dis sei für *ihn* der schönste, sei für ihn Harmonie, ein (herkömmlicher) Dreiklang dagegen sei ihm höchst unangenehm".

Der Stellenwert für die Hörer "moderner" Musik in unserem Jahrhundert im Konzertsaal wird antizipiert, wenn Billroth unmittelbar darauf schreibt: "Es ist nur die Frage, ein wie großes Publikum sich bildet, welches das Gleiche mit ihm (dem Komponisten) empfindet oder zu empfinden vorgibt, und welche die auf Basis dieser, für ihn harmonischen Tonverbindungen componirten Stücke mit steigender und immer mehr sich verbreitender

Begeisterung anhört: einen Beweis liefern, daß eine solche Musik absolut unmöglich und unschön ist, kann man nicht. Die Majorität des Publicums entscheidet und wird, wenn es an dieser Art von Musik ermüdet ist, Anderen folgen, die ihm etwas Anderes bieten. Es ist wie mit der Bildung einer Secte; sie erfolgt aus der Empfindung und Grübelei eines Einzelnen, wird aber zu einer weit verbreiteten Religion nur durch die Menge derer, welche sich ihr anschließen. Die Empfindung des Einzelnen ist nun freilich die Theilempfindung des Ganzen in einer besonderen Form, warum aber gerade die Form, in welcher sie auftritt, wenigen oder den meisten Zeitgenossen besonders gefällt, läßt sich weder mathematisch-physikalisch noch psycho-physiologisch beweisen".

Trotz der eingeschränkten Möglichkeiten, die Billroth einer wie auch immer gearteten "Neuen Musik" gibt, resümiert er:

"Ich muß schließlich meine Ueberzeugung dahin aussprechen, daß ich die Empfindung des Harmonischen für eine im Subject allmälig entstandene conventionelle, nicht für eine ursprünglich nothwendige halte."

Immer wieder beruft sich Billroth auf Ergebnisse und Argumentationen von Helmholtz und zieht dann hinsichtlich der geschichtlichen Bedingtheit unseres Tonsystems die Konsequenz, "die unseren musikalischen Theoretikern und Historikern immer noch nicht genügend gegenwärtig ist, daß das System der Tonleitern, der Tonarten und deren Harmoniegewebe nicht auf unabänderlichen Naturgesetzen beruht, sondern daß es die Consequenz ästhetischer Prinzipien ist, die mit fortschreitender Entwicklung der Menschheit einem Wechsel unterworfen gewesen sind und ferner noch sein werden".

Kulturpessimismus und Krisenbewußtsein des fin de siécle kennzeichnen Billroths Ausführungen, wenn er gegen Schluß seines 4. Kapitels schreibt:

"Es ist nicht unmöglich, daß man in nicht zu langer Zeit alle Vor-Beethoven'sche Musik als nicht interessant genug, bei Seite setzt. Auch die Beethoven-Periode mit ihren Epigonen wird einst vergessen sein. Ja, es wird vielleicht eine Zeit kommen, wo die absolute Musik, möglicher Weise auch die Oper, ja die Künste überhaupt keine Beachtung mehr in der menschlichen Gesellschaft finden, und durch andere Interessen verdrängt, fast vergessen sein werden. Die Menschen werden sich an anderen Dingen erfreuen, von welchen wir jetzt keine Ahnung haben; sie werden unsere höchsten Freuden belächeln, wie wir die Freuden unserer Kinder belächeln. Das erscheint sehr trostlos; doch es wird kaum zu ändern sein, auch das Glück und die Freuden unserer Nachkommen nicht beeinträchtigen. Die Zustände in Amerika geben uns schon einen Vorgeschmack von der Zukunft der Künste. Sie sind dort nur etwas Aeußerliches, weil sie dort keinen historischen Boden haben; die reine Kunst kann desselben ebenso wenig entbehren wie die reine Wissenschaft. Doch es wird dann auch wiederum eine Zeit kommen, wo die Technik und das Handwerk am Ende ihrer Leistungen sind und zu einem Stillstand gelangen; dann wird sich wahrscheinlich eine neue, den gesellschaftlichen Verhältnissen der Zukunft angepaßte Kunst entwickeln, denn die Freude an künstlerischer Gestaltung ist dem Menschen angeboren und kann deshalb wohl niemals ganz ausgerottet werden."

Schon vorher hatte Billroth seine Frage nach der Freude der "nicht musikalisch Gebildeten" an der Musik mit ebenso einfachen wie tröstlichen Perspektiven beantwortet. Auch auf die Frage nach dem Fortgang der Musikgeschichte mag Billroth schließlich nicht ohne gläubigen Optimismus antworten.

Bisher ist Billroths Schrift *Wer ist musikalisch?* als Höhepunkt seiner lebenslangen Auseinandersetzung mit der Frage "Was ist Musik?" gesehen worden. Dies hat zweifellos seine Berechtigung, jedoch muß sein letztes Werk noch in einem größeren Zusammenhang gesehen werden. Nach Billroths schwerer Krankheit im Jahre 1887, so scheint es, gewinnt philosophisches Denken in seinem Leben immer mehr an Bedeutung.

In seinem Fach hat er Größtes geleistet, er hat sein Wissen an Schüler weitergegeben, die bereits viele wichtige Lehrstühle der Chirurgie innehaben und er blickt auf ein Leben zurück, das er souverän einzuschätzen weiß:

"...Auch in meiner Specialwissenschaft habe ich nur anregend, nur als Pionir und Mineur gewirkt; doch wenn das Terrain geebnet, der Weg gefunden, die Mine gesprengt war, dann ließ ich gerne Andere dort bauen..."

Nach Billroths existentiellen Grenzerfahrungen des Jahres 1887 hat er, so gewinnt man den Eindruck, in seiner "Specialwissenschaft" wohl immer lieber "Andere dort bauen" lassen. Genug der Initialzündungen im Fach, genug der Innovationen, welche die medizinische Welt hatten aufhorchen lassen.

"Was ist der Mensch?", hatte Billroth am Schluß seiner Autobiographie gefragt, die er 1880 der "k.k. Gesellschaft der Ärzte in Wien" übergeben hatte. Antworten auf diese Frage zu finden, scheint Billroth im Alter mehr zu beschäftigen als seine "Specialwissenschaft".

Billroth hat seine Schrift *Wer ist musikalisch?* an Eduard Hanslick mit dem Bemerken übergeben: "Mag der darüber verfügen, was damit geschehen soll". Mit ähnlich testamentarischen Worten beschriftete Billroth ein Manuskript *Das Gute im Menschen*:

"Wenn Prof. Sigmund Exner sich der Mühe unterziehen mag, dieses Manuscript durchzusehen, und es der Veröffentlichung werth erachtet, so kann es nach stylistischer Correctur als 'Fragment' veröffentlicht werden.
St. Gilgen, 29. 9. 92.
Th. Billroth".

Andeutungsweise hat bereits Gottlieb-Billroth auf diese Schrift Billroths in seinem Buch *Billroth und Brahms im Briefwechsel* hingewiesen. Erst Helmut Wyklicky hat dann im Rahmen eines Vortrages auf dem Internationalen Medizinhistorischen Symposium in Ingolstadt im Jahre 1983 Grundgedankengänge von *Das Gute im Menschen, Ein Versuch auf dem Gebiete der Ethik (zum ersten Mal nach früheren Notizen redigirt in den Weihnachtsfeiern in Bozen (Gries) 1890/91, copiert St. Gilgen, Septemb. 1892)* vorgestellt und näher erläutert.

Das "umfangreiche Manuskript" befindet sich im Besitz von Billroths Enkel, Obermedizinalrat Dr. Michael Conrad-Billroth, Wien. Leider ist es bis heute unveröffentlicht geblieben, so daß wir hier auf jene Zitate angewiesen sind, die Wyklicky in seiner Arbeit anführt.

Billroths Versuch, ein Gebiet der Ethik mit naturwissenschaftlichen Methoden anzugehen, hat schließlich beim Autor selbst Zweifel ausgelöst. Die Mappe, in der Billroths "umfangreiches Konvolut" aufbewahrt wird, ist nämlich folgendermaßen beschriftet: *Vergebliche (?) Versuche, die Ethik psycho-physiologisch zu erklären. Schwamm drüber! Wieder aufgenommen St. Gilgen Septemb. 1892.*

Billroths Untersuchung reiht sich zunächst ein in jene vielen "Physiologien", die gegen Ende des letzten Jahrhunderts entstanden sind. Der Wiener Experimentalpathologe Salomon Stricker ist hierbei wohl der Engagierteste gewesen. Nach Studien über das "Bewußtsein", die "Sprachvorstellungen", die "Bewegungsvorstellungen", die "Assoziation der Vorstellungen", erschien von ihm im Jahre 1884 gar eine *Physiologie des Rechts.*

Auch Billroths Freund, der Physiologe Sigmund Exner, dem das Manuskript übergeben werden sollte, findet sich unter jenen Autoren der "Physiologien" mit einem *Entwurf zu einer physiologischen Erklärung der psychischen Erscheinungen* (Wien 1894).

Der Jurist Adolf Exner, Bruder des Physiologen, hatte jedoch in seiner Wiener Rektoratsrede am 22. Oktober 1891 Zweifel an solchen naturwissenschaftlichen Denkansätzen angemeldet und sogar vom "Naturwissenschaftlichen Chauvinismus" gesprochen. Er vertrat demgegenüber die Meinung, daß es "jenseits dessen, was man schneidet, mißt und wägt, eine Welt von Größen gibt, die zu ergründen und zu beherrschen eine ebenso würdige und wichtige Aufgabe menschlicher Kraft ist, als die Erforschung der Natur".

Exner wies auf die womöglich "einseitige Befangenheit der Geister in naturwissenschaftlichen Denkformen" hin und bezeichnete diese Befangenheit als den "Zopf des 19. Jahrhunderts".

Billroth gingen diese Ausführungen Exners sehr zu Herzen, was ihn andererseits jedoch nicht davon abhielt, seine "Grübeleien", wie er sie nannte, gleich mehrmals zu Papier zu bringen. Ob Billroths Untersuchungen lediglich "zur Selbstklärung" gedacht waren, wie Gottlieb-Billroth vermutet, oder ob sie größeres Interesse beanspruchen dürfen wird erst zu entscheiden sein, wenn das gesamte Manuskript zugänglich ist. Die von Wyklicky mitgeteilten Zitate lassen keine Schlüsse auf deren Gewicht in Billroths Manuskript insgesamt zu. Ob und wie sie in größere Zusammenhänge eingeordnet werden müssen, läßt sich heute nicht feststellen. Dennoch sind Billroths Gedankensplitter unverzichtbar für den Versuch, ein Bild des "alternden Billroth" zu zeichnen.

Fast poetisch ist das Zitat aus der Einleitung zu Billroths Schrift: "Wenn man in stiller Nacht vor dem Einschlafen oder gleich nach dem Erwachen grübelt, findet man sich in einem Traum-nahen Zustande, in welchem die Combination der Vorstellungen nicht wie bei vollkommen wachen Zustande vom Intellect regulirt wird. Ich hatte eine große Freude an dem Resultat meiner Grübeleien, und hatte jedenfalls für mich neue Entdeckung gemacht. Doch ich hatte mich nie speziell mit Ethik befaßt... Dass mein Befund neu sei, habe ich mir nie eingebildet; er war zu einfach, schien mir bald zu selbstverständlich, als dass er neu sein konnte; immerhin war er für mich neu und interessant. Die Grübeleien über die psycho-physiologische Quelle des 'Guten im Menschen' liessen mich nicht mehr los. Ich lief manchen Philosophen in die Arme und fand wenig mir Zusagendes... Ich versuchte oft, mich ganz von diesem Ideenkreise loszumachen. Doch vergebens! Kaum fand ich Musse von meinem Amts- und Berufsgeschäften, so fing es, zumal auf Spaziergängen wieder an, in mir zu rumoren, und immer wieder zu den gleichen Vorstellungen hinzuziehen..."

Sich mit dem "Guten im Menschen" zu beschäftigen, erscheint für Billroth kennzeichnend. Die Begriffe "Mitempfindung" und "Mitbewegung", "Güte" und "Zuneigung", die Billroth als spezifisch menschliche Eigenschaften herausstellt, sind gleichzeitig hervorstechende Charaktereigenschaften seiner eigenen Persönlichkeit. Mehr als "Selbstklärung", so erscheint es zumindest hier, erläutern Billroths Gedankengänge auch ein Stück des Fühlens und Denkens des alternden Billroth:

"Was man an dem Menschthier als spezifisch menschlich - hier braucht man mit Vorliebe den lateinischen Ausdruck 'human' - zu bezeichnen pflegt, ist, dass es durch das enge Zusammenleben in einem von gemeinsamen Interessen beherrschten Gesellschaftsverband die 'Mitempfindung' mit dem Zuständen Anderer in ganz besonders hervorragender Weise in sich entwickelt hat. Er hat sich in Folge des 'Mitleidens' eine Beschränkung des eigenen Begehrens auferlegt und vermag sich an dem Lustgefühl Anderer in einer Weise mitzuerfreuen, wie dies bei Thieren, so weit wir es zu beurtheilen vermögen, entweder gar nicht oder doch in weit geringerem Maasse besteht... Es muss doch wohl in der anatomischen Organisation des menschlichen Gehirns liegen, zumal in seiner Aufnahmefähigkeit für eine colossale Masse von Wahrnehmungen, seiner enorm raschen Formulierung derselben zur Vorstellung, und der ungeheuren Menge von Associationsfasern zwischen den Rindenzellen, welche diese Vorstellungen beherbergen, dass der Mensch so hervorragend begabt ist für die blitzschnelle Uebertragung psycho-physischer Zustände von einem Individuum auf ein anderes."

Wie eine Erklärung des biblischen Gebotes "Liebe Deinen Nächsten wie Dich selbst!" klingen folgende (vermutlich) Kernsätze seiner Arbeit:

"Das 'Gute im Menschen' entwickelt sich also aus dem 'Mutualismus' (aus der 'Gegenseitigkeit'). Für diese 'Gegenseitigkeit', die, zur Bewegung ausgelöst, meist zu einem 'gegensei(tigem) Helfen' führt, finde ich keine andere Quelle als 'Mitempfindung und Mitbewegung'...".

Für Billroth erschient die "Du-Beziehung" als Grundlage des menschlichen Zusammenlebens. Diese schließt nach Billroth neben dem "Mitleid" auch die "Mitfreude", als den anderen, aber nichtsdestoweniger notwendigen Teil des "Mitempfindens" ein. Aus seiner Sicht erscheint ihm dabei Schopenhauers Denkansatz "trostlos":

"Schopenhauer, der in dem Gefühl der Freude, der Lust, nur die Abwesenheit des Schmerzes, der Unlust, sehen will, findet die Quelle des Ethischen von seinem Gesichtspunkt aus nur im 'Mitleid'. Ich theile diese trostlose Anschauung nicht, sondern halte die Freude für etwas ebenso Positives wie den Schmerz und halte daher die 'Mitfreude' für ebenso wichtig für die moralischen Grundlagen unserer Gesellschaft wie das 'Mitleid'.

Man pflegt die Leiden der Menschen, mit denen wir uns hier zunächst beschäftigen wollen, in 'körperliche' und 'seelische' zu unterscheiden; oft fallen sie freilich zusammen; doch mag die Unterscheidung gelten. Ueber beide müssen wir eine gewisse Erfahrung haben, wenn sie unser Mitleid erregen sollen; auch müssen sie irgend einen Ausdruck haben, damit sie von uns wahrgenommen werden. Dieser ist meist ein 'mimischer' im weitesten Sinne des Wortes; dabei wirken selbst leblose Gegenstände mit. Z.B. wir sehen eine uns früher aus der eleganten Gesellschaft bekannte Person, die in guten materiellen Verhältnissen war, vielleicht körperlich unverändert, doch zu unserem grössten Erstaunen in ärmlichen abgetragenen Kleidern, oder in einer kaum möblirten elenden Dachkammer. Das gehört nicht gerade zu dem, was man mimischen Ausdruck nennt, doch Kleidung und Umgebung sind in der Gesellschaft immerhin von solcher Bedeutung geworden, dass sie von dem Menschen nicht zu trennen sind. Intensiver steigert sich der Eindruck freilich für uns, wenn die körperlichen Veränderungen des Menschen uns den Eindruck des Leidens machen. Wir wollen jetzt ganz davon absehen, ob wir das leidende Individuum vorgekannt haben. Krankheit, Schmerz, Armut erregen durch ihren mannigfaltigen mimischen Eindruck unser Mitleid. Wir versetzten uns bei diesem Eindruck in die Lage des Leidenden, gelangen zu einer mehr oder weniger deutlichen Vorstellung seiner Leiden, und empfinden dasselbe ähnlich wie er, wir leiden mit ihm. Dass diese Mitempfindung nie die Stärke des Leidenden selbst erreicht, ist wohl wahr, obgleich sie bei leicht und intensiv erregter Fantasie, zumal wenn sich dieselbe lange mit den Vorstellungen des Leidens beschäftigt, einen sehr hohen Grad erreichen kann. Ich habe vorhin ausgesprochen, dass ein wirkliches Mitleid nicht ohne eine gewisse Erfahrung im Leiden gedacht werden kann. Das halte ich auch aufrecht, doch ist dies nicht so zu verstehen, als wenn man nur mit denjenigen Leiden Mitleid haben könnte, die man an sich wirklich selbst erfahren hat. Man muß nur überhaupt selbst gelitten haben, um Mitleid mit anderen Leidenden zu haben. Freilich wird das Mitleid am intensivsten in Fällen erregt werden, in welchen die Motive des Leidens, welches wir vor uns sehen oder von welchem wir hören, uns selbst aus eigener Erfahrung bekannt sind. Wer selbst einmal sehr arm, hilflos, krank gewesen ist, wird meist intensiver mitempfinden als jemand, der nie solche Erfahrungen an sich gemacht hat. Doch auch dies gilt keineswegs allgemein. Denn wer sich einmal den Vorstellungen des Leidens intensiv hingegeben hat, und in seiner Fantasie sehr erregbar ist, kann die Vorstellung des Leidens durch dauernde Wiederholung so in sich steigern, dass sein Mitleid eine solche Intensität erreichen kann, dass dasselbe derjenigen Person, deren Leiden Veranlassung zum Mitleid gab, sehr nahe kommt..."

Der Pragmatiker Billroth beläßt es nicht bei der Reflexion von Begriffen. Der Chirurg Billroth ist handlungsorientiert: Das "Mitleid" bleibt für das menschliche Miteinander weitgehend irrelevant, wenn es nicht auch zur "guten That" führt. Dabei betont er besonders die Wichtigkeit der "Kinderstube" für die ethisch-moralische Entfaltung des heranwachsenden Menschen:

"Es hat gewiss eine Bedeutung, wenn man Menschen, welche eines hohen Grads von Mitleid fähig sind, im Allgemeinen schon als gute oder gutmütige, gutartige, liebenswürdige bezeichnet, und wenn man Kinder, bei welchen diese Mitempfindungen rasch und intensiv auftreten als für das Gute veranlagt bezeichnet. Es ist schon eine Art von Volksinstinkt, dass das Mitleid eine wichtige Quelle guter Handlungen ist. Doch wenn das Mitleid nur als eine weiche Empfindung oberflächlich verbleibt, und nicht zu guten Handlungen führt, so pflegt man es nur als Ausdruck einer Art von Gutmütigkeit zu bezeichnen, die von der Indolenz nicht weit entfernt und nur als eine Art Negation der Bösartigkeit erscheint.

Wer bei eignem Leid sich der Mitempfindung anderer - gegen das Wort 'Mitleid' sträubt sich oft der Stolz des Individuums - als wohlthuend, als Lustgefühl bewusst geworden ist, wird um so leichter geneigt sein, diese Wohlthat auch Anderen zu erweisen, und dabei selbst ein Gefühl der Befriedigung, der Freude empfinden. Das 'Mitleid' muß den Wunsch hervorrufen, das mitgefühlte Leid des Anderen zu beheben; es muss zu einer in dieser Richtung wirkenden Handlung führen, zu einer helfenden Bewegung, die wir dann als 'gute That' bezeichnen. Wir kommen damit auf den Eingangs aufgestellten Satz zurück, dass das 'Gute', die Bezeichnung einer Bewegung, einer Handlung ist. Wir unterschätzen nicht den Werth der guten Empfindung; sie ist aber praktisch werthlos, wenn ihr nicht die gute That auf dem Fusse folgt. Angeborene Charaktereigenschaften sind gewiss dabei im Spiel; doch dieselben müssen durch die Erziehung entwickelt werden; und der Schwerpunkt dieser Erziehung liegt im Familien- und Gesellschaftskreise, in welchen ein Mensch hineingesetzt ist. Beispiel ist der mächtigste für alle Folgen wichtigste Erzieher. Die Wirkung, welche die Umgebung von der Kinderstube an auf den Menschen ausübt, ist dabei meist entscheidend, nur in seltensten Fällen vermag ein besonders zum 'Guten' veranlagter Mensch die Wirkung seiner Umgebung abzustreifen, in welchem das Gefühl des Wohlwollens, der Freude Anderen zu helfen nicht heimisch war, zu überwinden."

Die Freude an der Hinwendung zum Nächsten zu wecken, ist nach Billroth auch Aufgabe der Pädagogik und er spricht wohl eine seiner schönsten Lebenserfahrungen aus, wenn er feststellt:

"Es ist ein grosses Ding, die Anerkennung einer guten That durch Andere zu geniessen... Das 'Glücksgefühl', welches in uns durch die Erzeugung desselben in Andern hervorgerufen wird, muss durch Beispiel und Uebung immer mächtiger entwickelt werden, bis es endlich alle anderen Empfindungen in den Hintergrund drängt. Wenn manche Philosophen zu dem Schluss kommen, dass bei dieser Auffassung die Empfindung des 'Guten' doch eigentlich nur im Egoismus, im eigenen Glück wurzle, so kann ich dagegen nur sagen, dass diese Art von Egoismus denn doch ziemlich identisch mit dem 'Mutualismus' ist.

Wenn das 'Mitleid' zu einer helfenden That führt, und die Wirkung derselben eine 'Mitfreude' in uns erzeugt, so scheint mir letzteres den Werth der 'guten That' in keiner Weise zu schmälern. Doch davon später. Nur noch einige Worte über die moralische Bedeutung der 'Mitfreude'. Ich kann mir nicht denken, dass jemand, der freudig erregt war, nicht empfunden haben sollte, wie hohen Werth die Mitfreude Anderer hat. Die eigne Empfindung verdoppelt ja verzehnfacht sich bei der Theilnahme anderer, sie steigert nicht nur die Glücksempfindung an sich, sondern sie erwirkt auch die Lust durch neue gute Thaten, wieder und wieder die Glücksempfindung Anderer hervorzurufen. Es ist ein grosses Ding, die Anerkennung einer guten That durch Andere zu geniessen. Die freudige Mitempfindung mit der guten That eines Anderen erhebt uns aber auch selbst auf ein höheres Niveau; die Sympathie mit einem Menschen, der eine gute That vollbracht hat, und die Mitfreude an derselben drängen eine Menge von unlauteren Empfindungen in uns zurück. Die Mitfreude an dem Guten macht uns besser. Das gute Beispiel und die Mitfreude an demselben läutert uns, fördert uns im Guten. Wenn man auch diese Vorgänge als Egoismus auffassen will, so habe ich nur die gleiche Antwort wie früher. Wer will da Egoismus und Mutualismus noch unterscheiden..."

Wenn Billroth im letzten Abschnitt zu dem Schluß gelangt, daß die philosophische Sicht des Egoismus gar nicht so weit von dem von ihm beschriebenen "Mutualismus" entfernt sei, so begründet er dies dann in seiner Schrift in einem Absatz mit dem Titel "Zweifel an der 'Mitempfindung' als einer allen Menschen zukommenden Eigenschaft".

Billroth erklärt dort das Phänomen des Egozentrismus physiologisch und verweist es dann in das Aufgabengebiet der Pädagogik:

"Ein wichtiges Hemmnis für das Zustandekommen von Mitempfindungen und zumal auch von Mitbewegungen ist ein angeboren schwer erregbares, wenig reizbares Nervensystem. Wenn bei phlegmatischen, indolenten Menschen das primäre Ich, das nicht über sich selbst hinauskommende Ichgefühl, der sogenannte Egoismus durch äussere Eindrücke nicht oder nur schwer zur Seite geschoben wird, und alle Vorstellungen der Aussenwelt und der Beziehung derselben zum Ich nach und nach die ganzen Empfindungen beherrschen, so ist das noch kein Beweis, dass die Mitempfindung ganz fehlt, sondern dass andere Empfindungen im Lauf der Zeit die Ueberhand gewonnen haben. Es scheitert bei derartig veranlagten Kindern die Geduld der Erzieher meist an der unendlichen Langsamkeit, ein solches Nervensystem in Bewegung zu setzen. Es hat endlich Niemand die Geduld abzuwarten, bis sich der Wechsel von Empfindungen in ihnen einstellt, und langsam auf ihre Handlungen wirkt: so erscheinen sie gefühllos, ohne es eigentlich zu sein. Kommt solchen Individuen nach und nach das Bewußtsein ihres Zurückbleibens gegen Andere und müssen sie eine bedeutende Kraft anwenden, um überhaupt zu irgendeiner Handlung zu kommen, so kommen sie zu einer Art feindlichen Stellung zur Aussenwelt und werden nach und nach ganz von der Furcht beherrscht, dass Alles ausser ihnen ihrem Ich Schaden bringen könnte. In diesem Gefühl der eigenen Schwäche wurzelt auch wohl der Egoismus der Kinder wie der alten Leute; sie geben für Andere nichts von sich her, auch nicht einmal eine Empfindung; die Furcht vor der Beeinträchtigung des Ichs ist stärker als die Wirkung des Mitleids mit Andern. Alle mit den geschilderten Stimmungen dauernd Behafteten befinden sich in einem fortdauernden Vertheidigungszustand gegen vermeintliche Angriffe. Die Furcht lässt das Mitleid nicht aufkommen, sie steigert den Trieb der Selbsterhaltung derart, dass es nicht zu einer Entfaltung des Gefühls für Mutualismus kommen kann...."

Billroth ist schon damals, wie wir wissen, auf den Abschied von dieser Welt gestimmt und vorbereitet. Nur knapp eineinhalb Jahre verbleiben ihm noch als Lebenszeit nach dem Abschluß seines "Fragments" *Das Gute im Menschen*. Danach arbeitet er intensiv an *Wer ist musikalisch?* Diese Frage nach seinem "anderen Ich", dem "Musiker in Billroth", ist seine letzte. Sie hat ihn als sichtbarer, letztlich aber doch dann verborgener Cantus Firmus seines Lebens stets begleitet und beschäftigt.

Musik hat Billroth nicht nur erfreut, sie hat ihn ebenso bedrängt. Sie ist für ihn nicht nur ästhetischer Genuß, sie ist für ihn als Gottesgabe auch eines der Problembündel der Schöpfung Mensch. Die Positionen des "Praktikers" Brahms und des "Theoretikers" Hanslick stehen ihm dabei in seinem Denken wesenhaft nahe.

In diesem Spannungsfeld der Großen des Faches am Ende des Lebens ein eigenes Wort in der Musik sprechen zu müssen, mag ein letztes Zeugnis für den "Musiker Billroth" sein.

Billroth hat sich dem Leben in einer Breite hingegeben, wie sie nur wenige als Gottesgeschenk erfahren dürfen. Um die Endlichkeit alles menschlichen Bemühens wußte Billroth am besten. Nach den Telegrammnotizen des letzten Kapitels von *Wer ist musikalisch?* hat er noch die Kraft für ein Schlußwort, das er als Chirurg und Musiker auf die letzte Seite seines Manuskripts setzt:

"Abbazia, Nachts 3 Uhr 1894

Nacht ist's; schon lange lautlose Stille um mich, nun wird's auch in mir still. Mein Geist beginnt zu wandern. Ein ätherblauer Himmel wölbt sich über mir. Ich schwebe körperlos empor. Es klingen die schönsten Harmonien von unsichtbaren Chören, in sanftem Wechsel gleich dem Athmen der Ewigkeit! Auch Stimmen nehm' ich wahr, die Worte sind ein leise rauschend Klingen: Komm müder Mann, wir machen glücklich Dich. In dieser Sphären Zauber befrein wir Dich vom Denken, der höchsten Wonne und dem tiefsten Schmerz der Menschen. Du fühltest Dich als Theil des Alls, sei nun im ganzen All vertheilt, das Ganze zu empfinden vermag".

Ausgewählte Literatur:

Billroth, Th.: Wer ist musikalisch? Berlin 1885[1], 1896[2], 1898[3]. Reprint: Hamburg 1985.
Hemmeter, J.C.: Theodor Billroth. Musical and Surgical Philosopher. A Biography and a Review of his Work on Psycho-Physiological Aphorisms on Music. In: Bulletin of the John Hopkins Hospital. Balitmore, Vo.11 Nr.117 (1900).

Theodor Billroth.

Von dem Dachgiebel des Universitätsgebäudes weht die Trauerfahne. Sie bedeutet den Tod eines Mannes, der die vornehmste Zierde unserer Fakultät gewesen ist. Die W i s s e n s c h a f t hat einen ihrer genialsten Vertreter verloren, einen überragenden Geist, zu welchem ihre Jünger bewundernd emporblickten. Die W i e n e r m e d i z i n i s c h e F a k u l t ä t betrauert mehr, denn aus ihrem Kreise ist Derjenige geschieden. der unbestritten ihr geistiger Mittelpunkt gewesen ist. Verwaist steht sie an der Bahre des grossen Mannes, denn Alles hat verloren, wem sein Bestes entrissen wurde.

Dunkles Ahnen des schmerzlichen Ereignisses, das nicht allein die ärztliche, sondern die ganze gebildete Welt auf's Tiefste bewegt, bange Sorge um das Leben des grossen Mannes und Meisters hatten schon vor Jahresfrist die Gemüther aller Derjenigen ergriffen, welche die Natur seines Leidens kannten; ach, nur allzu trügerisch war die Hoffnung, dass er, den vor Jahren schon die Fittige des Todes gestreift, den die liebevolle Kunst seiner Kollegen schon ein Mal den Händen des nimmersatten Würgers entrissen, Genesung finden werde an den sonnigen Ufern des Meeres, das er so sehr geliebt . . . So stehen wir denn bis in's Innerste erschüttert an der Bahre, welche die irdische Hülle des seltenen Mannes birgt, und vergebens ringt mit dem Gedanken das Wort, um der Tiefe des Schmerzes Ausdruck zu geben über den in Wahrheit unersetzlichen Verlust, den die Wissenschaft, den die Wiener medizinische Schule, den O e s t e r r e i c h erlitten hat . . .

B i l l r o t h war eine Persönlichkeit, die Alle gefangen nahm, die das Glück hatten, mit ihm zu verkehren; in ihm vereinigten sich hervorragende Eigenschaften des Geistes zu seltener Harmonie. Vornehmheit der Gesinnung, klare Ausschau und ein warmes Herz, flammende Begeisterung für die Kunst und rastloser Forschertrieb waren die Elemente, aus denen seine eigenartige Individualität sich zusammensetzte. Und diese Tugenden des Geistes wohnten in einer Hülle, welche den kostbaren geistigen Inhalt ahnen liess. Der kräftige Körper von schönem Ebenmass trug einen edel geformten Kopf; das feingeschnittene, ausdrucksvolle Gesicht, aus welchem ein schönes blaues Augenpaar blickte, kühn und milde zugleich, umrahmte ein wallender blonder Bart. So steht er, ein Bild vollendeter edler Männlichkeit, vor unserem Auge, wie er im Juni des Jahres 1882 in der Aula der alten Universität die stürmischen Ovationen entgegennahm, die ihn zum Dank dafür umbrausten, dass er den ehrenvollen Ruf, L a n g e n b e c k's Nachfolger zu werden, — einst das Ziel seiner Träume — abgelehnt hatte. Noch klingen uns im Ohre die Worte, die er damals mit dem einschmeichelnden Tone seiner klangvollen Stimme sprach : „Ich kann dem Gedanken, von Wien zu scheiden, nicht Raum geben." Er war bereits der Unsere geworden, eine Leuchte u n s e r e r Fakultät, eine Zierde u n s e r e s Vaterlandes . . .

Von einer berufeneren Feder wird es unternommen werden, die Bedeutung des Gelehrten und Lehrers B i l l r o t h. der mit den Früchten seines umfassenden Geistes und seines reichen Wissens so oft diese Blätter geschmückt hat. an dieser Stelle zu schildern; zu frisch ist heute noch der Schmerz, dass er ruhiges Erzählen gestattete. Wir müssen uns erst an den Gedanken gewöhnen, dass wir ihn wirklich und für immer verloren haben, den Gelehrten, den Künstler, den Samariter, den Denker und den Dichter, mit Einem Wort, den Genius T h e o d o r B i l l r o t h, ein Geschenk des Himmels, wie sein Name sagt.

Es war eine glänzende, immer zur Höhe ziehende Laufbahn, die in der Morgenstunde des 6. Februar einen jähen Abschluss gefunden hatte. Schon in jungen Jahren hatte B i l l r o t h's Talent die Aufmerksamkeit seines grossen Lehrers L a n g e n b e c k auf sich gelenkt, an dessen Seite durch viele Jahre zu wirken ihm vergönnt war. Erst 30 Jahre alt, kam er als Lehrer an die Universität Zürich, und, als wenige Jahre später die Wiener Fakultät den genialen S c h u h verloren hatte, schwebte auf Aller Lippen nur Ein Name : B i l l r o t h. Die Begeisterung für seine Person, mit der er hier von Alt und Jung, von Professoren, Aerzten und Studenten empfangen wurde, sie ist ihm sein ganzes Leben hindurch treu geblieben, sie war der volle Reflex, das tausendstimmige Echo seiner eigenen Begeisterung für Freiheit, Wissenschaft und Kunst.

Was an äusseren Ehren und Liebesbezeugungen Menschen zu vergeben haben, B i l l r o t h hat es in reichem Masse genossen, ein tröstlicher Gedanke im Angesicht der Majestät des Todes.

Ein Stern von seltener Grösse ist niedergegangen, aber sein Licht ist nicht erloschen. Wenn in den unendlichen Fernen des Raumes durch kosmische Ereignisse Weltkörper vernichtet werden, so erstirbt nicht zugleich auch ihr Licht für das Auge des Erdenbewohners; folgende Generationen empfinden noch die Lichtstrahlen, die von untergegangenen Welten ausgegangen waren, wenn diese längst in Atome zerstoben sind.

So werden noch späte Enkel wandeln in dem Lichte, dessen Quelle der gottbegnadete Genius T h e o d o r B i l l r o t h's gewesen ist.

Abb.51: Nachruf auf Billroth. Aus der "Wiener medicinischen Wochenschrift" herausgegeben von L. Wittelshöfer

VII

Epilog

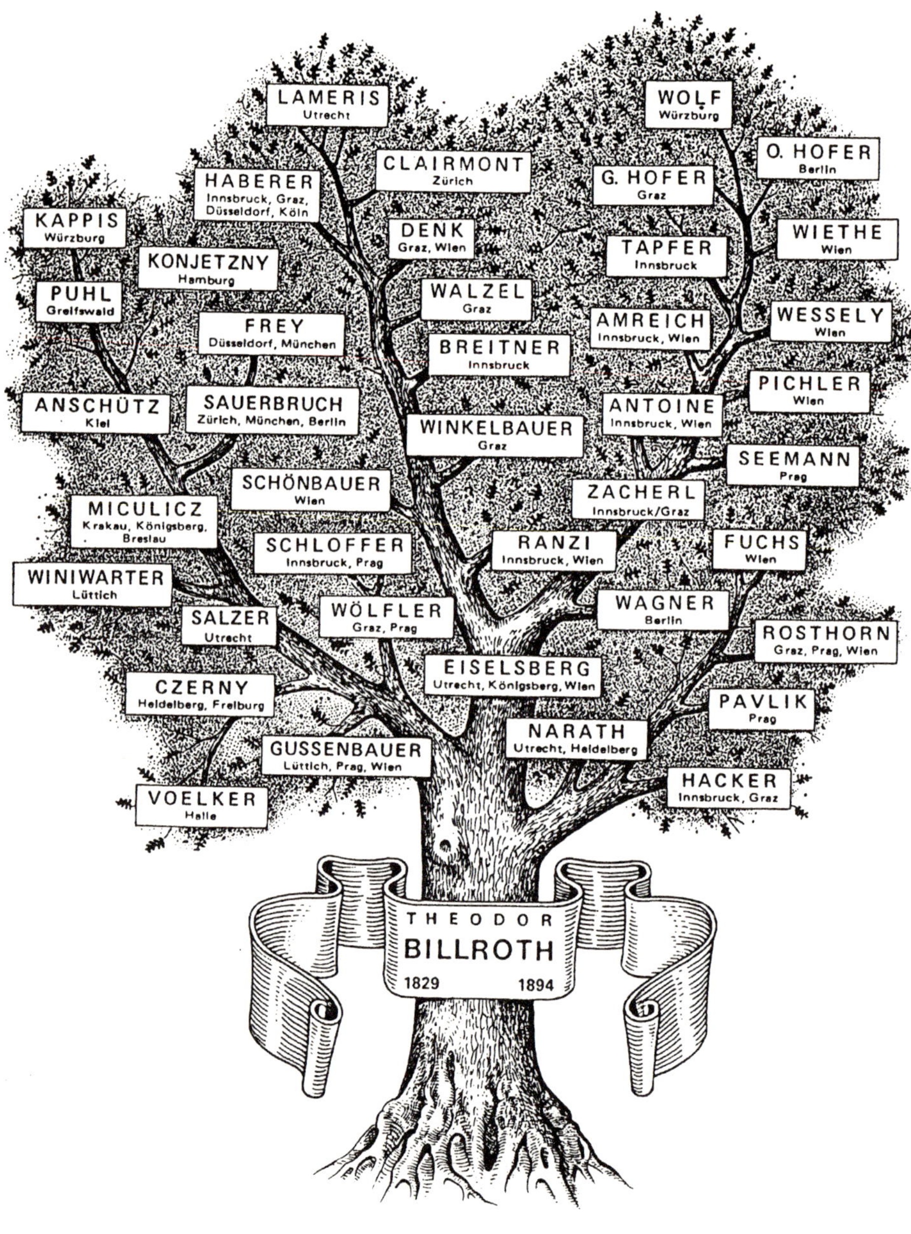

Abb. 52: Ein "Billroth-Baum"

Billroth als Chef und Schulengründer

Wenn wir die *Meister der Chirurgie und die Chirurgenschulen im gesamten deutschen Raum* (H. Killian) und dabei die Stammbäume der Chirurgenschulen ansehen, so zeigt sich als der mächtigste derjenige, welchen Bernhard von Langenbeck gepflanzt hat. Von diesem stammen die beiden nächststarken, die von Billroth und Lücke, beide Langenbeck-Schüler, dann erst die v. Dumreicher, Bergmann und anderen mehr.

Man kann sich vorstellen, daß die Wurzel für die "Schule" bereits bei Langenbeck zu suchen ist. Von größtem Wert sind Billroths Zeugnisse, welche gerade auf diesen Punkt hinweisen. Aus seiner jahrelangen, gewiß nicht immer komplikationslosen Lehrzeit in Berlin konnte sich Billroth wohl ein Bild machen, wie ein Lehrer und Leiter beschaffen sein, wie er vielleicht auch gewiß nicht sein sollte, um seine Mitarbeiter zu eigener Arbeit anzuregen und anzuspornen. Aus seiner Berliner Antritts-Vorlesung stammt der Satz: "...Denn die Zukunft einer Schule beruht auf der Arbeit der Schüler, wie die Zukunft eines Staates auf der Arbeit seiner Bürger..."

Dieses war für ihn keine Trivialerkenntnis sondern Grundweisheit wie Grundeinstellung: daß die Schüler die Lehre weitertragen und fortentwickeln. Trotz des Konkurrenzkampfes an der Berliner Fakultät der 50er Jahre hat man nicht den Eindruck, daß die Assistentenschaft Langenbecks unter sich zerstritten gewesen sei; eine Zusammenarbeit zum Zweck der Erreichung eines bestimmten Zieles hat es aber damals sicher nicht gegeben. Schon bei der Mitarbeit an der *Chirurgischen Klinik* kann man beobachten, daß offenbar alle Fäden in der Hand des Chefs zusammenliefen. So ist es in den ersten Wiener Jahren in dieser Beziehung gewiß geblieben. Andere Beispiele der Bildung kleinerer Gruppen, ja der Formierung einer "Klinikstrategie" werden sich noch zu erkennen geben. Schriftliche und mündliche Zeugnisse vieler Billrothschüler und auch der gelegentlich auftauchende Begriff des "Billrothianers" lassen erkennen, daß sich die Schüler mit dem Meister und untereinander einig wußten, in "Zielrichtungen" übereinstimmten.

Es existiert neben anderen Aufstellungen der Werke Billroths das Verzeichnis aller Arbeiten, welche von 1867 bis 1892 aus der Billroth-Klinik in Wien hervorgingen, verfaßt von Guido von Török anläßlich des 25jährigen Wirkens von Billroth als Hochschullehrer in Wien. Hieraus lassen sich bestimmte Arbeitsgebiete erkennen (vor allem auf dem Gebiet der Eingeweidechirurgie und der Wundinfektion), welche offenbar vom Chef vorgegeben wurden, von denen er dann salopp als von dem "Mist seiner Ideen und Arbeiten" sprach, auf dem die Jüngeren dann "kräftig gediehen".

In ernster Form drückte er dies am 22. Juli 1880 an Joseph Seegen aus: "Meine Wissenschaft ist in den besten Händen bei meinen Schülern". Immer sprach er mit Hochachtung von ihnen, freute sich mit ihnen, war stolz auf ihre Erfolge; er gab ausführliche Ratschläge, wie dies wohl nur bei großem pädagogischen Eros möglich ist. Dieses zeigen am besten Beispiele:

Billroth selbst äußert sich in *Lehren und Lernen* über den Modus, nach dem in den Wiener Kliniken die Mitarbeiter angestellt wurden: "Diese Motive veranlassten mich, im Verein mit meinem Collegen v. Dumreicher eine Reform vorzuschlagen, welche mittels Ministerialerlass vom 23. August 1870 genehmigt wurde. Die wesentliche Veränderung besteht im folgendem: Die Stellen werden auf ein Jahr verliehen und können auf Antrag des Vorstandes bis auf drei Jahre verlängert werden; an jeder Klinik sollen nicht mehr als acht Zöglinge sein. Das Diplom fällt fort, doch gibt der Vorstand auf Wunsch Privat-Zeugnisse. Da der Ausdruck 'Operateur' für die medizinisch-literarische Welt im Deutschen Reich unverständlich ist, so bezeichne ich die Zöglinge des Operateur-Institutes als 'Assistenten', wogegen die beiden klinischen Assistenten die Bezeichnung 'Assistenzärzte' auf ihren literarischen Arbeiten führen" (heute in etwa der Funktion den Oberärzten gleichzusetzen und als solche zu bezeichnen).

Aus der Fülle seien einige Briefstellen Billroths angeführt, wobei es sich um diejenigen seiner Schüler handelt, die ihm besonders nahestanden, vor allem auch die, die sich in der akademischen Laufbahn hervortaten. An Kappeler in Münsterlingen/Schweiz schreibt Billroth am 7. Dezember 1879: "Was kann es für einen Lehrer grössere Genugtuung geben, als zu erfahren, dass seine Aussaat auf fruchtbaren Boden gefallen ist. Ich habe es immer als besonders ehrenvoll angesehen, wenn Männer, die nicht im direkten Kontakt mit einer Universität stehen, dauernd zum Panier der Wissenschaft halten. Im Ganzen ist es selten; um so ehrenvoller für Sie und Ihr Vaterland, dass Sie eine so ehrenvolle Ausnahme bilden..."

Kappeler hatte Billroth eine Arbeit *Anästhetika* übersandt, die in der *Deutschen Chirurgie* als Nr. 20 herausgekommen ist.

Über seine Lehr- und Erziehungsprinzipien äußerte er am 9. August 1877 in einem Brief an Wilhelm Baum: "Ich trachte, in meinen Schülern die möglichst vorsichtige naturwissenschaftliche Methode der Beobachtung und die schärfste Selbstkritik selbst mit etwas Pessimismus auszubilden, um sie vor Überhebung und allzu frühem Fertigsein zu bewahren; sie sind durch ihre Jugend genügsam vor Depressionen geschützt. Die jungen Leute sollen immer gleich mit einem Versuch ganze folgenschwere Hypothesen stützen oder stürzen; das geht nur nicht so leicht. Selten bewältigt man die Natur mit einem entweder oder..."

Am 10. Februar 1887, kurz vor Ausbruch der schweren Krankheit, die alle Welt um ihn bangen ließ, äußerte sich Billroth gegenüber Anton Wölfler zu dessen eben erschienenem Buch: *Die chirurgische Behandlung des Kropfes* in einem besonders liebenswertem Brief; vielleicht könnte man glauben, daß eine gewisse Ahnung eines möglichen Endes in ihm anklingt. Aus der Kenntnis solcher Billrothschen Äußerungen darf angenommen werden, daß er sich schon lange vor seiner fast tödlichen Erkrankung nicht mehr voll leistungsfähig und gesund gefühlt hat, dies aber überspielen und nicht zugeben wollte: "Ich glaube nicht verblendet zu sein in der Liebe zu meinen Schülern. Doch ich muss Ihnen sagen, dass ich diesmal ganz besonders erfreut bin, nicht nur über die Bewältigung des Stoffes, sondern auch über die konzentrierte kurze Darstellung, über Ihre sichere Erkenntnis alles Wesentlichen und Wichtigen. Was uns die Natur gegeben, dafür können wir nicht. Was wir mit den uns verliehenen Gaben gemacht haben, das haben viele Andere vor und neben uns auch schon gemacht. Stellen wir uns nur neben die Mittelmäßigen unserer Zeit, so kommen wir uns sehr grossartig vor. Stellen wir uns in Beziehung zu den Grössten früherer und unserer Zeit, so müssen wir froh sein, als kleines Kettenglied im Ganzen uns zu fühlen..."

Schließlich sei ein Ausschnitt aus einem Brief an seinen späten Lieblingsschüler Anton v. Eiselsberg vom 28. Mai 1893, als dieser Ordinarius in Utrecht geworden war, zitiert: "Es wird Ihnen nicht schaden, wenn Sie mehr schulmeistern als operieren und wird auch den Hörern lieber sein. Für Utrecht müssen Sie sich gewöhnen, langsamer beim Vortrag zu sprechen, weil die Holländer das Deutsche sonst nicht verstehen. Übrigens kann es auch für die schwerfällige Auffassungsfähigkeit der Majorität unseres Auditoriums nur vorteilhaft sein, wenn der Vortrag recht langsam und deutlich ist. Ich habe freilich mein Temperament nie andauernd dazu zwingen können..."

Von besonderem Interesse erscheint in diesen Zusammenhängen das Urteil von Eduard Albert, dem Inhaber des zweiten Wiener chirurgischen Lehrstuhls. Wir wissen, daß die beiden in vielen Dingen abweichender Meinung waren. Billroth vermutete bei Albert wohl auch eine menschlich ablehnende Haltung und wurde erst durch die Ansprache überzeugt, die dieser zum 25. Professorenjubiläum in Wien gehalten hat: "Hat dieses klinische Arbeiten Staunen hervorgerufen, so war es für die Zuschauer geradezu verblüffend, zu sehen, mit welcher Rücksichtslosigkeit Billroth einzelne Traditionen umwarf, mit welcher Energie er neue Einrichtungen schuf, mit welcher Findigkeit er um sich die geeigneten Hilfskräfte heraussuchte. Rasch waren die Einrichtungen auf der Klinik anders, gleich war ein wissenschaftliches Laboratorium eingerichtet und bald war eine Schar von Jüngern an der Arbeit. Das war kein Professor des herkömmlichen Schlages, das war ein Eroberer, ein Feldherr. Billroth hatte es bald selbst ausgesprochen, wie freudig überrascht er war, als er die Talente wahrgenommen, welche die österreichische Jugend in so reichem Masse besitzt. Dieses talentvolle Material durfte der Meister fest anspannen, und als nun aus der Billroth'schen Schule die zahlreichen Publikationen kamen, die einen hier nie dagewesenen Schliff zeigten, sah man, was es heisse, Schule zu machen. Sehr bald gingen aus dieser Schule Professoren hervor, die hervorragende Stellungen einnehmen..."

Von zwei bekannten Mitarbeitern und Schülern Billroths liegen ausführliche Schilderungen über seine Lehrtätigkeit vor, die ein unmittelbares und sehr anschauliches Bild über sein persönliches Wirken, die Atmosphäre, seine Arbeitsweise mit den Schülern und seine Lehrmethode vermitteln. Das Anekdotische war damals viel beliebter in der schriftlichen Darstellung, was aber der Aufhellung des hier interessierenden Phänomens zu besonderer Anschaulichkeit verhilft.

Zunächst Gersuny:

"Der ausdrucksvolle Kopf mit dem blonden Vollbart war ein Musterbild männlicher Schönheit, seine ganze Art war einfach und natürlich, ohne jedes Pathos, in seinem Vortrag war nichs Pedantisches, nichts Gemachtes, nichts auf den Effekt Berechnendes, es war immer, als wäre der ganze Vortrag nicht vorbereitet, man hatte das Gefühl, er entstünde in dem Moment, in dem er gehalten wurde. Sollte eine Operation im Hörsaale ausgeführt werden, so wurde vor den Augen der Studenten alles hergerichtet, der Kranke wurde gebracht, gelagert, gereinigt, narkotisiert, alles während Billroth über das Leiden sprach, um das es sich handelte, und über den vorliegenden Fall bis zu dem Moment, in dem der mit der Narkose betraute Arzt meldete: 'Patient ist narkotisiert'. Die Operation begann, und es war, als hätte man sie in den Vortrag eingeschaltet wie eine bildliche Darstellung, um das Gesprochene anschaulich zu machen. Während des Operierens wurde der Gang der Operation besprochen, so dass die Studierenden, jeden Schritt verstehend, folgen konnten; in wichtigeren Momenten entstand im Vortrag eine Pause, nur unterbrochen durch die kurzen Anweisungen des Operierenden für die Assistenten. War der kritische Moment vorbei, so nahm Billroth seinen Vortrag wieder auf, in der ruhigen, gelassenen Art zu sprechen, die ihm eigen war und auf die Kranken so Zutrauen erweckend wirkte, seinen Schülern ein Beispiel..."

Johann v. Mikulicz würdigte seinen geliebten Lehrer nach dessen Tode in der *Berliner klinischen Wochenschrift* ausführlich:

"In seinen Vorlesungen war Billroth für uns nicht ganz bequem; wenigstens nicht für den Anfänger... Ich habe schon bei früherer Gelegenheit die Vortragsweise Billroth's im klinischen Hörsaal zu charakterisieren gesucht und angedeutet, wodurch dieselbe für den Fortgeschrittenen so fruchtbringend und genussreich wurde. Es waren keine schulgerechten Vorlesungen, wie sie der Student, zumal in den ersten Semestern, zu hören gewohnt ist, keine Vorträge, die nachgeschrieben, eine Examensfibel abgeben konnten, was ja die meisten Studenten - leider - in den Vorlesungen suchen. Es war eine Schule des medizinischen Denkens, eine Schule des Beobachtens und Erforschens, die jeder Arzt, nicht allein der Forscher im engeren Sinne des Wortes, durchmachen soll. Wer nicht fähig war, mit Billroth mitzudenken, der verstand ihn nicht. Billroth versuchte es oft, auch den trägeren Naturen durch eine schulmäßige Darstellung des Gegenstandes gerecht zu werden. Es machte ihm aber nie Freude. Sobald er warm wurde, kam er immer wieder in die ihm eigentümliche fesselnde Weise hinein. Er hatte eben kein Talent zur Schulmeisterei. Der Charakter Billroth's brachte es mit sich, dass er im Examen stets ein milder und toleranter Prüfer war; auch den seinigen entgegengesetzte Ansichten liess er gelten, wenn sie nur überhaupt von einem Chirurgen ausgegangen waren.

Abb. 53: Billroth mit Assistenten 1892

*o.R.: Hansy, Föderl, unbekannt, Knauer, Thausing, Ertl, Schwarzenbach,
Ulmann, Kretz, Reich Jägermeyer
u.R.: Narath, v. Eiselsberg, Bleich, Billroth, Bayley, Büdinger*

Als ich zu Ostern 1875 das Glück hatte, in die Billroth'sche Klinik als Operationszögling (Volontärarzt) aufgenommen zu werden, fand ich eine strenge, fast militärische Organisation vor. Zwei Assistenzärzte und 8 Operationszöglinge, sämmtlich diplomierte Ärzte, teilten sich in die klinische Arbeit. Die jüngsten standen unter fast ausschliesslicher Leitung der Assistenzärzte; erst in dem Masse, als wir im klinischen Dienst aufrückten, kamen wir allmählich mit Billroth selbst in nähere Berührung. Im Anfang wurden wir besonders zur Untersuchung und Beobachtung der Kranken, zur Führung der Kranken-journale, zur mikroskopischen Untersuchung exstirpierter Teile angehalten; wir mussten das Instrumentarium und die Verbände in Ordnung halten, die Instrumente bei der Operation reichen, narkotisieren und andere Hilfeleistungen bei Operationen übernehmen. Relativ spät kamen wir dazu, grössere Operationen auszuführen und zwar stets unter der Leitung Billroth's selbst oder eines der Assistenzärzte. Ich verblieb 3½ Jahre in dieser relativ untergeordneten Stellung eines Operationszöglings, bis ich zum Assistenzarzt avancierte und bedauere es durchaus nicht, erst so spät in einen selbständigeren Wirkungs-kreis getreten zu sein. Ich glaube, dass die Stärke der Billroth'schen Schule gerade in dieser, ich möchte sagen zunftmässigen Abstufung zwischen Lehrling, Geselle und Meister lag. Dadurch bewahrte er seine Schüler vor den Gefahren einer vorzeitigen einseitigen Routine, die manche Chirurgen unserer Zeit nur im Messer ihr einziges Werk erblicken lässt. Seinen älteren Assistenzärzten gab Billroth die weitgehende Selbständig-keit, sie genossen sein unbedingtes Vertrauen. Er nahm gern ihren Rat und ihre Vorschläge entgegen, ging gern auf ihre Ideen ein, wenn er sie für besser hielt als seinen eigenen Plan. So entwickelte sich bald ein vertrauliches Verhältnis, das später meist in dauernde Freundschaft überging, die er seinen Schülern bis an sein Lebensende bewahrte.

Frühzeitig regte uns Billroth zu selbständigen Arbeiten an. Ich glaube, dass er Jedem, selbst dem Unscheinbarsten, Gelegenheit gegeben hat, sich als Schriftsteller zu versuchen. Dabei liess er Jeden möglichst selbständig seinen Weg gehen; keine eingehende Anleitung empfing man von ihm, nur ein paar Winke, die dem Begabten genügen mussten. Wer Augen und Ohren hatte, konnte in der Klinik ohnehin wahrnehmen, was der Meister von der Sache dachte. Ich erinnere mich noch heute des Tages, als mir Billroth den ersten Auftrag zu einer selbständigen Arbeit gab. Ich war etwa ein halbes Jahr in der Klinik, als er einen Fall von Rhinosclerom operierte. Während der Operation warf er mir die exzidierten Gewebsstücke zu mit der einfachen Bemerkung: Herr Dr. Mikulicz, Sie könnten das näher untersuchen. Kein Wort mehr sprach er darüber. Als ich ihm nach einigen Wochen die Präparate zeigte und ihm meine Meinung mitteilte, die Ansicht Hebra's über die Natur des Prozesses scheine doch nicht richtig zu sein, es sei kein Sarcom, sondern ein chronisch entzündlicher Prozess, sah er sich alle Präparate mit grösstem Interesse durch und sagte, er glaube auch, dass ich recht habe. Im Übrigen aber liess er mich auch weiter meinen eigenen Weg gehen.

Hatte man Billroth eine Arbeit abgeliefert, so erhielt man meist brieflich eine Kritik derselben. Billroth änderte an den Arbeiten seiner Schüler, abgesehen von kleinen Zusätzen oder Strichen, sehr wenig. Desto eingehender übte er in jenen Briefen Kritik, die zunächst lobten, was zu loben war, und dann in wohlwollender Weise Ratschläge enthielten, wie man es in der Zukunft besser machen könne.

Während meiner Assistentenzeit hielt Billroth mit uns mehrere Winter hindurch Opera-tionsübungen an der Leiche ab. Gerade mit den jüngeren von uns beschäftigte er sich dabei am meisten, um uns frühzeitig seine Art der Messerführung beizubringen. Er berief sich dabei immer auf Langenbeck, der ihm stets als das Ideal eines Operateurs vorschwebte..."

Um einen annähernden Überblick über zumindest diejenigen von Billroths Mitarbeitern zu erhalten, die ihm in seiner wissenschaftlichen Arbeit nahestanden und geholfen haben, folgen aus den vier Abschnitten der *Chirurgischen Klinik* die bei der jeweiligen Danksagung angeführten Namen. Für die erste Folge (Züricher Jahre) waren dies:

Wäckerling vom Kanton Zürich, Hufschmid vom Kanton Aargau, His vom Kanton Zürich, Züblin vom Kanton St. Gallen und die Unterassistenten: Goetsch aus Preußen, Kappeler vom Kanton Thurgau, Trier von Altona bei Hamburg, O. Wyss vom Kanton Zürich, Schlatter vom Kanton Schaffhausen, Giesker vom Kanton Zürich, Nauwerk vom Kanton Zürich, A. Bonet und C. v. Montmollin vom Kanton Neuenburg, Wartmann vom Kanton St. Gallen, K. Pilz aus Preußen, K. Müller vom Kanton Schaffhausen, Meier aus Preußen, Haltenhof vom Kanton Genf, Rocycki aus Preußen, Mauchle vom Kanton St. Gallen, Urech vom Kanton Aargau, O. Weller vom Kanton Baselland.

In der Ausgabe des ersten in Wien erschienenen Jahrganges schreibt Billroth:

"Die gewissenhafte Arbeit der Herren Assistenten DDr. Kumar, Züblin, Katholicki und Czerny, und der Herren Operationszöglinge DDr. Agular, Jany, Kattinger, Mahly, Menzel, Reindl, Steiner und Weigl hat mich in den Stand gesetzt, über vollständige Journale zu verfügen".

Bei der Herausgabe 1872 sollte es wohl besonders rasch gehen, zumal Billroth bereits andere Pläne realisierte (*Coccobacteria septica*) und wahrscheinlich nach den *Berichten aus den Kriegs-Lazarethen* von der Statistik erst einmal genug hatte. Deshalb: "...um dieselbe rascher zu Ende zu bringen, übergab ich die Bearbeitung der Extremitätenkrankheiten meinen Herren Assistentärzten Dr. V. Czerny und Dr. A. Menzel, auf deren Zuverlässigkeit ich mich unbedingt verlassen konnte; beide Herren haben meine Klinik inzwischen verlassen, der Erstere, um in Freiburg die Professur der klinischen Chirurgie zu übernehmen, der Zweite, um in seiner Vaterstadt Triest als dirigierender Chirurg des städtischen Krankenhauses zu wirken. Die klinischen Protokolle, die Grundlage, auf der diese ganze Arbeit basiert, sind unter Leitung der erwähnten Herren teils von den schon im vorigen Bericht genannten Assistenten der Klinik (Mitgliedern des mit meiner Klinik verbundenen Institutes zur Ausbildung von Operateuren), teils von den Herren DDr. Steiner, Gussenbauer und Gersuny, den jetzigen Assistenzärzten meiner Klinik und Privatpraxis, sowie von den Herrn Assistenten DDr. Lobmayer, Sattler, Gjorgjevic, Pernitza, Pfleger geführt worden. Herr Dr. Lobmayer hat die sehr umfangreichen Korrespondenzen geleitet..."

Schließlich erwähnt Billroth bei der großen Übersicht über siebzehn Jahre klinischer Chirurgie folgende Assistenten: "...Es kommen zu den früheren Mitarbeitern hinzu: die Herren klinischen Assistenzärzte: Drs. Steiner, Gussenbauer, Nedopil, Schwarz, Wölfler, Mikulicz, der Assistent meiner Privatpraxis Dr. Gersuny und die Zöglinge des mit meiner Klinik verbundenen Operationsinstitutes, welche als Assistenten tätig waren, die Herren Drs. Frisch, Doza, Barbieri, Weil, Sattler, Kiebucinsky, Langstein, Binder, Fuchs, Smoley, Fr. Raab, Klotz, v. Buschmann, Fürst, Al. v. Winiwarter, F. v. Winiwarter, Kammerer, Grossmann, Steet, v. Reuss, Kerschbaumer, Kathi, Fabini, Glattauer, Ehrlich..."

Was hatte Billroth selbst zum Thema zu sagen? In seinem Werk *Über das Lehren und Lernen* ist er darauf eingegangen:

"Man wird mir in Betreff dieser Episode über die Bedeutung der Persönlichkeit der Schulbildner (Johannes Müller und dessen Lehrer Rudolphi; Anm. d. Verf.) den Vorwurf machen, dass über die Sache der Person, nämlich das von den bedeutenden Persönlichkeiten neu Geschaffene zu sehr in den Hintergrund dränge, dass es doch eigentlich Letzteres ist, was auf die Schüler und die Zeit wirkt, und dass somit auch das literarische Werk das Gleiche, und dazu nachhaltiger, dauernder bewirken müsse als das flüchtige Wort des Lehrers. Darin liegt etwas Richtiges: es ist ja zweifellos, dass Kant's Werke, dass John. Müller's Lehrbuch der Physiologie und andere Epoche machende Arbeiten weit über die persönliche Wirkung ihrer Autoren hinaus gewirkt haben und wirken; ja dass diese indirekte Wirkung grosser Kulturförderer weit über ein Menschenleben hinauswirkt. Doch einerseits tritt diese Wirkung bedeutender literarischer Erscheinungen mehr nach dem Universitätsstudium, und in ihrer ganzen Kraft doch nur bei denen ein, welche sich in solche Originalwerke zu vertiefen im Stande sind, - andrerseits lehrt die Erfahrung auf dem Gebiet der Medizin, dass zuweilen bedeutende Schulbildner literarisch durchaus unproduktiv waren; ich nenne Dupuytren, Schönlein, Oppolzer. Freilich sind das Ausnahmen, und im allgemeinen ist der Ruhm solcher Lehrer weniger dauernd als der Ruhm derjenigen, die zugleich bedeutende Schriftsteller waren, denn nur der letzteren kann sich der Historiker und historische Kritiker schließlich bemächtigen, während die alleinige persönliche Wirkung bedeutender Gelehrten später oft schwer richtig zu würdigen ist. Die schriftstellerischen Arbeiten sind eben doch die eigentlichen Taten der Gelehrten... Zugleich ein guter Schulmeister, ein geschickter Schriftsteller, ein schöpferischer Forscher und ein Meister von Meistern zu sein, das war von jeher nur wenigen Sterblichen beschieden..."

Besser läßt sich die Situation des klinischen Hochschullehrers auch unserer Jahre kaum formulieren. Wir dürfen mit Sicherheit annehmen, daß Theodor Billroth die von ihm selbst aufgestellten Bedingungen vollkommen erfüllte.

Seine Ausführungen in seinem Buch stellen vielleicht mehr die "offizielle" Version seiner Ansichten über Schule und Schulenbildung dar. Wie Billroth zu verschiedenen Zeiten seines Lebens über dieses Phänomen, dieses Problem dachte, geben vielleicht zwei Briefstellen wieder, in deren einer eine harte Skepsis obwaltet, während die andere schon fast von einer jenseitigen Verklärung zeugt. An Georg Fischer, am 3. August 1879:

"Der historische Sinn ist verdammt mager in der jetzigen Generation gesäet und an wenigen Orten aufgegangen. Was speziell die 'Schulen' betrifft, so habe ich so viele unangenehme Erfahrungen damit gemacht, dass ich kein Wort mehr darüber verlieren möchte. Bald will ein langjähriger Assistent (z. B. Volkmann) seinen Chef (Blasius) nicht als seinen Lehrer, bald ein Chef (z. B. Dumreicher) seinen langjährigen Assistenten (Linhart) nicht als seinen Schüler betrachtet wissen. Dies sub sigillo! doch so geht es ad infinitum fort!..."

Und an His schreibt er am 6. Januar 1893:

"Was wir an humanitären und sozialnützlichen Dingen zu schaffen streben, ist schon dadurch ungemein schwierig, weil wir da mit dem schwierigsten Material, nämlich mit Menschen für die Menschheit arbeiten. Was mir am meisten Freude in meinem reichen Leben gemacht hat, ist die Begründung einer Schule, welche sowohl in wissenschaftlicher, wie in humanitärer Richtung mein Streben fortsetzt und ihm dadurch etwas Dauer verschafft...", und an den gleichen Adressaten am 24. Juli 1885:

"Nicht die Übertragung einer concentrirten Erfahrung und eines angehäuften Wissens allein zeugt neue Schüler, sondern dies geschieht weit mehr durch eine unbewusste Contagion... Technische Neuerungen, zu denen sich zuweilen noch Gelegenheit bietet, zu beschreiben, macht mir nun erst recht keine Freude. Ich habe sowohl Kehlkopf-, Magen-, Darm-Operationen und so Manches, was mich in neuerer Zeit ins große Publikum gebracht hat, gern meinen Assistenten überlassen und bilde mir nichts Besonderes darauf ein.

Eher bin ich darauf stolz, viele Schüler gezogen zu haben, welche diese Dinge nicht nur mit Leichtigkeit und Gewissenhaftigkeit machen, sondern sie auch gut zu beschreiben verstehen.

Meine Schüler Czerny, Gussenbauer, Winiwarter, Mikulicz, Wölfler gelten mit Recht als deutsche Chirurgen ersten Ranges; und darauf bin ich stolz, um so mehr, als sie alle Oesterreicher sind.

Ich fühle, dass nun auch diese Schülerbildung zu Ende geht. So sonderbar es klingt: man muss jung und frisch sein und selbst noch innerlich und äusserlich viel arbeiten, um in Wissenschaft und Kunst Schüler zu erziehen."

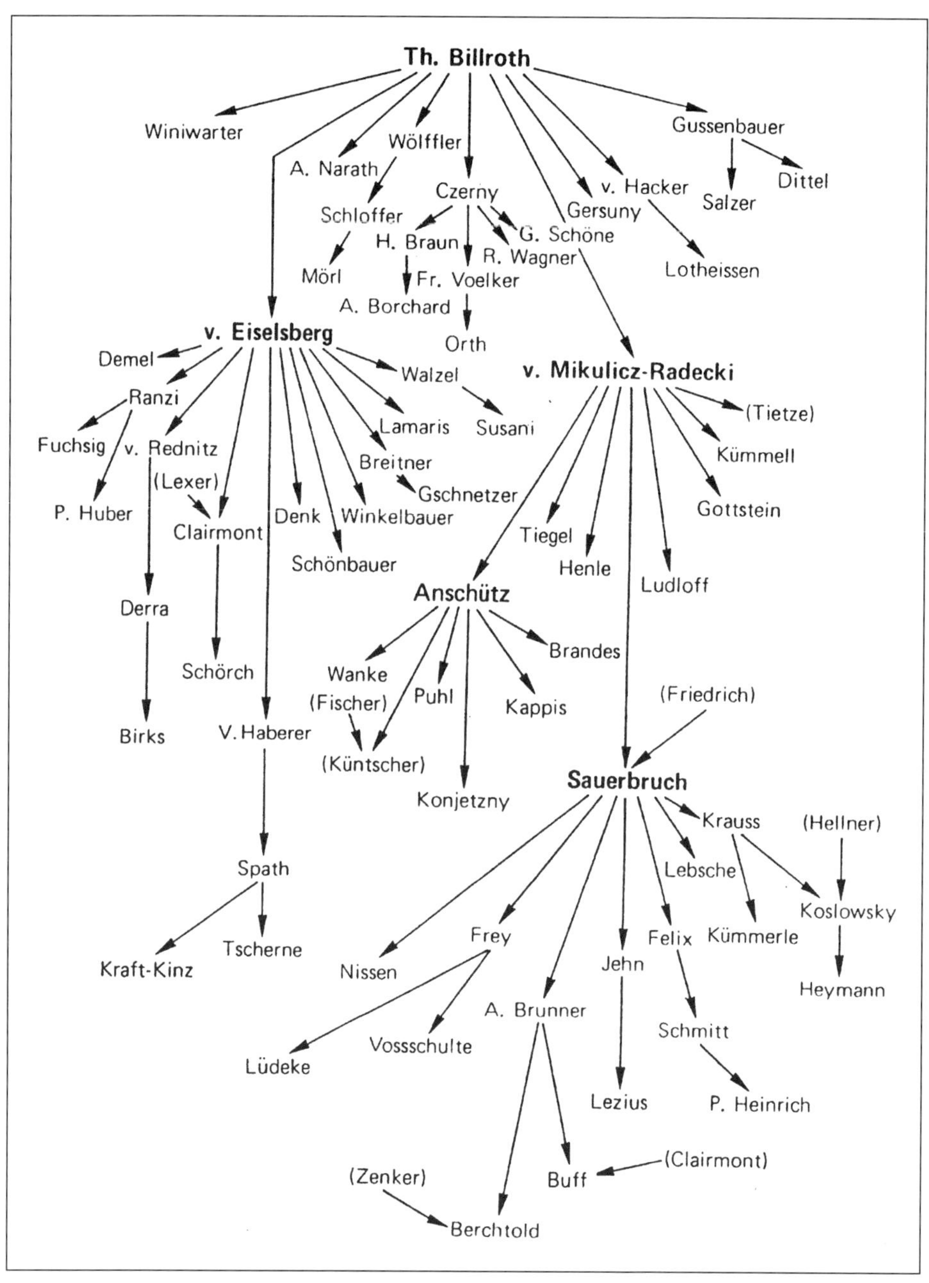

Abb. 54: Die Billoth-Schule.

Aus: Hans Killian: Meister der Chirurgie und die Chirurgenschulen im gesamten deutschen Sprachraum, Tafel III.

Billroths Schüler

Zusammengestellt von Volker Klimpel

Die Zahl der Ärzte, die im Laufe der über ein Vierteljahrhundert währenden Tätigkeit Billroths an seiner Klinik in Wien weilten, ist groß und heute wohl nicht mehr ganz exakt bestimmbar. Da sind einmal jene Namenlosen, welche nach kurzer Stippvisite wieder hinauszogen in die Praxis, ohne je in die Annalen der Medizin eingegangen zu sein. Von anderen, später selbst zu Ruhm gelangten Männern wissen wir, daß sie ebenfalls Studienreisen zu Billroth unternommen haben, begierig, dem Meister eine Zeit lang über die Schulter zu schauen. Als Beispiele seien hier nur der amerikanische Chirurg William Stuart Halsted (1852-1922) und der Deutsche Hans Kehr (1862-1916) genannt. Einem Dutzend Schüler der ersten Generation nach Billroth gilt im folgenden unsere besondere Aufmerksamkeit (alphabetisch geordnet):

Der Apothekersohn *Vincenz von Czerny* (1842 - 1916) aus Böhmen, mit Gussenbauer der älteste Jünger Billroths, wurde nach Vorbildung bei v. Arlt, v. Brücke, Hebra und Oppolzer als einer der wenigen von Billroth selbst an die II. Chirurgische Universitätsklinik in Wien geholt (1868). Es wirft ein bezeichnendes Licht auf die Generosität seines Lehrers, daß dieser ihn noch bei Thiersch in Leipzig, Volkmann in Halle, Hueter in Greifswald und bei von Langenbeck in Berlin hospitieren ließ. Auf Czerny geht der Ausspruch zurück, daß Österreich mit der Berufung des Preußen Billroth die schönste Rache für Königgrätz genommen habe. Im Jahre 1871 arbeitete Czerny gemeinsam mit Billroth in deutschen Kriegslazaretten, habilitierte in Wien und wurde auf den chirurgischen Lehrstuhl in Freiburg i. Br. berufen, nachdem Billroth vergeblich versucht hatte, ihn auf Dumreichers Lehrstuhl an der Nachbar- und Konkurrenzklinik in Wien zu bringen. Seine fruchtbarste Schaffensperiode erlebte Czerny in Heidelberg (1877 - 1916), wo er 1877 zum ersten Mal die Resektion eines Ösophaguskarzinoms und 1878 die erste vaginale Totalexstirpation des Uterus vornahm. Einen Ruf als Nachfolger Billroths 1894 ablehnend, blieb Czerny am Neckar, gründete dort 1906 das Institut für experimentelle Krebsforschung und verstarb ebenda als Opfer seines Berufes an radiogener Leukose. Geblieben sind von Czerny vor allem seine Pionierleistungen auf dem Gebiet der Abdominalchirurgie (Organexstirpationen, zweireihige Darmnaht, Pfeilernaht beim Leistenbruch usw.) und nicht zuletzt das bereits erwähnte Krebsforschungszentrum in Heidelberg.

Von nicht geringerer Bedeutung als Czerny war *Anton Freiherr von Eiselsberg* (1860 - 1939) aus Steinhaus in Österreich. Nach Studien in Würzburg, Zürich und Paris trat er 1884 als Operationszögling in die Billrothsche Klinik ein, wurde 1887 bestallter Assistent und habilitierte 1889. Auf Antrag von Eduard Albert (1841 - 1900) wurde Eiselsberg die Probevorlesung bei der Habilitation erlassen - ein ganz außergewöhnlicher Vorgang. Im Alter von 33 Jahren berief man ihn als Nachfolger von Salzer auf das Ordinariat in Utrecht (einer der typischen Wechsel unter den Billroth-Schülern), 1895 folgte Königsberg und 1901 der ehrenvolle Ruf auf den Lehrstuhl der I. Chirurgischen Universitätsklinik Wien in der Nachfolge Alberts. Billroths geliebter "Tonio" zählte zu den Vätern der modernen Neuro-, Unfall- und Kieferchirurgie, vor allem aber der Schilddrüsenchirurgie, bei dem sich selbst Kocher und Reverdin Rat holten. Von den Mitassistenten war ihm Johannes von Mikulicz besonders freundschaftlich verbunden. Seine Abschiedsvorlesung am 1. Juli 1931 schloß Eiselsberg im Gedenken an Billroth mit den Worten: "Ich werde ihm bis zum letzten Atemzug dankbar sein." Am 26.Oktober1939 kam von Eiselsberg, den Billroth "einen eminenten Operateur ersten Ranges" und später Wyklicky "eine der edelsten Ärztepersönlichkeiten unserer Zeit" nannte, auf tragische Weise bei einem Eisenbahnunglück in der Nähe von St. Valentin ums Leben. Er hinterließ nicht nur acht eigene Kinder aus glücklicher Ehe, sondern auch eine große chirurgische Schule. 19 seiner Assistenten wurden Ordinarien, darunter Breitner, Clairmont, Denk, v. Haberer, Ranzi, Schönbauer, Walzel und Winiwarter sowie die Gynäkologen Amreich und Antoine. Unsere heutigen Kenntnisse in der Magen-Darm-Chirurgie und in der Schilddrüsen- und Nebenschilddrüsenchirurgie wären undenkbar ohne v. Eiselsbergs Forschungen.

Der in Rumänien geborene *Alexander Fraenkel* (1857 - 1929) war zunächst pathologisch-anatomischer Demonstrator, bevor er von 1881 bis 1884 bei Billroth ausgebildet wurde. Seine Neigung galt der Kriegschirurgie, so war er Chef eines Lazarettzuges im serbisch-bulgarischen Krieg von 1885/86 und Garnisonschirurg (1884 - 1890). Nach Habilitation und Ernennung zum Privatdozenten für Chirurgie 1890 erhielt Fraenkel 1893 das Primariat des Karolinen-Kinderspitals in Wien. Sein Allroundtalent entfaltete sich außer in der noch jungen Kinderchirurgie bei der Leitung der Allgemeinen Polyklinik und als Chefredakteur der renommierten *Wiener klinischen Wochenschrift*. Wissenschaftlich waren allgemeinchirurgische und militärmedizinische Fragestellungen, hier insbesondere Probleme der Verwundetenversorgung und Triage, seine Domäne.

Anton Ritter von Frisch (1849 - 1917), Sohn eines Generalstabsarztes, studierte in seiner Heimatstadt Wien und praktizierte bei von Brücke und Hyrtl. An seine Promotion 1871 schloß sich die Ausbildung als Operationszögling und Assistent bei Billroth an, die bis 1874 dauerte. Im gleichen Jahr erhielt von Frisch eine Professur für Anatomie an der Akademie der Bildenden Künste zu Wien. Während seiner 1882 angetretenen ersten selbständigen Stellung in der Allgemeinen Polyklinik habilitierte er 1883 und hospitierte 1886 bei Pasteur in Paris, wo er sich besonders mit der Tollwut und dem Milzbrand beschäftigte. Kurz nach seiner Ernennung zum außerordentlichen Professor der Chirurgie wurde von Frisch 1889 Nachfolger Robert Ultzmanns (1842 - 1889), eines der ersten Urologen überhaupt, an der "Spezialabteilung für Krankheiten der Harnorgane." Von der Bakteriologie und experimentellen Chirurgie herkommend, war somit von Frischs weiterer Weg als Pionier der modernen Urologie vorgezeichnet.

Der Teplitzer *Robert Gersuny* (1844 - 1924) stand nicht zuletzt wegen seiner musischen Interessen Billroth auch persönlich recht nahe und nach dessen Ableben der Witwe hilfreich zur Seite. Studiert hatte Gersuny in Prag und Wien und war von 1869 bis 1872 bei Billroth, zunächst als Zögling, dann in der schwierigen, aber ehrenvollen Funktion des Privatassistenten. Erstaunlicherweise erhielt Gersuny keinen Lehrstuhl, strebte ihn wohl auch nicht an, begnügte sich mit der Chefarztstelle am Wiener Rudolfinerhaus und der Leitung der Pflegerinnenschule, immer in der Nähe Billroths. Später hat Gersuny dann

Abb. 55: Victor von Czerny - Schüler Billroths.

auch das Karolinen-Kinderspital betreut (als Vorgänger Fraenkels) und dort die Kinderchirurgie in ihrer frühesten Form etabliert. Er galt als Meister der plastischen Chirurgie und der Bauchchirurgie. In seinen Arbeiten beschäftigte er sich außerdem mit der Krankenpflege und dem Arzt-Patient-Verhältnis. Seinem Meister, von dem er schrieb, er habe "seine Freunde mit allen Gaben des Geistes und des Herzens geschmückt, um sie dann zu lieben, als glichen sie in Wirklichkeit den Gebilden seiner Phantasie", widmete er postum das Werk *Theodor Billroth* (1922).

Erst Schüler von Franz von Pitha (1810 - 1875) in Prag, hatte der Kärntner *Carl Gussenbauer* (1842 - 1903) sein chirurgisches Werden und Wachsen gänzlich Billroth zu verdanken, bei dem er die ungewöhnlich lange Zeit von sieben Jahren Assistent war. Zusammen mit Winiwarter hatte er in dieser Zeit die erste Pylorusresektion im Tierexperiment durchgeführt. Wie so oft, hatte auch hier Billroth die Priorität seinen Schülern überlassen. Auch durfte Gussenbauer 1874 über Billroths erste Kehlkopfexstirpation berichten. So war er ein perfekter Chirurg und Lehrer, als er 1875 nach Lüttich berufen wurde, nicht ohne zuvor intensiv die französische Sprache erlernt zu haben, und seine Laufbahn dann 1878 als Chirurgie-Ordinarius an der Deutschen Universität Prag, deren Rektor er 1886 wurde, fortsetzte. Billroth sagte in höchstem Lob über den asketisch-strengen Gussenbauer, er besitze "edlen Ernst" und sei "eine tiefernste Persönlichkeit". Die höchste Ehrung in Gussenbauers Leben war 1894 die Berufung auf den Lehrstuhl des verstorbenen Meisters. Als erster Osterreicher wurde er übrigens 1895 Vorsitzender der "Deutschen Gesellschaft für Chirurgie". Operativ und literarisch äußerst produktiv, hat er nicht nur die Billrothsche Magenresektion modifiziert, sondern auch den ersten künstlichen Kehlkopf geschaffen. Föderl, Exner und Narath sind nur einige seiner Schüler.

Viktor von Hacker (1852 - 1933) stammte aus Wien, studierte in Innsbruck und in seiner Vaterstadt, arbeitete je zwei Jahre bei dem Kliniker Adalbert Duchek (1824 - 1882) uncl dem Pathologen Richard Herschl (1824 - 1881) in Wien und bezog 1880 das Billrothsche Operationsinstitut, in dem er bis 1887 blieb. Den Privatdozenten holte 1888 das Sophienspital in Wien als Primarius; 1894 Extraordinarius der Universität Wien geworden, war die Berufung auf einen Lehrstuhl nur noch eine Frage der Zeit. So folgte von Hacker 1895 dem Ruf nach Innsbruck und 1903 dem nach Graz. Seine Hauptarbeitsgebiete waren die allgemeine und gastroenterologische Chirurgie, ergänzt von statistischen Berichten im Stile der Billrothschen Wahrhaftigkeit. Wir verdanken von Hacker u. a. die "Bougierung ohne Ende" bei der Ösophagusstriktur, die "Nou-Loop-Anastomose" und einige sinnreiche Verbandsverordnungen.

Der Architektensohn *Johannes von Mikulicz-Radecki* (1850 - 1905) aus der Bukowina zählte zu den langjährigsten und musisch begabtesten Assistenten Billroths. Mit seinen Konassistenten Eiselsberg und Wölfler verband Mikulicz eine enge Freundschaft. Stationen seiner glänzenden Laufbahn waren nach der Dozentur (1880) die Ordinariate in Krakau (1882), Königsberg (1887) und Breslau (1890). Vehement trat Mikulicz für die Semmelweissche und Listersche Antiseptik ein, sein Einfallsreichtum schien grenzenlos. Er inaugurierte die Ösophagoskopie, mehrere Eingriffe im oberen Gastrointestaltrakt, ersann zahlreiche Instrumente und Techniken (Peritonealklemme, B II-Modifikation, einstülpende Darmnaht etc.) und initiierte die thoraxchirurgische Forschung. Der Ausstrahlung von Mikulicz hat sein chirurgischer Urenkel Rudolf Nissen (1896-1981) in seinen Memoiren ein bleibendes Denkmal gesetzt. Mikulicz, 1899 nobilitiert, verkehrte

Abb. 55: Alexander von Winiwarter - Schüler von Billroth.

freundschaftlich u. a. mit Johannes Brahms (1833 - 1897) und Felix Dahn (1834 - 1912). Milkulicz', des Ehrendoktors der Universitäten von Edinburgh, Glasgow und Philadelphia, früher Tod war unabwendbar wie sein Freund Eiselsberg bei der Operation voll Bitterkeit feststellen mußte. Auch seine Schülerschar ist ansehnlich: Anschütz, Gottstein, Kummel, Sauerbruch, Tiegel, Tietze. Nach Hans Killian (1892 - 1982) gehörte von Mikulicz "unter die Könige unseres Faches".

Der Wiener *Albert Narath* (1864 - 1924) ist der jüngste Billrothschüler. Nach pathologisch-anatomischer Vorbildung bei Zuckerkandl erlebte er Billroth als Lehrer von 1893 bis 1894. Die Billrothsche Schule fand in ihm ihre direkte Forsetzung dadurch, daß er seine Ausbildung nahtlos bei Gussenbauer fortsetzen und beenden konnte. Über den Lehrstuhl in Utrecht gelangte Narath 1906 als Nachfolger Czernys und Sinnbild der Kontinuität der Billrothschule nach Heidelberg. Leider war Narath den Belastungen der operativen Tätigkeit gesundheitlich immer weniger gewachsen, so daß er bereits nach vier Jahren aus dem Heidelberger Amt schied und ausschließlich wissenschaftlich arbeitete. Ein Generalist der alten Schule, hatte er die Abdominalchirurgie bevorzugt.

Fritz Adolf Salzer (1858 - 1893), Sohn eines namhaften Chirurgen der Wiener Schule, dürfte der am wenigsten Bekannte unter den Billrothianern gewesen sein, war ihm doch nur eine kurze Lebens- und Schaffenszeit vergönnt. Er studierte in Wien, Heidelberg und Berlin und gelangte 1882 in Billroths Obhut. Dieser ermöglichte ihm 1890 die Habilitation und setzte sich für die anschließende Berufung nach Utrecht ein - nach Eiselsberg und vor Narath ein weiterer Billroth-Schüler auf diesem Lehrstuhl! Es hieß jedoch, daß Salzer dort "unter sehr ungünstigen, sein Lehramt erheblich beeinträchtigenden äußeren Verhältnissen litt, die ihn z. T. dazu führten, daß er sich in einer Anwandlung von Geistesstörung auf der Reise nach Wien am 7. April 1893 in Dresden entleibte". Von ihm ist eine Reihe wissenschaftlicher Arbeiten überliefert.

Der gebürtige Wiener *Alexander von Winiwarter* (1848 - 1917) hatte eine solide Ausbildung in Physiologie und Pathologie bei von Brücke und Rokitansky vorzuweisen, als er sich nach der Promotion 1870 unter Billroth zum Chirurgen schulte. Der Habilitation 1875 folgte eine Anstellung als Primarius der chirurgischen Abteilung des Kronprinz-Rudolf-Kinderspitals in Wien und 1878 die Berufung auf die ordentliche Professur für Chirurgie an der königlich-belgischen Staatsuniversität zu Lüttich - nach Gussenbauer der zweite Billroth-Schüler auf diesem französischsprachigen Lehrstuhl. Winiwarters wissenschaftliches Interesse galt der Allgemeinchirurgie, der Gallenchirurgie, dem Krebs und den Erkrankungen der Haut. Zeitlebens blieb er in engem Kontakt zu seinem Lehrer. Seinen Namen trägt noch heute, zusammen mit des Austroamerikaners Leo Buerger (1879-1943), die Endangitis obliterans.

Anton Wölfler (1850 - 1917), Böhme von Geburt, humorvoll und gradlinig, studierte und promovierte in Wien (1874). Zwei Jahre später trat er als Operationszögling in die II. Chirurgische Universitätsklinik unter Billroth ein, wo ihm der gleichaltrige Mikulicz ein treuer Freund wurde. Das Jahr 1880 brachte für Wölfler Habilitation und apl. Professur. Die "Carola-Franzisca" in Graz berief ihn 1886 auf das Ordinariat für Chirurgie, von welchem aus er 1895 als Nachfolger Gussenbauers (!) an die Deutsche Universität Prag wechselte. Wölfler veröffentlichte über 100 wissenschaftliche Arbeiten, vorwiegend zur Struma- und Magenchirurgie. Auf ihn gehen die antekolische isoperistaltische Gastroenterostomie beim Ulcus ventriculi und die Y-Anastomose zurück.

Durch Billroths Schule sind u.a. auch die folgenden Ärzte gegangen:

Arthur Menzel (1844 - 1878), zunächst Operationszögling, dann planmäßiger klinischer Assistent. Der früh Verstorbene hat als einer der ersten die Reverdinsche Hautverpflanzung angewendet und klinisch geprüft. Ausdruck von Menzels Pionierarbeit auf dem Gebiet der plastischen Chirurgie sind u.a. seine *Kleinen Beiträge zur Hauttransplantation.*

Michael Grossmann (1848 - 1927), histologisch, physiologisch, dermatologisch und hygienisch geschulter Laryngologe, wurde von 1873 bis 1877 bei Billroth ausgebildet und teilweise parallel dazu von Schrötter v. Kristelli laryngologisch unterwiesen. G. habilitierte sich 1891 und wurde 1903 a.o. Professor der Laryngologie an der Universität Wien; er zählt zu den Mitbegründern der Wiener laryngologischen Gesellschaft und des österreichischen Eisenbahn-Sanitätsdienstes.

Ernst Fuchs (1851 - 1930), der sich als Ophthalmologe in der ganzen Welt einen Namen machte - sein Lehrbuch der Augenheilkunde erlebte viele Auflagen und Übersetzungen - und in Wien Schüler Arlts und Nachfolger Jaegers war, erhielt 1875/76 nach physiologischer Grundausbildung bei von Brücke seine chirurgische Schulung bei Billroth. Er führte die bei diesem erlernte Antisepsis in die Augenheilkunde ein und erforschte besonders die pathologische Anatomie des Auges.

Leopold von Dittel (1861 - 1940), Sohn und zeitweiliger Assistent des gleichnamigen Urologen, war Ende der achtziger Jahre an der Billrothschen Klinik und widmete sich später unter Chrobak ausschließlich der Gynäkologie und Geburtshilfe, habilitierte sich 1899 und war von 1906 bis 1914 in Kairo tätig.

Joseph Fabricius (1865 - 1934) aus dem rumänischen Crajova unterzog sich vier Jahre lang (1890 - 1894) der strengen Ausbildung an der II. Chirurgischen Universitätsklinik in Wien, bevor er sich der Frauenheilkunde zuwandte und hier Schüler Chrobaks wurde. Im Maria-Theresia-Frauenhospital und im Diakonissenkrankenhaus zu Wien beschäftigte er sich operativ vor allem mit der Radikaloperation der Schenkelhernie, der Extrauteringravidität und der Peritonitis.

Oskar Föderl (1865 - 1932) erlebte während seiner Assistentenzeit den Tod des Meisters und die Übernahme der Lehrkanzel durch Carl Gussenbauer, bei dem er sich 1902 habilitierte und 1909 Professor für Chirurgie wurde. Als experimentell und praktisch versierter Allroundchirurg, dessen Phimosenoperation noch heute angewendet wird, leitete er die chirurgischen Abteilungen des St.-Rochus-Spitals und der Rudolfstiftung in Wien, letztere von 1913 bis 1923.

Der Leitmeritzer *Karl Funke* (1865 - 1960), langjähriger Primarius der I. chirurgischen Abteilung der Rudolfstiftung Wien (1902 - 1934), war von 1890 bis zu Billroths Tod dessen Operationszögling, wurde von Gussenbauer als etatmäßiger Assistent übernommen und 1901 zur Habilitation geführt. Arbeitsstil und Arbeitsgebiete wiesen ihn als typischen Vertreter der Billroth-Schule aus.

Vladen Gjorgjevic (1844 - ?), serbischer Militärarzt und Oberbürgermeister von Belgrad, studiert in Wien und war zwei Jahre lang Assistent bei Billroth (1869 - 1871; er befindet sich auf dem berühmten Gruppenbild von 1871 zusammen mit Billroth, Gersuny, Czerny, Gussenbauer, Sattler u.a.). Gjorgjevic veröffentlichte über 200 Arbeiten, vorwiegend zur

Militärmedizin. Er übersetzte unter anderem v. Langenbecks Chirurgische Klinik sowie Billroths *Allgemeine Chirurgie* und *Chirurgische Pathologie und Therapie* ins Serbische, war Mitbegründer des RotenKreuzes und der Ärztegesellschaft seiner Heimat.

Ausgewählte Literatur:

Albert, E.: Die akademische Feier zu Ehren Billroths. In: Wiener klinische Wochenschrift 5 (1892).

Czerny, V.: Zu Billroth's sechzigstem Geburtstage. In: Wiener medizinische Wochenschrift, 39 (1889).

Esmarch, F. v.: Kongreßband des 23. Deutschen Chirurgenkongresses. o. O. 1894.

Fischer, L. (Hrsg.): Biographisches Lexikon der hervorragenden Ärzte der letzten fünfzig Jahre. 2 Bd., München, Berlin 1962.

Gersuny, R.: Theodor Billroth. Ein Gedenkblatt. Separatdruck aus: Neue Freie Presse, 1918.

Gottlieb-Billroth, O. (Hrsg.): Billroth und Brahms im Briefwechsel. Berlin, Wien 1935.

Gussenbauer, C.: Billroth's 60. Geburtstag. In: Wiener klinische Wochenschrift 1 (1889), siehe dazu auch Billroths Erwiderung.

Gussenbauer, C.: Theodor Billroth. Nekrolog. In: Wiener klinische Wochenschrift 7 (1894).

Hirsch, A. (Hrsg.): Biographisches Lexikon der hervorragenden Aerzte aller Zeiten und Völker. Wien, Leipzig 1884.

Killian, H.: Meister der Chirurgie und die Chirurgenschulen im gesamten deutschen Sprachraum. 2. Aufl. Stuttgart 1980.

Klimpel, V.: Billroths Schüler, unveröffentlichtes Manuskript. Dresden 1944.

Lesky, E.: Meilensteine der Wiener Medizin. Große Ärzte Österreichs in drei Jahrhunderten. Wien, München, Bern, 1981.

Mikulicz-Radecki, J. v.: Theodor Billroth. In: Berliner klinische Wochenschrift 31 (1894).

Nissen, R.: Helle Blätter - dunkle Blätter. Erinnerungen eines Chirurgen. Stuttgart 1969.

Pagel, J.L.: Biographisches Lexikon hervorragender Ärzte des neunzehnten Jahrhunderts. Berlin, Wien 1901.

Schönbauer, L.: Das Medizinische Wien. Geschichte / Werden / Würdigung. Berlin, Wien 1944.

Thiele, G. (Hrsg.): Handlexikon der Medizin in vier Bänden. München, Wien, Baltimore 1980.

Török, G. v.: Die Arbeiten der Klinik Billroth in den Jahren 1867-1892. In: Beiträge zur Chirurgie. Festschrift, gewidmet Theodor Billroth. Stuttgart 1892.

Török, G. v.: Die Arbeiten der Klinik Billroth in den Jahren 1867 - 1892. In: Wiener klinische Wochenschrift 5 (1892)

Wölfler, A.: Theodor Billroth. Zur Erinnerung an dessen 25jährige Thätigkeit an der Wiener Hochschule. In: Wiener klinische Wochenschrift 5 (1892).

Billroths Chirurgische Familie

Wilhelm **Baum**
(1799-1883)
Greifswald, Göttingen

Lehrer

Bernhard **v. Langenbeck**
(1810-1887)
Berlin

Theodor Billroth

(1829-1894)

Göttingen, Berlin, Zürich, Wien

Vincenz **v. Czerny**
(1842-1916)
Freiburg, Heidelberg

Schüler

Anton Freiherr **v. Eiselsberg**
(1860-1939)
Utrecht, Königsberg, Wien

Alexander **Fraenkel**
(1857-1929)
Wien

Anton **v. Frisch**
(1849-1917)
Wien

Robert **Gersuny**
(1844-1924)
Wien

Carl **Gussenbauer**
(1842-1903)
Lüttich, Prag, Wien

Victor **v. Hacker**
(1852-1933)
Innsbruck, Graz

Johannes v. **Mikulicz-Radecki**
(1850-1905)
Krakau, Königsberg, Breslau

Fritz **Salzer**
(1858-189)
Utrecht

Albert **Narath**
(1864-1924)
Utrecht, Heidelberg

Alexander **v. Winiwarter**
(1848-1917)
Lüttich

Anton **Wölfler**
(1850-1917)
Graz, Prag

Die Briefe von Theodor Billroth

Theodor Billroth hatte Freude am Briefschreiben. Ihm war es wohl immer ein Bedürfnis, sich mitzuteilen. Er schrieb hauptsächlich, um dem Partner bestimmte Sachverhalte zu übermitteln und ihm damit zu dienen. Die Inhalte wechseln oft: man überblickt mit Billroth stets eine wechselnde Landschaft der Gedanken und Gefühle, es geht durch streng wissenschaftliche Gebiete, und es gibt Alltägliches ebenso wie viele Versuche, unwiederbringliche künstlerische Erlebnisse in Worte zu fassen.

Am 11. Oktober 1895 schrieb Georg Fischer, der selbst einen ausgedehnten Briefwechsel mit Billroth geführt hatte, das Vorwort zu seinem ersten großen Briefband *Briefe von Theodor Billroth,* der dann neun Auflagen erlebte. Fischers Vorwort gibt eine anschauliche Persönlichkeitsbeschreibung Billroths und zeugt von der Verehrung, welche Billroth in jenen Jahren, und besonders bei Fischer selbst, genoß. Fischer äußerte sich auch über den Briefstil:

"Billroth hatte das Bedürfnis, seine reiche Gedankenwelt in Briefen niederzulegen und sich dadurch über bestimmte Vorstellungen klar zu werden. Wenn sein Herz voll war, floß es ihm in die Feder: 'Meine Feder ist verzogen, sie beherrscht mich mehr als ich sie!' ...

Sogar in derselben Stadt unterhielt er mit den Freunden eine fortlaufende Korrespondenz; und da bei Tage die Zeit dazu fehlte, schrieb er oft bis tief in die Nacht hinein. Vor jeder Mühe schützte ihn ein überaus leichter Stil. Nie verlegen um ein Wort oder um ein seiner regen Phantasie entnommenes Bild, gestaltete er die Gedanken natürlich und doch künstlerisch, ohne lange abzuwägen, stets frisch vom Fleck losschießend."

Fischer hat die Briefe mit gütiger Einwilligung der Witwe gesammelt. Das war keineswegs problemlos; es gab auch Situationen, wo die Frau Hofrätin sich ablehnend verhielt, z.B. in der Frage der Veröffentlichung von Billroths musikalischem Nachlaß. Die Fischersche Sammlung der Billroth-Briefe enthält keine Antworten.

Anders ist dies in dem Bande *Billroth und Brahms im Briefwechsel.* Hier haben wir zwar äußerst fesselnde Briefe von Billroth vor uns, können uns jedoch von Brahms, seinem zurückhaltenden und auch brieflich sich oft verklausuliert äußernden Partner kein gutes Bild machen. Der Herausgeber Otto Gottlieb-Billroth war Billroths Schwiegersohn. Er teilt ausdrücklich mit, daß er von den Billroth-Töchtern zur Herausgabe dieses bedeutsamen Briefwechsels ermächtigt wurde, welcher natürlich hauptsächlich den "Musiker in Billroth" widerspiegelt. Das Vorwort enthält viele wertvolle Informationen über den Lebensgang Billroths, über Charakterzüge und Neigungen beider Briefschreiber.

1929 erschien ein schmales Büchlein, herausgegeben von Isidor Fischer, dem langjährigen Bibliothekar der "Gesellschaft für Ärzte in Wien". Er war jüdischer Abstammung. Nach 1939 verschweigt v. Eiselsberg vorsichtshalber dessen Namen und bezeichnet ihn nur als "dankeswerten Verfasser" und "ehrenamtlichen Bibliothekar der Gesellschaft". Das Bändchen trägt den Titel *Theodor Billroth und seine Zeitgenossen*. Die Anzahl der 34 wiedergegebenen Briefe ist nicht groß, sie sind jedoch aufschlußreich und in verständnisvoller Weise kommentiert.

1941 erschienen die *Jugendbriefe Theodor Billroths an Georg Meissner*. Aus diesem Buch kann man am meisten über den jungen Theodor und seinen Ausbildungsweg erfahren, da die Briefe aus der Zeit von 1850 bis 1859 stammen. Das Vorwort des Herausgebers, des Medizinhistorikers Walter von Brunn, ist von besonderem Reiz, weil es unter anderem auch das Verhältnis Billroths zu Georg Meissner höchst anschaulich schildert. Hier einige Auszüge:

"Billrothbriefe sind immer ein Genuß! Seit Georg Fischer im Jahr 1895, bald nach dem Tode des genialen Chirurgen, des feinen, liebenswürdigen Menschen mit dem warmen Herzen, seine weltberühmte Sammlung *"Briefe von Theodor Billroth"* hatte erscheinen lassen, gehören diese Briefe, weit über den Kreis der zunächst daran interessierten Chirurgen und Ärzte hinaus, zum Schönsten, was die deutsche Literatur zu bieten hat; immer wieder mußten Neuauflagen veranstaltet werden.

Zu den schönsten dieser Briefe gehört derjenige seines Jugendfreundes Georg Meissner, in welchem er dem Freund von seiner Verlobung berichtet; Billroths Beispiel hatte ihm offenbar dazu Mut gemacht.

Meissner und Billroth waren beide 1829 geboren. Dieser am 26. April, jener am 19. November. Zu Beginn ihres Studiums hatten sie sich in Göttingen kennengelernt, der einer alten hannoverschen Beamtenfamilie Entsprossene und der Pastorensohn von der Insel Rügen, den der von Greifswald nach Göttingen berufene bedeutende Chirurg Baum nach sich gezogen hatte. Beide waren sie enthusiastische Musikfreunde: das hatte sie wohl einander nahegebracht.

Da sich zwei junge Menschen gefunden hatten, die, fast in jeder Hinsicht absolute Gegensätze, sich in vielen Punkten ihrem ganzen Charakter nach ergänzen konnten und ergänzt haben. Es wird einem warm ums Herz, wenn man diese Briefe des jungen Billroth liest, und man bedauert immer wieder schmerzlich, daß die Antworten Meissners anscheinend verloren sind.

Der besondere Wert der hier vorgelegten Briefe ist, daß sie sämtlich vom jungen Studenten und jungen Arzt Billroth verfaßt wurden! Bisher waren nur ganz wenige aus Billroths Jugendzeit bekannt; und diese sind fast alle an ältere Adressaten gerichtet, vornehmlich an seinen hochverehrten Lehrer Baum. Man vergleiche etwa das sehr vorsichtige Schreiben an ihn wegen seines anscheinend damals in Berlin reichlich stark bummelnden Sohnes mit dem ganz unmittelbaren, ungeschminkten Brief an den Jugendfreund Meissner vom 3. Mai 1857, wo er noch etwas ängstlich den Freund fragt, ob er wohl wagen dürfe, den Vater in aller Vorsicht darauf aufmerksam zu machen. - Vor uns erstehen die Persönlichkeiten der Berliner medizinischen Welt: vor allem der hochbedeutende Johannes Müller, der allen Zeitgenossen fast wie eine Erscheinung aus einer andern Welt gegenüberstand. - Er kommt gerade in Berlin dazu, die Göttinger Professoren jener Zeit sehr hoch zu bewerten. Und so viel ersehen wir auch aus diesen Briefen, daß Langenbeck in wissenschaftlicher Beziehung für Billroth recht wenig bedeutet hat.

Dieser ist vollständig aus eigenem unwiderstehlichem Druck heraus zunächst in die Bahn mikroskopischer Forschung hineingezwungen und allmählich mehr und mehr im Verfolg zunehmender praktischer Erfahrungen in die Pionierarbeit an der Chirurgie gedrängt worden. -

Billroth ist völlig selbständig aus sich selbst heraus zu dem geworden, als der er vor der Geschichte steht!

Daß Langenbeck ihn ebenso wie seine zahlreichen andern Schüler, ihren Neigungen gemäß, sich ungehindert entwickeln ließ und sich in kluger Selbstbeschränkung damit begnügte, seine Assistenten nach besten Kräften zu fördern, das haben ihm diese mit vollem Recht stets gedankt: so kam es, daß er eine so bedeutende Schule begründen konnte, daß sich die Besten der jungen Chirurgengeneration dazu drängten, dieses großen Meisters Schüler zu werden.

Wie kommt es, daß dieser ganze Briefwechsel zwischen den zwei Freunden plötzlich, unvermittelt abbricht? Ein Konflikt ist offenbar nicht die Ursache gewesen, das geht aus den wenigen späteren Briefen, die sie gewechselt haben, und die uns bekannt sind, zur Genüge hervor. - Das Wesentliche dürfte sein, daß, wie Billroth selbst schreibt, "ihre wissenschaftlichen Bahnen sich immer mehr voneinander getrennt" hatten: Billroth war 1860 als Ordinarius für Chirurgie nach Zürich gekommen, war dann schon 1867 nach Wien berufen und hier vollends in der beruflichen Arbeit sozusagen - erstickt. Auch mögen die Ansprüche, welche die eigene Familie an beide Freunde in zunehmendem Maße stellte, dazu beigetragen haben, ihre Korrespondenz einschlafen zu lassen. -

Ein göttlicher Funke trifft aus diesen Briefen unser Herz: Menschen, wie diese Jünglinge, kernig, gesund an Körper und Seele, unverbildet, wahrhaftig, ehrlich, dabei taktvoll, fleißig, fanatisch, verantwortungsbewußt, opferbereit, seelisch empfindend und tatenfroh zugleich!"

Von Brunn erwähnt in dieser Einleitung noch eine weitere Gruppe von Briefen: Er konnte 1938 den umfangreichen Briefnachlaß Carl Thierschs für das Sudhoff-Insitut Leipzig erwerben, in welchem sich auch 27 Billroth-Briefe befanden, mußte aber zu seinem Kummer feststellen, daß anläßlich des 100. Geburtstages Billroths 1929 bereits Thierschs Sohn, Justus Thiersch "die wertvollsten Stücke" unter dem Titel *Briefe von Theodor Billroth an Carl Thiersch* veröffentlicht hatte.

Schließlich erschien 1964 eine Auswahl des Briefwechsels zwischen Billroth und Brahms, herausgegeben von Aloys Greither: *Billroth im Briefwechsel mit Brahms.*

1990 erschienen auf Initiative des amerikanischen Chirurgen K. B. Absolon in dessen Kabel-Verlag die sogenannten *Billroth-Seegen-Briefe,* 200 in einem Band, mit dem Titel *Billroth privat* (Deutsche Übersetzung und Mitarbeit von E. Kern). Sie geben auch nach 100 Jahren wichtige interessante Einblicke in die Lebensge-schichte Billroths.

Ein wertvolles Briefkonvolut befindet sich in dem Besitz der Stiftung Pommern. Es handelt sich um wichtige Briefe Billroths an Friedrich von Esmarch, heute befindlich in der Handschriftensammlung der Schleswig-Holsteinischen Landesbibliothek. Sie stammen aus den bisher wenig ausgeleuchteten Jahren Billroths von 1859 und 1860.

Absolon gibt in seiner 1989 erschienenen Billroth-Biographie (Deutsche Fassung unter Mitwirkung von E. Kern) noch folgenden wichtigen Hinweis: "Etwa 1000 veröffentlichte und unveröffentlichte Th.-B.-Briefe befinden sich in den Archiven des Autors." Falls der Anteil der unveröffentlichten Briefe erheblich sein sollte, können von dort noch wichtige Erkenntnisse erwartet werden. Das dankbare Interesse eines großen Leserkreises erscheint sicher.

Ausgewählte Literatur:

Absolon, K.B.: Theodor Billroth Privat (Die Billroth-Seegen-Briefe). Unter Mitarbeit von E. Kern. Kabel-Verlag, Maryland 1985.

Andree, Chr. (Hrsg.): Rudolf Virchow - Theodor Billroth. Leben und Werk. Ausstellungskatalog der Stiftung Pommern, Kiel, 9. Juni bis 2. September 1979.

Brunn, W. v. (Hrsg.): Jugenbriefe Theodor Billroths an Georg Meissner. Leipzig 1941.

Fischer, G. (Hrsg.): Briefe von Theodor Billlroth. 2., vermehrte Auflage.Hannover, Leipzig 1896.

Fischer, I. (Hrsg.): Theodor Billroth und seine Zeitgenossen. Wien, Berlin 1929.

Gottlieb-Billroth, O. (Hrsg.): Billroth und Brahms im Briefwechsel. Wien, Berlin 1935.

Greither, A. (Hrsg.): Billroth im Briefwechsel mit Brahms. München, Berlin 1964.

His: 134 sorgsam ausgewählte Billroth-Briefe o.O. o.J..

Niederland, W.G.: Das Schöpferische im Lebenswerk Heinrich Schliemanns. In: Provokation und Toleranz. Festschrift für Alexander Mitscherlich zum 70. Geburtstag. Frankfurt/M. 1978.

Thiersch, J.: Briefe von Theodor Billlroth an Carl Thiersch. In: Münchener medizinische Wochenschrift 76 (1929).

Statt eines Nachworts

"Es ist das Große an Billroth, daß er in dem Konflikt zwischen Helfen-Wollen und Nicht-Helfen-Können, dem ewigen Konflikt ärztlicher Tätigkeit, nicht den bequemen Weg in die Resignation ging, vielmehr der therapeutischen Beschränktheit seiner Zeit seinen therapeutischen Optimismus entgegensetzte und mit ihm operatives Neuland eroberte.

Auch die erste erfolgreich ausgeführte Magenresektion hat sich als eine solche Rechenprobe erwiesen, weil ihre Unbekannten vorher jahrelang genau bestimmt worden waren: Würde die Darmnaht halten, würde es nicht zu einer Narbenstenose oder gar zu einer Nekrose des Magens kommen, wenn man die Gefäße der großen und kleinen Kurvatur unterbindet? Erst nachdem Billroths Assistenten Carl Gussenbauer und Alexander Winiwarter diese Vorfragen in Tierexperimenten im günstigen Sinne entschieden hatten, wagte der Meister am 29. Januar 1881 den Eingriff. Denn bei ihm ging es Billroth wie bei allen anderen seiner Erstoperationen nicht darum, einmalige, von aller Welt bestaunte Bravourstücke operativer Technik zu vollführen, sondern methodisch lehr- und lernbare Standardoperationen zu entwickeln, die mit einem möglichst geringen Risiko für den Patienten verbunden waren. Über technisches Können, über Routine und Ruhm hat Billroth immer den leidenden Menschen gestellt in der Überzeugung: "Leidenden helfen zu können, ist... eine der schönsten Fähigkeiten, die der Mensch besitzt".

Billroth hat diese Fähigkeit nicht nur im höchsten Maße besessen, er hat es auch verstanden, sie seinen Schülern mitzuteilen.

Zwischen 1870 und 1894 hat sich in Wien an der Zweiten Chirurgischen Klinik das Wunder ereignet, daß zwischen Mikroskopen und Mikrotomen, Nährböden und Brutschränken Lehrer und Schüler sich noch einmal im ganz ursprünglich hippokratischen Sinne zu einer Schule verbanden.

All das hat Billroth bis in sein Alter hinein besessen. Er gehörte zu jenen Menschen, die durch ihr ewiges Sehnen, Streben und Arbeiten, durch ihren Idealismus und Optimismus sieghaft jung blieben und in einer fast kindlichen Freude das Leben genossen. Er tat dies in vollen Zügen und hatte das Glück, in einer Stadt und in einer Zeit zu leben, die seiner Lebens- und Kunstfreude den gemäßen Rahmen bot.

Dieser Billroth, der hier seine Freundschaft mit Brahms und Hanslick so weit in den Vordergrund stellte, war noch immer derselbe Billroth, der sich 1850 in den Göttinger Konzerten der Jenny Lind (1820 bis 1887) von der Macht der Musik überwältigen ließ. Die Musik ist neben der Wissenschaft die zweite Macht in seinem Leben geblieben.

In dieser kongenialen Sphäre hat Billroth die seinem Wesen gemäße Synthese vollzogen, von der er in einem Brief an Brahms 1886 spricht: 'Ich habe noch nie einen großen Forscher kennen gelernt, ... der nicht im Grunde eine Art von Künstler gewesen wäre, mit reicher Phantasie und kindlichem Sinne. Da bin ich denn wieder bei meinem Steckenpferd angelangt. Wissenschaft und Kunst schöpfen aus der gleichen Quelle.'

Besser als er selbst mit diesen Worten hat niemand die Mitte von Billroths Persönlichkeit erfassen gekonnt. Sie ist es, die sich in überquellendem Reichtum in seinen Büchern und Briefen mitteilt, immer aufs neue zur Auseinandersetzung aufruft und über Zeit und Raum fasziniert bis auf den heutigen Tag."

Prof. Dr. med. Dr. phil. Erna Lesky, Wien, vormals Vorstand Insitut für Geschichte der Medizin der Unversität Wien.

aus: *Die berühmten Ärzte*. Herausgegeben von René Dumesnil und Hans Schadewaldt. Köln 1966, S.328.

Anhang

Ein Klavierlied von Theodor Billroth

Die vorliegende Komposition Billroths wurde erstmals in der Brief-Anthologie von Georg Fischer veröffentlicht.

Wie die Fußnote ("Auf dringenden Wunsch des Herausgebers zum Abdruck überlassen") zeigt, war dies wohl ein besonderes Entgegenkommen der Witwe Billroths. Der Verstorbene hat in seinem Testament verfügt: "Von meinen etwa nachgelassenen Manuscripten, Gedichten, Compositionen soll nichts veröffentlicht werden, es sei denn, dass ich eine ganz besondere Notiz 'zur Veröffentlichung' darauf geschrieben hätte!"

Die Nachkommen Billroths halten sich bis heute strikt an diese letztwillige Verfügung.

Todessehnsucht

(G. Herwegh.)

pp
1. Tag mit sei-nen letz-ten Glu-then — O, leich-ter
2. ihm des Morgens feu-er win-ken — O, woll-te
pp
1. sanf - - ter, un - ge - fühl - ter Tod!
2. Gott, wie ihn der Son - nen - strahl,
1. mich in den Schooß des E - - wi-gen ver-
2. auch mei - - ne le - - - bens-mü - de See-le

1. blu - ten.
2. trin - ten.
Etwas schneller.
mf
3. Ich möch - te hin - gehn wie der hei - tre
Stern im voll-sten Glanz, in un - geschwächtem

Tempo I
Blin - ken; so stil - le und so schmerz-los möch-te
gern ich in des Him-mels blau - e Tie-fen
sin - ken.
Du wirst nicht
Lento.
Lento.

hin - gehn wie das A-bend-roth, du wirst nicht stil-le, wie
der Stern ver - sin - ken, sanft stirbt es
ein - zig, ein-zig sich in der Na - tur,
pp
pp
pp

Das ar-me Menschenherz
muß stück-weis, stück-weis
bre-chen.

verhallend
p
pp

Aktuelle Literaturübersicht

Absolon, K. B.: Der Grossmeister der Chirurgie Theodor Billroth (1829-1894) Deutsche Übersetzung und Bearbeitung von E. Kern. Rockville (Maryland) USA 1989.

Absolon, K. B.: The Surgeon's Surgeon Theodor Billroth (1829-1894). Rockville (Maryland) USA 1989 (4 Bd.).

Absolon, K. B.: Theodor Billroth Privat. Die Billroth-Seegen Briefe. Unter Mitarbeit von E. Kern. Rockville (Maryland) USA 1990.

Becker, H.-M.: Wandel der Chirurgie in unserer Zeit. In: Kongressband 1993 Langenbecks Archiv für Chirurgie. Berlin, Heidelberg, New York 1993.

Billroth, Th.: Briefe von Theodor Billroth, Herausgegeben von Dr. Georg Fischer. Hannover, 6. Auflage 1902 - 8. veränderte Auflage 1910.

Breitner, B.: Hand an zwei Pflügen. Austria 1958.

Dahm, K. und Rehner, M.: Der Billroth-I-Magen. In Praktische Chirurgie Band 97, Herausgegeben von Encke, A. und Kremer. Stuttgar t 1984.

Eiselsberg, A.v.: Lebensweg eines Chirurgen - Eine Autobiographie aus der großen Zeit der Wiener Medizin (1860-1937). Wien 1991.

Genschorek, W.: Wegbereiter der Chirurgie, Dieffenbach-Billroth. Leipzig 1982.

Gottlieb-Billroth, O.: Billroth und Brahms im Briefwechsel. Berlin und Wien 1935 (Reprint 1991).

Kahler, O.H.: Theodor Billroth als Musikkritiker (eine Dokumentation). Rockville (Maryland) USA 1988.

Kern, E.: Das chirurgische Erbe: Theodor Billroth und die Musik. In: Zentralblatt für Chirurgie. 107 (1982).

Kern, E.: Th. Billroth als Pionier der experimentellen Chirurgie. In: Langenbecks Archiv für klinische Chirurgie, Supplement 1984.

Kern, E.: Theodor Billroth 1829 bis 1894. Biographie anhand von Selbstzeugnissen. München, Wien, Baltimore 1994.

Kern, E.: Theodor Billroth zum 150. Geburtstag - 26. April 1829. In: Deutsche Medizinische Wochenschrift (1979).

Killian, H.: Meister der Chirurgie und die Chirurgenschulen im gesamten deutschen Sprachraum. 2. neubearbeitete Auflage Stuttgart 1980.

Lesky, E.: Die Wiener medizinische Schule im 19. Jahrhundert. (Studien zur Geschichte der Universität Wien. 6.). Graz und Köln 1965.

Lesky, E.: Meilensteine der Wiener Medizin. Große Ärzte Österreichs in drei Jahrhunderten. Wien, München, Bern 1981.

Lesky, E.: Theodor Billroth (1829-1894) in: Dumesnil, René und Hans Schadewaldt (Hrsg.): Die berühmten Ärzte. (Deutsche Ausgabe von Médecins célèbres). 2., wesentlich erweiterte und ergänzte Auflage Köln 1966.

Liebermann, R.: Taktstock und Skalpell. Festvortrag, Kongressband 1993 Langenbecks Archiv für Chirurgie. Berlin, Heidelberg, New York 1993.

Neugebauer, J.: Weltruhm deutscher Chirurgie: J. v. Mikulicz - Die Langenbeck-Billroth-Schule. Ulm/Donau 1965.

Oelschlegel, F.F. und Wolff, H.: Zeitdokument und Kunstwerk. Das Gemälde Die Begründer der Deutschen Gesellschaft für Chirurgie von Ismael Gentz. Das chirurgische Erbe. In: Zentralblatt für Chirurgie 112 (1987).

Oelschlegel, F.F.: Wandel einer Sicht Klassische Deutsche Chirurgie im Spiegel der bildenden Kunst. Rockville (Maryland) USA 1990.

Sauerbruch, F.: Theodor Billroth zum 50. Todestage. In: Billroths Erbe, Wien 1944.

Schipperges, H.: Allgemeine und chirurgische Krankheitslehre; Schreiber, H. W. und Carstensen, G. (Hrsg.): Chirurgie im Wandel der Zeit (1945-1993). Berlin, Heidelberg, New York 1983.

Schipperges, H.: Zur Entwicklung der modernen Chirurgie im Lehrbuch der Chirurgie Begründet von Hellner, H., Nissen, R., Vossschulte, K., hrsg von Vossschulte, K., Kümmerle, F., Peiper, H.-J., Weller, S.. Stuttgart, New York 1982.

Schober, K.L.: Die Deutsche Gesellschaft für Chirurgie. Ihre Cründer und deren Ziele in Herausgeber: Schreiber, H.W. und Carstensen, G.: Chirurgie im Wandel der Zeit (1945-1983) Berlin, Heidelberg, New York 1983.

Wyklicky, H.: Unbekanntes von Dr. Th. Billroth - Eine Dokumentation in Fragmenten. Wien 1993.

Wyklicky, H.: Vor hundert Jahren. Billroths erste Pylorusresektion, seine diesbezüglichen Publikationen in der Wiener medizinischen Wochenschrift und ein Rückblick auf seine Zeit. In: Wiener medizinische Wochenschrift Nr. 1, 131. Jahrgang, 1981.

Gesamtbibliographie

Die bisher umfassenste Bibliographie zu Leben und Werk von Theodor Billroth hat K. A. Absolon im vierten Band seines Werkes The Surgeon's Surgon Theodor Billroth. Rockville, Md., 1989 vogelegt.

[Billroths Todesanzeige]. In: Wiener klinische Wochenschrift 7 (1894) (auf dem Titelblatt von Nr. 7).

Absolon, K.B. (unter Mitarbeit von E. Kern): Theodor Billroth Privat; Rockville, Md., 19903.

Adler, M.: Offenes Sendschreiben an Herrn Professor Billroth. In: Sonntagsblatt des "Bund" 8 (21.2.1892).

Adler, M.: Offenes Sendschreiben an P. T. Herrn Professor Theodor Billroth. Mit einem Vorwort von Bertha v. Suttner. Berlin, Leipzig 1892.

Albert, E.: Die akademische Feier zu Ehren Billroths. In: Wiener klinische Wochenschrift 5 (1892).

Albert, E.: Gedenkrede auf weiland Theodor Billroth. In: Wiener klinische Wochenschrift 7 (1894).

Andrée, Chr. (Hrsg.): Rudolf Virchow - Theodor Billroth, Leben und Werk. Ausstellung der Stiftung Pommern im Rathanbau des Kieler Schlosses vom 9.6. bis 2.9.1979, Kiel 1979.

Andrée, Chr.: Theodor Billroth (1829 - 1894) zum 150. Geburtstag. In: Medizinische Welt, 30 (1979).

anon.: (Wittelshöfer); Wiener medizinische Wochenschrift 36 (1886).

anon.: Billroth's Reformprojekt, Wien den 12.12.1888. In: Wiener medizinische Wochenschrift 38, 1888.

anon.: Billroths 60. Geburtstag. In: Wiener klinische Wochenschrift, 2 (1889).

anon: Billroths Reformprojekt. In: Wiener med.Wschr. 38 (1888).

Art. Kullak, Theodor. In: Musik in Geschichte und Gegenwart, Bd. 7.

Art. Zürich. In: Musik in Geschichte und Gegenwart, Bd. 14.

Beiträge zur Chirurgie: Festschrift gewidmet Theodor Billroth von seinen dankbaren Schülern zur Feier des vollendeten 50. Semesters seines akademischen Wirkens in Wien, Stuttgart 1892.

Billroth, Th.: Allgemeine Instrumenten und Operationslehre. In: Handbuch der allgemeinen und speciellen Chirurgie.

Billroth, Th.: An meine Schüler. In: Wiener medizinische Wochenschrift, 18, (1868).

Billroth, Th.: Antwort auf die Adresse des Lesevereines der deutschen Studenten Wien's. Wien 1875.

Billroth, Th.: Aphorismen zum 'Lehren und Lernen der medizinischen Wissenschaften'. Wien 1886.

Billroth, Th.: Arzt, Staat und Publikum. In: Wiener klinische Wochenschrift 4 (1891).

Billroth, Th.: Autobiographie vom Jahre 1880. In: Wiener klinische Wochenschrift 7 (1894).

Billroth, Th.: B. v. Langenbeck - Gedenkrede. In: Wiener Medizinische Wochenschrift, 37 (1887).

Billroth, Th.: Beiträge zur histologischen Literatur. Berlin 1858.

Billroth, Th.: Beiträge zur pathologischen Histologie nach Beobachtungen aus der königlichen chirurgischen Universitäts-Klinik zu Berlin. Berlin 1858.

Billroth, Th.: Beobachtungs-Studien über Wundfieber und accidentelle Wundkrankheiten. In: Archiv für klinische Chirurgie 2 (1861).

Billroth, Th.: Beobachtungs-Studien über Wundfieber und accidentielle Wundkrankheiten ("Zweite Abhandlung"). In: Archiv für klinische Chirurgie 6 (1864). In: Archiv für klinische Chirurgie 2 (1862).

Billroth, Th.: Beobachtungs-Studien über Wundfieber und accidentielle Wundkrankheiten ("Dritte Abhandlung"). In: Archiv für klinische Chirurgie 9 (1868).

Billroth, Th.: Billroth über Schulhygiene. In: Wiener medizinische Wochenschrift 35 (1885).

Billroth, Th.: Billroth's Rede über den ärztlichen Stand). In: Wiener medizinische Wochenschrift 41 (1891).

Billroth, Th.: Chirurgische Briefe aus den Kriegslazarethen in Weißenburg und Mannheim. Berlin 1872. Zuvor in der Berliner klinischen Wochenschrift, Jg. 1870 - 1871.

Billroth, Th.: Chirurgische Erfahrungen 1860-1867. In: Archiv für klinische Chriurgie 10 (1869).

Billroth, Th.: Chirurgische Klinik, Wien 1868. Berlin 1870.

Billroth, Th.: Chirurgische Klinik,Wien 1869-1870. Berlin 1872.

Billroth, Th.: Chirurgische Klinik, Wien 1871-1876. Berlin 1879.

Billroth, Th.: De natura et causa pulmonim affectionis, quae nervo utroque vago dissecto exoritur. (Dissertation). Berlin 1852.

Billroth, Th.: Die allgemeine chirurgische Pathologie und Therapie in fünfzig Vorlesungen: Ein Handbuch für Studirende und Aerzte. 1. Aufl. Berlin 1863.

Billroth, Th.: Die Eintheilung, Diagnostik und Prognostik der Geschwülste, vom chirurgisch-klinischen Standpuncte für practische Ärtze kurz überarbeitet. In: Deutsche Klinik 11 (1859).

Billroth, Th.: Die Krankenpflege im Hause und im Hospitale. Ein Handbuch für Familien und Krankenpflegerinnen. Wien 1881.

Billroth, Th.: Die Krankheiten der Brustdrüsen. In: Deutsche Chirurgie 41 (1880).

Billroth, Th.: Eigene Erfahrungen über Aneurysmen an den Extremitäten und am Halse. In: Wiener klinische Wochenschrift 6 (1893).

Billroth, Th.: Ein kleiner Beitrag zur Frage, ob gewisse chirurgische Krankheiten epidemisch vorkommen. In: Archiv für klinische Chirurgie 4 (1863).

Billroth, Th.: Ein Wort an seine Schüler (19. Oktober 1874). In: Wiener medizinische Wochenschrift 24 (1874).

Billroth, Th.: Entgegnung anläßlich der Feier zum 60.Geburtstag. In: Wiener klinische Wochenschrift 3 (1889).

Billroth, Th.: Erlebtes und Gedachtes über Entzündung und Eiterung. Reminiscenzen. In: Wiener klinische Wochenschrift 6 (1893).

Billroth, Th.: Gasteroraphie. In: Wiener medizinische Wochenschrift 27 (1877).

Billroth, Th.: Historische Studien über die Beurtheilung und Behandlung der Schusswunden vom fünfzehnten Jahrhundert bis auf die neueste Zeit. Berlin 1859.

Billroth, Th.: Hofr. Prof. Billroth's Eröffnungsvorlesung am 10. Oktober 1887. In: Wiener medizinische Wochenschrift 37 (1887).

Billroth, Th.: Humanität, Wissenschaft und Staat. In: Wiener klinische Wochenschrift 3 (1890).

Billroth, Th.: Kurzer Rückblick auf die neueren Phasen der Lehre von der Entzündung und der Regeneration der Gewebe. In: Wiener medizinische Wochenschrift 34 (1874).

Billroth, Th.: Neue Beobachtungen über die feinere Struktur pathologisch veränderter Lymphdrüsen. In: Virchows Archiv pathologischer Anatomie 21 (1861).

Billroth, Th.: Neue Beobachtungsstudien über Wundfieber. In: Archiv für klinische Chirurgie, 13 (1872).

Billroth, Th.: Oesophagotomie (Bericht über die Sitzung der Gesellschaft der Ärzte in Wien vom 20.2.1885). In: Wiener Medizinische Wochenschrift 25 (1885).

Billroth, Th.: Offenes Schreiben an Herrn Dr. L. Wittelshöfer. In: Wiener medizinische Wochenschrift 31 (1881).

Billroth, Th.: Plexiformes ossificierendes Chondofibrom des Oberkiefers. In: Archiv für klinische Chirurgie 11 (1869).

Billroth, Th.: Scrophulose und Tuberkulose. In: Handbuch der allgemeinen und speciellen Chirurgie.

Billroth, Th.: Über 124 von November 1878 bis Juni 1890 in meiner Klinik und Privatpraxis ausgeführte Resektionen am Magen- und Darmkanal, Gastro-Enterostomien und Narbenlösungen wegen chronischer Krankheitsprozesse (Vortrag, gehalten auf dem 10. Internationaler Medizinischer Kongreß Berlin). In: Wiener klinische Wochenschrift 4 (1891).

Billroth, Th.: Über das Lehren und Lernen der medicinischen Wissenschaften an den Universitäten der deutschen Nation, nebst allgemeinen Bemerkungen über Universitäten. Wien 1876.

Billroth, Th.: Über den Bau der Schleimpolypen. Berlin 1855.

Billroth, Th.: Über den Einfluß der Antiseptik auf Operationsmethoden, chirurgischen Unterricht und Krankenhausbau. In: Wiener klinische Wochenschrift 3 (1890).

Billroth, Th.: Über die Beziehung der Rachen-Diphterie zur Septhämie und Pyohämie. In: Winer medizinische Wochenschrift 20 (1870).

Billroth, Th.: Ueber die Behandlung kalter Abscesse und tuberculöser Caries mit Jodoformemulsionen. In: Wiener klinische Wochenschrift 3 (1890).

Billroth, Th.: Ueber die Einwirkungen lebender Pflanzen und Thierzellen aufeinander. Eine biologische Studie (= Sammlung medicinischer Schriften, hg. Wiener klinische Wochenschrift, 10). Wien 1890.

Billroth, Th.: 'ber die Endresultate der Gelenkresektionen. In: Wiener medizinische Wochenschrift 21 (1871).

Billroth, Th.: 'ber die Ligatur der Schilddrüsenarterien behufs Einseitung der Atrophie von Kröpfen. In: Wiener klinische Wochenschrift 1 (1888).

Billroth, Th.: Über die Resection des Oberschenkelkopfes. In: Deutsche Klinik 11 (1859).

Billroth, Th.: 'ber die Resection des Oesophagus. In: Archiv für klinische Chirurgie 13 (1872).

Billroth, Th.: Ueber die Verbreitungswege der entzündlichen Processe. In: Volkmann, R. (Hrsg.): Sammlung klinischer Vorträge. Leipzig 1870.

Billroth, Th.: Ueber Enteroraphie. In: Wiener medizinische Wochenschrift 29 (1879), S. 1-6 (Offener Brief an Herrn Hofrath Professor Dr. V. Czerny in Heidelberg).

Billroth, Th.: Über Impfungen mit Geschwulstelementen. In: Wiener medizinische Wochenschrift 17 (1867).

Billroth, Th.: Untersuchunegn über die Entwicklung der Blutgefäße nebst Beobachtungen an der Königlichen chirurgischen Universitätsklinik zu Berlin. Berlin 1856.

Billroth, Th.: Untersuchungen über den feineren Bau und die Entwicklung der Brustdrüsengeschwülste. In: Virchows Archiv für pathologische Anatomie 18 (1860).

Billroth, Th.: Untersuchungen über die Vegetationsformen von Coccobacteria septica ect. Versuch einer wissenschaftlichen Kritik der verschiedenen Methoden Antiseptischer Wundbehandlung. Berlin 1874.

Billroth, Th.: Verbrennungen, Erfrierungen, Quetschungen. Schnitt-, Riss-, Quetschwunden, vergiftete Wunden. In: Handbuch der allgemeinen und speciellen Chirurgie.

Billroth, Th.: Verengerungen des Verdauungstractes durch Carcinom (Sitzung der Gesellschaft der Ärzte in Wien vom 25.2.1885). In: Wiener medizinische Wochenschrift 35 (1885).

Billroth, Th.: Verletzungen und Krankheiten der Brust. In: Handbuch der allgemeinen und speciellen Chirurgie.

Billroth, Th.: Wie sollen die Unterrichtsräume einer chirurgischen Klinik in Wien beschaffen sein, und wie können die in Aussicht genommenen neuen Kliniken in den Rahmen des k.k. allgemeinen Krankenhauses eingefügt werden? Eine klinisch-tektonische Studie. In: Wiener klinische Wochenschrift 2 (1889).

Billroth, Th.: Wilhelm Baum. Nekrolog. In: Archiv für klinische Chirurgie 30 (1884).

Billroth, Th.: Wünsche und Hoffnungen für unsere medicinische Facultät. In: Wiener klinische Wochenschrift 1 (1888).

Billroth, Th.: Zur Exartikulation im Kniegelenk. In: Deutsche Klinik 11 (1859).

Billroth, Th.: Zur normalen und pathologischen Anatomie der menschlichen Milz. In: Virchows Archiv für pathologische Anatomie 20 (1861).

Billroth, Th. und Brahms, J.: Billroth im Briefwechsel mit Brahms. München, Berlin 1964.

Billroth, Th. und Czerny V.: Über plexiforme Geschwülste. In: Archiv für klinische Chirurgie 11 (1869).

Billroth, Th. und Ehrlich, F.: Untersuchungen über Coccobacteria septica. In: Archiv für klinische Chirurgie 20 (1877).

Billroth, Th. und Mundy, J.v.: Über den Transport der im Felde Verwundeten und Kranken nebst den Verhandlungen der auf Einladung der Herren DDr. Billroth, v. Mundy und Wittelshöfer im Sanitäts-Pavillon der Wiener Weltausstelltung 1873 vom

5.-9. October versammelten internationalen Priivat-Conferenz über Verbesserung der Pflege der im Felde Verwundeten und Kranken. Wien 1874.

Billroth, Th. und Luecke, A. (Hrsg.): Deutsche Chirurgie, Stuttgart 1879 ff. (in Lieferungen).

Brücke, E. W. v.: Briefe an Emil Du Bois-Raymond. Publikationen aus dem Archiv der Universität Graz. Graz 1978.

Brunn, W. v.: Jugendbriefe Theodor Billroths an Georg Meissner. Leipzig 1941.

Brunn, W. v.: Lebensbilder. Theodor Billroth. In: Münchener medizinische Wochenschrift 83 (1936).

Brunn, W. v.: Theodor Billroth. In: Münchner medizinische Wochenschrift 83 (1936).

Brunn, W. v.: Theodor Billroth, nach einem im Reichs-Rundfunk gehaltenen Vortrag; gehalten am 5. Februar 1936. In: Münchener Medizinische Wochenschrift (1936).

Brunn, W. v.: Wem verdankt die Welt die Erfindung und Einführung der Operation des Magenkrebses? In: Zentralblatt für Chirurgie 65 (1938).

Brunner, A.: "Chirurgie" In: Züricher Spitalgeschichte, hrsg. v. Regierungsrat des Kantons Zürich. Zürich 1951.

Büdinger, K.: Ueber die relative Virulenz pyogener Mikroorganismen in per primam geheilten Wunden. In: Wiener klinische Wochenschrift 5 (1892).

Busoni, F.: Entwurf einer Neuen Ästhetik der Tonkunst. Leipzig 1917.

Clairmont, P.: Theodor Billroth. Zum 100. Geburtstag. In: Neue Züricher Zeitung 150 (Mogenausgabe vom 16. April 1929).

Conrad-Billroth, M.: Die Rudolfinerinnen. In: Österreichische Ärztezeitung 22 (1967).

Conrad-Billroth, M.: Über mich selbst. Leipzig, Weimar 1979.

Czerny, V. (Hrsg.): Beiträge zur operativen Chirurgie. Herrn Hofr. Prof. Dr. Theodor Billroth in Wien zu seinem 25jährigen Doctor-Jubiläum gewidmet. Stuttgart 1878.

Czerny, V.: Ueber Magen- und Darmresectionen (Bericht von der 62. Versammlung deutscher Naturforscher und Ärzte in Heidelberg). In: Wiener klinische Wochenschrift 2 (1889).

Czerny, V.: Zu Billroth's sechzigstem Geburtstage am 26. April 1889. In: Wiener medizinische Wochenschrift 39 (1889).

Ebstein, E.: Theodor Billroth und seine Zeit. Ein Gedenkblatt zu seinem 100. Geburtstag. In: Ärztliches Vereinsblatt für Deutschland 12 (21.4.1929).

Eigen, M. und Winkler, R.: Das Spiel. Naturgesetze steuern den Zufall. München, Zürich 1978 (Sonderausgabe).

Eiselsberg, A.v.: Lebensweg eines Chirurgen. Innsbruck 1949.

Erlacher, Ph.: Theodor Billroth und die Orthopädie. In: Wiener medizinische Wochenschrift 106 (1856), Sonderheft (Oktober).

Esmarch, Fr. v.: Nekrolog auf Theodor Billroth. In: Verhandlungen der Deutschen Gesellschaft für Chirurgie 23 (1894).

Fabritius, A.: Theodor Billroth zum Gedächtnis. Sonderdruck aus dem Sonntagsblatt des Siebenbürgisch-Deutschen Tageblattes, 1929, Nr. 16819, 16825, 16831, 16837.

Fischer, G. (Hrsg.): Briefe von Theodor Billroth. Hannover 1895, 10. Aufl. 1922.

Fischer, G.: Billroth. In: Allgemeine Deutsche Biographie Band 46, Berlin 1902.

Fischer, I.: Theodor Billroth und seine Zeitgenossen. In Briefen an Billroth. Aus dem Archiv der Gesellschaft der Ärzte in Wien, Berlin 1929.

Fischer, L. (Hrsg.): Biographisches Lexikon der hervorragenden Ärzte der letzten fünfzig Jahre, 2 Bände, München, Berlin 1962.

Fontane, Th.: Kriegsgefangen. Erlebtes 1870. Berlin 1898.

Fraenkel, A.: Christian Albert Theodor Billroth. In: Neue Österreichische Biographie 1815-1918, Erste Abteilung, Biographien Bd. 7, Wien 1931.

Fränkel, A.: Theodor Billroth und die moderne Chirurgie. Radiovortrag. In: Wiener medizinische Wochenschrift 77 (1927).

Fronmüller, F.: Operation der Pylorusstenose (Diss. Erlangen). Fürth 1886.

Fühmann, F.: Fräulein Veronika Paulmann aus der Pirnaer Vorstadt oder Etwas über das Schauerliche bei E.T.A. Hofmann. Rostock 1979.

Gebhardt, P.v.: Familiengeschichtliche Blätter. 27. Jahrgang, Berlin 1929.

Gersuny, R.: Ein Vermächtnis Theodor Billroths. Wien 1905.

Gersuny, R.: Theodor Billroth. In: Nord und Süd. Breslau 141 (Dezember 1888).

Gersuny, R.: Theodor Billroth. ein Gedenkblatt; Wien 1918 (Seperatdruck aus der "Neuen Freien Presse").

Gersuny, R.: Theodor Billroth. Wien, Berlin, Leipzig, München 1922.

Gleich, A.: Ueber Sterilisierung von Verbandstoffen. In: Wiener klinische Wochenschrift, 4 (1891).

Gottlieb-Billroth, O. (Hrsg.): Billroth und Brahms im Briefwechsel. Berlin, Wien 1935, Neudruck 1991.

Greither, A. (Hrsg.): Billroth und Brahms im Briefwechsel. München und Berlin 1964 - kleinere Ausgabe).

Gülzow, E.: Billroth und seine Heimat. In: Unser Pommerland. Monatsschrift für das Kulturleben der Heimat. Stettin 14 (1929).

Gussenbauer, C.: Billroth's 60. Geburtstag. In: Wiener klinische Wochenschrift 2 (1889).

Gussenbauer, C.: Theodor Billroth. In: Wiener klinische Wochenschrift 7 (1894).

Gussenbauer, C.: Theodor Billroth. Nekrolog. In: Wiener klinische Wochenschrift 7 (1894). Dort bis S. 124 folgend: Bibliographie, Mitgliedschaft bei Gesellschaften und Vereinen, Billroths Autobiographie vom Juni 1880, Krankheitsgeschichte, Aus Billroths Briefmappe (sieben Briefe, u.a. vom Kronprinzen Rudolf).

Gussenbauer, C. und Winiwarter, A.v.: Die partielle Magenresektion. Eine experimentelle, operative Studie etc.. In: Archiv der klinischen Chirurgie 69 (1876).

Hacker, V. v.: Anleitung zur antiseptischen Wundbehandlung nach der an Prof. Billroth's Klinik gebräuchlichen Methode. Wien 1884.

Hacker, V. v.: Über die Bedeutung der Anastomenbildung am Darm für die operative Behandlung der Verengungen desselben. In: Wiener klinische Wochenschrift 1 (1888).

Hacker, V. v.: Über die Magenoperationen an Prof. Billroth's Klinik 1880 bis März 1885. Wien 1886.

Hacker, V. v.: Über Verengungen des Magens durch Knickung in Folge des Zuges von Adhäsionssträngen. In: Wiener medizinische Wochenschrift 37 (1887).

Hacker, V. v.: Zur Casuistik und Statistik der Magenresectionen und Gastroenterostomnieen. In: Verhandlungen der Deutschen Gesellschaft für Chirurgie 14 (1885).

Handbuch der allgemeinen und speciellen Chirurgie mit Einschluss der topographischen Anatomie, Operations- und Verbandslehre, bearbeitet von Agatz, Billroth und H. Demme u.a., redigiert von Pitha und Billroth, Erlangen 1865 - 1868.

Handbuch der Frauenkrankheiten. 3 Bände, bearbeitet von Brandl, Breisky u.a., redigiert von Theodor Billroth, Stuttgart 1877 - 1882, Zweite, gänzlich umgearbeitete Auflage Stuttgart 1885 - 1886.

Hanslick, E.: Wer ist musikalisch? Nachgelassene Schrift von Theodor Billroth. Berlin 1895, Reprint: Hamburg 1985.

Hemmeter, J. C.: Theodor Billroth, Musical and Surgical Philosopher. A Biography and a Review of His Work on Psycho-Physiological Aphorisms on Music. In: Bulletin of the John Hopkins Hospital, Baltimore, Vol. 11 No.117 (Dezember 1900)

Hirschfeld, J.: Theodor Billroth, In: Galerie berühmter Kliniker und hervorragender Aerzte unserer Zeit. Wien 1877.

His: 134 sorgsam ausgewählte Briefe. o.O. o.J.

Hochenegg, J. v.: Jahresbericht und Arbeiten der II. Chirurgischen Klinik zu Wien. Berlin, Wien 1906.

Huber, A.: Prof. Dr. Theodor Billroth in Zürich 1860 - 1867, Diss. Zürich 1924.

Hueter, C.: Allgemeine Chirurgie. Eine Einleitung in das Studium der chirurgischen Wissenschaft. Leipzig 1873.

Janicke: Die erste Magenresektion beim Magengeschwür. In: Berliner klinische Wochenschrift 3 (1882), auch: Zentralblatt für Chirurgie 9 (1882).

Jantsch, M.: Billroth und das antibiotische Prinzip. In: Wiener medizinische Wochenschrift 103 (1953).

Kahler, O.-H.: Theodor Billroth als Musikkritiker (eine Dokumentation). Rockville, Md., 1988.

Kaiser, F. F.: Beiträge zur Operation am Magen. Gastroraphie; in Wiener Medizinische Wochenschrift 27 (1877).

Kappeler, O.: Zur Erinnerung an Theodor Billroth. In: Correspondenz-Blatt für Schweizer-Ärzte 24 (1894).

Kern, E.: Das chirurgische Erbe: Theodor Billroth und die Musik. In: Zentralblatt für Chirurgie 107 (1982).

Kern, E.: Dokumente der Freundschaft. Johannes Brahms und Theodor Billroth. In: Musica 12 (1958).

Kern, E.: Th. Billroth als Pionier der experimentellen Chirurgie. In: Langenbecks Archiv für klinische Chirurgie, Supplement 1984, 1-3.

Kern, E.: Theodor Billroth. Chirurg und universaler Mensch (Teil I + II). In: Schleswig-Holsteinisches Ärzteblatt / Heft 11 + 12, 1979.

Kern, E.: Theodor Billroth als Musiker. In: Ärztliche Wochenschrift 9 (1954).

Kern, E.: Theodor Billroth zum 150. Geburtstag - 26. April 1829. In: Deutsche Medizinische Wochenschrift 1979.

Killian, H. und Krämer, G.: Meister der Chirurgie und die Chirurgenschulen im deutschsprachigen Raum. Stuttgart 1951.

Krecke, A.: Theodor Billroth. In: Münchener medizinische Wochenschrift 76 (1929).

Kretschmer, E.: Geniale Menschen. Mit einer Portraitsammlung, Berlin 1931[2].

Kulenkampff, D.: Zum Gedächtnis Billroth's. In: Zentralblatt für Chirurgie 56 (1929).

Kunz, H.: Theodor Billroth. 26. April 1829 - 6. Februar 1894. Zum 150. Geburtstag. In: Mitteilungen der Deutschen Gesellschaft für Chirurgie 3 (1979).

Küster, E.: Theodor Billroth. Zur 100. Wiederkehr seines Geburtsjahres. In: Der Chirurg 1 (1929).

Langenbeck, B. (Hrsg.): Archiv für klinische Chirurgie. Band 1 Berlin 1861 ff. (bis 1893 redigiert von Theodor Billroth und Ernst Gurlt).

Lauenstein, K.: Demonstration anatomischer Präparate von eriner Pylorusexstirpation. In: Verhandlungen der Deutschen Gesellschaft für Chirurgie 111882) - (Kongreß 31.5. bis 3.6.1882).

Lesky, E.: Die Wiener medizinische Schule im 19. Jahrhundert (Studien zur Geschichte der Universität Wien, Bd. VI). Graz/Köln 1965.

Lesky, E.: Meilensteine der Wiener Medizin. Große Ärzte Österreichs in drei Jahrhunderten. Wien, München, Bern 1891.

Lesky, E.: Theodor Billroth (1829-1894). In: Dumesnil, R. und Schadewaldt, H. (Hrsg.): Die berühmten Ärzte, 2. wesentlich erweiterte und ergänzte Auflage Köln 1966.

Litzmann, B. (Hrsg.): Brahms im Briefwechsel mit Clara Schumann. Leipzig 1927

Lister, J.: Der gegenwärtige Stand der chirurgischen Antiseptik. In: Wiener klinische Wochenschrift 3 (1890).

Manassein, W.A.: Wratsch, 5 (1894).

Medizin und Chirurgie (Feuilleton). In: Wiener medizinische Wochenschrift 31 (1881).

Miehlke, A.: Theodor Billroth. 1829-1894. In: Arch. Otolaryng 84 (1966).

Mikulicz, J.v.: Theodor Billroth. Berliner klinische Wochenschrift 31 (1894).

Mikulicz, J.v.: Zur operativen Behandlung des stenosirenden Magengeschwüres. In: Verhandlungen der Deutschen Gesellschaft für Chirurgie 16 (1887).

Mikulicz-Radecki, H.v.: Theodor Billroth als Persönlichkeit. Ein Erinnerungsblatt zum 29. April 1929. Manuskript des Sudhoff-Instituts für Geschichte der Medizin Leipzig, Leipzig o. J.

Mitis, O.v.: Das Leben des Kronprinzen Rudolf. Mit Briefen und Schriften aus dem Nachlaß. Neu herausgegeben und eingeleitet von A. Wandruszka. Mit einem Anhant: Kronprinz Rudolf und Theodor Billroth. Wien, München 1971.

Multanowaski, M.P.: Der Stand der medizinischen Ausbildung um die Mitte des 19. Jahrhunderts in der Beurteilung von Th. Billroth und N.J. Pirogow. In: Wissenschaftliche Zeitschrift der Humboldt-Universität Berlin, Mathematisch-Naturwissenschaftliche Reihe, XVII (1968).

Mundy, J. v.: Bibliographie und Anderes. In: Wiener medizinische Wochenschrift 31 (1881).

Mundy, J. v.: Ein neues Buch von Th. Billroth. In: Wiener Medizinische Wochenschrift 31 (1881).

Naunyn, E.: Erinnerungen, Gedanken und Meinungen. München 1925.

Nicolson, H.: Die Kunst der Biographie und andere Essays. Berlin, Frankfurt/M. 1958.

Nissen, R.: Helle Blätter - dunkle Blätter, Erinnerungen eines Chirurgen, Stuttgart 1969.

Oehlschläger, J.G.: Jugenderinnerungen an Theodor Billroth. In: Berliner klinische Wochenschrift vom 26.2.1894.

Pagel, J.L.: Biographisches Lexikon hervorragender Ärzte des neunzehnten Jahrhunderts, Berlin, Wien 1901.

Payr, E.: Billroth Gedenkrede gelegentlich der Eröffnungsansprache 53. Tagung (1929) Deutscher Chirurgen-Kongress, hrsg. von K.H. Bauer und G. Carstensen, Berlin, Heidelberg, New York 1983. In: Archiv für klinische Chirurgie 157,3 (1929).

Payr, E.: Der Einfluß Theodor Billroths auf die Deutsche Chirurgie. In: Münchener medizinische Wochenschrift 76 (1929).

Péan, J-E.: De l'ablation des tumeurs de l'estomac par la gastrectomie. In: Gazette des hôpitaux civiles et militaires 60 (1879).

Péan, J.: Diagnosic et traitement des tumeurs de l'abdomen et du bassin. Paris 1880.

Pirogoff, N.I.: Ssotschenenija (Werke), Bd. I. Kiew 1910.

Ranzi, E.: Zum hundertsten Geburtstag Theodor Billroth's. In: Zentralblatt für Chirurgie 56 (1929).

Rydygier, L.: Die erste Magenresektion beim Magengeschwür. In: Berliner klinische Wochenschrift 3 (1882).

Rydygier, L.: Meine Erfahrungen über die von mir seit 1880 bis jetzt ausgeführten Magenoperationen. In: Deutsche Zeitschrift für Chirurgie 58 (1901).

Rydygier, L.: Vorstellung eines Falles von geheilter Pylorusresection wegen Magengeschwür, nebst Demonstration des Präparates. In: Verhandlungen der Deutschen Gesellschaft für Chirurgie 9 (1882).

Rydygier, L.: Wyciecie raka odzwiernika zoladkowego, smierc w 12 godzinach. In: Przeglad lekarski 19 (1880).

Rydygier, L.: Zur Geschichte der circuären Pylorectomie. Eine Antwort an Alfred Stieda. In: Deutsche Zeitschrift für Chirurgie 60 (1901).

Sauerbruch, E.F.: Theodor Billroth zum 50. Todestag. In: Wiener klinische Wochenschrift 57 (1944).

Schaefer, H. und Blomke, M.: Sozialmedizin. Einführung in die Ergebnisse und Probleme der Medizin-Soziologie und Sozialmedizin.Stuttgart 1972.

Schipperges, H.: Allgemeine und chirurgische Krankheitslehre. In: H.W. Schreiber, G. Carstensen (Hrsg.): Chirurgie im Wandel der Zeit (1945-1983). Berlin, Heidelberg, New York 1983.

Schneck, Pl.: Genialer Chirurg seiner Zeit. In: Humanitas 9 (1979).

Schober, K.L.: Die Deutsche Gesellschaft für Chirurgie - ihre Gründer und deren Ziele. In: H.W. Schreiber, G. Carstensen (Hrsg.): Chirurgie im Wandel der Zeit (1945-1983), Berlin, Heidelberg, New York 1983.

Schober, K.L.: Theodor Billroth zum 150. Geburtstag. In: Zentralblatt für Chirurgie 104 (1979)

Schober, K.L.: Vor etwa 100 Jahren (5). In: Zentralblatt für Chirurgie 104 (1979).

Schober, K.L.: Vor etwa 100 Jahren (14). In: Zentralblatt für Chirurgie 105 (1980).

Schober, K.L.: Vor etwa 100 Jahren (18). In: Zentralblatt für Chirurgie 105, (1980).

Schober, K.L.: Vor etwa 100 Jahren (21). In: Zentralblatt für Chirurgie 105 (1980).

Schober, K.L.: Vor etwa 100 Jahren (27). In: Zentralblatt für Chirurgie 106 (1980).

Schönbauer, L.: Christian Albert Theodor Billroth. In: Neue Deutsche Biographie. Hrsg. von der Historischen Komission bei der Bayerischen Akademie der Wissenschaften, Bd. 2, Berlin 1955.

Schönbauer, L.: Das medizinische Wien. Geschichte, Werden. Würdigung, Zweite, umgearbeitete und erweiterte Auflage 1947.

Schönfeld, W.: Theodor Billroth. In: Pommern des 19. und 20. Jahrhunderts. Stettin 1934.

Seidler, E.: Probleme des Traditionalismus in der Medizin. In: Diagnostik 10 (1977).

Seligmann, A.F.: Der Billroth'sche Hörsaal im Allgemeinen Krankenhaus in Wien. In: Wiener medizinische Wochenschrift 77 (1927).

Sigerist, H.E.: Theodor Billroth (1829-1894). In: ders.:Große Ärzte, 4. Auflage München 1959.

Steiner, A.: Aus dem Züricher Konzertleben der II. Hälfte des 19. Jahrhunderts. In: Neujahrsblatt der Allgemeinen Musikgesellschaft Zürich 1904/05.

Steiner, A.: Festschrift zum 150. Geburtstag der NZZ: Zur Entwicklung des Musikfeuilletons. Zürich 1926.

Steiner, J.: Theodor Billroth und das Rote Kreuz. In: Das Österreichische Rote Kreuz, Nr. 4 (1929).

Stieda, A.: Noch einmal zur Geschichte der circulären Palorectomie. Ein Erwiderung auf Rydygiers Antwort. In: Deutsche Zeitschrift für Chirurgie 61 (1902).

Stieda, A.: Zur Geschichte der circulären Pylorectomie. In: Deutsche Zeitschrift für Chirurgie 59 (1901).

Stroomann, G.: Julius Wagner Ritter von Jauregg. 1857-1940. In: Die Großen Deutschen. Deutsche Biographie, hrsg. Hermann Heimpel, Th. Heuss und B. Reifenberg, neue Ausgabe Bd. 4, Berlin 1957.

Tamm, Chr.: Die Verantwortung des Naturwissenschaftlers. Rektoratsrede, gehalten an der Jahresfeier der Universität Basel am 24. November 1978 (Baseler Universitätsreden 72), Basel 1978.

Thiele, G. (Hrsg.): Handlexikon der Medizin in vier Bänden. München, Wien, Baltimore 1980.

Thiersch, J. (Hrsg.): Briefe von Theodor Billroth an Carl Thiersch. In: Münchener medizinische Wochenschrift 76 (1929).

Török, G.v.: Die Arbeiten der Klinik Billroth in den Jahren 1867-1892. In: Beiträge zur Chirurgie. Festschrift, gewidmet Theodor Billroth von seinen dankbaren Schülern zur Feier des vollendeten fünfzigsten Semesters seines akademischen Wirkens in Wien, Stuttgart 1892.

Török, G.v.: Die Arbeiten der Klinik Billroth in den Jahren 1867-1892. In: Wiener klinische Wochenschrift 5 (1892).

Tutzke, D. u. **Wolff, H.-P.:** Wandlungen der ärtzlichen Ausbildung in der zweiten Hälfte des 19. Jahrhunderts. In: Zeitschrift Ges. Hyg. 25 (1979).

Über Magenresection: Bericht von der 62. Versammlung deutscher Naturforscher und Ärzte in Heidelberg. In: Wiener klinische Wochenschrift 2 (1889).

Wachs, E.: Theodor Billroth. In: E. Koch, H. Schüler und I. Winter: Lebensbilder deutscher Ärzte, Leipzig 1963.

Wagner, G. A.: Billroth und die Chirurgie des weiblichen Genitales. In: Wiener klinische Wochenschrift 57 (1944).

Wehr, V.: Zur Operationstechnik bei Pylorus-Resection. In: Zentralblatt für Chirurgie 8 (1881).

Weiler, L.: Theodor Billroth. Essen 1942.

Wiese, E.R.: Theodore Billroth, Scholar, Musician, Master Surgeon. In: Ann. Med. Hist., 10 NY (1928).

Woitschach, M.: Logik des Fortschritts. Unser Leben zwischen Zufall und Plan. Stuttgart 1977.

Wölfler, A.: Chirurgische Briefe über Amputationen XIII. In: Wiener medizinische Wochenschrift 31 (1881).

Wölfler, A.: Die Magenbauchwand-Fistel und ihre operative Heilung nach Professor Billroths Methode. In: Archiv der klinischen Chirurgie 20 (1877).

Wölfler, A.: Gastro-Enterostomie. In: Zentralblatt für Chirurgie 8 (1881).

Wölfler, A.: Theodor Billroth. Zur Erinnerung an dessen 25jährige Thätigkeit an der Wiener Hochschule. In: Wiener klinische Wochenschrift 5 (1892).

Wölfler, A.: Ueber die von Herrn Professor Billroth ausgeführten Resectionen des carcinomatösen Pylorus. Wien 1881.

Wyklicky, H.: Vor hundert Jahren, Übersicht. In: Wiener Medizinische Wochenschrift 131 (1981), Nr. 1 (Billroths erste Pylorusresektion, seine diesbezüglichen Publikationen in der "Wiener Medizinischen Wochenschrift" und ein Rückblick auf seine Zeit).

Wyklicky, H.: Zur Entwicklung des Rettungswesens in Wien. In: Österreichische Ärztezeitung 34 (1979).

Ziegler, H.: Billroths erste Magenresektion. In: Der Krebsarzt 4 (1949).

Bildnachweis

Die Autoren bedanken sich für die Erlaubnis der Veröffentlichung der im Buch erscheinenden Abbildungen bei:

Archiv der Gesellschaft der Musikfreunde in Wien: Abb. 47, 48

Archiv der Humboldt-Universität Berlin: Abb. 12

Arnold Huber: *Billroth in Zürich*: Abb. 25

Bildarchiv des Instituts für Geschichte der Medizin, Wien: Abb. 26, 28, 33, 39, 43

Bildstelle der Universität Greifswald: Abb. 5

Deutsche Akademie der Naturforscher Halle: Abb. 40

Film- und Bildstelle der Universität Halle: Abb. 7, 8, 11, 13, 17, 19, 20, 23, 23, 27, 30, 32, 46

Georg Thieme Verlag, Stuttgart: 55

Göttinger Stadtarchiv: Abb. 14

Günther Stelzer: Abb. 3

Historisches Museum der Stadt Wien: Abb. 44

Institut für Geschichte der Medizin der Heinrich-Heine-Univcrsität Düsseldorf: Umschlagbild

J. Keller: Abb. 22

Saatliche Museen zu Berlin, Photograhische Abteilung: Abb. 15

Verlag der Österreichischen Akademie der Künste: Abb. 1, 36

Personenregister